JN058780

心理学検定

専門用語&人名辞典

一般社団法人日本心理学諸学会連合
心理学検定局◉編

実務教育出版

本書の刊行に当たって

一般社団法人日本心理学諸学会連合（以下「日心連」）が主催する心理学検定は、2008年に第1回が始まり、2021年の第14回からはコンピュータを用いた試験方式であるCBT（Computer Based Testing）を導入し、2023年の第16回からは年2回実施となりました。毎年受検者が着実に増え、社会的知名度も上がってまいりました。

主催団体の日心連は、1999年に結成され、2023年3月現在で56の心理学関係の学会が加盟している連合体であり、他の学問分野と連携を取りつつ、わが国の人文、社会、自然科学を推進する要の役割を担ってまいりました。日心連は、公認心理師制度の創設にかかわり、他の関連団体とともに行政府および立法府に働きかけ、2015年の公認心理師法の成立に貢献してまいりました。

心理学検定の試験範囲は、心理学全領域を網羅する10科目からなっています。心理学の領域全体を視野に入れた試験ですので、心理学検定の10科目の構成は公認心理師に必要な学部25科目の範囲とかなりよく一致します。詳しくは、本書ｖページに心理学検定科目と公認心理師学部科目の対応関係の表を掲載していますのでご確認ください。

心理学検定の出題者は、日心連に加盟する学会から推薦された、各科目の領域において日本を代表する先生方であり、妥当性と信頼性が極めて高い検定試験といえます。

2023年から心理学検定は春試験と夏試験の年2回実施され、受検者は各期の所定の期間の希望する日に、全国47都道府県から選択した会場で、コンピュータ画面に表示された試験問題に対してマウスやキーボードを用いて解答する試験が受けられます。厳格な本人確認とカンニング等の不正防止を担保する試験ですので、試験結果の成績が公的証明書として評価されます。

心理学検定の資格は、学習の進度に応じて、2級、1級、特1級と進めることができます。心理学検定への挑戦が学習意欲の向上や確かな自信につながり、ひいては就職、転職、大学院進学、あるいは心理学関係の他の資格試験を受験する際などに大いに役立つものと存じます。

学問すべてに通ずることですが、心理学においても、過去の研究の蓄積に裏付けられた理論・知識に加えて、日進月歩で進む研究の発展に伴う新たな理論や知識が増大していきます。

心理学検定を運営する日心連の心理学検定局では、心理学の重要な専門用語と研究者の人名を選出し直す作業を 2021 年から 2022 年の春にかけて実施し、専門用語 1,484 項目と人名 205 項目の計 1,689 項目を心理学検定公式ホームページにキーワード集として公開しました。本書は、そのキーワード集に若干の修正を加えた専門用語 1,474 項目および人名 205 項目の計 1,679 項目を解説する本です。

世に優れた心理学辞典はたくさんありますが、立派な心理学辞典は浩瀚（こうかん）で分厚く、価格も高く、説明の専門性が高く、初学者には敷居の高いものになりがちです。本書は、心理学検定局が編集する公式書籍の『心理学検定　公式問題集』『心理学検定　基本キーワード』『心理学検定　一問一答問題集（A 領域編／B 領域編）』と並んで、読みやすくわかりやすい、心理学検定の受検のための学習に対して強力な応援となる辞典をめざして編集されました。

本書の執筆者は心理学の各分野の専門家ですので、読みやすくわかりやすいだけでなく、学問的正確さは確保されており、本書が心理学検定は言うに及ばず、公認心理師試験、各大学院の入学者選抜試験などの対策、さらには試験合格後の展開学習や知識確認など、さまざまな目的で広く長く使っていただけるものと確信しております。

2023 年 3 月

一般社団法人日本心理学諸学会連合
理事長　坂上　貴之
心理学検定局長　子安　増生

監修者／執筆者一覧

■監修者

子安増生（こやす ますお） 京都大学名誉教授

■執筆者（科目内は五十音順）

〈原理・研究法・歴史〉 高砂美樹（たかすな みき） 東京国際大学教授
矢口幸康（やぐち ゆきやす） 聖徳大学准教授

〈学習・認知・知覚〉 行場次朗（ぎょうば じろう） 尚絅学院大学特任教授
坂上貴之（さかがみ たかゆき） 慶應義塾大学名誉教授

〈発達・教育〉 小泉嘉子（こいずみ よしこ） 尚絅学院大学教授
本郷一夫（ほんごう かずお） 東北大学名誉教授

〈社会・感情・性格〉 岩佐和典（いわさ かずのり） 大阪公立大学准教授
村上幸史（むらかみ こうし） 元関西国際大学准教授

〈臨床・障害〉 沼　初枝（ぬま はつえ） 立正大学名誉教授
村松健司（むらまつ けんじ） 東京都立大学教授

〈神経・生理〉 髙瀬堅吉（たかせ けんきち） 中央大学教授

〈統計・測定・評価〉 杉澤武俊（すぎさわ たけとし） 早稲田大学准教授
寺尾　敦（てらお あつし） 青山学院大学教授
村井潤一郎（むらい じゅんいちろう） 文京学院大学教授
山田剛史（やまだ つよし） 横浜市立大学教授

〈産業・組織〉 小野公一（おの こういち） 亜細亜大学名誉教授
山浦一保（やまうら かずほ） 立命館大学教授

〈健康・福祉〉 田中共子（たなか ともこ） 岡山大学教授
藤田益伸（ふじた よしのぶ） 人間総合科学大学准教授

〈犯罪・非行〉 荒井崇史（あらい たかし） 東北大学准教授
越智啓太（おち けいた） 法政大学教授

〈人名項目〉 子安増生

本書の構成と活用法

■本書の構成

心理学検定の試験は、下記の心理学 10 科目について、AとBの２領域に分類され、領域ごとに出題されます。

A 領域	❶原理・研究法・歴史　❷学習・認知・知覚　❸発達・教育 ❹社会・感情・性格　❺臨床・障害
B 領域	❻神経・生理　❼統計・測定・評価　❽産業・組織 ❾健康・福祉　❿犯罪・非行

本書では、心理学検定の学びに役立つ専門用語と人名をそれぞれ五十音順で配列しています。その細かな並び順については、viii ページの凡例を参照してください。

各項目がどの科目と特に強く関連するかは、数字のアイコンで示されます。

また、心理学検定の 10 科目と公認心理師試験の学部 25 科目（特に 19 科目）との間には、以下の対照表に示すように、密接な関連があります。「公認心理師試験出題基準・ブループリント」の小項目と本書の項目の間に関連がある項目は、科目のアイコンの次に㊋の記号を入れています。

心理学検定		公認心理師（学部科目）	
A 領域	❶原理・研究法・歴史	④心理学研究法	⑥心理学実験
	❷学習・認知・知覚	⑧学習・言語心理学	⑦知覚・認知心理学
	❸発達・教育	⑫発達心理学	⑱教育・学校心理学
	❹社会・感情・性格	⑨感情・人格心理学	⑪社会・集団・家族心理学
	❺臨床・障害	③臨床心理学概論 ⑮心理学的支援法	⑬障害者・障害児心理学
B 領域	❻神経・生理	⑩神経・生理心理学	
	❼統計・測定・評価	⑤心理学統計法	⑭心理的アセスメント
	❽産業・組織	⑳産業・組織心理学	
	❾健康・福祉	⑯健康・医療心理学	⑰福祉心理学
	❿犯罪・非行	⑲司法・犯罪心理学	

[注] 公認心理師科目の②心理学概論は、心理学検定のほぼすべての科目にかかわる。
他方、①公認心理師の職責、㉑人体の構造と機能及び疾病、㉒精神疾患とその治療、㉓関係行政論、㉔心理演習、㉕心理実習は、公認心理師の固有の科目名である。

■ 本書の活用法（専門用語編）

心理学の専門用語は難しいという声をよく聞きます。その理由は、多岐にわたります。

一つには、外国語の用語をそのままカタカナで表現したもので、英語の「アフォーダンス」や「レジリエンス」、ドイツ語の「ゲシュタルト」や「シャーデンフロイデ」など、簡単な日本語に置き換えにくい用語があります。英語起源のSDやTATなどの頭字語（略語）も、知らないと何のことかわかりません。

専門用語を構成する一つ一つの単語はやさしいものでも、それが合体すると意味がわからない用語もあります。たとえば「単純 接触 効果」や「箱 ひげ 図」などです。

「海馬」や「髄鞘」などの神経生理学由来の用語、「二項分布」や「最小二乗法」などの統計学由来の用語も難解です。

本書では、このような初学者には難解な用語を、できるだけ簡潔かつわかりやすく解説することをめざしました。しかし、それは理解の出発点であり、ゴールではありません。もっと詳しく知りたいと思ったら、教科書や専門書において説明の流れの中で確認することがむしろ学びの早道です。

現代の心理学の特徴は、基礎と実践の融合をめざしているところにあります。基礎の分野では、実験などによって理論やモデルを検証する作業が行われます。実践の分野では、保健医療、福祉、教育、産業・組織、司法・犯罪などさまざまな分野で心理学の活用が求められます。公認心理師という国家資格は、まさにそのために創設されました。基礎と実践のどちらか片方に偏ることなく、広く心理学全体を知ることが大切です。

とはいえ、最初から10科目すべてを同等に学ぶことは現実的ではないかもしれません。そう思う方のために、心理学検定では科目の合格のほかに級の取得制度を用意しています。3段階に分かれる各級の取得条件は下記のとおりですが、すべての級において所定数の科目を5年間のうちに合格することが条件となります。

特１級：A領域5科目、B領域5科目の10科目すべてに合格

１　級：A領域の4科目を含む計6科目に合格
（例：A領域5科目＋B領域1科目、A領域4科目＋B領域2科目いずれも可）

２　級：A領域の2科目を含む計3科目に合格
（例：A領域3科目、A領域2科目＋B領域1科目いずれも可）

なお、認定心理士資格をお持ちの方は、A領域3科目に合格すれば1級が取得できます。

このように学習目標を設定した場合は、科目を絞って学ぶことになりますが、そのために本書では項目ごとに関連性が強い科目を「科目アイコン」で示しています。その説明は、viiiページの凡例をご覧ください。また、心理学検定局のホームページには、科目ごとの専門用語と人名の一覧を掲載しています（https://jupaken.jp/study/keyword.html）。

■ 本書の活用法（人名編）

どんな研究も生身の人間が行うものなので、研究者が「いつ」「どこ」の人で「何」を考えたかについて知ることは、研究内容を深く知るうえでも大切です。

心の問題は、古代ギリシア哲学やキリスト教神学などについては本書では割愛しましたが、古代から哲学者や宗教家たちがずっと考えてきた事柄です。19 世紀になって、心理学が科学として独立するに当たって、哲学に関心のある生理学者たちが活躍しました。解剖学が人体の構造を研究する学問であるのに対し、生理学は人体の機能の研究を行う学問なので、意識、感覚、記憶、思考などの問題に生理学者が関心を持つのは、ある意味で当然でした。

生理学者にして物理学者のヘルムホルツはこの時代の最後の巨人であり、ヘルムホルツの助手も務めたドイツのヴントとアメリカのジェームズは、生理学から心理学に移行した最初の 2 人です。パヴロフ、キャノン、セリエらは、生理学者として心理学に大きな影響を与える研究を行いました。

ヴントは、「心理学の祖」であるだけでなく、ドイツ国内（クレペリン、ミュンスターバーグ）にとどまらず、アメリカ（エンジェル、ホール、ティチナー）、英国（スピアマン）、日本（松本亦太郎）など、世界中から大勢の弟子をライプツィヒ大学に集めたこともあり、第二次世界大戦以前はドイツとアメリカが心理学の二大中心地でした。

それを一変させたのは、1933 年のナチス政権の出現です。心理学者はユダヤ系が多いので、迫害を避けるため、フロイト父娘やアイゼンクのように英国に避難した者もありますが、多くはアメリカに移住しました（アッシュ、エリクソン、ケーラー、コフカ、レヴィンら）。また、親の世代に家族でアメリカに移住した研究者もあります（ナイサー、ミシェルら）。

そのため、戦後は相対的にヨーロッパの衰退は否めず、アメリカ一極集中の傾向が見られるようになりました。その中でもジェームズが心理学を切り開いたハーヴァード大学の役割は大きいといえ、同大学出身か同大学に勤務をした心理学者は、スキナー、エリクソン、ブルーナーなど本書に掲載した 205 人中 32 人にものぼります。もちろん、現在は研究の拠点がもっと多様化し、世界中に広がっています。

第一次世界大戦と第二次世界大戦で研究者たちがどのように活躍し、あるいはどのような苦難の道を歩んだかについても、行数の許す限り取り上げました。ジェームズのように、20 代でブラジルのアマゾン探検に参加して疲労困憊し、生涯にわたるうつ病を抱えながら「アメリカ心理学の父」になった研究者もあり、自伝を含む研究者のバイオグラフィー（伝記）を知ることは、研究内容を理解するうえでも大切です。

この辞典では、最大でも 9 行程度の簡潔な説明しかできないので、興味を惹かれた研究者があれば、ご自身でさらに詳しく調べてみてください。

【凡例】

●項目見出しの配列基準

項目見出しは表音の五十音順（冒頭はアルファベット順）で配列した。

記号（・　-　＝ など）は、それを省いた読みで並べた。

長音（ー）は、直前の仮名の母音と置き換えて並べた。

濁音（〝）・半濁音（°）は、その清音として並べた。

拗音（ゃ　ゅ　ょ）・促音（っ）は、直音（や　ゆ　よ　つ）と同音として並べた。

●項目見出しにおける記号

／　：関連する、または対比される用語をまとめた。

（　）：同一の意味を持つ用語をまとめた（直前の語の説明や頭字語を示す場合もある）。

●科目アイコン

心理学検定の 10 科目のうち、特に関連性が強い科目を濃い青色または灰色で示した。複数の科目に該当する専門用語については、執筆者の専門科目を濃い青色で示し、それ以外に関連性が強い科目を濃い灰色で示した（人名については両者の区別は行わない）。

㊣は「公認心理師試験出題基準・ブループリント（令和 3～5 年版）」の小項目に対応する専門用語・人名を示す。

[科目アイコンの例]

1　7　㊣

原理・研究法・歴史　統計・測定・評価

1：原理・研究法・歴史	6：神経・生理
2：学習・認知・知覚	7：統計・測定・評価
3：発達・教育	8：産業・組織
4：社会・感情・性格	9：健康・福祉
5：臨床・障害	10：犯罪・非行

●英文表記

学習の助けとするため、専門用語・人名の項目見出しに代表的な英文・アルファベット表記を併記した。本書に掲載したもの以外の英訳が存在する用語もある。また、わが国の法律制度など適切な英訳がない用語については省略している。

[独]：ドイツ語　　[米]：アメリカ英語　　[英]：イギリス英語

●引用・参考文献

原則として記載を行わない。

●巻末索引

項目見出し（専門用語、人名）と本文中の青色太字（専門用語、人名、書名）は、巻末の「専門用語索引」「人名索引」「書名索引」に分けて掲載した。頭字語（略語）は専門用語索引の英字（A～Z）の項目において、省略しない英文表記を併記した。

見やすく読みまちがえにくい
ユニバーサルデザインフォントを
採用しています。

専門用語編

英字

ACTH
adrenocorticotropic hormone
6 9

副腎皮質刺激ホルモン。視床下部から分泌されるホルモンによる調整を受けて、下垂体前葉から分泌され、**副腎皮質**における副腎皮質ホルモンの生成・分泌を促す。ストレスで分泌が増す。[田中]

AIDMA モデル
AIDMA model
8

広告効果を説明するモデルの一つ。消費者が広告に注意を向け（attention)、そこに提示された商品やサービスに興味を持ち（interest)、欲しいと思い（desire)、それを記憶にとどめ（memory)、購買行動をとる（action）という一連のプロセスを表す。インターネットの普及に伴い、SNS などを利用した商品やサービスの情報検索（search）や共有（share）を想定した **AISAS モデル**やこのモデルを細分化した **Dual AISAS モデル**などもある。時代とともに複雑化する消費者の購買行動を的確にとらえ、戦略に展開することの重要性が増している。[山浦]

BMI
body mass index
5 9

体重（kg）を身長（m）の二乗で割った体格指数。成人の肥満度の目安となる。わが国では 18.5 以上 25 未満が普通体重、18.5 未満が低体重、25 以上は 5 刻みで肥満度 1、2、3 とし、40 以上は肥満度 4。世界保健機関（**WHO**）の判断基準では、18.50 以上 24.99 以下が普通体重。[田中]

CHC 理論
Cattell-Horn-Carroll theory
3 7

キャッテル, R. B.、**ホーン, J. L.**、**キャロル, J. B.** という 3 名の研究者によって確立された知能に関する理論。3 名の名前の頭文字を取って **CHC 理論**と呼ばれる。キャッテルは**一般知能因子 g** を**流動性知能**と**結晶性知能**に大別した。ホーンはこれを拡張し、もっと多くの一般知能因子があると仮定した。キャロルはさらに発展させ、知能は 3 つの層から構成されると考えた。すなわち、第 1 層：限定能力、特殊因子（ある特定の課題の成績に影響する)、第 2 層：広範能力（あるカテゴリの課題の成績に影響する)、第 3 層：一般能力 g（すべての課題の成績に影響する）である。[本郷]

cure/care
cure / care
9

キュア（cure）は病を治すための治療を意味し、生物医学的な疾患を治すための投薬や手術などの医療行為が含まれる。**ケア**（care）は症状を和らげ苦痛を緩和する行為の総称で、看護、介護、**リハビリテーション**など広い範囲にわたる。病が進んで治癒が困難になり**終末期**が近づいた場合や、高齢者が生を終える準備を視野に入れ始めたときには、最後までより良く生きることを支えるためのケアが重要になる。たとえば治療のための処置や薬剤が本人の負担になる場合には、積極的な治療を必ずしも選択せず、減薬を図ったり**疼痛**（とうつう）緩和に力点を置いたりすることが考えられる。［田中］

DMAT
disaster medical assistance team
9

災害派遣医療チーム。「災害急性期に活動できる機動性を持ったトレーニングを受けた医療チーム」と定義される。医師、看護師、他の医療職などからなる。自然災害や事故の現場で、発生から48時間以内に救急治療、医療的支援を開始するため出動する。［田中］

DPAT
disaster psychiatric assistance team
9 公

災害派遣精神医療チーム。「自然災害や航空機・列車事故、犯罪事件などの集団災害の後、被災地域に入り、精神科医療および精神保健活動の支援を行う専門的なチーム」とされる。精神科医師、看護師、後方支援に当たる業務調整員などの数名で編成される。災害後には**ストレス**から精神的な問題の発生が予想されるが、地域の精神保健医療機能は一時的な機能低下状態にあることが考えられる。そこで精神科医療の提供やニーズの把握、医療機関や関係機関の連携のマネジメントなどの支援のため、都道府県が組織し専門的な研修と訓練を受けたこのチームが派遣される。［田中］

EAP
employee assistance program
8 9

EAP（従業員支援プログラム）は、第二次世界大戦後のアメリカにおいて、企業の生産性に悪影響を与えたアルコール中毒などの問題を持つ従業員への援助から始まり、1960～70年代に入り、他の薬物による問題を抱えた従業員への医療やカウンセリングなどの支援へとつながった。その後、メンタルヘルスを含む従業員の生活全般を取り巻く家族関係、キャリア開発、経済的な困難などさまざまな問題への支援へと拡大し、医師、カウンセラー、看護師などだけでなく、弁護士、公認会計士、税理士など社外の幅広い専門家がサービスの担い手になってきた。［小野］

EBM モデル
Engel, Blackwell & Miniard model
8 9

消費者の**購買意思決定過程**を説明するモデル。欲求認識→情報探索→購買前代案評価（複数商品の評価と比較）→購買→購買後代案評価→結果（満足、不満足）の段階を経る。これらの各段階に、消費者の個人特性や環境が影響する。[山浦]

EBP
evidence based practice
5 9

科学的根拠に基づく実践。治療法の選択に際して、根拠を念頭に置きながら、医療者の経験と判断、患者の価値観や資源なども含めて総合的に判断して、治療の意思決定を行うというのが、科学的根拠に基づく医療（**EBM**）。この発想が他の分野の実践にも広まった。心理学分野においては、**アメリカ心理学会**（**APA**）が「患者の特徴、文化、および志向性という枠組みの中で得られる最新最善の研究エビデンスと臨床上の判断を統合させたもの」としている。**心理療法**の最適な選択には、エビデンス至上主義ではなく、科学的知見をどう適用するかという判断が求められる。[田中]

FBI 方式のプロファイリング
criminal profiling using FBI methods
10

犯罪者の行動や犯行パターン、被害者の状況などから犯人の属性を推定する犯罪者**プロファイリング**技術の中で**アメリカ連邦捜査局**（FBI）アカデミー（警察学校）の行動科学科が開発した手法のこと。当初は連続殺人事件を対象としており、犯行形態を**秩序型犯罪**と**無秩序型犯罪**に分類したうえで、それらの犯罪を犯す可能性の高い犯人の属性を推定した。開発メンバーの中には、**レスラー, R. K.**、**ダグラス, J.** がいる。[越智]

Fos（フォス） タンパク
Fos protein
6

Fos タンパクは、神経細胞の核内で c-fos と呼ばれる遺伝子から産生（さんせい）されるタンパク質である。Fos タンパクは、神経細胞の活動時に発現するタンパク質で、行動実験をした際に、その刺激に対して反応した神経細胞では 1〜2 時間後にはタンパク質レベルでの発現上昇が見られる。そのため、**免疫組織化学法**で脳のさまざまな領域の活動を調べるのに利用されている。このほかに **CREB**（クレブ）、**Arc**（アーク）、**Zif-268**（ジフにろくはち） と呼ばれるタンパク質も神経細胞の活動時に発現するタンパク質であり、Fos タンパクと同様に行動実験時の脳の活動を調べるのに利用されている。[髙瀬]

F 分布
F distribution
7

分散分析や**分散の等質性**の検定で参照される、非負の値を取る**確率変数**の**確率分布**。2つの**自由度** df（degrees of freedom）を持ち、それらの値により分布の形状が変わる。図は$(df_1, df_2)=(1, 2), (2, 4), (4, 16), (8, 16)$の$F$**分布**である。［山田］

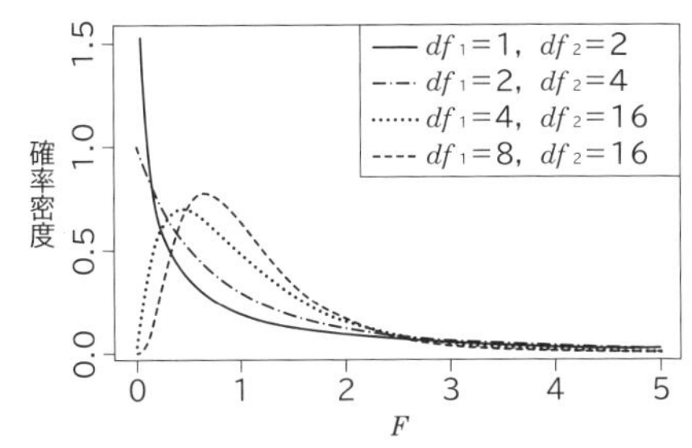

G-P 分析
good-poor analysis
3 7

項目分析の手法の一つである。テストの各項目において、総合点の上位（good）群と下位（poor）群で、正答率、多肢選択テストでの各選択肢の選択率などを比較する。3群以上に分けることもある。群間で、期待される差異が認められるかを検討する。［寺尾］

HLC
health locus of control
9

健康に関する**統制の所在**で、自身の健康を統制する主体がどこにあるかという**帰属**の傾向のこと。内的・外的に分けた場合、健康は自分がつくるものか、他者や環境によるものかを判別する。自分の健康や病気の原因がどこにあるかと思うかを尋ねて、自分自身、有力な他者、運や偶然について評価する方法がある。なお、わが国で作られた尺度では、神仏など超自然の存在、自分の努力、運や偶然、家族、医療といった要素が含まれている。神仏はわが国の研究で組み込まれた概念であり、判断のしかたにおける社会文化的な文脈の関与が示唆される。［田中］

HPA 軸（視床下部（ししょうかぶ）－下垂体－副腎軸）
HPA axis
6

脳の視床下部には、ホルモンを産生（さんせい）する**神経細胞**（**神経内分泌（ないぶんぴつ）細胞**）が分布しており、このうちの一つに**副腎皮質刺激ホルモン放出ホルモン**を分泌する細胞がある。副腎皮質刺激ホルモン放出ホルモンは下垂体門脈を通じて下垂体前葉に運ばれ、**副腎皮質刺激ホルモン**の放出を促し、副腎皮質刺激ホルモンは副腎皮質を刺激して**糖質コルチコイド**の分泌を促す。糖質コルチコイドは、逆に視床下部に作用してホルモンの分泌を抑制する。これは**ネガティブ・フィードバック（負のフィードバック）**と呼ばれ、この分泌調節系を **HPA 軸（視床下部－下垂体－副腎軸）**と呼ぶ。［高瀬］

HPG 軸（視床下部－下垂体－性腺軸）
HPG axis
6

視床下部から分泌される**性腺刺激ホルモン放出ホルモン**、下垂体前葉から分泌される**ゴナドトロピン**（**性腺刺激ホルモン**）、性腺から分泌される**性ホルモン**で構成される分泌調節系を**HPG 軸**（**視床下部－下垂体－性腺軸**）と呼ぶ。［高瀬］

IOM の予防モデル
IOM classifications for prevention
9

1994 年に米国医学研究所（IOM）が発表した予防モデル。母集団の性質に応じて、①一般的な人々を対象とする普遍的予防、②**精神障害**のリスクが高い人々を対象とする選択的予防、③現時点では診断基準を満たしていないが精神障害の予兆を示すハイリスクな人々を対象とする指示的予防の 3 つに分類される。さらに精神障害の連続するケアの一部として予防を位置づけ、予防から治療を経て維持に至るととらえる。予防は疾病の新規発生を減少させ、発症を遅らせるうえで有益である。［藤田］

KABC- Ⅱ
Kaufman Assessment Battery for Children -Second Edition
3 7

カウフマン, A. S. と**カウフマン, N. L.** によって作成された知能検査。**K-ABC** の改訂版。日本版は、構成が米国版とは異なり、認知尺度（11 の下位検査）に加え、習得尺度（9 の下位尺度）が導入されている。対象年齢は 2 歳 6 か月～18 歳 11 か月。［本郷］

MRI
magnetic resonance imaging
6

MRI は**磁気共鳴画像法**とも呼ばれ、水素原子が磁場内で高周波により活性化された際に放出する波を測定することで脳などの構造に関する高分解画像を得る方法である。水素原子が磁場内で高周波により活性化された際に波を放出する現象は**核磁気共鳴現象**と呼ばれている。同じく脳の構造を見る**コンピュータ断層撮影法**（**CT**）とは異なり、MRI はコントラスト分解能に優れていること、任意の断層面を選べること、骨によるアーティファクト（撮像への影響）がないことなどの特性を有する。［高瀬］

NBM
narrative based medicine
9

物語と対話に基づく医療。患者の語りに耳を傾け、当人が抱える全人的問題を把握し、身体的・心理的・社会的にアプローチしようとする。単にエビデンスを当てはめるのではなく、患者の価値観を尊重する。語りは患者の生活の質を高める資源とみなされる。**EBM**（evidence based medicine）を補完する概念、ないしは EBM の構成要素の一つとされる「患者の価値観」を理解する方法として注目された。EBM と **NBM** は患者中心医療の車の両輪ともいわれる。多様な実践分野で語りが重視されてきた流れを汲んでおり、情報化に伴い闘病記などの患者の語りが発信・共有しやすくなったことが背景にある。[田中]

NEO–PI–R
NEO–PI–R
4

コスタ, P. T. Jr. と**マックレー, R. R.** が開発した**パーソナリティの特性 5 因子モデル／ビッグ・ファイブ**に基づく質問紙尺度。**神経症傾向**、外向性（**外向性／内向性**）、**開放性**、**調和性**、**誠実性**の各因子に下位次元が置かれ詳細な分析を可能とする。[岩佐]

NIOSH 職業性ストレスモデル
NIOSH job stress model
9

職業生活の**ストレス**から問題が生じる流れを説明した、アメリカ国立労働安全衛生研究所（**NIOSH**）のモデル。仕事上の要因として仕事の質や量の変化、役割や地位の変化、人間関係のトラブル、重い責任の発生などが生じたとき、個人的要因や仕事以外の要因が重なったり緩衝要因が弱かったりすると、緊張感、食欲不振、酒量の増加などの心理的・身体的・行動的な急性ストレス反応が生じて、心身の病気や事故などの問題につながると見る。わが国で使われる職業性ストレス簡易調査票は、モデルの 3 領域（ストレス要因、ストレス反応、緩衝要因）を評価している。[田中]

off-JT
off the job training
8

業務を離れて行う訓練で、目的に応じて専門家等の指導の下に行われ、**OJT** を補完する人材育成である。新入社員研修や管理職訓練などの**階層別訓練**と、コンピュータ研修や営業職訓練などテーマ別に対象者を選択した**職能別訓練**に大別される。[小野]

OJT
on the job training
8

企業の人材育成・能力開発の考え方の一つで、上司や先輩が部下や後輩に対して、現実に行っている仕事（on the job）を教材にして行う指導である。指導の方法は、指示、相談・助言、褒（ほ）める、叱る、手本になるなど極めて多様で、目の前の仕事を円滑に進めるための知識や技術だけでなく、社会人としてのマナー、仕事への姿勢や社内のルールなど、多様な内容が伝授される。人材育成の根幹をなし、**off-JT** と並行して、組織に必要な人的資源を長期的に育成・保持するために、計画的に行われるべきであるが、しばしば場当たり的になりがちである。[小野]

PEACE モデル
PEACE method of investigative interviewing
10

被疑者や**被告人**に対する**取調べ**において、実際には犯罪を行っていないにもかかわらず自供してしまう**虚偽自白**を防ぐために英国で開発された手法。PEACE とは面接の全体的なスキームのことをさし、準備（preparation）、関係性の樹立（engagement）、明確化（account）、終結と要約（closure）、評価（evaluation）を表す。感情的に追い詰め自供を迫るのではなく、オープンな質問方法を使用して、冷静に事案について矛盾ない説明を求めていく。真犯人にとってはストレスをかけて自供を導き、一方犯人でない者にとっては比較的ストレスがかかりにくい。［越智］

PET（ペット）
positron emission tomography
6

PET は**陽電子放出断層撮影法**とも呼ばれ、脳などの機能を画像によって提供する方法である。PET では脳のエネルギー源であるグルコースと類似の放射性 2- デオキシグルコースを投与し、特定の課題を遂行している際の脳の働きなどを知ることもできる。［高瀬］

PFA
psychological first aid
9

心理的応急処置、こころの救急法。一般の人もできる、困難な状況にある人の支援方法。行動原則は状況やニーズを把握する「みる」、傾聴して感情を受け止める「きく」、サービスや人に紹介する「つなぐ」。落ち着いて困難を乗り越えることを支援する。［田中］

PFI 刑務所
private finance initiative prison
10

PFI とは公共施設の建設、維持管理、運営等を民間の資金やノウハウを用いて行う手法のことである。この仕組みは刑務所についてもアメリカやヨーロッパで導入されている。わが国でも美祢（みね）社会復帰促進センターなどの **PFI 刑務所**が設立されている。［越智］

PM 理論
PM theory
4 8

三隅二不二（みすみじゅうじ）により考案された**リーダーシップ**の機能に関する理論。フォロワーが判断したリーダーの P 機能（目標の達成）と M 機能（集団の維持）の程度から、各得点の大小を組み合わせた 4 タイプに分類し、生産性やモラールの程度などを予測する。［村上］

POS（ポス）システム
POS（point of sales）system
8

販売時にバーコードの読み取りを通してレジの効率化を図るだけでなく、その情報を記録集計し、販売、在庫、商品管理に利用するものである。近年は、その商品を「誰が何と一緒に」買ったのかを把握できる ID-POS データの活用も盛んになった。［小野］

QWL
quality of working life
8

労働生活の質的向上と訳されることが多い。第二次世界大戦後の大量生産現場における**人間性疎外**などの非人間的な管理や労資の階級的対立を克服し、仕事内容や労働条件の改善、技術の進歩と働く人々の心理的側面の調和などを通して、労働も含めた生活の中で「人間らしさ」を高めようとする考え方で、**労働の人間化**と同様の理念を有するとされている。［小野］

SD 法
semantic differential technique
7

オズグッド, C. E. が開発した、対象（「登山」「恋愛」など）について内的に生じる情緒的意味を把握するための方法である。「強い－弱い」「良い－悪い」など意味的に両極の形容詞対を集めて構成された評定尺度を用いて、対象の印象を評定する。［寺尾］

***t* 検定**
t test
7

統計的検定の一つで、主に、ある量的変数の平均値について２つの群間で統計的に有意な差があるかどうかを検討する目的で行われる。標本から求めた *t* 統計量の実現値が、帰無（きむ）仮説のもとで ***t* 分布**に従うことを利用して検定を行う。データの取得方法により、適用される検定手法が以下のように異なる。ランダムに研究参加者を割り当てて２群を作ったり、所属などの属性で２群を作ったりする場合、**独立な２群の *t* 検定**を適用する。類似の研究参加者で作ったペアを２群に分けたり、同じ研究参加者に２回の測定を行ったりする場合、**対応のある *t* 検定**を適用する。［山田］

***t* 分布**
t distribution
7

***t* 検定**や**相関係数の検定**で参照される、任意の実数値を取る確率変数の**確率分布**。**正規分布**と形状が似た左右対称の山型の分布である。**自由度** df（degrees of freedom）の値により形状が変わり、$df=\infty$ のときに**標準正規分布**に一致する。図は $df = 1, 2, 4, 8, \infty$ の ***t* 分布**である。［山田］

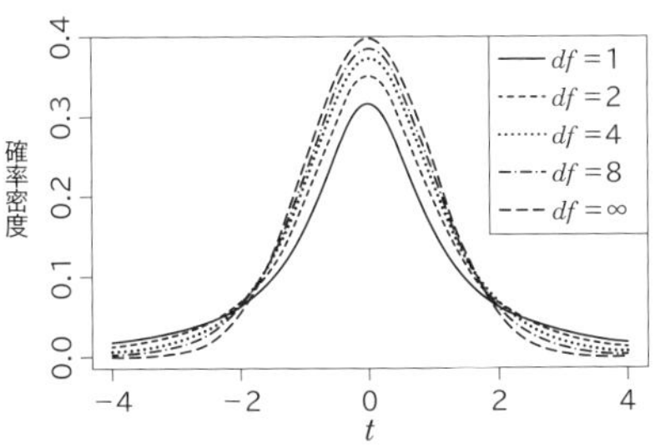

WAIS−Ⅳ（ウェイス フォー）
Wechsler Adult Intelligence Scale −Fourth Edition
3 5 7

ウェスクラー, D. によって作成された成人用の知能検査の第4版。全検査IQ（FSIQ）、言語理解指標（VCI）、知覚推理指標（PRI）、ワーキングメモリー指標（WMI）、処理速度指標（PSI）の5つの合成得点が算出できる。適用年齢は16歳0か月〜90歳11か月。［本郷］

WISC−Ⅴ（ウィスク ファイブ）
Wechsler Intelligence Scale for Children −Fifth Edition
3 5 7

ウェスクラー, D. によって作成された児童用の知能検査の第5版。全般的な知能を表す得点（FSIQ）、言語理解指標（VCI）、視空間指標（VSI）、流動性推理指標（FRI）、ワーキングメモリー指標（WMI）、処理速度指標（PSI）の6つの合成得点が算出できる。適用年齢は5歳0か月〜16歳11か月。［本郷］

WPPSI−Ⅲ（ウィプシ スリー）
Wechsler Preschool and Primary Scale of Intelligence −Third Edition
3 5 7

ウェスクラー, D. によって作成された **WPPSI** 知能診断検査の第3版。検査は、認知発達の変動性を考慮して、2歳6か月〜3歳11か月と4歳0か月〜7歳3か月の2部構成となっており、合成得点を構成する下位検査がそれぞれ異なっている。［本郷］

X−Y 理論
X−Y theory
8

マグレガー, D. M. は、組織で働く人に対する**人間観**を2つに分類した。一つは **X 理論**で、人は生来仕事が嫌いなので、強制され命令されなければ目標達成しようとしないという考え方。もう一つは **Y 理論**で、人は条件次第で仕事に満足を覚え、自ら責任を持って献身的に働こうとするという考え方。Y 理論を前提に、組織の目標と成員個々人の目標を調整する統合と自己統制の管理を志向する姿勢を理想として説いている。その後、**オオウチ, W. G.** は、人が主体的に動くようになるには親密で信頼できる関係性や雰囲気が重要であるとする **Z 理論**を提唱した。［山浦］

あ

アージ理論
urge theory
4

認知科学者の**戸田正直**によって提唱された、人間の適応的行動の基本原理に関する理論。これによると、**感情**は種を超えて進化してきた「生き延び」のためのソフトウェアであり、認知された外部状況に応じて適応的な行動を選択して実行するアージ・システムの中心的要素である。たとえば恐怖はそれを引き起こした脅威からの逃走行動を導く。これが恐怖の持つ生き延び問題解決機能である。**アージ理論**では、こうした感情の機能をアージと呼ぶ。アージの働きは起動相、意思決定相、実行相、事後評価相という連続する４相によって成り立つ。アージ・システムはこれらを通じて、状況に応じた適応的行動を表出する。［岩佐］

愛他性
altruism
3

自分がなんらかの犠牲を払ってでも、自分のためではなく他者のためにとる自発的な行動の特徴。**利他性**といわれることもある。**愛他的行動**と類似した用語として**向社会的行動**があるが、両者は、行動の動機によって区別される。［本郷］

愛着
attachment
3 10 公

広くは、慣れ親しんだものに対して心を惹かれること。**アタッチメント**の日本語訳として用いられる。ただし、アタッチメントの要素である特定の他者への近接と保護に加えて、愛情的な意味も含む用語として用いられることもある。［本郷］

アイデンティティ（自己同一性／自我同一性）
identity
(ego identity)
3 4 5 公

「自分は自分であること」の感覚、「自分が誰であるか」を知っていること。**エリクソン, E. H.** の**ライフサイクル論**では、青年期の重要な発達課題として位置づけられている。斉一性（自己がまとまっていること）、連続性（時間的な連続性があること）、他者からの承認（他者からも認められていること）が重要となる。**マーシャ, J. E.** は、危機（自分の生き方について悩むこと）と傾倒（積極的に悩みを解決しようとすること）の組合せによって、４つの**アイデンティティ地位**を分類した。すなわち、同一性達成、モラトリアム、早期完了、同一性拡散である。［本郷］

アイトラッキング
eye tracking
8

特定の時間における**眼球運動**に基づき、目の動き、視線行動、瞳孔（どうこう）拡張を計測し、視覚的な**注意**の配分をリアルタイムに調べる視線計測の方法。**アイカメラ**や**アイトラッカー**と呼ばれる装置を用いる。そこで得られたデータをもとに、人が何に注意を向け、どのように考え行動したのか、その認知プロセスや情報取得のパターンなどの人間行動を理解することができる。［山浦］

アウトリーチ
outreach
9 公

支援者が**クライエント**の生活空間に出向き、情報収集やニーズの発掘、ケアやサービスを提供するなどの働きかけを行うこと。**アウトリーチ**の対象者はインボランタリー・クライエントと称され、なんらかの支援を必要としているにもかかわらず、自ら助けを求めたり支援を望んだりしないなど接近困難なケースが多い。支援者は待ちの姿勢ではなく、情報や支援を積極的に届けていき、自ら支援の声を上げられない人を動機づけ、支援の入口を構築することが求められる。一般社会に向けての教育や啓発活動を行うこともアウトリーチに含まれる。［藤田］

悪質商法
malicious business
8

消費者の不利益を承知のうえで、不当な手段や方法を用いて不正な利益を得る商行為。**マルチ商法**や**キャッチセールス**などの**悪質商法**の背景には、だましだまされる心理がかかわる。悪質商法については、**消費者保護**の観点からクーリング・オフなどの制度や法律が整っている。必要な知識やモラルを身につけた消費者としての自覚や教育が肝要である。［山浦］

アクション・リサーチ
action research
1 8

社会心理学の問題を実社会とのかかわりから実践的に解決するために、ドイツからアメリカに移住した**レヴィン, K.** が1940年代に提唱した研究の方法。最初に計画の段階で厳密に統制された実験を行い、その結果を実地（フィールド）研究で観察し、その結果を分析してまた計画を立て、実地研究に戻すという形で、理論と実践のフィードバックがループ状になっている。研究者は実践現場から切り離された存在ではなく、実践の当事者でもある点が特徴である。教育施設や刑務所などの社会的施設のほか、種々の労働現場でも実施されてきた。［高砂］

アクセシビリティ
accessibility

障害の有無にかかわらず、誰もが平等に物理的環境、輸送機関、情報通信、施設・サービスを円滑に利用できること。**ユニバーサルデザイン**の概念に基づいて、あらゆる人にとって使いやすい設計・開発がめざされている。[藤田]

アクティブラーニング
active learning

生徒が自ら学ぼうとする能動的な学び方のこと。教師の授業を生徒は一方的に聞くといった受動的な学び方に対して用いられる。体験学習やグループ学習の意味に使われることもあるが、学習の形式というよりも主体的に学ぶという姿勢が重要となる。[本郷]

アゴニスト
agonist

受容体と相互作用して、その受容体を活性化させる物質を**アゴニスト**と呼ぶ。アゴニストのうち、受容体に作用して弱い活性化を引き起こす物質を**パーシャルアゴニスト**と呼ぶ。アゴニストには**神経伝達物質**、ホルモンのほかに薬物等も含まれる。[高瀬]

アスペルガー症候群／アスペルガー障害
Asperger's syndrome / Asperger's disorder

1944年**アスペルガー, J. F. K.**（通称ハンス・アスペルガー）が**自閉的精神病質**の症例を報告、後に**ウィング, L.** が再評価しアスペルガー症候群として提案する。DSM-Ⅳでアスペルガー障害として**広汎性発達障害**の一亜型に分類、DSM-5で**自閉スペクトラム症／自閉症スペクトラム障害（ASD）**に統合された。基本特徴は、言語発達に遅れがなく、対人相互関係の質的障害、関心や活動の範囲は限局的で同じようなことの繰り返し（常同（じょうどう）反復）が顕著である。[沼]

アセスメント
assessment

評価、**査定**。元来は経済用語で、課税のための財産や収入の評価を意味する。心理学用語としては、第二次世界大戦中の戦略事務局向けプログラムでハーヴァード大学の**マレー, H. A.** が、兵士の性格や部署配属のため、面接や心理検査を用いる人物評価が最初といわれる。現在は包括的意味として、心理的支援を必要とする事例（個人や状態）について、パーソナリティや関連する情報を系統的に収集、分析し、その結果を総合して事例への**介入方針**を決定する、この心理的評価やプロセスを**心理的アセスメント**と呼ぶ。手法としては、面接、行動観察、心理検査などがある。[沼]

アセチルコリン
acetylcholine
6 公

アセチルコリンはアミンの**神経伝達物質**であり、運動神経および副交感神経で分泌(ぶんぴつ)される。また、大脳基底部にもアセチルコリンを分泌する神経細胞があり、**アルツハイマー型認知症**、**レビー小体型認知症**では、この神経細胞の減少が報告されている。そのため**認知症**の薬の多くは低下したアセチルコリン量を増加させることをターゲットとしている。認知症以外に**パーキンソン病**でもアセチルコリン産生(さんせい)量の低下が報告されていることから、その機能として学習、記憶、運動の調節等があると考えられている。［高瀬］

アセチルコリンエステラーゼ
acetylcholinesterase
6

アセチルコリンを**酢酸**(さくさん)と**コリン**に分解する酵素である。この酵素が引き起こす反応によってアセチルコリンによるシナプス間の情報伝達は止まり、分解された断片は再利用されて、次の情報伝達に使う新たなアセチルコリンの産生(さんせい)に用いられる。［高瀬］

アタッチメント
attachment
3 4 公

特定の他者との間に築く緊密な情緒的結びつきのこと。**愛着**とほぼ同義。子どもは、危機的な状況に陥ったとき、特定の対象（養育者など）に近づき、その人を**安全基地**として安心感を得ることができる。**ボウルビィ, E. J. M.** は、4 つの発達段階を挙げている。第 1 段階：**アタッチメント**が未形成の段階（生後 3 か月頃まで）、第 2 段階：養育者に対して他の人とは明らかに違う反応をする段階（6 か月頃まで）、第 3 段階：養育者を安全基地として利用できる段階（6 か月～2、3 歳頃）、第 4 段階：特定の人がいなくても情緒的安定を保てる段階（3 歳以上）。［本郷］

アダルトアタッチメント
adult attachment
3

成人が抱く自分自身の**アタッチメント**についての表象。幼少期の両親とのアタッチメントだけでなく、成人後の恋愛関係などの表象も含まれる。半構造化された面接法である**成人愛着面接**（**AAI**）などによってとらえられる。［本郷］

アドバンス・ケア・プランニング（人生会議）
advance care planning
9 公

人生の最終段階を含めた今後の医療・ケアについて、あらかじめ本人が家族等と医療・ケアチームと事前に話し合うプロセス（**ACP**）。わが国での愛称は**人生会議**である。医療従事者から心身の状況に応じて適切な情報提供と説明を行い、本人の意思決定を基本としたうえで医療・ケアを進めていく。将来への意思表明をする点は事前指示やリビングウィルと同じである。ただし、繰り返し話し合うプロセスを通して本人の価値観や選好を深く理解し、自らの意思を伝えられない状態になった場合でも本人にとっての最善の方針をとることを基本とする点が異なる。［藤田］

アドヒアランス
adherence

患者が治療方針の決定に賛同し積極的に治療を受けること。病気の理解や治療への主体的なかかわりが促され、治療効果が高まる。**コンプライアンス**は指示遵守を意味するが、2001 年に WHO が**アドヒアランス**を推奨し相互理解が重視されるようになった。［田中］

アドボカシー
advocacy
9 公

権利やニーズを自ら主張することが困難な人に代わって、その権利やニーズを代弁し、権利を行使できるよう擁護すること。**権利擁護**ともいう。権利の保有者である当事者のなんらかの権利が侵害されるか逆に実現されていない状況があり、その状況を是正し、本人の復権を目的として生まれた実践理念である。個人や家族の権利を代弁して擁護することをケースアドボカシーという。制度上の問題から生じる共通のニーズを持つ人たちが、ニーズを解消するために必要なサービスや社会資源を得る権利を獲得できるよう、社会の変革を求める活動をクラスアドボカシーという。［藤田］

アドレナリン
adrenaline

アドレナリンはアミン型ホルモンの**神経伝達物質**であり、脳、交感神経および副腎髄質（ずいしつ）で分泌（ぶんぴつ）される。アメリカでは**エピネフリン**とも呼ばれる。副腎から分泌されるアドレナリンは、主に**ストレス反応**に中心的役割を果たし、血中に放出されると心拍数や血圧を上げ、瞳孔（どうこう）を散大させる。さらに、肝臓に蓄えられたエネルギーを血液中に放出し、脅威的状況に立ち向かうか、それともそこから逃げ去るかという**闘争－逃走反応**と呼ばれる身体的状態を作り出す。これによって、脅威的状況に対処するために必要なエネルギー源を確保する。［髙瀬］

アニミズム
animism

無生物や植物などにも人間と同じ意思や感情があると信じる心の働き。ラテン語で心を意味するアニマに由来する。**ピアジェ, J.** は、子どもが「太陽や月は生きているから動く」と考えるのは前因果的思考の段階にあるからだとした。［本郷］

アノミー／アノミー理論
anomie / anomie theory
10

アノミーは、社会の規範が弛緩、崩壊することなどによって生じる無規範、無秩序状態を示す概念で、**デュルケーム, D. É.** が提唱した。その後**マートン, R. K.** はこの概念を拡張整理し、非行・犯罪の原因論の一つである**アノミー理論**を提唱した。これは、多くの人々が文化的にめざすべき目標（たとえば富と名声）を共有しており、その追求が推奨されているにもかかわらず、目標を実現するために制度化された手段が均等に配分されていないことが一種のアノミー状態をつくり出し、これが原因となって非行や犯罪を含むさまざまな**逸脱行動**が発生するというものである。［越智］

アフォーダンス
affordance
2

ギブソン, J. J. の造語で、英語の“afford”を名詞形にしたものであり、環境が生体に提供する利用可能な特性を表している。たとえば、木は登ることを、斜面は滑ることを生体にアフォードする。**アフォーダンス**は、物理的特性でも、主観的特性でもなく、生体と環境が相互作用をする過程の中で発生する特性である。アフォーダンスの考え方は、人にやさしい道具やインターフェースなどの人工物をデザインするときにも重要である。認知科学者の**ノーマン, D. A.** は、アフォーダンスが欠如しているために、非常に使いにくい蛇口やドアノブなどの日用品の例を挙げている。［行場］

アポトーシス
apoptosis
6

細胞死の形態の一つである。細胞死には**ネクローシス**と呼ばれる栄養不足や外傷等の外的要因により起こる受動的細胞死と、増殖制御機構として管理・調節された、能動的細胞死である**アポトーシス**がある。アポトーシスでは細胞が急速に縮小し、隣接する細胞から離れて、核にあるクロマチンの凝縮、核の断片化、細胞の断片化が起こり、さらに**アポトーシス小体**が形成される。細胞内にあるさまざまな成分が細胞外へ流出する前に、マクロファージや周辺の細胞がアポトーシス小体を貪食するため、内容物の流出が起こらず、**炎症**も起きない。［高瀬］

アモーダル補完
amodal completion
2

対応する刺激情報が一部欠損しているために、感覚は生じないのに、それがあたかも実在し、全体が知覚される現象を**アモーダル補完**と呼ぶ。図形や物体の重なりや、対象が遮蔽物を通過する場合などにこの種の知覚が生じる。［行場］

アルゴリズム／ヒューリスティックス
algorithm / heuristics
2

アルゴリズムとは、定式化された決まった手順のことを示し、問題解決の過程に含まれる事象が有限で、不確定なものを含まない場合には、その手順を利用することにより、確実に一義的な解や結論が得られる。一方、**ヒューリスティックス**とは、正しい答えでなくとも、素早く、ある程度の結果が得られるやり方で、経験則に基づいた解決法であり、発見法とも呼ばれる。問題解決の過程に含まれる事象が有限ではなく、しかも不確定性を含む場合に有効となる。**サイモン, H. A.** の**限定合理性**理論の考え方から展開されたもので、**意思決定**や**問題解決**の領域で重要視されている。［行場］

アルツハイマー型認知症
neurocognitive disorder due to Alzheimer's disease
5 6 公

アルツハイマー, A. が報告した全般性脳萎縮による進行性変性疾患で代表的な**認知症**の一つ。脳内にアミロイドベータ蓄積が起こることで進行が加速し、初期は記銘・記憶障害や**失見当識**、進行すると**高次脳機能障害**、大脳皮質全体の機能低下を示す。［沼］

アルバート坊や（リトル・アルバート）
Little Albert
1

行動主義者である**ワトソン, J. B.** が実施した**古典的条件づけ**実験の参加者。白いネズミと大きな音を対提示されたことにより、白いネズミに対する恐怖反応が形成された。その後を追跡した調査により 2007 年に 88 歳で没したことが知られている。［矢口］

アルファ係数（α係数）
coefficient alpha
7

尺度の各項目が同一の特性を測定している程度である、**内的整合性**の指標。**信頼性係数**の推定値として利用できる。**再テスト法**と異なり、1 回の測定で算出できるので、尺度を使用する研究で頻繁に用いられる。過小推定になりやすいという特徴がある。［寺尾］

アルファ波（α波）
alpha wave
6

頭部後方部分で覚醒時に出現する 8～13Hz（ヘルツ）の**脳波**であり、精神的に比較的活動していない時に出現する。入眠時に消失し、さらに注意や精神的努力によって抑制、減衰する。また、加齢により**徐波化**する傾向がある。［高瀬］

アレキシサイミア
alexithymia
4 5 9 公

心身症患者に特有な概念として**シフネオス, P. E.** により提唱された。ギリシア語の a=lack, lexis=word, thymos=emotion からなる造語。自らの感情の認知とその表現が困難で、想像力に乏しい患者の状態をさす。知性と情動に**解離**が見られる。［沼］

アンガーマネジメント
anger management
8 9

怒りの管理方法、すなわち怒りの感情とうまくつきあっていくスキルを身につけることをめざす心理教育。犯罪者の**矯正**で注目されたが、一般化されて教育の場や企業の人材育成研修などでも使われている。怒りを単に発散したり抑えたりするのではなく、社会的に受け入れられる形で適切に表現するため、衝動を管理し思考や行動を工夫する。6秒待つ、その場を離れる、怒りを点数化して客観視する、自分の怒りの傾向や怒りの機序を理解する、こだわりを緩和する、上手な伝え方を練習するなどが試みられる。身につけることで対人関係や業務効率の改善が期待できる。［田中］

アンコンシャス・バイアス
unconscious bias
8

無意識に生じる認識や物事に対する偏った見方。過去の経験や価値観に影響を受けた、脳の高速判断や知的連想の機能である。自分では気づかないうちに相手を傷つけるなど、対人面での留意が必要である。［山浦］

暗数
dark figure
10

社会で起こったすべての犯罪を警察等が把握するわけではない。このように、犯罪が実際に発生したにもかかわらず、警察等が犯罪の発生を**認知**できていない件数をいう。犯罪の公式統計には**暗数**が存在する可能性を常に考慮する必要がある。なお、認知とは、犯罪について、被害の届け出もしくは告訴・告発、そのほかの端緒により、警察がその発生を確認することをいう。［荒井］

安全基地
secure base
3

乳児が危機的な状況になったとき、接近することによって安心感を得ることができる特定の大人（養育者など）のこと。**アタッチメント**の成立の指標となる。**認知発達**によって、特定の大人を想起することによっても**安全基地**が得られるようになる。［本郷］

安全配慮義務
consideration to safety of a worker
8

使用者に、労働者が生命、身体等の安全を確保しつつ働けるように必要な配慮をすることを求めたもので、**労働契約法**に定められている。ここでいう「生命、身体等の安全」には、心の安全や健康も含まれるとされている。1970年代以降に最高裁の判例をもとに考え方が確立したとされるが、1991年の電通の若手男性社員が長時間労働を背景に自殺した事件（**電通事件**）に関する2000年の最高裁判決を受けて、**うつ病**などの**精神障害**と結びつ

いた自殺（**過労自殺**）についても、広くこの義務と関連すると認識されるようになった。［小野］

安全文化／安全風土
safety culture / safety climate

安全に関する組織文化や風土のこと。**安全文化**を有する組織では、経営トップや現場の成員たちが安全の重要性を認識し、潜在的な危険に対する関心や感受性が高く、信頼に基づくコミュニケーションを通して前向きかつ効果的な予防・対処の方策を継続実行できる。**リーズン, J.** によれば、良い安全文化の醸成には、ヒューマンエラーを**報告する文化**、違反や不安全行動に対して必要かつ適切な制裁を施す**正義（公正）の文化**、環境変化や要求に応じて権限の所在などを変えることができる**柔軟な文化**、過去の不安全事例から学び必要な改革を推進する**学習する文化**が重要であるという。［山浦］

安全マネジメントシステム（SMS）
safety management system

ヒューマンエラーや違反のみならず、機器・設備、規則・基準、作業環境・労働条件などに潜むリスク要因が**事故**に結びつくことへの対策として考えられているものである。安全上の数値目標を設定し、達成計画を立て、手続きを明文化し、諸活動を実施し、その効果を検証し、次の目標につなげることを通して、系統的かつ包括的に安全性を高めることを意図している。［小野］

アンダーアチーバー／オーバーアチーバー
underachiever / overachiever

知能と**学力**の関係が著しくアンバランスな状態を示す者。一般に、知能と学力との間には正の相関がある。しかし、なかには、知能の水準から推測されるよりも著しく学力が低い者、あるいは著しく高い者がいる。前者を**アンダーアチーバー**（**学力不振児**）、後者を**オーバーアチーバー**（**学力進捗児**）と呼ぶ。この判定には、以前は成就値が用いられたこともあったが、現在では**回帰成就値**（学力偏差値－知能偏差値から推定される学力偏差値）が用いられることが多い。アンバランスの原因としては、性格、障害などの本人の特徴や家庭・学校環境の問題などがある。［本郷］

アンタゴニスト
antagonist

アンタゴニストとは受容体と相互作用して、生体物質と異なり生体反応を起こさず、またその結合によって本来結合すべき生体内物質と受容体の結合を阻害して生体応答反応を起こさない薬物を

さす。**拮抗薬**、**阻害薬**等とも呼ばれる。[高瀬]

暗黙のパーソナリティ観
implicit personality theory
4

ブルーナー, J. S. らが指摘した、個人があらかじめ持ち合わせているような人物に関する考え方や信念体系をさす。たとえば、容姿などの外見や内面から、特定の性格を連想させるなど、他者を判断する際に影響を持つとされている。[村上]

イオンチャネル
ion channel
6

細胞膜は**脂質二重膜**であり、イオンや電荷を持った物質が通過できない。そのため、細胞膜に埋め込まれているタンパク質が特定のイオンや電荷を持った物質の細胞内外の往来を可能にし、このタンパク質が**膜タンパク質**と呼ばれる。膜タンパク質には、イオンの流出入を可能にする**チャネルタンパク質**、および物質の運搬にかかわる**運搬タンパク質**があり、前者を**イオンチャネル**とも呼ぶ。極性のある大きな分子やイオンや電荷を持つ分子は、膜に埋め込まれたチャネルタンパク質や運搬タンパク質によって運ばれる。また、運搬タンパク質は濃度勾配（こうばい）に逆らって運搬する。[高瀬]

閾値（いきち）
threshold
6

心理学では物理的な刺激に対して感覚として知覚できる、最小の強度の刺激をさす。神経科学では**活動電位**の発生に必要な刺激強度をさし、その活動の最終表現型が行動であることから、動物に特定の応答を引き起こす感覚刺激の強度をさすことがある。[高瀬]

意思決定
decision making
2 公

複数の選択肢の中から最終的には 1 つの選択肢を選び取るまでの認知的過程やその結果に基づく選択行動をいう。社会心理学、経済心理学、認知心理学などで取り扱われ、現在では**行動経済学**も含めた広い領域での研究対象となっている。[坂上]

いじめ
bullying
3 5 公

文部省・文部科学省による**いじめ**調査は 1985 年から開始され、いじめの定義も変化してきた。こういった経緯は、わが国のいじめ把握と危機意識が不十分であったことを反映している。2011 年、大津市の中学 2 年生の自殺に際しても学校の対応が不十分だったことが指摘され、2013 年に**いじめ防止対策推進法**が制定された。ユニセフは世界のいじめの状況を報告しており、いじめが子どもにうつ状態、不安や自殺などの長期的影響を及ぼす可能性を指摘

している。近年ではネットいじめが社会問題となっている。[村松]

維持リハーサル／精緻化リハーサル
maintenance rehearsal / elaborative rehearsal

短期記憶は長くとも 30 秒程度しか持続しないので、情報保持のために記憶内容の想起を繰り返す必要がある。これが**維持リハーサル**に当たる。一方、単純な繰り返しだけでなく、他の記憶と関連づけや**体制化**を行って、長期記憶に転送する過程は**精緻化リハーサル**と呼ばれる。[行場]

依存／嗜癖（しへき）
dependence / addiction

ある物質を繰り返し摂取するうち、生体の側にその物質に対してやむにやまれぬ欲求（**渇望**）が生じ、追い求める**探索行動**が優位となり、物質から撤退すると不快な**離脱症状**が生じる。この一連の生理・認知・行動現象であり、身体依存と精神依存がある。[沼]

依存症／依存症候群
dependence syndrome

WHO の定義「薬物との相互作用の結果として生じた精神的または身体的状態であり、その薬物の精神作用を体験するため、その薬物の欠乏から来る不快を避けるため、それを継続的・周期的に摂取したいという衝動を有する行動や反応によって特徴づけられる状態」が医療領域では広く用いられ、ICD-11 では「コントロール障害」「飲酒中心の生活」「**離脱症状**や**耐性**などの生理学的特性」のうち 2 項目を満たすと**依存症**と診断。一方、DSM-5 では依存と乱用を**物質使用障害**にまとめる。薬物・物質はアルコール、覚醒（かくせい）剤、麻薬・幻覚薬、大麻、有機溶剤、タバコ、睡眠薬など。[沼]

一次運動／二次運動
first-order motion / second-order motion

背景との輝度差を持つ刺激によって動きが知覚される場合を**一次運動**と呼ぶ。一方、テクスチャやコントラスト変調で定義された刺激に運動が知覚される場合を**二次運動**と呼ぶ。[行場]

一次評価／二次評価
primary appraisal / secondary appraisal

感情の**認知的評価理論**における感情生起過程の認知的要素。**ラザラス, R. S.** によると、感情の体験はそれに先立つ認知的評価過程によって方向づけられる。その過程においては、まず自身の直面した刺激や状況が脅威となるか、対処するための努力が要求されるかどうかといった点が評価される。こうした認知的評価を**一次評価**という。一次評価で脅威や要求が認められた場合、それに対する**コーピング**の実行可能性が評価される。これを**二次評価**と

いう。これらの認知的評価過程を経て、体験される感情や実行されるコーピングが変化するとされている。［岩佐］

一時保護
temporary custody
9

児童相談所が児童の安全を迅速に確保し、心身の状況と置かれている環境を把握するために一時的に行う保護。**一時保護**の期間には生活場面で児童とかかわるとともに、関係機関と連携しながら児童や家族に対する支援内容を検討し方針を定める。［藤田］

一次予防／二次予防／三次予防
primary prevention / secondary prevention / tertiary prevention

企業の**メンタルヘルス対策**で、**一次予防**はセルフケアとラインケアによる発生の予防、**二次予防**はライン管理者や事業場内のスタッフによる早期発見と早期対応（深刻化の予防）、**三次予防**はライン管理者・事業場内のスタッフに事業場外の資源も交えた、治療と**職場復帰支援**や再発防止を主たる目的とする。［小野］

一貫性
consistency

個人の行動には通状況的な**一貫性**があり、それが**パーソナリティ**によって保たれるという、パーソナリティ研究の基本的前提。多くのパーソナリティ理論がこれに基づくが、そもそも行動の一貫性は想定されているほど頑健ではないとの批判もある。［岩佐］

一貫性論争
the consistency controversy

萌芽期の**パーソナリティ**研究が前提とした、行動の通状況的な**一貫性**に関する論争。1960 年代から 1980 年代頃に展開された。**人間－状況論争**とも呼ばれる。**ミシェル, W.** は綿密な観察データを根拠に、行動の一貫性は従来考えられていたほど強固でないと主張し、これを前提としたパーソナリティ概念の限界を指摘した。この指摘に端を発した激しい論争を経て、状況が行動に与える影響を強調した状況論と呼ばれる立場が確立し、一方では古典的なアプローチにも**特性 5 因子モデル／ビッグ・ファイブ**などの発展が見られた。さらに、両者を統合的に論じる**相互作用論**が展開されるなど、後のパーソナリティ研究に多大な影響を与えた。［岩佐］

逸脱行動
deviant behavior
10

ある社会に共有されている標準的な**社会規範**、法律、慣習から逸脱した行動をさす。犯罪、非行はもちろん、売春、**薬物使用**、ギャンブル、神への冒涜（ぼうとく）、校則違反などが含まれる。逸脱を研究することで規範の成立や維持について明らかになることが多い。［越智］

一対比較法(いっつい)
method of paired comparison
7

n 個の対象から $\frac{n(n-1)}{2}$ 組［並び順を区別するなら $n(n-1)$ 組］の可能なペアを作り、それらすべてのペア内で広義の大小（好ましさなど）を判断すること。対象全体での**順序尺度**を構成する**尺度構成法**の一つである。**間隔尺度**の構成も可能である。［寺尾］

一般改善指導
general guidance for reform
10

矯正処遇の一つで、すべての受刑者を対象に実施される。**一般改善指導**では、被害者等の状況や心情を理解し、犯した罪への反省を深めること、規則正しい生活や健全な考え方を身につけること、釈放後の生活に必要な知識を理解し、規則を遵守する精神や行動などを身につけることを中心に指導がなされる。［荒井］

一般化円筒／一般化円錐
generalized cylinder / generalized cone
2

マー, D. C. と**ニシハラ, H. K.** が提案した、3 次元物体を**物体中心座標系**で表現する手法。円筒や円錐の定義を一般化し、直線や曲線状の長軸に沿って、底面の形状やサイズを変化させながら移動して生成される立体形状の組合せで物体の形を記述する。［行場］

一般化可能性
generalizability
1

心理測定法において、特定の状況下で行われた測定の**信頼性**を決定する際に用いられる枠組みの一つ。あるテストから得られた得点が、特定のテスト項目、受検者、テストを実施した状況などの要因を超えて一般化できるかどうかを推定する。［高砂］

一般緊張理論（GST）
general strain theory
10

マートン, R. K. が提唱した**緊張理論**を**アグニュー, R.** が拡張したものであり、個々人が体験する目標達成の阻害や人間関係の軋轢（あつれき）やストレスなどが人々に緊張をもたらし、それが非行や犯罪の原因になるという理論。［越智］

一般線形モデル
general linear model
7

量的な**従属変数**（目的変数）の値を**独立変数**（説明変数）に係数をかけたものとランダムな残差の和によって表したモデル。従属変数と独立変数は複数あってもよく、独立変数は量的か質的かを問わない。また、残差は（多変量）**正規分布**に従うものと仮定する。**単回帰分析**、**重回帰分析**、**分散分析**、**共分散分析**、**多変量分散分析**などが下位モデルとして含まれる。なお、名前のよく似た異なるモデルに**一般化線形モデル**（generalized linear model）

があるが、これは残差の分布として（多変量）正規分布以外の**確率分布**を仮定できるモデルのことである。［杉澤］

逸話法
anecdotal method
1

動物の知的能力を研究するために英国の**ロマーニズ, G. J.** が用いた方法で、動物の優れた能力について観察された報告（逸話）を収集・分析することをさす。収集された逸話の**信頼性**や解釈の**妥当性**について疑問が残り、批判を招いた。［高砂］

遺伝／環境
heredity / environment
3

人の発達はもっぱら**遺伝**によって決まると考えるのが**遺伝論**（**成熟論**）、もっぱら**環境**によって決まると考えるのが**環境論**（**経験論**）である。発達には遺伝と環境の両方がかかわるとする考えには、大きく３つある。**ジェンセン, A. R.** に代表される**環境閾値説**では、遺伝的要因が働くためには最低限の環境（閾値）が必要だと考える。**シュテルン, W.** に代表される**輻輳説**では発達＝遺伝＋環境ととらえる。**相互作用説**では発達＝遺伝×環境ととらえる。最近では、遺伝と環境が必ずしも独立ではなく、遺伝が環境に及ぼす影響、逆に環境が遺伝に及ぼす影響なども注目されている。［本郷］

遺伝子
gene
6 10

遺伝とは親の形質が子に伝わる現象である。**家系研究**や**双生児研究**の結果は、性格または気質等の特定の行動傾向、さらには精神神経疾患などの行動異常の発露に遺伝的要因が密接にかかわることを示唆してきた。この遺伝という生命現象を媒介するのが**遺伝子**である。遺伝子は生命の根源となる**デオキシリボ核酸**（**DNA**）より成り立ち、生命活動に必要な数多くのタンパク質を作り出すための情報となる。また、タンパク質合成のための中間物質となる**リボ核酸**（**RNA**）を作り出す場でもある。［高瀬］

遺伝子改変動物
genetically modified animal
6

人為的に個体の遺伝情報を変化させた動物を**遺伝子改変動物**と呼ぶ。マウスを対象とした遺伝子改変技術は進歩しており、遺伝子改変マウスは**トランスジェニックマウス**、**ノックアウトマウス**、**ノックインマウス**等に大別される。トランスジェニックマウスは外来遺伝子を人為的に導入したマウスをさす。ノックアウトマウスはゲノム上の遺伝子が外来遺伝子と置換され、その遺伝子がタンパク質合成機能を持たないマウスをさす。ノックインマウスは特定の細胞種に発現することが知られる遺伝子に、実験者が発現させたい遺伝子を挿入したマウスをさす。［高瀬］

イド（エス）
id（es）
5

精神分析の構造論における心的機能の一つ。**快楽原則**と一次過程（原始的で非合理な思考過程）に支配された生来的で混沌とした無意識的な心のありようを示している。性的欲求を含む心のエネルギー（**リビドー**）の貯蔵庫であり、**自我**や**超自我**は精神発達においてイド（エス）から発生する。［村松］

意図的学習／偶発学習
intentional learning / incidental learning

3

意図的学習は、記憶課題などにおいて学習者が憶えようと思って行う学習。**偶発学習**は、憶えようとする意図を持たずに行った行為によって成立する学習。偶然（的）学習、付随的学習ともいう。ともに日常生活のさまざまな場面で観察される学習である。［本郷］

意味記憶／エピソード記憶
semantic memory / episodic memory

2

意味記憶は一般的な事物や出来事についての**記憶**で、「リンゴは果物」などのように、主に自分の外側の客観的世界について記憶のことをさす。学習や教育により繰り返し情報が与えられることによって抽象化や構造化が進む。一方、**エピソード記憶**は個人的な経験に基づき、「いつ、どこで、誰と何をした」というように特定の時間や場所に結びつけられ、思い出や主観的な世界に関する記憶のことをさす。いわゆる**記憶喪失**ではエピソード記憶が損なわれ、意味記憶は保持されるので、両者は質的にかなり異なった記憶であり、脳内基盤にも違いがあることがわかってきている。［行場］

医療観察制度
medical treatment and supervision

10 公

心神喪失や**心神耗弱**（こうじゃく）の状態で殺人や放火などの重大な他害行為を行った者の社会復帰を促進するための処遇制度である。2003 年成立の心神喪失等の状態で重大な他害行為を行った者の医療及び観察等に関する法律（**医療観察法**）に基づき、適切な処遇を決めるための審理手続きが設けられたほか、入院決定を受けた者には厚生労働省所管の**指定入院医療機関**の専門的医療が提供され、その間に保護観察所が退院後の生活環境の調整を行う。また、通院決定を受けた者や退院を許可された者は、原則 3 年間、**指定通院医療機関**で医療が提供されるほか、保護観察所による**精神保健観**

察に付され、必要な医療や援助の確保が図られる。［荒井］

医療的ケア児
child in medical care
9

日常生活を営むために人工呼吸器や経管栄養などの医療行為を必要とする児童。医療技術の発達に伴い**医療的ケア児**は増加傾向にあるが、退院後の児童を支援する医療・福祉サービスが脆弱なため、保護者の**介護ストレス**が大きな問題となっている。［藤田］

色カテゴリー
color category
2

人間は光の波長の連続的な違いを質的に異なるカテゴリーに分けて色として**知覚**している。古くから 4 つの**基本色**（赤、黄、緑、青）が提唱されてきたが、**バーリン, B.** と**ケイ, P.** は文化背景の異なるさまざまな言語を調べた結果、共通する 11 個の色名（白、黒、赤、黄、緑、青、茶、橙、紫、ピンク、灰色）を抽出した。日本工業規格(JIS)では､有彩色について 10 個の基本色名（赤、黄赤、黄、黄緑、緑、青緑、青、青紫、紫、赤紫）が規定されている。色概念や色表現の一部は時代とともに変遷することがある。［行場］

因果推論
causal inference
1

ある事象や過程の生じた順序についての推論。ある事象が他の事象に対して原因と結果の関係になるという因果性においては、原因と結果が生じる場所や時間が近接していること、原因が結果よりも時間的に先行して生じること、原因と結果の間には恒常的な関係があることなどが哲学者**ヒューム, D.** によって提唱されている。これによって科学的研究が可能となるわけだが、厳密な時間的因果関係が保証されなくても、ある事象の原因となるものを推測したり、ある事象の結果を予測したりするような**因果的思考**は、幼児期にはできるようになる。［高砂］

因子抽出
factor extraction
7

因子分析において、計算により**共通因子**を導出すること。因子抽出の方法として、かつて主流であった主成分法、主因子法、近年推奨されることの多い**最尤法**のほか、**最小二乗法**、重み付き最小二乗法、アルファ因子法、イメージ因子法などがある。［杉澤］

因子負荷量
factor loading
7

因子分析において、各**観測変数**に対して各**共通因子**がどの程度関係しているのかを示す係数。**直交解**では**因子負荷量**の値は各観測変数と各共通因子の**相関係数**に一致する。因子負荷量を一覧表の

形にしたものを**因子パターン**と呼ぶ。[杉澤]

因子分析
factor analysis
1 7 公

複数の**観測変数**間に見られる**相関**関係を、少数の**因子**によって説明しようとする統計的手法。因子は実際のデータとしては観測されない**潜在変数**で、相関の強い観測変数どうしの背後には同一の因子（**共通因子**）が関係し、その因子の値に連動してそれらの観測変数の値が決まると仮定する。**因子分析**には、**探索的因子分析**と**確認的因子分析**があり、単に「因子分析」という場合には、通常、前者をさす。多数の項目からなる心理テストにおいて、共通因子を構成概念とみなして、同一の特性を測定していると考えられる項目をまとめて尺度構成を行う際などに用いられる。[杉澤]

印象形成の連続体モデル
continuum model of impression formation
4

フィスク, S. T. らによる、認知的な負荷の違いを加味した他者の**印象形成**に関する理論。カテゴリーに関する既存の知識が優先して利用されるが、相互作用を通じて、より正確な処理が求められる状況になると、個人単位の処理が行われるとしている。[村上]

隠匿（いんとく）情報検査（CIT）
concealed information test
10

ポリグラフ検査において使用されている質問法の一つ。犯人ならば知っているはずだが、犯人でなければ知っているはずのない情報、たとえば、殺人事件における凶器や被害部位などについて「犯人が刺したのは（胸、腹、背中、首、…）ですか」といった形の再認方式の複数の質問を作成し、それを生理学的な反応を測定しながら、被検査者に順次呈示していく。もし犯人であれば実際の凶器や被害部位などの項目に対する生理的な反応が、他のものと異なっているはずである。このようなロジックを用いて、被検査者が犯人であるかどうかを識別しようというものである。[越智]

インフォームド・コンセント
informed consent
1 3 5 公

心理学における**研究倫理**の一つであり、もともとは「情報を与えられたうえで同意する」という意味の医学における臨床の用語。心理学の研究でも研究参加者に同意して参加してもらうことが重要であり、事前に研究の目的やリスクに関する情報を開示して説明を行うことが必要である。もし、その言語を十分に理解できないような乳幼児あるいは障害を持つ者などを研究対象とする場合には、たとえば保護者のような代諾者に事前に同意を得ておく必要がある。**インフォームド・コンセント**を行ったという証拠のために、近年は同意書という形で文書を作成することが多い。[高砂]

インフラディアンリズム
infradian rhythm
6

24時間周期の**サーカディアンリズム**より長い生体リズムを**インフラディアンリズム**と呼ぶ。週、月、年単位の生体リズムはそれぞれ**サーカセプタンリズム**（7±3日）、**サーカトリジンタンリズム**（30±7日）、**サーカニュアルリズム**（1年±2月）と呼ばれている。[高瀬]

隠蔽（いんぺい）（オーバーシャドウイング）
overshadowing
2

複数の刺激を同時に提示して**条件づけ**を行った場合に、生体にとって最も強い顕著性を持つ刺激に対して**学習**がなされ、特定の反応が生起するが、他の刺激に対しては条件づけが弱くなる現象をさす。[行場]

ウェーバーの法則
Weber's law
1 7

ドイツの生理学者**ウェーバー, E. H.** が示した法則。彼は重さの差を区別できる**丁度可知差異（ちょうどかちさい）**（**弁別閾（いき）**）を測定し、刺激の重さ（R）が増大すると弁別閾（$\varDelta R$）も比例して増加する法則を見いだした。その比は**ウェーバー比**（$\varDelta R/R=C$）と呼ばれている。[矢口]

ウェクスラー式知能検査
Wechsler intelligence test
3 5 7 10

ウェクスラー式知能検査は、アメリカのベルビュー病院で心理の室長として働いていた**ウェクスラー, D.** が1939年に刊行したウェクスラー・ベルビュー知能検査が最初のものである。その後、知能検査は、対象年齢によって検査が分けられ、児童用は**WISC（ウィスク）**（1949年）、成人用は**WAIS（ウェイス）**（1955年）、幼児用は**WPPSI（ウィプシ）**（1967年）という名称が用いられた。これらの検査は、いずれも受検者と1対1で行う個別式検査であり、日本版も作成され、現在までに何度か改訂が重ねられてきている。改訂の版によって**WISC（ウィスク）–Ⅴ（ファイブ）**、**WAIS（ウェイス）–Ⅳ（フォー）**、**WPPSI（ウィプシ）–Ⅲ（スリー）**などの名称がつけられている。[本郷]

ウェブ調査
web survey
1

これまで主に**質問紙**を用いて実施していた心理学調査をオンライン上で構築して実施する手法。調査参加者は指定のページにアクセスし質問項目に回答する。調査コストを抑えるメリットがある一方で、データにノイズが入りやすいデメリットもある。[矢口]

ウェルチの検定
Welch's test
7

独立な２群の平均値差の検定の一つ。通常の t **検定**では、比較する２群の母分散が等しいこと（**等分散性**）を前提条件としている。**検定統計量**や**自由度**を補正することで、等分散性の前提条件が満たされていなくても適用できるのが**ウェルチの検定**である。［山田］

ウェルニッケ失語
Wernicke's aphasia
6 公

ウェルニッケ失語は**受容性失語**とも呼ばれ、大脳の上側頭回の後部にある**ウェルニッケ野**に損傷を受けた患者が呈する**失語症**である。ウェルニッケ失語では、言葉は聞けるが、その言葉の意味を理解することができなくなる。［髙瀬］

ウェルニッケ野
Wernicke's area
6

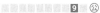

大脳の上側頭回の後部に位置する領域で、ドイツの神経科学者で外科医の**ウェルニッケ, C.** の名からつけられた。ウェルニッケは、この領域に損傷を受けた患者が言葉は聞けるが、その言葉の意味を理解することができなくなることを発見した。［髙瀬］

ウェルビーイング
well-being
9 公

身体的、精神的、社会的に良好な状態にある、満たされて幸福なありようを意味し、安寧とも訳す。厚生労働省は、「個人の権利や自己実現が保障され、身体的、精神的、社会的に良好な状態にあることを意味する概念」としている。**WHO 憲章**前文では、健康とは病気ではないとか弱っていないということではなく、肉体的にも精神的にも社会的にも**ウェルビーイング**な状態であることをいう、としている。ウェルビーイングという概念の適用範囲は広く、政策や企業の経営理念にも使われている。［田中］

疑わしい研究実践（QRPs）
questionable research practices
1

研究で得られた成果を研究者の望ましいものに修正あるいは捏造する行為。研究の再現性に重大な影響を与えるものであり、現在問題視されている**再現性の危機**の原因の一つである。具体的な行為として、サンプル数を不正操作し算出される p 値の有意性を高める **p ハッキング**、多量の指標を測定・分析し有意性が示された結果のみを公表する**チェリー・ピッキング**、否定的な結果が掲載されにくい**出版バイアス**などが挙げられる。このような問題を未然に防ぐために**効果量**の明示、**検定力分析**、論文審査における事前登録などが手立てとして考えられる。［矢口］

内田クレペリン精神作業検査
Uchida–Kraepelin Performance Test
1 4 5 7

クレペリン, E. の連続加算課題をもとに開発された**作業検査**。1ケタの足し算を前後半15分ずつ、間に5分の休憩を挟んで多数実施させる。そして計算量の時系列的な推移（作業曲線）や誤答数などから、対象者のパーソナリティや適性を評価する。[岩佐]

うつ症状／うつ状態
depressive state
5 公

抑うつ状態と同義。精神運動活動が抑えられた症状や状態像をさす。思考・行動の抑制、気分は悲哀や抑うつ、身体面では全身または各所の不調として現れる。**うつ病**に典型的な症状だが、**統合失調症**、器質性疾患、心因性疾患などでも見られる。[沼]

うつ性自己評価尺度（SDS）
Self-rating Depression Scale
5

ツァン, W. W. K. により考案され、20項目の質問（4件法）に受検者自身が回答する抑うつ性の評価尺度であり、**うつ病のスクリーニング**として広く用いられている。粗点は20～80点、39～59点が神経症、53～67点が**うつ病**の疑いとされている。[沼]

うつ病
depression / major depressive disorder
4 5 公

抑うつ状態を特徴とする気分性の精神障害であり、伝統的診断では**内因性精神疾患**として**躁**（そう）**うつ病**の疾患概念に包括され、うつ病相のみを呈するもの。DSM–5における**うつ病**の診断は、**抑うつエピソード**の存在（躁病・軽躁病エピソードは存在したことがない）を基準とし、少なくとも抑うつ気分または興味・喜びの喪失のどちらかがあり、食欲や体重の著しい変化、不眠または過眠、焦燥感や制止、疲労や気力の減退、罪責感、集中困難、死についての反復思考などの特徴的症状が5つ以上、1日中かつ2週間存在すること。診断では単一性か反復性かを特定する。[沼]

ヴュルツブルク学派
Würzburg school
1

20世紀初頭にドイツのヴュルツブルク大学で心理学を教えていた**キュルペ, O.** とその弟子たちを中心とした一派のこと。特に**思考**の研究に実験的設定を持ち込んだことで知られる。19世紀末のドイツの心理学では実験者が実験参加者を兼ねていて、反応時間研究のように何度も練習をすることが一般的な実験方法であったが、これに対して**ヴュルツブルク学派**が提唱したのは質問法という第三者が実験者として質問を提示する方法だった。これにより初めて課題に接した実験参加者には問題解決に向かう**構え**ができ、解決の方策について**決定傾向**が生じることが見いだされた。[高砂]

ウルトラディアンリズム
ultradian rhythm

24時間を周期とする生体リズムは**サーカディアンリズム**と呼ばれ、これより短い生体リズムを**ウルトラディアンリズム**と呼ぶ。生体内では体温変動やホルモン分泌等のさまざまな生理現象でウルトラディアンリズムが観察される。［高瀬］

運動残効
motion aftereffect

特定の方向に運動する対象を持続的に注視した後に、対象を静止させると、反対方向に運動するように見える現象。よく知られた例に**滝の錯視**がある。回転運動する対象でも生じる。視覚系の運動検出器の**選択的順応**によって生じるとされる。［行場］

運動視差
motion parallax

移動しながら外界を見ると、遠方の対象は網膜上ではゆっくり動き、近くの対象は速く動く。また、異なる距離にある対象の中間を見ながら移動するときには、遠くの対象は観察者と同じ方向に、近くの対象は反対方向に動く。このような速度差を**運動視差**と呼び、**奥行視**の強力な手がかりの一つとなる。［行場］

運動神経（運動ニューロン）
motor nerve

骨格筋や平滑筋を制御するために情報を伝える神経を**運動神経**（**運動ニューロン**）と呼ぶ。骨格筋を支配する神経は**体性運動神経**と呼ばれて随意運動に関係する。また、運動神経は末梢に向かうので**遠心性神経**とも呼ばれる。［高瀬］

エイジズム
ageism

ある年齢集団に対する否定的もしくは肯定的偏見または差別として定義される。アメリカで提唱された概念で、特に**高齢者差別**の文脈で使われてきた。WHOはその削減に向けた戦略として、政策と法律、教育活動、世代間の介入を挙げている。［田中］

エイジング（加齢）
aging

成人期・高齢期以降の発達的変化。以前は、機能の低下や衰退を意味する**老化**という用語が用いられたこともあった。しかし、ネガティブな変化だけでなく、ポジティブな変化もあるという点から**エイジング**（**加齢**）という用語が用いられるようになった。たとえば、記憶については「憶えているけど思い出せない」といった**想起機能**は加齢の影響を受けやすいが、**保持機能**は影響を受けにくい。自動車の運転や楽器の演奏といった**手続き的記憶**も衰えにくい。さらに、専門的な訓練や実践的な経験を通して獲得した

知識は、さらに精緻化されるという**熟達化**が起こる。[本郷]

エクスポージャー（暴露法）
exposuer
5

不安や**恐怖**のため回避している刺激（状況やイメージ）に患者を曝（さら）し、刺激への**馴化**（じゅんか）（環境に適応）を通し不適応的な反応を消去する技法。認知理論では、刺激への暴露が「不安は破局をもたらす」といった**スキーマ**への修正を生じさせるという考えがある。[沼]

エゴグラム
egograms
4

バーン, E. の交流分析をもとにしたパーソナリティ評価の枠組み。個人の自我状態を①批判的親（CP）、②養育的親（NP）、③順応した子ども（AC）、④自由な子ども（FC）、⑤大人の自分（A）の５つに分類する。わが国では**東大式エゴグラム（TEG）**を評価法とすることが多い。[岩佐]

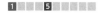

エディプス・コンプレックス
Oedipus complex
1 5

フロイト, S. の用語で、男の子が父親に反発して母親を慕う傾向をさす。これはそれと知らずに父を殺して母と結婚したギリシア神話のエディプス王の物語になぞらえたものであり、フロイトが使った**コンプレックス**という用語では唯一のものである。[高砂]

エビデンスベイスト・アプローチ
evidence based approach
1 5 公

客観的な根拠（**エビデンス**）に基づいて援助を行おうとする立場。主に**臨床心理学**における支援や介入の効果を検証する際に、個人的な経験や勘、学派の考えに頼るのではなく、効果測定研究の結果に基づいて評価したうえで実践する姿勢をさす。[矢口]

演繹（えんえき）的推論／帰納的推論
deduction / induction
2 公

演繹的推論とは自明もしくは既知と考えられる限られた数の命題から出発して、それらの前提から必然的に導き出せる結論へと至る論理的思考形式。一方、**帰納的推論**とは、すでに存在する複数の観察や事例から、これらを統一的に説明できる原理や原則を仮説として導いていく推論の形式。前者は、推論の方法さえ間違わなければ得られる言明は**恒真**（こうしん）**命題**（トートロジー）となる。後者は、特殊からの一般化であるので、１つでも仮説と異なる現象が存在すると、その仮説は誤りであることがわかる。[坂上]

援助行動
helping behavior

援助を必要とする他者を助ける目的で行われる自発的な行動であり、他者に対してとられるポジティブな**向(こう)社会的行動**の一つに含まれる。**援助行動**の研究は、1964 年に起こった**キティ・ジェノヴィーズ事件**を契機に活性化したといわれている。そこで提案されたのは、**ラタネ, B.** らが実験で示した、なぜ助けないのかという援助行動を阻害する状況の要因である。以降、個人の特徴や動機、**社会規範**などに加え、援助される側が求める視点に立った**ソーシャルサポート**の観点、**進化心理学**による**利他主義**（**愛他(あいた)主義**）の説明などのアプローチが見られる。［村上］

延髄(えんずい)
medulla oblongata

延髄は、嘔吐(おうと)・嚥下(えんげ)、唾液分泌(ぶんぴつ)、呼吸などを制御していて、生命維持に最も重要な機能を担っている。延髄の担う機能を**植物機能**と呼び、延髄以外の機能が失われた状態を**植物状態**と呼ぶ。**中脳**、**橋(きょう)**、さらに延髄を合わせて**脳幹**と呼ぶ。［髙瀬］

延滞条件づけ
delayed conditioning

条件刺激の提示中に、その開始から遅延時間を設けて**無条件刺激**を重ねて提示する**レスポンデント条件づけ**の手続きの一つである。遅延時間が短いとき、**条件反応**の強度は条件刺激と無条件刺激を同時提示する同時条件づけや、間隔の空いた痕跡条件づけより強い。［坂上］

エンパワメント
empowerment

個人や集団の病理・欠陥だけではなく、固有の能力や長所に着目して、本来持っている**強み**を引き出し、増強させていく考え方。社会的、政治的、経済的に抑圧された人々はパワーレスな状態に置かれて不利益を被っている。そこで本人を人生の主体として位置づけ、自己の権利や自尊心を回復して**自己実現**ができるよう、自らと環境をコントロールするパワーを養う過程である。**エンパワメント**は単に個人や集団の自立を促す概念ではない。その潜在能力を発揮できるように個人変容から社会変革までを志向し、公平な社会の実現をめざす点に価値を置いている。［藤田］

横断的研究／縦断的研究
cross-sectional study / longitudinal study
1 3

心理学で用いられる研究デザインの分類の一つ。**横断的研究**ではある限られた時期に得られた複数の集団のデータをもとに分析するのに対して、**縦断的研究**では同一の対象について時間をおいて複数回観察するような研究が含まれる。横断的研究は一般に経費や労力が少なくて済むため、実行も容易で研究数も多いが、同年代の**コーホート**効果を排除することができない。縦断的研究は手間がかかるが、コーホートの影響とは異なる発達そのものの差を見ることができる。近年では両者のメリットやデメリットを考えて、これらを組み合わせた研究法も用いられる。［高砂］

凹(おう)面顔錯視
hollow mask (face) illusion
2

お面を裏側から見ると、鼻や口などがくぼんでいる凹面顔にもかかわらず、通常の凸(とつ)面の顔のように見える**錯視**(さくし)。顔に関する知覚的知識が**トップダウン**的に作用して、陰影や両眼視差などの奥行き手がかりを無効にするために生じると考えられている。［行場］

応用行動分析
applied behavior analysis
5 公

スキナー, B. F. らによる**オペラント条件づけ**理論に基づく行動分析を、人の行動の分析や修正に用いた実践が**応用行動分析**である。対象となる行動がどういった環境で生じ、どのような刺激によって維持されるのかという**随伴性**を機能分析（**ABC 分析**）によって想定したうえで、**強化**や**弱化**などを用いて介入する。言葉によるコミュニケーションが難しい**知的発達症**や**自閉スペクトラム症**、**認知症**などへの適用だけでなく、スポーツや学校環境、また動物のしつけまで応用の範囲は広い。［村松］

オープン・システム・アプローチ
open-system approach
8

組織は、環境から資源を獲得し、それを加工・変換したものを環境に提供するというやり取りを繰り返しながら、変化する環境に適応し独自の特性を持つようになる。このように、組織を外部環境と相互作用する開かれた存在であり、成長や衰退を経験する個体（群）であるとしてとらえるアプローチ、組織観のこと。オープン・システムの考えに基づくものに**コンティンジェンシー理論**や**社会－技術システム論**などがあり、また組織の**ライフ・サイクル理論**や**組織変革**の理論を発展させた。［山浦］

オキシトシン
oxytocin
4 6 9

オキシトシンは**視床下部**で合成されて下垂体茎を軸索輸送により運ばれる。そしてオキシトシンは下体後葉の神経終末ボタンから体循環中に分泌されて平滑筋の収縮に関与する。分娩時には子宮を収縮させる作用を持つ。また、乳腺の筋線維も収縮させて乳汁分泌を促す。分泌を促す機械的な刺激として、分娩中の子宮頸部および子宮の伸長、乳首への刺激がある。一方、オキシトシンを分泌する神経細胞は扁桃体等の社会行動に関与する脳領域に投射しており、オキシトシンの鼻腔内投与は**自閉症スペクトラム障害**の症状を標的とした薬理学的治療として探求されてきた。[髙瀬]

奥行き手がかり
depth cue
2

観察者に 3 次元的な距離感や立体感をもたらす情報要因として、近距離の**奥行視**の場合には、眼球の水晶体の**調節**、両眼の**輻輳**や**両眼視差**が挙げられる。遠距離の奥行視には、**重なり**や**陰影**、**肌理の勾配**、大きさ、上下位置、濃淡に関する情報などが手がかりとなる。これらは**絵画的手がかり**と呼ばれることがある。観察者が移動する場合には、**運動視差**が強い手がかりとなる。聴覚の場合には、空間知覚の精度は視覚より低下するが、音の大きさや、音が両耳に達する時間差や強度差などが手がかりとなる。[行場]

オタワ憲章
Ottawa Charter
9

WHO による健康づくりに関する憲章。1986 年にオタワで第 1 回世界ヘルスプロモーション会議が開催された際の成果としてまとめられ、独自のシンボルマークを持つ。健康の前提条件は、平和、住居、教育、食料、収入、安定した環境、持続可能な資源、社会的公正と公平であるとして、健康の社会的決定要因を重視している。健康は生きる目的ではなくて暮らしの資源であるとされた。**ヘルスプロモーション**活動として、健康な公共政策の策定、健康を支援する環境整備、地域活動の強化、個人のスキル開発、ヘルスサービスの方向変換という、5 つの戦略が挙げられている。[田中]

オピニオンリーダー
opinion leader
8

インフルエンサーとも呼ばれる。時系列で流行採用者の分布を示した**ロジャーズ, E. M.** の**イノベーション普及過程モデル**によれば、**革新者**の次に新製品やアイデアを採用し、社会や集団で強い影響力を発揮する重要な存在である。[山浦]

オレキシン
orexin

オレキシン（ヒポクレチン）は睡眠、摂食にかかわる**神経伝達物質**である。オレキシンを作り出す神経細胞が働かなくなることで、**ナルコレプシー（睡眠過剰症）**という**睡眠障害**が起こる。ナルコレプシーの原因は、オレキシンを作り出す神経細胞に機能不全を起こす遺伝子の異常がイヌのナルコレプシーの血統で見つかり、同様の遺伝子異常をマウスで再現したところ、ナルコレプシーの症状が出現したことで明らかとなった。また、ナルコレプシーの患者では脳脊髄（せきずい）液中のオレキシンがほぼ消失していることから、この病気の原因がヒトでもオレキシンであると確認された。〔高瀬〕

音圧レベル
sound pressure level

2

音の強さを表す単位として用いられる。人が検知できる最小の音波の圧力（**音圧**）を基準値とし、ある音の音圧を基準値との比で表し、その常用対数を取った値であり、**dB（デシベル）**で表す。0〜120dB ぐらいまでが音として感じられる。〔行場〕

音源定位
sound localization

2

音波を発生する対象（音源）が空間上のどこにあるか、方向や距離を判断すること。その手がかりとなる情報には、音の大きさや音が両耳に達する時間差や強度差などがある。人間の**音源定位**の精度は粗く、同時に提示される視覚刺激などの影響を受ける。〔行場〕

か

絵画欲求不満テスト（P-F スタディ）
Picture-Frustration Study

ローゼンツァイク, S. による**投影法（投映法）**の**パーソナリティ検査**。**欲求不満**が引き起こされるような場面の絵を刺激とし、登場人物の発言を空白の吹き出しに記述させる。その内容から、主に攻撃性や葛藤処理の様式を査定しようとする。［岩佐］

回帰係数／切片
regression coefficient / intercept

回帰分析で仮定される、**独立変数** x と**残差** e を用いて**従属変数** y の値を $y=a+bx+e$ と表したモデルにおいて、独立変数 x にかかる定数 b を**回帰係数**、定数項 a を**切片**と呼ぶ。切片は独立変数が 0 のときの y の**条件付き平均**、回帰係数は独立変数の値が 1 単位大きくなったときの**予測値**の変化量を表す。独立変数が複数ある**重回帰分析**では、$y=b_0+b_1x_1+\cdots+b_px_p+e$ というモデルにおいて、各独立変数にかかる定数 $b_1, \cdots, b_p$ は他の独立変数が連動して変化しないように統計的に統制したときの値であり、**偏回帰係数**と呼ばれる。データから切片や（偏）回帰係数の値を推定する方法として一般に**最小二乗法**が用いられる。［杉澤］

回帰効果（平均への回帰）
regression effect (regression to the mean)

2 変数のうち、一方の値が**平均**より大きい（または小さい）人は、他方の値が全体の平均に近い値を取る傾向が見られる現象。たとえば、中間試験の成績上位者だけで期末試験の平均を取ると、期末試験の平均点は中間試験ほど良くない。これは中間試験で偶然良い成績を取れた人が、必ずしも同じ幸運に恵まれずに成績が下がるなど、偶然の要素で入れ替わりが生じることで必然的に生じる。ただし、分布全体が平均に近づいて**分散**が小さくなるわけではない。完全に**相関**していないという以上の意味がないのに、努力などの原因に帰属してしまうことを**回帰の誤謬**（ごびゅう）という。［杉澤］

回帰式
regression equation

回帰分析において、**独立変数** $x_1, \cdots, x_p$ の値を使って**従属変数** y の**予測値** $\hat{y}$ を求める式。予測式ともいう。回帰式は独立変数が 1 つなら直線、2 つなら平面、3 つ以上なら超平面を表す。なお、x から y を予測できるとき、その関係を「y の x への回帰」と呼ぶ。［杉澤］

外向性／内向性
extroversion / introversion
1 4

興味関心や社会性が内外のどちらに向かいやすいかを反映した**パーソナリティ**次元。**アイゼンク, H. J.** が**ユング, C. G.** のパーソナリティ類型をもとに特性次元として概念化し、**モーズレイ性格検査**（**MPI**）を作成した。特に**外向性**は**特性5因子モデル／ビッグ・ファイブ**の特性次元の一つとされる。［岩佐］

介護支援専門員（ケアマネジャー）
care manager
9

介護が必要な人からの相談に応じ、心身の状況に応じた適切なサービスを受けられるよう**ケアプラン**を作成し、関係機関との連絡調整や給付管理などの**ケアマネジメント**を担う専門職。**介護保険法**に位置づけられ、各都道府県が管轄する公的資格である。［藤田］

介護疲れ／介護ストレス
caregiver stress
9

介護における心身の負担や**ストレス**。介護には身体的、精神的、経済的に過大な負荷がかかるため、心身の疲れや病気の発症、介護離職や介護**うつ病**などが問題となっている。長期間に及ぶ終わりの見えない困難であり、慢性型**ストレッサー**といえる。［藤田］

介護福祉士
certified care worker
9

日常生活を営むのに支障がある者について心身の状況に応じた介護を行い、本人およびその介護者に対して介護に関する指導を行う専門職。**社会福祉士及び介護福祉士法**に基づく名称独占の国家資格である。［藤田］

介護保険制度
long-term care insurance system
9 公

加齢に伴って生じる心身の変化に起因する疾病等により介護が必要になったときに、必要な保健医療サービスおよび福祉サービスに係る給付を行う制度。保険者は市町村である。介護保険の被保険者は65歳以上の第1号被保険者と、40歳以上65歳未満の第2号被保険者に区分されている。利用者負担は応益負担で、介護サービスに要した費用の1割が原則だが、一定以上の所得者の場合は2割または3割である。要介護（要支援）認定を受けると、介護支援専門員または本人が作成した**ケアプラン**に基づいてサービスの利用が開始される。［藤田］

カイ二乗検定（χ^2 検定）
chi-square test
7

統計的検定の一つで、χ^2 **分布**を用いて行われる。**適合度の検定**と**独立性の検定**が代表例であり、いずれも帰無（きむ）仮説のもとで期待される度数（**期待度数**）と実際の度数（**観測度数**）とのずれを評価するものである。適合度の検定は、ある変数の**度数分布**が、理論的な確率分布と矛盾しないかを検討するために用いる。独立性の検定は、**クロス集計表**のデータに適用できる検定で、2つの質的変数の連関の有無を確認するために用いる。これらの検定は検定統計量が近似的にχ^2分布に従うことを利用した方法であるため、期待度数が小さい場合等に、結果が不正確になることがある。［山田］

カイ二乗分布（χ^2分布）
chi-square distribution
7

適合度の検定や独立性の検定で参照される、非負の値を取る確率変数の**確率分布**。**自由度** *df*（degrees of freedom）の値により形状が変わり、自由度が大きくなるにつれて、正規分布に形状が似てくる。図は $df=1, 2, 4, 8$ のχ^2分布である。［山田］

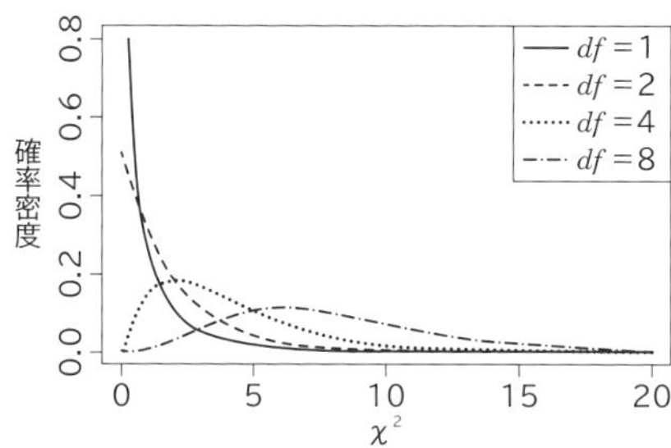

解釈
interpretation
5

精神分析における主要な技法。自らの心的世界を自覚することが難しいクライエントに、**転移**や**無意識**の心理過程などに関する分析者の理解を伝え（**解釈**）、クライエントの認識のあり方を変更するためにワークスルー（徹底操作）が試みられる。クライエントが実感の伴う**洞察**に至ることで思考や行動の変化が導かれる。［村松］

解釈主義的アプローチ
interpretivist approach
8

実証主義や**情報処理パラダイム**では、人間に共通する普遍的な法則を解明し人間行動の予測を試みる。他方、**解釈主義的アプローチ**では、現実の諸現象は社会的に構成されたものと考え、その多様な**リアリティ**の理解を重視する。［山浦］

解釈レベル理論
construal level theory
4

トロープ, Y. と**リバーマン, N.** による予測に関する理論。時間的な展望は心理的距離に基づいて、遠い将来に関することは抽象的な思考がなされやすいのに対して、近い将来に関することは現実的で具体的な思考がなされやすいとしている。［村上］

階層的重回帰分析
hierarchical multiple regression analysis
7

重回帰分析において、**独立変数**の優先順位をあらかじめ定め、複数の段階に分けて順次モデルに加えていく方法。新たに追加した独立変数による**決定係数**（**分散説明率**）の増分やその統計的有意性を調べることで、当該独立変数の重要性を検討する。［杉澤］

回想法
reminiscence therapy
9 公

高齢者に過去を想起して語ることを促すことで、さまざまな心理的効果を導く対人援助の手段。精神的な安定や心理的な**ウェルビーイング**の向上、**自尊心**の回復やうつ状態の改善、非薬物療法として**認知症**の予防や進行抑制が期待される。医療、看護、福祉などの場で、個人や集団単位で実施されている。聞き手になる人は訓練を受けたカウンセラー、施設職員、家族などさまざまである。認知症で時間や場所がわからなくなる**見当識障害**（けんとうしきしょうがい）があったり**短期記憶**が失われがちだったりしても、子どもの頃などの**長期記憶**は比較的保たれている。小物を手がかりにすると語りやすい。［田中］

外側膝状体（がいそくしつじょうたい）
lateral geniculate body
6

外界の視覚情報は、**水晶体**のレンズ機能により右視野はそれぞれの眼球の左網膜上に、左視野は右網膜上に投影され、その情報は視床の**外側膝状体**と**上丘**（じょうきゅう）へ伝えられる。外側膝状体に届いた情報は最終的には**大脳皮質**に到達する。［高瀬］

改訂長谷川式簡易知能評価スケール（HDS-R）
Hasegawa's Dementia Scale-Revised
5 公

認知症の**スクリーニング検査**として、**長谷川和夫**により開発されたわが国独自の検査。改訂を経て、見当識（けんとうしき）、即時記憶、計算問題、遅延再生、言語流暢性（りゅうちょうせい）の 20 問で構成され、30 点満点中 20 点以下が認知症の疑いとなるが、あくまで点数は目安である。［沼］

概念／概念形成
concept / concept formation
2

行動的には、ある個体が、ある刺激クラス（例：動物）内のすべての成員 Xi については**般化**（はんか）し、別のクラス（例：植物）内のすべての成員 Yi については、Xi と Yi とが弁別されるような、そうした刺激クラスに基づく般化と弁別の関係が成立しているとき、その各クラスはある**概念**をなしているといわれる。**概念形成**とは、そうした概念を形成していく学習過程や方法をいう。一方、概念は、認知的には特定の単語や語句で表現できる**意味記憶**における知識の単位と考えられており、その概念に含まれる事例（上でいう成員に相当）の集合はカテゴリーと呼ばれる。［坂上］

海馬（かいば）
hippocampus
2 6

海馬は、**扁桃体**（へんとうたい）、**帯状回**（たいじょうかい）、**脳弓**（のうきゅう）、中隔、**乳頭体**等とともに、**大脳辺縁系**を構成している。いずれも大脳皮質全体から見ると中心部から外れた辺縁に当たる領域であるため、この名称がつけられた。大脳辺縁系は情動の表出、意欲、そして記憶や自律神経活動に関与している。このうち海馬は主に記憶機能に関係しており、事実や出来事に関する情報である**宣言的記憶**にかかわる。1966 年、**レモ, T.** が海馬の特定の神経細胞に高頻度で電気刺激を加えると、その神経細胞が情報を伝える**シナプス**の伝達効率が上昇することを明らかにし、これを**長期増強**と呼んだ。［高瀬］

解発子（触発子）（かいはつし）
releaser
2

生得性行動の一つである**固定的活動パターン**を開始させる刺激をいう。この反応を誘発する**解発子**（**触発子**ともいう）の特徴を極端にした、自然界には存在しない刺激を、**超常刺激**と呼ぶ。［坂上］

海馬傍回（かいばぼうかい）
parahippocampal region
2 6

海馬の周囲にある大脳皮質内側面の脳回で、海馬と同様に**記憶**の符号化や検索にかかわる領域。特に場所に関する画像や風景などの記憶や**認知**に重要な役割を果たす。この領域が損傷を受けると熟知した場所や風景がわからなくなる**街並み失認**が起こる。［行場］

回避／逃避
avoidance / escape
2 公

反応に随伴して、ある刺激の提示がなされなくなることで、その反応の頻度が増加したとき、その刺激を除去型強化子と呼ぶ。電気ショックは典型的な除去型強化子であり、その提示を妨げる直前の反応が増加する。これらの反応のうち、除去型強化子が提示されている最中に、これを避ける反応を**逃避**反応、除去型強化子の到来を予告する刺激提示中になんらかの反応を行うことでその提示を避けるような反応を**回避**反応という。回避にはこうした能動的回避と、何も反応しないことで除去型強化子を避ける受動的回避がある。［坂上］

快－不快感情
pleasant-unpleasant emotion
4

感情の最も基本的な次元であり、刺激の評価・選好を決定づける要因の一つである。研究の歴史は長く、古くは**ヴント, W. M.** による感情の 3 方向説に遡（さかのぼ）ることができる。その後も多くの研究者によってこの次元が確認され、近年では感情円環モデル、およびそこから発展した**コア・アフェクト理論**の基本次元（**感情価**）としても採用されている。神経学的基盤についても知見が蓄積されており、扁桃体（へんとうたい）や腹側（ふくそく）線条体等の関与が繰り返し報告されている。**快－不快感情**は現在も幅広い心理学研究に用いられており、たとえば実験的な感情研究では刺激価としてよく操作される。［岩佐］

外分泌（がいぶんぴつ）
exocrine

分泌には**外分泌**と**内分泌**（ないぶんぴつ）の２種類がある。外分泌は分泌物を、導管を介して皮膚の外や消化管の中に分泌することであり、汗、母乳、消化液などがこれに当たる。一方、内分泌は分泌物を、導管を介さずに分泌腺（分泌細胞）から血液中に放出する。［高瀬］

開放性
openness to experience

パーソナリティの**特性５因子モデル／ビッグ・ファイブ**における特性次元の一つ。新たな刺激や体験を受け入れ、**好奇心**を持って反応する傾向。異なる価値観に対しても柔軟な反応を示すほか、**独創性**や芸術的な審美性とも関連づけられている。［岩佐］

解離症群／解離性障害群
dissociative disorders

5 公

解離（dissociation）という用語は19世紀末の**ジャネー, P. M. F.** に由来する。本来統合されていた人格のまとまりが統一を失い機能しなくなった状態として、精神衰弱と解離ヒステリーが起こると考えた。DSM–5では**解離症群**に、通常の物忘れでは説明できないような自身の重要な個人情報を想起できない**解離性健忘**（健忘は外傷的出来事や自傷、暴力、自殺企図（きと）などのエピソードと関連する）、他とはっきり区別される２つ以上のパーソナリティ状態が存在する**解離性同一症**（以前は**多重人格**とも呼ばれた）、**離人感・現実感喪失症**が分類される。［沼］

カウンセリング
counseling

公

専門的な知識や技術を持つ**カウンセラー**が**クライエント**（相談者）との対話を通じて、クライエントの抱えている悩みや問題の解決をサポートすること。原則として、カウンセラーは、クライエントに直接アドバイスをするのではなく、クライエントが自分自身と向き合い、問題の理解や洞察を通して、クライエント自身が悩みや問題と主体的に向き合えるようにサポートをする。教育分野のカウンセリングは、主に**スクールカウンセラー**が担う。カウンセラーには、心理学に関する専門的な知識や技術に加え、守秘義務、多重関係の回避（親子関係、友人関係など、支援者と被支援

者の関係以外の関係を持たないこと）などの倫理的意識が求められる。［本郷］

顔認知
face recognition

人間の社会生活において顔の認知は非常に重要で、**選好注視法**などを用いた研究から、生後間もない乳児でも顔に特異的な反応を示すことが明らかになっている。成長してからもさまざまなパターンが顔に見える現象がある（**相貌知覚**）。**トップダウン処理**が顕著で、凹面でも凸面の顔に見える（**凹面錯覚**）。物体認知とは異なる特性として、倒立や白黒反転させて提示すると**顔認知**が困難になることなどが、**サッチャー錯視**をはじめさまざまな実証例で知られている。脳内には**紡錘状回**や**下側頭葉**などさまざまな部位に顔の応答する多数の**ニューロン**がある。その中には表情や顔の向きに特異的に応答するものがある。［行場］

科学者－実践者モデル
scientist-practitioner model

第二次世界大戦後のアメリカで**臨床心理士**の訓練が拡大していく中で、1949 年にコロラド大学で行われた会議によって決定された臨床心理士の教育プログラム。臨床心理士といえども心理学者なので、博士号（Ph.D.）の取得をベースに、6 つの基本的領域を学び、4 年間の大学院教育のうち 3 年目はインターンにあてるなどの要件が含まれた。当初 Ph.D. の取得が難しかったことから、後の会議では臨床心理士用の博士号（Psy.D.）も導入された。研究者－実践家モデルという訳語もあるほか、採択された大学の地名を取って**ボウルダー・モデル**ともいう。［高砂］

科学的管理法
scientific management

テイラー, F. W. が 19 世紀末から 20 世紀初頭にかけて、製造現場での実践から導き出したマネジメントの考え方で、今日のマネジメント・経営管理に大きな影響を与えている。それまでの成行き管理から、**時間研究**などを通して職務を科学的・客観的に把握し（**職務分析**）、未熟練者でもできる標準化された職務の設計をめざし、管理方式を転換させた。それに基づく**課業管理**、**差別出来高払い制度**などを通した経済的刺激に基づく**動機づけ**は生産性向上に大きく寄与したが、作業現場から、「考える」という人間的な行為を奪い**人間性疎外**を導いたとされる。［小野］

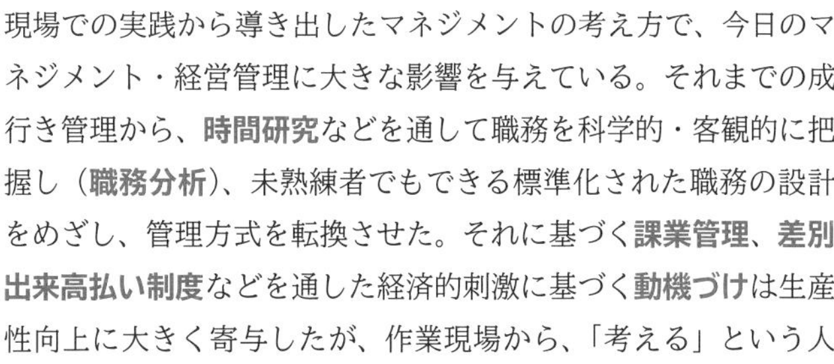

拡散的思考／収束的思考
divergent thinking / convergent thinking
3

拡散的思考は、ある問題について、さまざまなアイデアを出し、複数の新しい発想を自由に生み出していく思考。**収束的思考**は、ある問題について、一つの明確な解を導き出そうとする思考のことである。**ギルフォード, J. P.** が提唱した概念。［本郷］

学習指導
teaching
3

教師が、教材を用いて、児童生徒の教科学習を計画的に促進する活動。「教授」という用語よりも子どもの個人差を考慮した指導のニュアンスが強い。日常生活に関する指導については、**生活指導**、**生徒指導**などの用語が用いられる。［本郷］

学習症／学習障害（LD）
learning disorder / learning disability
3 5

全般的な知的発達に遅れはないが、読む、書く、計算する、数学的推論する能力のうち、特定のものの習得と使用に著しい困難を示すさまざまな状態。主に教育分野で問題となり、心理学者**カーク, S. A.** は **LD**（learning disability）の早期教育を提唱し知能検査 **ITPA** を開発した。DSM-5 では、**限局性学習症**として、学習スキルの習得と使用の困難が 6 か月以上持続していること、該当すれば**読字障害**（**ディスレクシア**）、書字表出障害、算数障害を特定する。ICD-11 では**発達性学習症**の呼称。［沼］

学習性無力感
learned helplessness
3 5

ストレスを回避しようとする行動をとってもその結果が得られない状態に長期間置かれると、人や動物は無気力な状態に陥ってしまい、その状況から逃れようとする努力すら行わなくなってしまう現象。**ポジティブ心理学**の提唱者でもある**セリグマン, M. E. P.** は、最初の段階で電気ショックを回避できない状況に置かれたイヌは、電気ショックから逃れることが可能な状態になってもそこから逃れようとしないことを見いだした。このような無気力な状態は、制御不能な状況に置かれたことによって学習された無力感であると考えられた。［本郷］

学習セット
learning set
2

ハーロウ, H. F. はサルを用いて、1 回ずつ試行の開始と終了のある離散試行で、異なる弁別刺激が配された 2 選択肢の弁別課題を行った。その課題を、正答基準を通過するたびに次々と新しい選択肢の刺激対（つい）にしていったところ、次第に餌（えさ）を得られた場合には同じ刺激を、得られなかった場合には別の刺激を選択するようになった。ある特定の刺激の弁別を学習するのではなく、弁別のしかたを学習するという意味で、**学習の学習**、問題から問題への**学習の転移**と呼ばれ、**逆転学習**などとともに高次学習の一つとされている。[坂上]

学習の転移
transfer of learning
2 3

一般にはある時点での学習がその後の学習に対して効果を持つことをいい、促進的効果は**正の転移**、妨害的効果は**負の転移**と呼ばれる。転移の理由には、両学習間の類似性、共通する原理や**学習セット**の獲得などが考えられている。[坂上]

学習の動機づけ
motivation of learning
2

条件づけ研究では**強化子**や**弱化子**の効果を変化させる変数群をいい、**確立操作**、動機付与操作、セッティング・イベント（設定事象）とも呼ばれている。過去には、**欲求**や**要求**といった心的用語、**動因**や**誘因**といった心的な仲介変数と結びつけられていた。[坂上]

学習方略
learning strategy
3 公

学習を効果的、効率的に行うために学習者がとる方法。具体的には、下線を引く（選択方略）、グループに分ける（体制化方略）、既有知識と関係づける（統合方略）、生産的な環境をつくる（動機づけ方略）、自問する（**メタ認知**方略）などがある。[本郷]

確証バイアス
confirmation bias
4 8

あらかじめ持ち合わせた考え方や信念を当てはめ、それを支持する方向の情報や証拠だけを集めたり、それに該当しないような反証例を考慮したりしないなど、自分の判断に疑いを持たない傾向である。判断の歪（ゆが）みや誤りを生み出すことが示されている。[村上]

学生相談
student consultation
3

大学やその他の高等機関で学生に行われる相談。主として、学生相談室や保健管理センターなどの相談員が対応する。学生生活の過ごし方、対人関係の悩み、履修方法の相談や障害がある学生への援助など多様な相談と援助を行う。[本郷]

覚醒度（かくせいど）
arousal
4

基本的な感情次元の一つであり、生理的な覚醒状態の強弱を表現している。次元の両極には活性－不活性、興奮－鎮静などさまざまな表現で対照的な強度の覚醒状態が置かれる。**コア・アフェクト理論**では覚醒－睡眠の次元とも表現される。[岩佐]

拡張－形成理論
broaden-and-build theory
4 公

フレドリクソン, B. L. が提唱した**ポジティブ心理学**的な理論。この理論によると、ポジティブな感情状態による心理的・行動的な活動性の拡張と、それによって生じる能力・資源形成の循環的プロセスを通じて、個人は成長していくとされる。［岩佐］

カクテルパーティ効果
cocktail party effect
2

パーティ会場のように周囲にざわざわと話している大勢の人がいても、**選択的注意**が働いて、自分と会話している特定の人の声がピックアップされて聞こえる効果。一方、その場を録音したものを再生すると、雑音のように混ざった会話しか聞こえない。［行場］

確立操作
establishing operation
2

強化子や**弱化子**の効力を変化させる操作のこと。一般に効力を高める操作は**遮断化**、低める操作は**飽和化**という。たとえば絶食にして食餌（しょくじ）強化子としての効果を高める場合には食物遮断化という。最近では動機付与操作とも呼ばれる。［坂上］

確率分布
probability distribution
7 公

確率変数の取りうる値とその確率を対応させたもの。たとえば、「サイコロを 1 回投げたときの出る目」という確率変数の**確率分布**は、出る目の値 1 から 6 それぞれに確率 1/6 を対応させたものになる。**正規分布**や ***t* 分布**、***F* 分布**など、さまざまな確率分布がある。［山田］

確率変数
random variable
7

確率的な事象に対応づけられた数値を取る変数。たとえば、コインを投げるときの**確率変数**として、「表が出る」という事象に 1 を、「裏が出る」という事象に 0 という数値を対応させることができる。確率変数には**離散型確率変数**と**連続型確率変数**がある。［山田］

学力
academic ability
3 公

学習によって獲得された能力。学校教育においては、教科教育によって獲得された能力をさすことが多い。2017・2018・2019 年に改訂された学習指導要領（新学習指導要領）では、変化の激しいこれからの社会を生きる子どもたちには、「**生きる力**」が求められている。これは、「**確かな学力**」「豊かな人間性」「健康と体力」の 3 つの要素からなる。このうち、「確かな学力」には、知識や技能に加えて、学ぶ意欲や自分で課題を見つけ、自ら学び、主体的に判断し、行動し、よりよく問題解決する資質や能力など

が含まれている。[本郷]

学歴アノミー
anomie of school career
10

米川茂信によって提唱された理論。より高い学歴の達成が決してすべての生徒にとって可能ではないにもかかわらず、それが追求すべき文化的な目標として設定されている社会状況をさす。これが**アノミー**状態を引き起こし逸脱行動の原因の一つとなる。[越智]

仮現運動(かげん)
apparent motion
1 2

実際に運動する刺激が存在しないにもかかわらず、特定の条件下で運動が見える**錯視**(さくし)現象をさす。代表的なものは**ベータ運動**であり、2つの光点を適切な空間距離と時間間隔をおいて交互に提示すると、運動が知覚される。**コルテの法則**に従った最適な条件下では、**ファイ現象**と呼ばれる実際の動きと変わらない運動知覚が生じ、アニメーションなどの基本原理となっている。要素に還元できない現象として**ゲシュタルト心理学**で重要視され、そのほかにアルファ運動、ガンマ運動、デルタ運動などが**仮現運動**に含まれるものとして取り上げられている。[行場]

家事事件
domestic-relations case
10

夫婦、親子、親族間などの家庭にかかわる人間関係で起こる争いごと（離婚や相続など）を解決するために裁判所に提起される事件である。**家事事件**には**審判事件**と**調停事件**の２つがあり、その性質上、いずれも非公開の手続きで処理される。[荒井]

下垂体
pituitary
6

下垂体は脳の**視床下部**(ししょうかぶ)の下に位置し、ホルモン分泌(ぶんぴつ)にかかわる。下垂体は、前葉、中葉、後葉という３つの区分からなり、解剖学的には、前葉、中葉は**腺性下垂体**(せんせい)、後葉は**神経性下垂体**と呼ばれている。これらは発生学的に起源が異なるため、前葉と後葉とでは、視床下部から受ける調節も異なる。視床下部から分泌される刺激ホルモン放出ホルモンは**下垂体門脈**に乗り、それを通じて下垂体前葉からの刺激ホルモンの分泌を促進する。一方、後葉では、視床下部の神経内分泌(ないぶんぴつ)細胞で合成されたホルモンが軸索を通じて後葉まで運ばれて分泌される。[高瀬]

仮説実験授業
hypothesis-experiment class
3

仮説や実験を通して、子どもが科学の基礎的な概念や法則を学ぶことを意図した授業形態。**板倉聖宣**（きよのぶ）によって提唱された。問題に対する子どもたちの予想、討論、それに基づく仮説の生成と実験を通して、科学的認識の形成をめざす。［本郷］

仮説的構成概念
hypothetical construct
1

直接観察されるものではないが客観的現象を説明するために使われる事象や過程のこと。仮説構成体ともいう。心理学で用いられる**変数**には、質問紙の回答や反応時間、記憶した単語のように実際に測定によって得られる**観測変数**だけではなく、空腹動因、親和欲求、超自我のように直接観察できない**仮説的構成概念**も広く用いられており、測定においては**潜在変数**と呼ぶことがある。また測定可能な独立変数と従属変数の間にあるとされる**媒介変数**については、数学的に分析可能であり、観察できないから仮説的構成概念だというわけではなく、区別されている。［高砂］

家族療法
family therapy
5 公

家族療法には特定の起源がなく、第一世代の多世代伝達モデル、構造モデル、コミュニケーションモデル、戦略モデル、ミラノシステミックモデル、精神分析的モデルなど、第二世代のナラティブセラピー、ソリューションフォーカストアプローチなど、第三世代のメディカルファミリーセラピー、統合的家族療法などがある。家族療法は、一般の個人療法と異なりクライエントをIP（患者と同定された人）と呼び、直線的因果律ではなく円環的因果律やシステムから家族関係をとらえようとする。［村松］

可塑性
plasticity
6

脳は成体期になると４つの可塑性の原理、すなわち変性、再生、再構築、回復に従ってネットワークを変化させる。これを**可塑性**という。このうち、学習能力にかかわる可塑性は再構築である。また、神経系の可塑性には**臨界期**がある。［髙瀬］

カタルシス
catharsis
5

古代ギリシア語で「浄化」を意味する。**アリストテレス**は、悲劇に触れることによる感情が人の魂を浄化すると考えた。**ブロイアー, J.** が**ヒステリー**治療で用い、共同研究者**フロイト, S.** の心的抑圧とその意識化という**精神分析**の治療論に発展した。［村松］

学級崩壊
class disruption
3

子どもたちが教室内で勝手な行動をして教師の指導に従わず、学級を単位とした教育活動が一定期間成立しない状態。わが国では、1990 年代後半から深刻化してきた。教科教育への影響だけではなく、児童生徒の関係の悪化や**いじめ**にもつながる。[本郷]

学校ストレス
school stress
9

学校生活に伴う**ストレス**。小学生では友人関係、先生との関係、勉強など、中学生では加えて部活や規則なども**ストレッサー**になる。なお教師の学校業務では、**学級崩壊**、**いじめ**、保護者対応、同僚との関係、長時間労働などのストレッサーが考えられる。[田中]

学校文化
school culture
3 公

学校独自の雰囲気や校風。学校の歴史や伝統だけでなく、現在の教師と子どもとの関係、教師と保護者との関係、学校と地域との関係などによって育まれる。日常の教育活動だけでなく、大災害時などには、その後の復旧・復興に大きくかかわる。[本郷]

活動電位
action potential
6

シナプスに存在する興奮性の受容体に神経伝達物質が作用すると静止膜電位はプラスになり、**興奮性シナプス後電位**が生じる。この電位変化は細胞膜を伝わり細胞体全体に広がり、軸索の起始部である**軸索小丘**（しょうきゅう）にある**スパイク発火帯**に到達する。スパイク発火帯には**電位依存性ナトリウムイオン（Na⁺）チャネル**が豊富にあり、伝わってきた電位変化が閾値（いきち）を超えた場合にNa^+チャネルが開口する。細胞外のNa^+濃度は、細胞内より約 10 倍も高い。そのため、Na^+チャネルが開口するとNa^+の急激な流入が生じ、マイナスに偏っていた電位が解消に向かい、**活動電位**が生じる。[高瀬]

家庭裁判所
family court
10 公

家庭裁判所は、家庭の平和を維持し、少年の健全な育成を図ることを目的に**家事事件**と**少年事件**を専属的に管轄している。なお、1980 年に採択され、2014 年にわが国が締約国になって以来、**国際的な子の奪取の民事上の側面に関する条約（ハーグ条約）**に基づき、東京家庭裁判所と大阪家庭裁判所は、子の返還を求める事件も取り扱う。[荒井]

家庭裁判所調査官
family court investigating officer
10

主に**家庭裁判所**に配属される裁判所職員である。心理学、社会学、教育学などの行動科学の知識と方法を駆使し、家庭内紛争の当事者とその子ども、非行少年やその保護者との面接を通じて事実を調査し、紛争解決や少年の更生に向けた検討を行う。［荒井］

家庭的養護
family-like care
9

社会的養護において家庭に近い環境の中で児童を養育すること。**里親・ファミリーホーム**での養育、または**児童養護施設**等の小規模化を進めて、小規模グループケアや**グループホーム**の中で児童を養育し、児童と養育者間の**愛着**関係の形成を図る。［藤田］

家庭内暴力／夫婦間暴力
domestic violence / violence between couple
5 10 公

子どもから保護者への暴力だけでなく、家庭内で起こるすべての暴力を含む。厚生労働省による「配偶者や恋人など親密な関係にある、又はあった者から振るわれる」家庭内の**夫婦間暴力**の増加に伴い、2001 年に通称 **DV 防止法**が公布されその後名称の改正等が行われてきた。離婚後あるいは事実婚の被害者も裁判所に保護命令を申請することができる。また、**家庭内暴力**を目の当たりにすること（面前 DV）は子どもへの**心理的虐待**とみなされ、警察による児童相談所への通告も増えている。［村松］

加法混色／減法混色
additive color mixture / subtractive color mixture
2

加法混色は色光を混ぜ合わせると輝度が高くなる場合で、赤、緑、青の三原色を混ぜると白色となる。**減法混色**は色光を吸収する塗料を混ぜ合わせると暗くなる場合で、シアン、マゼンタ、イエローを混ぜると黒色となる混色をさす。［行場］

カラム構造
columnar structure
6

ヒトの**大脳**は**大脳皮質**、特に**新皮質**と呼ばれる構造体で覆われている。大脳皮質は層構造を持ち、層を貫く**カラム構造**（**カラム状機能単位**）から構成される。カラムとは柱、円柱を意味する。脳は各層で機能が異なるというわけではなく、ある特定の場所を円柱状の 1 本の作りと考えて、1 つのカラムは同一の機能を備えることが明らかにされている。1 つのカラムは大脳の表面に沿った方向で 0.5mm 程度の広がりを持ち、大脳皮質の厚み全体約 2.5mm 程度を貫く。これらが集まって脳の領野は形成されている。［高瀬］

過労死（過労自殺）
karoshi
(death from overwork)
8 公

業務に関連する過重な負荷により引き起こされる脳血管疾患・心臓疾患などや精神障害により死亡（自殺）することで、1980 年代にこの言葉が登場し社会的問題化した。とりわけ入社 2 年目の男性社員がうつ病で自殺した**電通事件**が、2000 年に最高裁で**安全配慮義務違反**として確定したことを受け、労働災害として関心を高め、労働安全の重要課題になった。過重な負荷・ストレスの最大の原因でもある**長時間労働**は、それをよしとする風土、強い責任感、周囲からのハラスメントを含む圧力、低賃金、さらには近年の雇用不安などに起因する。［小野］

がん
cancer
9 公

悪性腫瘍のこと。ウイルスや化学物質などで正常な細胞の遺伝子が傷つき、体内に異常な細胞が増殖する疾患。日本人の約半数が一生に一度は罹患（りかん）する身近な疾患で、喫煙や飲酒などの生活習慣が危険因子となることから、その改善が勧められる。［田中］

感覚運動期
sensorimotor stage

ピアジェ, J. の**認知発達理論**の第 1 段階。年齢的には 0～2 歳頃。この段階では、物や人を見たり、さわったりするといった感覚運動的体験を通して理解していく。**感覚運動期**は、6 つの下位段階に分けられる。この段階の特徴として、同じ行動を繰り返し行うことによって外界を取り入れる**循環反応**が挙げられる。その複雑さによって**第一次循環反応**（手を開いたり閉じたりするなど自分の身体を使う）、**第二次循環反応**（ガラガラを何度も鳴らすなど物を使う）、**第三次循環反応**（ガラガラの振り方を変化させて音の鳴り方の違いを知る）に分けられる。［本郷］

感覚記憶／短期記憶／長期記憶
sensory memory / short-term memory / long-term memory

アトキンソン, R. C. と**シフリン, R. M.** が体系化した記憶モデルで、**感覚記憶**では、感覚器で受容された大容量の情報が短時間だけ保持される。視覚の場合は**アイコニックメモリ**で 1/4 秒程度、聴覚は**エコイックメモリ**で 3～4 秒程度である。次に、**注意**の働きにより特定の情報が選択され、容量が 7±2 **チャンク**程度の**短期記憶**に数十秒だけ保持される。この特性は**ミラー, G. A.** によって**マジカルナンバー7±2** と呼ばれている。さらに繰り返し処理（**リハーサル**）が行われ、**体制化**や意味づけがなされた情報が**長期記憶**に転送される。長期記憶には非常に大きな容量の情報が

貯蔵され、認知症などの障害を受けない場合には生涯にわたり保持されるものがある。〔行場〕

間隔尺度
interval scale
7

スティーヴンス, S. S. による4つの**尺度水準**のうち、上から2番目の尺度である。測定対象の量的特性を数値として測定する点で**比率尺度**と同一であるが、原点を任意の位置に取ることができる。したがって、測定値を定数倍するという、原点を動かさない変換に加え、測定値に定数を加えるという変換ができる。**順序尺度**と異なり、「1」が表す量を固定し、それを基準にして測定を行うため、測定値間の差に意味がある。**名義尺度**と順序尺度で利用可能な統計量に加え、**平均値**、**標準偏差**、**ピアソンの積率相関係数**など、測定値間での加算を行う統計量を利用できる。〔寺尾〕

感覚受容器
sensory receptor
6

感覚受容器とは、外界の物理的刺激を感知し、活動電位発生や神経伝達物質放出等の電気化学的信号へと変換する細胞をさす。ヒトの視覚、聴覚、味覚、嗅覚、触覚等の**五感**にも、それぞれ感覚受容器が存在する。〔高瀬〕

感覚神経（感覚ニューロン）
sensory nerve (sensory neuron)
6

感覚は、**特殊感覚**、**体性感覚**および**内臓感覚**に大別される。各感覚に対応する**感覚受容器**で得られた情報を脳に伝える神経を**感覚神経**（**感覚ニューロン**）と呼ぶ。感覚神経は末梢から中枢に向かうので**求心性神経**とも呼ばれる。〔高瀬〕

眼球運動図（EOG）
electro-oculogram
6

眼球には一定の電位があり、視神経側がマイナス、角膜側がプラスに6mVに帯電している。**眼球運動**をさせた際に、左右の内眼角と外眼角部に装着した電極から電位を間接的に測定して得たものが**眼球運動図**（**眼電図**、**EOG**）である。〔高瀬〕

眼球運動による脱感作と再処理法（EMDR）
eye movement desensitization reprocessing
5

PTSD に対する治療法として**シャピロ, F.** が提唱。治療者が患者の眼前で手指を動かすのに合わせて、患者が眼球を左右に動かしながら、**トラウマ**記憶や関連した身体感覚、自己否定的認知を想起し再処理する技法。基本手続きは8段階で構成されている。〔沼〕

環境設計による犯罪予防（CPTED）
crime prevention through environmental design
10

環境の適切なデザインと効果的な使用により、犯罪の不安感と犯罪の発生の減少、そして生活の質の向上を導くことができるとする考え方であり、特定の場所から近隣までのスケールで適用される犯罪予防の手段や活動をさす。これらの手段や活動には、犯行コストを高めるために被害対象に予防策を講じること（**被害対象の強化**）、物理的環境の改善を通して被害対象に近づきにくくすること（**接近の制御**）、多くの人が自然に被害対象に目を向けるようにすること（**監視性の強化**）、象徴的障壁（テリトリーを象徴するような標識や管理された芝生や庭）や物理的障壁（生け垣などの物理的な障壁）によって被害対象が管理されていることを示すこと（**領域性の確保**）などが含まれる。［荒井］

環境犯罪学
environmental criminology
10

環境犯罪学とは、犯罪が起こる場所や犯罪が起きやすい街並みなど、犯罪の発生を左右する環境要因を分析する学問であり、犯罪捜査の文脈で研究が積み重ねられてきた**犯罪の地理的分析**に端を発する。アメリカにおいて**ブランティンガム, P. J.** と**ブランティンガム, P. L.** により体系化された。環境犯罪学の主要な特徴は、犯罪の原因は犯罪者の個人的・内面的な要素にあるのではなく、犯罪が生じた建物や地域などの物理的・環境的要素に原因があると考える点にある。このことは、環境や状況の設計により犯行に都合が悪い状況をつくることで、潜在的加害者に犯行を思いとどまらせ、犯罪を防げるという考えにつながる。環境犯罪学を代表する理論として、**環境設計による犯罪予防**（**CPTED**）や**守りやすい空間**などがある。［荒井］

関係流動性
relational mobility

見知らぬ人との出会いの機会が多く、付き合う相手を比較的自由に選択できるかどうかという、対人関係や所属集団の選択肢の多様性。西欧と東洋の文化差を説明する要因の一つでもあり、この対比はマチ社会とムラ社会の人間関係などにも該当する。［村上］

頑健性
robustness
7

前提条件のある統計手法において、その前提条件が満たされていなくても、分析結果が影響を受けない程度を**頑健性**という。たとえば、*t* **検定**の前提条件の一つに「**母集団**が**正規分布**に従う」があるが、これについては頑健性が高いことがわかっている。［山田］

観護措置
measures for observation and protection of juveniles
10

家庭裁判所が審判を行うため、少年の心情の安定を図りながら心身の鑑別(かんべつ)を行うとともに、その身柄を保全するための措置である。**観護措置**には、法律上は、**家庭裁判所調査官**の観護に付す措置と**少年鑑別所**に送致する措置がある（少年法 17 条）。［荒井］

観察学習
observational learning
2 3 5 公

一般には他者の行動や行為を実際に自分が経験したことがなくても、画像を含む観察を通して、その後の初めての場面で出現させることができるような学習事態。**バンデューラ, A.** による子どもでの研究が有名。代理（性）学習ともいう。［坂上］

観察法
observational study
1 3 公

心理学の基本的な研究法の一つで、対象の行動を注意深く観察し記録することによってその行動を理解しようとするもの。狭義の**観察法（自然観察法）**には実験的観察法は含まず、組織的（系統的）観察と非組織的観察に分けられる。［高砂］

感情価
valence
4

状況や刺激の感情的性質を表す、快と不快を両極とした感情次元。**コア・アフェクト理論**においては、**覚醒(かくせい)度**とともに基本的な感情次元の一つとされ、ここでは特に主観的な感情状態のトーンを快−不快の次元に位置づけて表現する。［岩佐］

感情情報説
feeling-as-information theory
4

行動に際して**感情**が情報的な価値を伴って機能するとした理論。ある刺激に対してポジティブ感情を体験した場合、その刺激への好意的評価と、それに基づく行動が生じる。このように感情が情報として利用されるプロセスを記述した理論である。［岩佐］

感情制御
emotion regulation
4 公

自身の感情状態を変化させようとする認知・行動的な活動全般。**自己制御**の一種とされる。意図的に行われるものだけでなく、無意図的に行われるものも含む。**グロス, J. J.** のプロセスモデルによると、**感情制御**には状況選択、状況修正、注意配分、認知的変化、反応調整の 5 段階が存在しており、そのプロセスを経て最終的な感情が生成・体験される。さらに、より細かいレベルの感情制御方略に関する研究も盛んである。たとえば認知的変化は認知的再評価や受容などに細分化され、その心理学的な関連要因や、精神的健康に対する効果などが検討されている。［岩佐］

感情伝染
emotion contagion

他者の**感情表出**を知覚した際に、自分自身もそれと同じような反応を示したり、同じような感情状態を経験したりすること。即時性、無自覚性、偏在性を特徴とする。乳児期から感情的な反応の伝染は観察され、**共感性**の発達基盤になると考えられる。［岩佐］

冠状動脈性心疾患
coronary heart disease

心臓に血液を送る冠動脈の血流が滞って生じる、心臓疾患の総称。心筋に必要な酸素が供給できず痛みを生じる狭心症、心筋の一部が壊死する心筋梗塞など。喫煙が危険因子として知られ、**禁煙**にはその発症や再発を防ぐ効果が認められる。［田中］

感情の社会構成主義説
social constructivism of emotion

個別感情の実在性を強調する基本感情説とは対照的に、感情を文化や言語、または社会的合意の産物であるとみなす立場。**エイヴェリル, J. R.** や**ラッセル, J. A.** をはじめとして、さまざまな研究者がこの立場から感情に関する議論を展開している。［岩佐］

感情の社会的共有
social sharing of emotion

自分の感情的な経験を、会話などの手段によって他者へと伝えること。ある程度親密な関係において生じやすく、同時に関係の親密性を高める作用を持つ。これによって感情状態が変化する場合もあり対人的な**感情制御**方略として位置づけられている。［岩佐］

感情の主観的経験
subjective experience of emotion

意識的に経験される自分自身の感情状態。感情にはさまざまな側面があり、神経生理学的反応や運動表出といった構成要素が含まれるが、**感情の主観的経験**は特に内的状態をモニターするための情報源として機能する構成要素だと考えられている。［岩佐］

感情の二重経路説
dual path theory of emotion

ルドゥー, J. E. による、感情の神経学的プロセスを記述した理論。ここでは**扁桃体**の役割が重視され、皮質を経由することなく即時的な身体的・生理的反応を生じさせる視床－扁桃体経路と、皮質を経由する、より遅く分析的な視床－皮質－扁桃体経路の２経路が想定されている。［岩佐］

感情評価の次元
appraisal dimension of emotion

刺激や状況が持つ感情的な性質を評価する次元の総称。**認知的評価理論**をはじめとして、さまざまな感情理論が特定の評価次元を提案している。代表例としては、快－不快を両極とした**感情価**や、状況への対処に要する労力の予期次元などがある。［岩佐］

感情表出
emotion expression

生起した感情を外部に表すこと。言語だけでなく表情や仕草といった非言語によっても表出される。**感情表出**はさまざまな形で制御されることが知られており、ありのままの表出、弱められた表出、強められた表出、表出の抑制などの表出形態がある。［岩佐］

感情労働
emotional labor

業務に際し、実際の感情を抑え仕事上望ましいとされる感情を意識的に装い管理することを強いられる労働であり、対人サービス業務が該当することが多い。従業員に大きな精神的負荷を課すことになり、過労や**バーンアウト**などの原因になっている。［小野］

間接効果
indirect effect

2変数間の関係において、他の変数（**媒介変数**）を経由することによって生じる効果。たとえば、「意欲」と「成績」の関係で「学習量」を媒介変数とするもの。媒介変数を経由しない効果は**直接効果**、**間接効果**と直接効果を合わせたものは**総合効果**と呼ぶ。［杉澤］

汗腺活動
sweat gland activity

神経・生理心理学の測定指標に**皮膚電気活動**があり、ヒトの情動反応や自律神経の活動を簡便にとらえられるものとしてよく知られている。この皮膚電気活動は**汗腺活動**と密接に関連していることが先天性無汗症患者の症例等からも明らかにされている。［髙瀬］

桿体（かんたい）（杆体（かんたい））／錐体（すいたい）
rod / cone

硝子体（しょうしたい）を通過した光の信号を最初に受け取るのは**桿体（杆体）**、**錐体**と呼ばれる視細胞であり、**黄斑（おうはん）**に多数存在している。ヒトの桿体は**光受容タンパク質（視物質）**である**ロドプシン**を発現している。これは500nm（ナノメートル）の光を最もよく吸収するタンパク質である。暗所視では一種類の視物質を持つ桿体が機能するため、色を感じることができない。一方、錐体は明るいところで物を見る際に働く。ヒトでは赤・緑・青に対応する3種類の錐体が存在し、それぞれ異なる波長の光を吸収する視物質が発現している。明所視では、この3種類の錐体を使って色を見ること

ができる。［髙瀬］

鑑定
expert testimony
10

裁判所が独自で判断できない専門的な事象について行われる証拠調べ、あるいは捜査機関が嘱託して行う捜査で、裁判所または捜査機関が委嘱した学識経験者が専門知識を具体的事実に適用して判断すること。心理学分野では**精神鑑定**や**情状鑑定**がある。［越智］

鑑別（かんべつ）
juvenile classification
10

少年鑑別所において、非行を犯した少年等に対して、心理学、教育学、社会学、医学などの専門的知識や技術に基づき、その非行等に影響を及ぼした資質上及び環境上問題となる事情を明らかにすること。各種**心理検査**や**行動観察**などが用いられる。［越智］

γ-アミノ酪酸（GABA）（ガンマ-アミノらくさん（ギャバ））
gamma-amino butyric acid
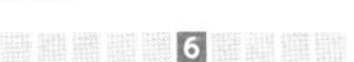

γ-アミノ酪酸（GABA）はグルタミン酸と同じくアミノ酸の**神経伝達物質**である。GABA は局所的に存在する介在ニューロンとして神経細胞の活動を抑える抑制性の情報を伝える。しかし、発生の初期において、興奮性の神経伝達物質としても働いていることが報告されている。GABA は**不安障害**にも関係し、同障害に対しては、ベンゾジアゼピン系の薬剤が有効である。ベンゾジアゼピン系薬物は **GABA 受容体**のサブタイプである $GABA_A$ 受容体に対して作用し、GABA が結合する部位とは異なる部位に結合して、塩化物イオンの透過性を高めて神経細胞の活動を抑制する。［髙瀬］

顔面表情
facial expression

表情筋群の動きによって形成される顔面の形状であり、特にそれを通じた**感情表出**をさす。**怒り**や**哀しみ**といった個別の感情と対応した**顔面表情**が存在すると考えられている。逆に、表情から感情を読み取る能力は表情認知と呼ばれる。［岩佐］

顔面フィードバック仮説
facial feedback hypothesis
4

特定の感情に対応した**表情**が形成されると、その筋運動情報が中枢神経系にフィードバックされ、その表情にふさわしい感情が主観的に体験されるとする説。**トムキンス, S. S.** らが提唱したが、後の追試研究で再現性の乏しさが指摘された。［岩佐］

関与しながらの観察
participant observation
5

心理面接場面では、自然科学の方法のように、観察者と観察される対象を明確に区分できない。アメリカの精神医学者**サリヴァン, H. S.** は観察者である治療者もクライエントに影響を与える存在であり、この相互作用を踏まえたクライエントとのかかわり、クライエント理解を重視した。［村松］

緩和ケア
palliative care
5 9 公

生命を脅かす病に関連する問題に直面している患者と家族の身体的・心理的・社会的・スピリチュアルな問題を早期に見いだし、的確に評価を行い対応することで **QOL** を向上させるアプローチ。生命を肯定し、死にゆくことを自然な過程ととらえて、無理な延命等をせず最期まで能動的に生きられるように支援する。かつては治療が有効でなくなった患者に対する**終末期ケア**と同じ意味で用いられていたが、現在は病気と診断された時から治療と並行して行われる。多職種で構成された緩和ケアチームにより入院、通院、在宅医療において患者、家族の**全人的苦痛**の緩和を図る。［藤田］

記憶障害
memory impairment
6 公

記憶障害のうち、特に**宣言的記憶**の障害された状態を**健忘**と呼ぶ。この中で、新しい情報の学習が困難になる健忘を**順向性記憶障害**と呼ぶ。純粋な順向性記憶障害を呈する人は、脳損傷が起こる前の出来事は思い出せるが、損傷後に得た情報を保持できない。一方、脳損傷の前に起こった出来事が思い出せないことを**逆向性記憶障害**と呼ぶ。純粋な順向性記憶障害はまれで、実際は脳損傷より前の、ある期間に起こった出来事に対する逆向性記憶障害を伴うことが多い。健忘のうち順向性記憶障害は内側側頭葉（ないそくそくとうよう）を含む**海馬**（かいば）の損傷によって起こることが報告されている。［髙瀬］

記憶の干渉
memory interference
2

記憶素材Ａを記銘し、続けて素材Ｂを記銘すると、素材Ｂの再生率が低下することがある。先の記憶が後の記憶を阻害するので、**順向干渉（順向抑制）**と呼ばれる。この場合、素材ＡとＢが類似した内容であると**記憶痕跡**に混同が生じ、大きな干渉効果が生じる。一方、素材Ａを記銘し、続けて素材Ｂを記銘した後に、素材Ａを再生すると成績は低下する。後の記憶が先の記憶を阻害するので、**逆向干渉（逆向抑制）**と呼ばれる。この場合、素材ＡとＢの記銘が時間的に接近して行われるほど強い干渉が現れるので、

先の**記憶の固定化**が不十分になることが考えられている。［行場］

記憶の符号化／固定化／検索
memory encoding/consolidation/retrieval

記憶のプロセスを３段階に分ける考え方があり、最初の段階は**符号化**と呼ばれ、与えられた情報をその後の内部処理に適合的となるように変換するプロセスをさす。符号化された情報は保持が可能になるように**記憶痕跡**として**固定化**がなされる。安定した固定化には一定の繰り返しや定着時間が必要となる。最後の段階は**検索**であり、記憶痕跡の中から、必要な情報を取り出すプロセスである。**短期記憶**の検索は直列的に迅速になされるが、容量が大きな**長期記憶**の検索では全部を調べることは不可能なので、適切な**文脈**や**検索手がかり**が必要となる。［行場］

機械論／生気論
mechanism / vitalism

生命現象には物理化学に還元できない特別な何か（たとえば霊魂）が法則や原理として働いていると考えるのが**生気論**であり、これに対して生命現象に特有なものを否定し、機械のようにとらえる**機械論**が科学史では勝利を収めてきた。心理学の前史である19世紀のドイツ生理学を見ると、**特殊神経エネルギー説**を唱えた**ミュラー, J. P.** が生気論者であったのに対して、**三原色説**を唱えた**ヘルムホルツ, H. L. F. von** や神経伝導速度を計測した**デュボワ゠レイモン, E. H.** などミュラーの弟子たちは総じて機械論者であり、物理化学的過程として身体の生理学的変化を論じた。［高砂］

危機介入
crisis intervention

危機介入では、クライエントや家族が直面している危機の解消、もしくは危機以前の状態への復帰がめざされる。支援者はクライエントの内省を促すことよりも、落ち着いた態度、能動的関与と指示により、現実対処能力の回復を促していく。［村松］

棄却域／臨界値
rejection region / critical value
7

統計的検定において、**帰無仮説**（きむ）を棄却するという判断を下すことになる**検定統計量**の値の範囲を**棄却域**という。たとえば、下図のように、検定統計量をZ、**帰無分布**を**標準正規分布**、**有意水準**を$\alpha=0.05$とするとき、**両側検定**の棄却域は、$Z \leqq -1.96$, $Z \geqq 1.96$となる。棄却域を定める境目となる値-1.96と1.96を**臨界値**と呼ぶ。［山田］

帰無分布を標準正規分布としたときの棄却域と臨界値

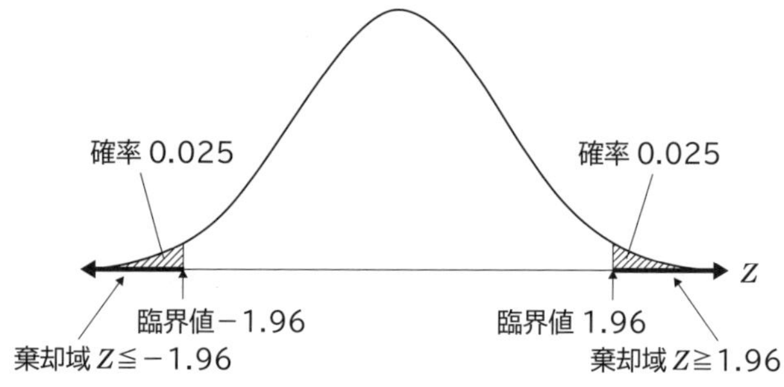

危険予知訓練（KYT）
kiken-yochi training
8

危険物を取り扱う職場や危険を伴う作業を実施する職場で、安全を確保するために行う**小集団活動**。**危険予知訓練**を集団内で繰り返し実施することにより危険の感受性、集中力、問題解決能力などを向上させ、事故を未然に防ぐことを目的としている。［小野］

疑似相関
spurious correlation
7

2変数間に直接の関係がないにもかかわらず、**第3の変数**の存在により、見かけ上生じている**相関**のこと。広義には他の変数の影響により本来の関係とは異なった相関関係が見られること。**疑似相関**への対処として**偏相関係数**を用いることがある。［村井］

気質
temperament
3 4 公

乳児期から確認できる個性であり、後のパーソナリティ発達の基礎となるもの。どのような**気質**を想定するかは研究間で異なるが、たとえば**トーマス, S.** と**チェス, S.** によるニューヨーク横断研究では、活動水準や刺激に対する**閾値**（いきち）といった9つの気質的特徴から、扱いやすい子、扱いにくい子、ウォームアップが遅い子の3類型に子どもを分類した。また**クロニンジャー, C. R.** は、**神経伝達物質**の働きに着目した**気質論**を展開した。ここでは報酬依存、損害回避、新奇性追求という気質の3次元が想定され、後に報酬依存から取り出される形で固執の次元が加えられた。［岩佐］

基準関連妥当性
criterion-related validity
1 4 5 7

客観的基準を持つ他の検査結果との一致度によって判断される**妥当性**。類似概念を計測する別の変数との高い相関関係を根拠とする**併存的妥当性**、測定結果がその後測定される別の測定結果を正しく予測する**予測的妥当性**などによって構成される。[矢口]

帰属／帰属理論
attribution theory
3 4 公

生起した出来事に対して、どのような因果的推論を行うかのプロセスを示した理論。主に出来事の原因を推測する**原因帰属**の理論が中心として扱われている。また**帰属**そのものではなく、帰属の方向性がその後にどのような感情や動機づけ、行動を引き起こすかを扱う研究も**帰属理論**に含められる。**ハイダー, F.** が提唱した素朴な原因帰属の過程を記述することから発展したが、**対応バイアス**などのように、いわゆる真の原因があるような場合に異なった要因に帰属がなされる**誤帰属**に代表される認知の偏り（バイアス）の研究が知られている。[村上]

期待違反法
expectancy violation method
3 公

乳児が、自分の期待を裏切る事象をより注視することを利用した実験方法。乳児が期待する状況（期待条件）と乳児が予期しない状況（期待違反条件）を設定し、いずれの条件においてより注視行動が多いかを測ることによって乳児の**認知**を知る実験法。[本郷]

期待理論
expectancy theory
8

功利的な人間観に基づき、課題遂行過程に焦点を当てた**モチベーション理論**。**期待理論**の最初の提唱者**ヴルーム, V. H.** の理論内容を改良・発展させて、**ポーター, L. W.** と**ローラー, Ⅲ, E. E.** は努力が業績に結びつくことへの**期待**と、業績が結果（報酬）に結びつくことへの期待の２つでとらえた。これら２つの期待と**報酬の誘意性**（魅力）の積によってモチベーションの度合いが表されるとした。すなわち、いずれかの要因が低い（ゼロ）ならば、モチベーションは喚起されにくい（喚起されない）ということである。[山浦]

技能学習
skill learning
2

技能が練習を経ることで上達していく過程。たとえばスポーツ、道具使用などの技能の上達をさす。多くの技能は知覚に基づいた運動を伴うために、単に運動学習とも呼ばれる。**学習の転移**、**分散学習**の優位性などが示されてきた。[坂上]

技能獲得
skill acquisition

製造業を中心とした技能の獲得は**OJT**が中心で、カンやコツなども含む**暗黙知**の学習や継承のしかたに関心が集まっていた。しかし、新参者が学ぶ技能は、状況における**実践の文化**でもあり、その獲得を通して職場の一員になるという主張もある。[小野]

機能局在
functional localization

ヒトは感覚器官を通じて環境からさまざまな情報を得ているが、それぞれの情報は**視床**を介して大脳新皮質の異なる領域に入力されて処理される。これを脳の**機能局在**と呼ぶ。視床からの感覚情報を直接受ける領域は**一次感覚野**と呼ばれ、体性感覚（触覚）の一次感覚野は中心溝のすぐ後ろの中心後回と呼ばれる場所にある。この領域を**体性感覚野**と呼ぶ。視覚の場合、左右の眼球からの情報は最終的には大脳皮質に到達し、大脳皮質において 1 つの表象に統合される。この領域を**一次視覚野**（**有線野**）と呼ぶ。このほかにも脳には各機能に対応した領域が局在している。[高瀬]

機能心理学
functional psychology

機能主義心理学ともいう。19 世紀末のアメリカで発展し、意識の適応的機能を明らかにすることを目的とした。**ジェームズ, W.** の『**心理学原理**』に代表されるように、習慣、注意、記憶といった現象を扱うのが特徴であり、たとえば習慣の実用的な効果についてジェームズはエネルギー節約のためであると論じている。**機能心理学**には**シカゴ学派**と**コロンビア学派**があり、前者は**デューイ, J.** や**エンジェル, J. R.** を中心としたシカゴ大学の学者を中心とし、後者には**ソーンダイク, E. L.** などコロンビア大学の研究者が含まれる。[高砂]

機能的磁気共鳴画像法（fMRI）
functional magnetic resonance imaging

機能的磁気共鳴画像法は**fMRI**とも呼ばれ、**MRI**の特長と**PET**の特長を合わせた方法であり、脳の構造と機能の両方を見ることができる。また、PET と異なり、血流中酸素の増加を画像にすることから、何も投与しなくてよいため侵襲性がなく、有用な研究手段として広く用いられている。ただし、血流の変化は実際の神経活動に比べると変化が遅いため、刺激呈示後の遅延が fMRI の解決すべき課題となっている。乳幼児を対象とした研究では、高い安全性と少ない拘束性から、近年 fMRI ではなく**近赤外分光法**（**NIRS**）と呼ばれる方法が利用されている。[高瀬]

技能伝承
skills transfer

技能獲得を通して文化でもある技能（**暗黙知**が少なくない）を次世代に伝えること。伝承すべき技能を選別し**形式知**として習得可能にするだけでなく、時代や状況の要請に応じて後継者の創意が活かされ先人の技を超えるのを可能にすることが求められる。［小野］

機能分析
functional analysis

先行刺激によって行動が促され、その後の後継刺激（結果）から行動が維持される**随伴性**（**三項強化随伴性**）の分析は、**ABC 分析**とも呼ばれ、**応用行動分析**における介入の見立て（ケースフォーミュレーション）となる。［村松］

気分一致効果
mood congruent effect

特定の気分・感情状態に誘導することで、それと一致した**感情価**を持つ記憶が想起されやすくなる効果。記銘時の気分ではなく、記憶内容の感情価と想起時の気分の一致性によって生じるという点で、**気分状態依存効果**とは異なる。**気分一致効果**の代表的な研究者である**バウアー, G. H.** は、その原理を**情動の連合ネットワーク理論**によって説明した。気分一致効果の原理にはその後も多くの関心が寄せられており、**感情情報説**や感情インフュージョンモデルなど複数の理論が展開されている。また、うつ病の病態理解に活かされるなど臨床心理学的にも重要な効果である。［岩佐］

気分障害
mood disorders

気分が正常の範囲を超えて落ち込んだり高揚したりすることを特徴とした精神疾患の総称であり、**うつ病**性障害と**双極性障害**が含まれる。うつ病では特に重篤で頻回、かつ長期にわたる気分の低下や意欲減退、興味関心の低下等が観察される。一方、双極性障害では顕著な気分の高揚や活動性の亢進（こうしん）等が観察され、これと重篤なうつ状態とが循環的に生じる。一般に前者を躁（そう）病相と呼び、後者をうつ病相と呼ぶ。双極性障害のうち躁病相が比較的軽度なものを**双極Ⅱ型障害**といい、重度のものを**双極Ⅰ型障害**という。多くの場合気分障害では不眠等の身体症状も認められる。［岩佐］

気分状態依存効果
mood state dependent effect

ある記憶を記銘した際の気分と、想起時の気分が一致している場合に、その記憶が思い出されやすくなるという効果。記銘・想起時の気分の一致性によって生じる効果であり、記憶内容の**感情価**は関係しないという点で、**気分一致効果**とは異なる。［岩佐］

基本感情（怒り・嫌悪・恐怖・喜び・哀しみ・驚き）
basic emotions
4 公

人間は少数の生得的かつ普遍的な個別感情を有するとの考え方から、**エクマン, P.** を中心とした研究によって特定された感情の一群（**怒り・嫌悪・恐怖・喜び・哀しみ・驚き**）を**基本感情**という。**顔面表情**や生理学的変化などの異文化間比較をはじめとした一連の研究により、上述した６つの基本感情が見いだされた。**ダーウィン, C. R.** の**進化論**にその基礎を置き、個別感情もまた進化の産物として残されたものだとみなす。基本感情は日常語との連続性から直観的に理解しやすく、広く受け入れられたものの、後には**感情の社会構成主義説**との間で論争が展開された。［岩佐］

帰無（きむ）仮説／対立仮説
null hypothesis / alternative hypothesis
1 7

ある命題の真偽を検証するために**推測統計学**において設定される仮説 H_0 を**帰無仮説**と呼び、研究者が否定したい仮説が割り当てられることが多い。一方で、研究者が採択したい仮説を割り当てる仮説 H_1 を**対立仮説**と呼ぶ。Ａ水準とＢ水準との間に差が生じるか検証する研究の場合、帰無仮説は「Ａ水準とＢ水準の間に差がない」、対立仮説は「Ａ水準とＢ水準の間に差がある」となる。推測統計学では帰無仮説が真であるかを必要に応じた分析法に基づいて検証し、算出された検定統計量の生起確率が有意水準未満の場合、帰無仮説が偽とみなされ対立仮説が採択される。［矢口］

逆制止
reciprocal inhibition
5

精神科医の**ウォルピ, J.** は動物実験から相反する状況を同時に体験できないことを見いだし、**逆制止**法を提唱した。これは**系統的脱感作（だつかんさ）法**に応用され、**不安階層表**に基づき**不安**を**リラクセーション**により制止させる拮抗条件づけを用いた治療が開発された。［村松］

虐待
abuse / maltreatment
3 9 10 公

さまざまな人間関係において、法律的、慣習的に許容されている範囲を超えて他人に対して強制的、暴力的な行為を行うこと。妻、夫、子ども、両親、恋人や従業員、患者、福祉施設の利用者などが対象となり、行為としては殴る蹴るなどの**身体的虐待**や、レイプ、性的な強制、避妊の拒否などの**性的虐待**、金銭搾取や経済活動の制限などの**経済的虐待**、侮辱や行動の強制、暴力行為を目撃させるなどの**心理的虐待**、放置や養育放棄などの**ネグレクト**がある。近年では、子どもの自主性を否定した教育の押しつけである**教育虐待**や、**動物虐待**も問題にされている。［越智］

逆転学習
reversal learning
2

同時もしくは継時弁別課題で、**強化子**が反応に伴うときに出されていた**正の弁別刺激**と、伴わないときの**負の弁別刺激**の役割が、学習がある基準に達した後に入れ替えられるような学習事態。もし反応後の強化子の有無を手がかりとする高次学習がなされると、基準達成に至るまでの時間が次第に短くなる。**連続逆転学習**ではこの交替が繰り返される。［坂上］

逆転項目
invert scale
1 7

質問紙調査で用いられる尺度において他の項目と評価の向きが逆転した項目のこと。尺度の**構成概念**と負の相関関係になる項目を設定することで、参加者の回答の偏りを阻止したり誠実な回答を促したりすることが可能になる。［矢口］

ギャップ・ジャンクション
gap junction
6

電気シナプスでは、隣接する細胞の膜が 2～4nm（ナノメートル）にまで密着し、これらの膜を貫通する**コネクソン**というタンパクによって小孔を形成している。これを**ギャップ・ジャンクション**（**ギャップ結合**）と呼ぶ。［高瀬］

キャノン＝バード説
Cannon-Bard theory
4 6

キャノン＝バード説は身体的反応がなくても感情が生起するという考えである。この説では**視床**で処理された情報が**視床下部**と**大脳皮質**に送られ、視床下部は末梢へと情報を送って感情の表出を制御すると考える。また、視床下部は、さらに大脳皮質へ感情の経験にかかわる情報も送る。そして、大脳皮質は視床と視床下部から送られてきた情報を統合して感情の経験を生み出すと説明している。提唱者の**キャノン, W. B.** と**バード, P.** は、**偽の怒り**と呼ばれる攻撃を伴わない威嚇の表出に視床下部が役割を果たすことも実験的に示した。［高瀬］

キャプランの予防モデル
Caplan's prevention model
9 公

キャプラン, G. L. の提唱による、健康問題の発生への予防を一次、二次、三次予防に分けて考えるモデル。**一次予防**は、問題の発生自体を予防すること。その策として、一般市民への予防接種や健康教育が該当する。**二次予防**は、問題の重篤化を防ぐこと。ハイリスク群に注目して、早期の発見と対応に向けて定期健診や**スクリーニング**をするなどが該当する。**三次予防**は、再発予防や社会復帰などをめざすこと。**リハビリテーション**や**復職支援**など

が該当する。個人への個別対応、職場単位、コミュニティ全体が対象の場合などがあり、福祉領域との連携が求められる。［田中］

キャリア・アンカー
career anchor
8

シャイン, E. H. が提唱した**キャリア形成**にかかわる概念。個人が仕事生活を送る中で最も大切にしたいよりどころ（錨、アンカー）が、その人のキャリアに影響を与えていると考えられている。**キャリア・アンカー**は、何が得意か（才能と能力）、何をやりたいか（動機と欲求）、何をやっているときに充実しているか（意味と価値）を組み合わせて以下の８つに整理された。技術的・専門的能力、全般的管理能力、自律・独立性、保障・安定性、起業家的創造性、奉仕・社会貢献性、真摯な挑戦、生活様式である。［山浦］

キャリア自己効力
career self-efficacy
8

自己効力感を職業発達や職業選択の研究の中で用いた概念。仕事に関連するタスクなどをうまく処理する能力があるという自信で、職業選択の意思決定に重要な影響を与える価値観や興味などとも関連し、精神的健康との関連も深いとされる。［小野］

キャリア発達
（キャリア開発、CDP）
career development / career development program
8 公

キャリアとは、職業との関係は無視できないものの職業生活に限定することなく、人生において演じた役割の経験であり、それを通して、拡大し発達していくものである。それゆえ、**キャリア発達**は、個人のキャリアの探索、確立、成功などに貢献する生涯にわたる連続したものといえる。キャリア発達については、さまざまな段階に区分した研究があり、先駆者である**スーパー, D. E.** は、それを生活段階と生活空間の両軸を持つものと考え、**ライフ・キャリア・レインボー**を唱えた。**キャリア開発**という言葉には、キャリアを意図された方向に導くという視点が含まれ、その主体が個人ではなく組織である場合も多い。また、長期的に段階を踏んだ人材育成やキャリア発達支援を想定したキャリア・デベロップメント・プログラム（**CDP**）を用意する企業もある。［小野］

キャリア・プラトー
career plateau
8

山本寛の定義によれば、「組織の従業員が組織内の職階において、現在以上の職位に昇進する可能性が将来的に非常に低下する現象」をいう。この定義では、特に昇進に注目しているが、役割や責任を担う能力の停滞・頭打ちを念頭に置いた考え方もある。［小野］

9 歳の壁
critical period at nine-year
3

9 歳の頃になると、子どもたちが学習につまずいたり、劣等感を持ったりすることによって、「壁」にぶつかること。この時期、抽象的な学習内容が増えること、子どもが自分自身を客観的に認識できるようになることと関係して生まれると考えられる。[本郷]

求心性神経／遠心性神経
afferent nerve / efferent nerve
6

感覚神経（**感覚ニューロン**）は末梢から中枢に向かうので**求心性神経**とも呼ばれる。一方、**運動神経**（**運動ニューロン**）は中枢から末梢に向かうので**遠心性神経**とも呼ばれる。[高瀬]

急性ストレス症／急性ストレス障害（ASD）
acute stress disorder
5

基本特徴は、**心的外傷的出来事**（危うく死ぬ、重傷を負う、性暴力などの出来事を体験するか目撃する）に暴露した後、1 か月以内に侵入、陰性気分、解離、回避、覚醒（かくせい）などの特徴的な症状の発現。この症状が 1 か月以上持続し慢性化すると **PTSD** に移行。[沼]

急速眼球運動（REM）
rapid eye movement
6

急速眼球運動（**REM**）は低振幅の脳波と合わせて**レム睡眠**の特徴となっている素早い眼球運動をさす。なお、レム睡眠中に起こすと夢を見ていたと報告することが多い。睡眠は段階 1 から 4 の**ノンレム睡眠**とレム睡眠の 5 段階から構成される。[高瀬]

級内相関係数
intraclass correlation coefficient
7

複数の群からなるデータにおいて、同一群内のデータがどの程度似ているかを示す指標。たとえば、双子の知能の**相関**関係について、一方の知能を X、他方の知能を Y とした**ピアソンの積率**（せきりつ）**相関係数**では、各ペアの中において X と Y にそれぞれどちらを割り当てるか一意に決められない。この場合、**級内相関係数**を用いるのがよい。また、一人の評定者が対象を複数回評定したときの**評定者内信頼性**や複数の評定者によって共通の対象を評定したときの**評定者間信頼性**の指標となる。ほかにも、集団単位で収集したデータにおいて集団内のまとまりの強さの指標として**マルチレベル分析**を適用するか否かの判断材料としても用いられる。[杉澤]

教育評価
educational evaluation
3 公

絶対評価と**相対評価**がある。絶対評価とは、目標を基準として、その目標への到達度によって評価するもの。**目標準拠評価**、**到達度評価**とも呼ばれる。一定基準と照らしての段階評価や合否判断などの方法がある。個人の努力の結果を評価しやすいものの客観的な基準の設定が難しい。相対評価とは、個人が所属している集団の成績を基準として、その個人の集団内における相対的な位置を評価するもの。**集団準拠評価**とも呼ばれる。相対的な段階評定や偏差値などが用いられる。[本郷]

強化／消去／弱化
reinforcement / extinction / punishment
2 3

先行する反応に後続する刺激を随伴させることで、反応頻度をもとの何も随伴させていない状態（オペラント水準）より増加させたり減少させたりすることができる。増加した場合の操作・過程・事態を**強化**、減少した場合のそれらを**弱化**と呼ぶ。おのおのの場合において逆に刺激を随伴させることを中止したときに、反応頻度がオペラント水準に戻る操作・過程・事態は**消去**と呼ばれる。強化事態からの消去操作に当たっては、それまでに用いられた**強化スケジュール**によっては時に反応の一時的な高頻度（反応頻発）が観察されることがある。[坂上]

強化子／弱化子
reinforcer / punisher
2

反応に後続する、**強化**をもたらした刺激を**強化子**、**弱化**をもたらした刺激を**弱化子**と呼ぶ。またそれぞれが、提示された（環境に付け加えられた）場合は提示型（正）の、除去された場合は除去型（負）の、強化子・弱化子という。[坂上]

強化スケジュール
schedule of reinforcement
2

広義には、**刺激性制御**と同様、**三項強化随伴性**の枠組みの中で用いられる用語で、後続する刺激（**強化子**、**弱化子**）が先行する反応であるオペラントを制御する事態、もしくはその研究領域をいう。狭義には反応のどのような特性に対して刺激をどう随伴させるかの手続きをいい、前の刺激提示からの反応数や経過時間などの特性が対象とされる。強化スケジュールには、比率（反応数）、時隔（経過時間後の反応）、分化強化（反応間時間）などの要素となるものと、これらを組み合わせて構成するものとがある。[坂上]

共感覚
synesthesia
2

ある**感覚モダリティ**に対する刺激が、別のモダリティの感覚を不随意的に引き起こす状態のこと。音楽に色を感じる（**色聴**）、文字に色を感じる（**色字共感覚**）、数字や年月に空間的配列を感じる（数形）、味に形を感じるなどを報告する**共感覚保持者**がいる。その出現率は数万人に１人、あるいは数十人に１人というように

共感覚の基準や測定のしかたによって大きく異なる報告があるが、子どもや芸術家に多いことが知られている。共感覚のメカニズムはまだ解明されていないが、感覚神経間の結合の残存に起因するとしたり、抑制が働かないとしたりする説などがある。［行場］

共感性
empathy
3 4 公

他者の心的状態を理解したり感じ取ったりする能力で、対人関係等の社会的行動を支える基盤の一つ。**共感性**の定義は研究によってさまざまだが、他者の認知・感情的状態を推測しようとする認知的共感と、他者と同様の感情状態に変化する情動的共感とに区別されることが多い。認知的共感は**視点取得**や想像性といった複数の認知的要素を含む概念である。情動的共感は通常自動的に生じることから、**感情伝染**と呼ばれる場合もある。共感に伴う二次的な反応として、向（こう）社会的な心的状態である共感的配慮や、共有された感情に対する個人的苦痛などがある。［岩佐］

共感的理解
empathetic understanding
5 公

ロジャーズ, C. R. が提唱した**カウンセリング**における３原則の一つで、あたかも**クライエント**が感じているかのようにカウンセラーがクライエントを理解していく過程、方法論である。この点が一般的な意味での共感と異なる視点である。［村松］

凶器注目効果
weapon focus effect
10

犯罪の被害に遭った場合など、非常に高い**ストレス**条件下においては視野が制限され、知覚したり記憶したりできるものの範囲が狭くなる。特に犯人が凶器を持っていた場合には注意が凶器に集中し、ほかのものの認知が大きく阻害される。［越智］

教師期待効果
teacher expectancy effect
3

教師が学習者に肯定的な期待をし、学習者に対して期待が実現するような働きかけ（賞賛する、学習を支援するなど）をすることで、学習者の学習意欲や成績が向上すること。**ローゼンタール, R.** と**ジェイコブソン, L.** が 1968 年に刊行した『**教室のピグマリオン**』で紹介され、ローゼンタール効果、**ピグマリオン効果**とも呼ばれる。**実験者効果**の一つであり、実験者の期待が実験参加者に影響し、結果を歪（ゆが）ませる**実験者期待効果**と同義である。逆に、学習者に否定的な期待をし、否定的なかかわりを持つことで、学習者の成績が低下することを**ゴーレム効果**という。［小泉］

教師－生徒関係
teacher-pupil relation
3 公

学校生活における人間関係の一つ。学校生活において、教師と生徒との信頼関係を形成することは重要である。そのためには、教師は、子どもの日常的な行動をよく見て子どもの意見に耳を傾けること、子どもたちに平等に接することなどが必要となる。［本郷］

共生社会
inclusive society
9 公

狭義では、内閣府が掲げる、障害の有無にかかわらず積極的に参加し貢献していける社会。広義では、多様性を受容し活かす社会。外国にルーツを持つ人とともに築く**多文化共生**、高齢者と暮らす地域共生、**LGBTQ+** を包摂（ほうせつ）する社会などが考えられる。［田中］

矯正処遇
correctional treatment
10

その者の資質および環境に応じ、その自覚に訴え、改善更生の意欲の喚起および社会生活に適応する能力の育成を図ることを旨として行う**刑事施設**での処遇である。これは**作業（刑務作業）**、**改善指導**、**教科指導**の３つの柱で構成される。［荒井］

鏡像自己認知
mirror self-recognition
3

鏡に映った像を自分だと認識すること。**口紅課題**、**おもちゃ課題**、**名前課題**などによって測定される。口紅課題では、乳児の鼻にそっと口紅をつけ、遊んだ後で乳児が鏡像を見て自分の鼻の口紅にさわれば**自己認知**が成立していると考えられる。おもちゃ課題では、乳児が鏡像を見て、乳児の後ろに提示された人形を振り向いて取ればよい。名前課題では、乳児の鏡像を指さしながら「これは誰？」と２度質問して乳児が自分の名前が言えればよい。［本郷］

共通性／独自性
communality / uniqueness
7

因子分析における各観測変数の**分散**のうち、**共通因子**によって説明できる割合を**共通性**、できない割合を**独自性**という。両者の和は１となる。共通性は**回帰分析**の**決定係数**に相当し、これが高い観測変数は共通因子の影響を強く受けていると解釈できる。［杉澤］

協同学習
cooperative learning
3

学習者が小グループに分かれ、課題に一緒に取り組むことによって、学習内容の理解を高める学習方法。単にグループに分けただけではなく、グループ内での相互協力関係や個々のメンバーが自分自身の目標と責任を持つことなどが求められる。［本郷］

共同注意
joint attention
3 公

他者と同じ対象に注意を向け、情報を伝達・共有する行動。言語的・非言語的コミュニケーションや社会性の発達の基礎となる能力。これは、「自分と相手」「自分と物」といった２つの関係（**二項関係**）だけでなく、「自分と相手と物」といった３つの関係（**三項関係**）の成立によって可能になる。生後９か月頃から出現し、次第に複雑になっていく。１歳６か月児乳幼児健康診査などでは、保護者記入式の質問紙である**日本語版 M-CHAT** などを用いて、**共同注意**の獲得をチェックすることが行われている。［本郷］

強迫症／強迫性障害
obsessive-compulsive disorder
4 5

強迫神経症研究の主流は**フロイト, S.** を中心とする**精神分析**の流れにあり、心因性精神疾患ととらえられてきた。そのメカニズムは、患者の不安が肛門期への退行と性的攻撃衝動を生じさせ、自我は**反動形成**や抑圧など防衛機制で対抗しようと症状を形成する。一方 DSM の診断基準は病因論を排除し、基本特徴として**強迫観念**や**強迫行為**のどちらかまたは両方が存在し、それが自分に属すと認識しているにもかかわらず阻止することが難しく、心理社会的に著しい障害を起こしている状態とする。治療は**薬物療法**と**心理療法（認知行動療法、エクスポージャー）**が中心。［沼］

恐怖
fear

差し迫った脅威を知覚した際に生じる不快感情。**基本感情**の一つ。強い生理的覚醒（かくせい）状態を伴い、脅威に対処するための身体的な準備状態を導く（**闘争－逃走反応**）。特に脅威からの逃避行動を誘発することから、生存のための警報として機能している。［岩佐］

恐怖症
phobia

特定の対象または状況への顕著な**恐怖**と**不安**、その回避が６か月以上持続すること。恐怖対象はクモや虫、高所、注射針、閉所と多岐にわたる。**広場恐怖**（アゴラフォビア）は逃げるに逃げられない、助けが得られない状況への恐怖として代表的な疾患。［沼］

恐怖条件づけ
fear conditioning
1 4 公

アメリカの心理学者**ワトソン, J. B.** が実施した条件づけ。参加者の**アルバート坊や**に大きな音（無条件刺激）を提示すると恐怖反応（無条件反応）が発生することを確認した後、アルバートが白ネズミ（条件刺激）に触れようとした瞬間に大きな音を提示し恐怖を喚起した。対提示を繰り返した結果、アルバートは白ネズミを近づけるだけで泣き出す（条件反応）ようになり恐怖条件づけが成立した。また、アルバートは白ネズミだけでなくウサギや毛皮といった類似刺激に対しても同様の反応を示したことから**般化**の発生も確認された。［矢口］

共分散
covariance
7

2 変数間の**相関**関係を示す指標の一つ。2 変数おのおのについて**平均からの偏差**を算出し、それらの積の平均を取ったもの。**正の相関関係**の場合は正の値、**負の相関関係**の場合は負の値を取る。**無相関**の場合は 0 になる。測定単位に依存する指標である。［村井］

共分散構造分析（構造方程式モデリング、SEM）
covariance structure analysis (structural equation modeling)
7 公

観測変数間の**共分散**をモデル上の**母数**を使って理論的に表した**共分散構造**に基づいて行われる分析手法。通常、各観測変数（図の x_1〜x_4）がどの**因子**（**潜在変数**、図の f_1, f_2）の影響を受けているのかを表した**測定方程式**による**確認的因子分析**と、因子間の関係を表した**構造方程式**による**回帰分析**を組み合わせたものとなり、そのため**構造方程式モデリング（SEM）**とも呼ばれる。［杉澤］

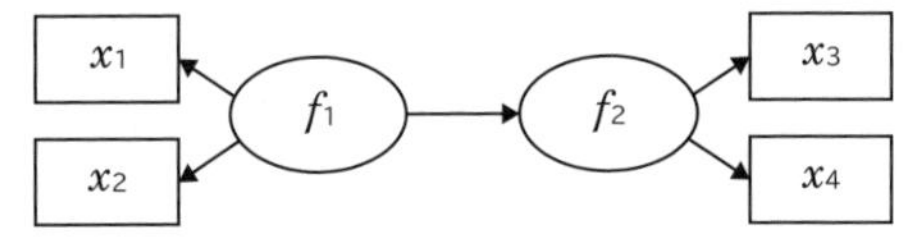

共分散分析
analysis of covariance
7

群や条件間で**平均値**を比較する**分散分析**において、**従属変数**と**相関**関係のある**共変量**を統計的に統制する手法。たとえば、実験群と統制群で処理後の得点を比較する場合、処理前の得点があれば、それを共変量として処理後の得点を予測する**回帰直線**を求め、その**切片**の差を検定することに相当する。ただし、群間で回帰直線の傾きは等しいことが前提となる。共変量で説明できる従属変数の**分散**を**残差**から取り除くことで**検定力**が高まる。［杉澤］

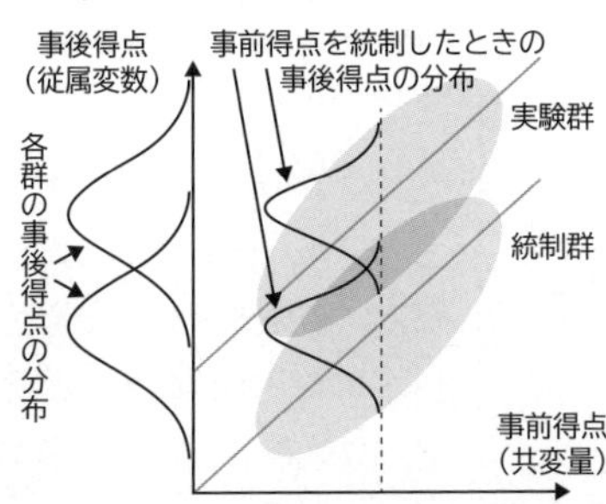

虚偽記憶
false memory
10

われわれの**エピソード記憶**は後から入力された情報や想像したイメージなどによって容易に変形してしまう。その極端な形が、実際には存在しなかった出来事の記憶が作り出され想起されるという現象である。実験的にも、実際には存在しなかった「結婚式でのハプニング」や「迷子になった経験」を思い出させることに成功している。犯罪心理学的には、実際には存在していない子どもの頃の**性的虐待**をアメリカやヨーロッパの多くの人々が想起してしまった**フォールスメモリー症候群**や、実際には犯していない犯罪を想起して**虚偽自白**をするなどのケースで問題となった。［越智］

虚偽検出
lie detection
6

わが国の犯罪捜査では虚偽に伴う情動的変化ではなく、犯人しか知りえない犯罪事実に対して特異的反応を示すかどうかを見るために脈波（みゃくは）、呼吸、**皮膚電気活動**などを測定することがある。これらの生理指標を測定する検査は**ポリグラフ検査**と呼ばれる。ポリグラフ検査では質問方法の構成が重要であり、前述の犯人しか知りえない犯罪事実に対して特異的反応を示すかどうかを見る質問方法を**隠匿（いんとく）情報検査**（CIT）と呼ぶ。**虚偽検出**については、わが国の技術が世界で最も進んでおり、ポリグラフ検査と隠匿情報検査の結果は、裁判で証拠として採用される場合もある。［高瀬］

虚偽自白
false confession
10

実際には犯罪を行っていない**被疑者**等が自白をすること。**虚偽自白**には知人や家族の身代わりとして故意に行われるもの、圧力下の取調べから逃れたい、または長期間の孤立した環境下での取調べの結果**虚偽記憶**が形成されてなされるものなどがある。［越智］

虚偽尺度
lie scale
7

質問紙法による測定において、受検者の反応歪曲（わいきょく）を検出するために用意された尺度のこと。理想的ではあるが実行が困難な行為をしている、あるいは、望ましくはないが誰もがしてしまう行為をしたことがないという回答は、反応歪曲を示唆する。［寺尾］

棘（きょく）突起（スパイン）
spine
6

神経細胞の**樹状突起**に存在する棘（とげ）状の構造をさす。**シナプス**の後部を形成し、**棘突起（スパイン）**の表面にある受容体がシナプス前細胞から放出された**神経伝達物質**と結合することで、**シナプス後電位**が発生する。［高瀬］

均衡化
equilibration
3

同化と**調節**のバランスが取れている状態。**ピアジェ, J.** によると、**認知**は自分の枠組み（**シェマ**）に経験を取り入れる同化と経験に合うように自分の枠組みを変える調節という2つの働きによって発達していく。［本郷］

緊張理論
strain theory
10

緊張理論は、社会学の理論の一つで、代表的なものは**マートン, R. K.** による**アノミー**理論である。マートンによれば、アメリカでは、富と名声の獲得というような万人がめざすべき文化的目標が設定され、それを達成すること（いわゆるアメリカンドリーム）が求められているにもかかわらず、実際にはそれを実現するための制度的な手段（教育や就業機会など）が均等に配分されていない。そのため、社会的な緊張が生じ、これが引き金になってさまざまな逸脱行動が生じるというのである。この理論は後に**アグニュー, R.** によって拡張され、**一般緊張理論**となる。［越智］

筋電図（EMG）
electromyogram
6 公

随意運動による筋収縮時、または神経を電気で刺激した際の筋肉や神経の信号の伝わり方を記録したものを**筋電図**（**EMG**）と呼ぶ。筋電図の解析により、筋肉や神経への異常、具体的には神経疾患や筋疾患の有無を調べることができる。［高瀬］

空間周波数
spatial frequency
2

視覚刺激が空間的にどの程度の周期性を持って分布しているかを表す指標の一つ。単位は**cpd**（cycle/degree）で、視角1°の範囲に何本の縞（しま）（格子（こうし））があるかを表す。人間の視覚系は、3～4cpdの**空間周波数**に対する感度が最も良く、それより高い、あるいは低い周波数に対する感度は低下する。［行場］

苦情（クレーム）
complaint
8

苦情とは、商品やサービスに対する消費者の期待と現実との不一致に対する不満に端を発するものである。近年、正当な不満表明の枠を超えた**悪質クレーム**の増加が問題視されているが、**クレーム**から新しい商品やサービスが生まれることもある。［小野］

具体的操作期
concrete operational stage
3

ピアジェ, J. の**認知発達理論**の第3段階。年齢的には、7～11歳頃。この時期になると、子どもは、見かけの大きさや色に惑わされずに、論理的に考えられるようになる。しかし、考えられる内容は、具体的な物、人、場面に限られることから**具体的操作期**と呼ばれる。また、この時期の特徴として、容器を移し替えても水の量は変わらない、間隔を広くして並べてもおはじきの数は変わらないといったように、見た目が変化しても何かを加えたり引いたりしていないので量や数は変わらないといった判断ができるようになる。すなわち、**保存性**の概念が獲得される。［本郷］

グッド・ライブズ・モデル
good lives model / GL model
10

ウォード, T. らが提唱した犯罪者処遇・更生のための考え方。人間はそもそも良き状態を追求するもので、この目的自体は犯罪者であってもなくても変わらない。問題はそれを得ようとする活動が不適切なだけであると考える。［越智］

ぐ犯少年
pre-delinquent
10

ぐ犯事由と**ぐ犯性**の両方に該当する少年。ぐ犯事由とは、保護者の正当な監督に服しない性癖があること（**少年法**３条３項イ～ニ）などであり、ぐ犯性は性格や環境に照らし、将来、罪を犯し、または刑罰法令に触れる行為をする虞（おそれ）のあることをいう。［荒井］

クライムマッピング
crime mapping
10

犯罪が生じる機会は、空間的、時間的に一様に存在するのでも、ランダムに存在するのでもない。このことは、犯罪にはなんらかの理由で発生しやすい場所や時間が存在することを意味している。このように、犯罪が起きやすい場所や時間を**犯罪のホットスポット**という。**クライムマッピング**（犯罪地図法ということもある）は、すでに起こった犯罪の情報を分析し、それを地図上に布置することを通して、犯罪が起きやすい時空間的特徴を明らかにしようとするものである。なお、近年の**地理情報システム**（**GIS**）の発達に伴い、現在では２次元地図での分析だけではなく、空間に時間を組み合わせた３次元地図での分析も進められている。［荒井］

クラスター分析
cluster analysis
7

興味ある対象（たとえば、個人や項目）の集合を、対象間の距離（類似度）に基づいていくつかのグループ（クラスター）に分ける、**多変量解析**の手法の一つである。**階層的クラスター分析**と**非階層的クラスター分析**に大別できる。階層的クラスター分析では、距離の近い順に対象をグループにまとめることを繰り返し、最終的にすべての対象が一つのグループとなる階層構造を構築する。

階層構造は**デンドログラム**（下図）と呼ばれるグラフで表現される。非階層的クラスター分析では、クラスターの数を決め、類似した対象が集まるようにクラスターを構成する。［寺尾］

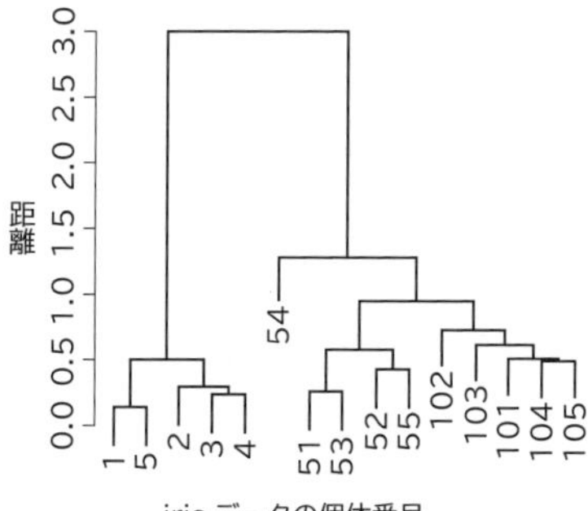

irisデータの個体番号

クラメールの連関係数
Cramer's coefficient of association
7

クロス集計表でのカイ二乗値（χ^2）を用いて計算される、**連関**の強さの測度の一つである。記号 V で表される。0 から 1 までの値を取り、1 が最も強い連関を意味する。総度数を N、行数を r、列数を c とすると、計算式は $V=\sqrt{\dfrac{\chi^2}{N\times\min(r-1,\ c-1)}}$ である。［寺尾］

グリア細胞
glial cell
6 公

グリア細胞は脳全体の細胞数の約 90%を占めており、神経細胞の間に隙間なく入り込んで脳の構造を維持している。グリア細胞には、血液中の栄養素を神経細胞に送る役割を果たす**アストロサイト**があり、このアストロサイトの働きを**血液脳関門**と呼ぶ。また、グリア細胞の中には、血液脳関門を構成するもの以外に、神経線維に巻きついて**髄鞘**（ずいしょう）を形成する**オリゴデンドロサイト**、さらに、神経系の遺物を貪食（どんしょく）する**マイクログリア**がある。最近では、グリア細胞もさまざまな物質を分泌（ぶんぴつ）して神経細胞の活動を調節することが報告されている。［高瀬］

グリーフケア／グリーフワーク
grief care / grief work
9 公

喪失を体験して**グリーフ**（悲嘆）を抱えた人が、悲しみから立ち直るように支援すること。家族との死別をはじめ、さまざまな愛情や依存の対象を喪失した際に生じる反応をグリーフといい、心理的反応、身体的反応、日常生活や行動的な変化が混在して生じる。グリーフは喪失に対する自然な反応であるが、個別的かつ多様で、長期に及び**複雑性悲嘆**を呈することもある。喪失と立ち直りの思いとの間で揺れ動きながらも、喪失に向き合い悲しみを表出して心を整理しながら、喪失後の生活へ適応していくことができるよう支援することをめざす。［藤田］

クリューバー＝ビューシー症候群
Klüver–Bucy syndrome

情動の制御に対して**扁桃体**（へんとうたい）が果たす役割は大きく、情動の研究に際して注目されることが多い。この部位を含む両側側頭葉（りょうそくそくとうよう）除去をアカゲザルで試みたところ、恐怖反応や攻撃性が劇的に低下すること、目新しいものをすぐに口に入れること、相手がサルでなくてもマウントするといった性行動の亢進（こうしん）が見られることを、**クリューバー, H.** と**ビューシー, P. C.** が報告した。これは**クリューバー＝ビューシー症候群**と呼ばれる。一連の研究では側頭葉の広範囲にわたる部位が破壊されていたが、その後の研究から、扁桃体を破壊すると上記の症状が出現することが報告された。［髙瀬］

グループインタビュー
group interview

集団面接法ともいう。調査対象者複数人が集まり、座談会形式で調査内容について自由に話してもらうことで意見を収集する調査方法の一つ。消費者の潜在的意識やニーズなどの気づきを得るのに有効。入学者選抜や企業の採用選考などにも用いられる。［山浦］

グループダイナミックス
group dynamics

集団力学ともいい、**ゲシュタルト心理学**者の**レヴィン, K.** が発展させた。レヴィンは集団という場面では人々の相互作用によって、物理学における電磁場のように一種の心理学的な場の力と呼ぶべきものが働いており、この力によって個人の行動は影響を受けると考えた。レヴィンは個人の行動（B）は個人の特性（P）と環境（E）の関数である［$B = f(P, E)$］と表現したが、**グループダイナミックス**は人々がつくり出す環境が個人に対してどんな力を及ぼしているのか、どんな条件であればその力が変化するのかについて研究する学問分野であるともいえる。［高砂］

グループホーム
group home

知的障害者や**精神障害者**、**認知症**の人などが支援を受けながら、共同生活を行う施設。定員を少人数にして、個別ケア（ユニットケア）を提供する。同居者や職員と顔なじみになりやすく、家庭的な雰囲気の中で安心して生活できる点が特徴である。［藤田］

グルタミン酸
glutamic acid
6 公

グルタミン酸はアミノ酸の**神経伝達物質**である。グルタミン酸は興奮性の**シナプス**を形成し、この物質を持つ神経細胞は脳全体に広がっている。グルタミン酸は特に学習・記憶にもかかわる神経伝達物質であり、その神経基盤である**長期増強**が起きるためにはグルタミン酸受容体の一種である**NMDA受容体**が必要である。グルタミン酸がNMDA受容体に結合して受容体が開くと、大量のカルシウムイオンが神経細胞に流入する。この流入はシナプス後膜上にグルタミン酸受容体の一種である**AMPA受容体**を増加させ、これが長期増強の分子機構の一つであると考えられている。［高瀬］

クロス集計表（クロス表）
cross table
7

2つの**質的変数**の**連関**を調べるため、下表のように、カテゴリーの組合せを示した**セル**ごとに**観測度数**を記入した表のこと。一方の変数のカテゴリーごとにセルの度数を合計した値（下表の45と53、および、30と38と30）を**周辺度数**、観測度数の合計（表中での98）を**総度数**と呼ぶ。［寺尾］

	学年			
正誤	1年	3年	5年	計
正解	5	20	20	45
不正解	25	18	10	53
計	30	38	30	98

ケアマネジメント
care management
9

クライエントの地域社会での生活が阻害され、その問題解決のニーズが存在するとき、解決に至る道筋と方向を明確にして地域にある社会資源の活用、改善、開発を行い、総合的、効率的に解決を図るプロセス。わが国では主に**介護支援専門員**が**ケアプラン**を作成したり、サービス担当者会議等で関係機関と連絡調整を行ったりすることをさす。**インテーク**、**アセスメント**、プランニング、ケアプランの実施、モニタリング、評価、終結という一連のプロセスが展開された後、クライエントや生活状況の変化に応じて再アセスメントを実施し、ケアプランを再作成する。［藤田］

計画購買／非計画購買
planned purchase / non-planned purchase
8

購買行動は**計画購買**と**非計画購買**に大別される。前者は、あらかじめ何を買うのかを決め実際にそれを購入すること。他方、後者は、意図していなかった商品を購入する、いわゆる衝動買いを含むもので購買行動全体の多くを占めるとされる。［山浦］

計画された偶発性
planned happenstance
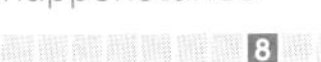

クランボルツ, J. D. は、キャリアは予期できない偶発的な出来事によって決定されることが多いが、ただ偶然を待つのではなく、それを最大限に活用して、キャリア形成に役立てることができるように準備しておくことが必要であるとしている。［小野］

計画的行動理論
theory of planned behavior

人の行動を決めるのは行動意図で、それは行動への態度と主観的規範で規定されると見るのが**合理的行為の理論**。行動を達成するための要因に、意図のほか行動コントロール感（行動を実行する容易さの認知）を加えた拡張理論が、**計画的行動理論**。［田中］

経験サンプリング
experience sampling method

あらかじめ定められた複数回の時点において、その状況下での評価・感情・行動などをリアルタイムで測定する調査法。生態学的経時的評価（EMA）とも呼ばれる。現象の時系列的変化を追いやすい。［坂上］

計算論的アプローチ
computational approach

複雑な情報処理システムを理解する際に、最も重要とされる取り組み方の一つであり、システム全体として何がどのような目的で計算されるのか、なぜそれが適切なのかを数理モデルを通して明らかにするアプローチである。たとえば、**マー, D. C.** によると視覚の計算目標は、２次元平面である網膜に投影された画像から外界の３次元構造を復元することにあるとされ、それを３段階で実現するモデルの構築が試みられた。［行場］

形式的操作期
formal operational stage

ピアジェ, J. の**認知発達理論**の第４段階。年齢的には、11 歳以降。この時期になると、子どもは現実にないものや仮定の話など抽象的なものについても論理的に考えられるようになる。その点で、前の段階の**具体的操作期**と比較して、**形式的操作期**と呼ばれる。記号の操作が可能になり、より進んだ数学的思考が可能となる。また、複数の可能性を考慮して思考をすることが可能になる。さらに、自分の考えそのものについて考え、誤っている考えについては修正できることができるようになることから、「操作」の操作、「二次的操作」の段階であるともいわれる。［本郷］

刑事施設
penal institution
10 公

わが国では**刑務所、少年刑務所、拘置所**を総称して刑事施設と呼ぶ。2021 年現在、刑事施設は本所 75 庁（社会復帰促進センター4 庁を含む）、支所 105 庁である。刑事施設には労役場が附置されるほか、一部施設を除き監置場が附置されている。［荒井］

刑事収容施設及び被収容者等の処遇に関する法律
Act on Penal Detention Facilities and the Treatment of Inmates and Detainees
10

刑事収容施設（刑事施設、留置施設、海上保安留置施設）の適正な管理運営を図り、被収容者や被留置者、海上保安被留置者の人権を尊重しつつ、これらの者の状況に応じた適切な処遇を行うことを目的とした法律である。**刑事収容施設法**と略される。［荒井］

芸術療法
art therapy
5

芸術療法は、言語に限定されず、心に生じたイメージや体験などを表現する**心理療法**である。表現のために用いられる手法として、**箱庭療法、絵画療法**、コラージュ療法、**風景構成法**、スクイッグル法、**音楽療法、心理劇**、あるいは詩歌や粘土・陶芸、写真などがあり幅が広い。対象も子どもから大人まで実施できるという利点がある。一方、言葉にならない感情や想いが人の心に与える負担は少なくない。芸術療法では、表現自体に意味があるとともに、セラピストと作品を鑑賞したり活動を振り返ったりすることにより、自己理解が促進されていく。［村松］

系統的観察
systematic observation
1

組織的観察ともいう。日常生活において偶発的に生じた出来事を観察する非系統的観察と区別され、観察される状況にある程度の操作が加えられる。さらに観察者自身がその観察対象に加わるかどうかにより、**参与観察**と非参与観察に区分される。［高砂］

系統的誤差
systematic error
1

測定における誤差のうち、偶発的（ランダム）に起こる誤差ではなく、測定のシステム内に固有の原因で生じる誤差のこと。決まって繰り返し生じるため予測可能であり、測定においてはできるだけ取り去ることが望ましい。［高砂］

系統的脱感作法（だつかんさ）
systematic desensitization
5

ウォルピ, J. によって開発され、**実験神経症**に根拠を置いた**行動療法**の一技法。**不安拮抗反応**（**筋弛緩法**（しかん）や**自律訓練法**によるリラクセーション）を使うことにより不適応的な**不安**－反応習慣を徐々に弱める。患者の主観的不安の強さを得点化した**不安階層表**

を用いて得点の低いものから順にイメージあるいは現実場面の刺激に暴露させ、不安拮抗反応を行うことで、不安や恐怖を軽減させる。徐々に強い刺激を呈示しステップアップしていく。不安拮抗反応を伴わず、必ずしも不安や恐怖の低いものから取り組むことを必要としない**エクスポージャー**が用いられることもある。［沼］

軽度認知障害（MCI）
mild neurocognitive disorder
5 9 公

DSM-5では**認知症**をmajor neurocognitive disorderという疾患単位に包括し、加えて、一つの認知領域において以前の水準より低下が見られるけれど、障害は軽度で治療の対象になりうるものを、**軽度認知障害**（**MCI**）としている。［沼］

刑務所
prison
10

刑務所や**少年刑務所**は、主に裁判で**懲役刑**や**禁錮刑**が確定した受刑者を収容し、処遇を行う施設である。一口に刑務所といっても種類があり、初めて刑務所に入る受刑者を集めたA指標の刑務所と、累犯の受刑者を集めたB指標の刑務所とに大別される。［荒井］

系列位置効果
serial position effect
2

記憶項目の系列を**記銘**し、**再生**した場合に、系列の最初のほうに位置する項目と、後のほうの項目の成績が良くなる現象のこと。それぞれ**初頭効果**、**新近効果**と呼ばれている。初頭効果には**長期記憶**成分が、新近効果には**短期記憶**成分が関与すると考えられている。［行場］

ケース・フォーミュレーション
case formulation

事例定式化と呼ばれ、臨床家が自己の理論を実践につなげる手段であり、その青写真といえる。クライエントの問題や状態を個別にとらえるため、認知、感情、生理、行動に関する情報を収集し、治療理論に基づく式に当てはめ（問題解決のために仮説を立て）、より適切な介入計画を作成、実践、検証する。多くの臨床技法で採用されているが、**認知行動療法**で最もその特性が発揮されるとして、以下のプロセスを繰り返していくことで効果を挙げる。問題の明確化→全体像の理解と優先順位の決定→治療方略（仮説の策定）→介入技法の選定と予測→介入の成果を検証。［沼］

ゲシュタルト原理
Gestalt principles
1 2

ゲシュタルト要因あるいはゲシュタルトの法則とも呼ばれる。**ゲシュタルト心理学**では対象が知覚される際の法則を**プレグナンツの法則**と呼んだが、**ゲシュタルト原理**はその法則を具体的に示したものだといえる。プレグナンツ（Prägnanz）とは簡潔を意味するドイツ語で、私たちの知覚は対象をできるだけ簡潔にまとまってとらえようとする傾向があり、たとえば近くにある対象どうしをまとめて見ようとする**近接の要因**、閉じた線を開いた線よりも強く知覚する**閉合の要因**、類似した刺激どうしをまとめて見ようとする**類同の要因**などが提唱されている。［高砂］

ゲシュタルト心理学
Gestalt psychology
1 2 公

精神分析や**行動主義**と合わせて心理学の三大潮流となった考え方で、**ウェルトハイマー, M.** を中心にドイツ語圏で起こった。その特徴は心の働きを要素の集合としてではなく、まとまりのある全体が持つ構造からとらえようとするものであった。19 世紀末に**グラーツ学派**の**エーレンフェルス, C.** が**ゲシュタルト質**という言葉を初めて使用し、20 世紀になると**ベルリン学派**のウェルトハイマーが実験的なアプローチで**仮現運動**（かげん）を報告した。**ゲシュタルト心理学**の考え方は知覚の枠を超え、**ケーラー, W.** の**洞察学習**や**レヴィン, K.** の**グループダイナミックス**の考えへとつながった。［矢口］

ゲシュタルト療法
Gestalt therapy
5

精神科医の**パールズ, F. S.** と妻の心理学者**パールズ, L.** によって提唱された**心理療法**。人は心身ともに自己調節機能を持つ全体的存在であるが、クライエントの困難は満たされなかった欲求や感情といった「未完結の経験」へのとらわれであり、「今ここで」体験される身体感覚や感情への気づきから、本来備えているホメオスタティックな機能が働き、全体性の回復と自己の成長が可能になると考える。「今ここで」の気づきへの技法として、**心理劇**や**ホットシート**、**エンプティチェア**などが用いられる。**ウェルトハイマー, M.** らによる**ゲシュタルト心理学**の影響を受けたとされるが、それから派生した心理療法ではない。［村松］

血圧

blood pressure

血圧は、血液が血管壁に与える圧力をさし、心臓から拍出される血液量、すなわち**心拍出量**と末梢血管での血液の流れにくさ、すなわち**末梢血管抵抗**によって、その値が決まる。**虚偽検出**の生理的変化としても用いられる。［高瀬］

血圧変動性

blood pressure variability

血圧が変化する性質を総称して**血圧変動性**と呼ぶ。たとえば、血圧は、睡眠中は低く、朝になると起床前から徐々に上昇する。また、昼間の活動量が多い時間帯には高くなる。さらに、運動や食事、感情の変化の影響で変動することもある。［高瀬］

血管性認知症

vascular neurocognitive disorder

脳梗塞や脳出血など**脳血管障害**に起因する**認知症**。症状は原疾患により異なるが、病前のパーソナリティの強化（人格先鋭）、認知機能の部分的（まだら）低下、せん妄や**情動失禁**を起こしやすく、軽い麻痺や**言語障害**など神経学的局所症状を伴うことが多い。［沼］

結晶性知能／流動性知能

crystallized intelligence / fluid intelligence

キャッテル, R. B. は、人間の知的能力は、**結晶性知能**と**流動性知能**という 2 つの因子で説明できると考えた。結晶性知能は、洞察力、理解力、判断力などと関連する知能である。経験や学習を通して獲得される能力であり、言語に大きく依存する。一方、流動性知能は、新しい場面への適応を必要とする際に働く知能であり、暗記力・計算力・直観力などと関係する。流動性知能は 25 歳頃にピークとなり、65 歳前後で低下が見られる。一方、結晶性知能は、20 歳以降も上昇を続け、高齢になっても比較的安定していると考えられる。［本郷］

決定係数（分散説明率）

coefficient of determination / proportion of explained variance

7

従属変数の**分散**のうち**独立変数**の変動で説明できる割合。すなわち、独立変数の値を固定したときに従属変数の分散が減少する割合ともいえる。したがって、独立変数による効果の大きさの指標となる。**回帰分析**では**回帰式**の当てはまりの良さを示す。［杉澤］

血流

blood flow

血流とは血液の流れをさす。神経・生理心理学のさまざまな研究で指標として活用され、情動反応の指標としても用いられている。血流と密接にかかわる血管の働きは**交感神経**により支配されており、これには**血管収縮性神経**と**血管拡張性神経**がある。［高瀬］

権威主義的パーソナリティ
authoritarian personality

アドルノ, T. W. らが提示した、集団や社会での既存の階層構造を重視する性格特性。立場の上下関係を判断基準として、目上の者には服従し目下の者には服従を求める。反ユダヤ主義や**自民族中心主義**との関連からファシズムに従う人間像を示した。[村上]

原因帰属
causal attribution

出来事や人の行動について推論し、特定の要因に原因を求める働きをさす。その嚆矢である**ハイダー, F.** は**素朴心理学**として、能力や努力など、出来事への影響力という観点から、因果関係に関する一般的な人々が持っている判断について考察した。[村上]

嫌悪
disgust

汚染や感染、腐敗といった有毒な性質を伴う刺激への強い不快感や、吐き気等の身体反応を特徴とする感情状態。**基本感情**の一つ。**嫌悪**を誘発した刺激からの回避行動によって、感染症等のリスクを低減できることから、疾病回避感情ともいわれる。[岩佐]

研究倫理
research ethics

心理学の**研究倫理**については、他の学問分野と共通の研究一般についての倫理と、心理学の特殊性に由来する倫理とに分けられる。前者については科学的にデータを取得するようにし、**捏造・改ざん・盗用**（FFP）および**疑わしい研究実践**（QRPs）を行わないことが求められる。後者について特にヒトを対象とした研究においては、基本的人権を遵守したうえで、事前に研究について**インフォームド・コンセント**を行い、**個人情報の保護**に留意したうえでデータを取り扱うことが求められる。また動物を対象とした場合も不必要に苦しみを与えないことが求められる。[高砂]

検挙件数
cleared cases

警察などが検挙した事件の数をいい、検察官に送致・送付した件数のほか、微罪処分にした件数などを含んだ件数を表す。なお、これと似た犯罪統計の指標として**検挙人員**があるが、これは警察などが検挙した事件の被疑者の数を表している。[荒井]

健康格差
health inequalities

疾病、健康状態、医療アクセスにおける集団特異的な違い。死亡や疾病のリスクには人種や民族、社会経済的地位による差が認められ、各集団における教育、健康行動、生活習慣、医療サービス、物質的環境などの要因が健康状態に影響すると考えられている。

WHOは加盟国に、先進国と発展途上国の間の**健康格差**是正の推進を勧告した。アメリカ国内では少数民族の健康と医療の質に懸念がある。わが国では経済的不況による失業率の増加、非正規雇用による生活の不安定などが健康状態の悪化につながっている。格差解消のため、社会での健康福祉政策の充実が求められる。[田中]

健康教育
health education
9

健康を高めるための態度や行動を養う努力、そのための計画的な営みをさす。健康のために自発的な行動を促す計画的な学習が、個人、組織、地域などを実施単位として行われる。情報提供や体験学習などが組み込まれる。学校教育の場では、保健教諭による保健学習や保健指導、給食の機会を活かした食育などがある。病院では患者への生活指導、職場では安全管理や安全教育、コミュニティでは感染症の予防教育などがある。健康信念モデルなどの理論的枠組みを役立てながら、健康への**態度変容**や行動の実践をめざした教育的かかわりの構築をめざしている。[田中]

健康寿命
healthy life expectancy
9 公

健康上の問題で日常生活が制限されることなく生活できる期間。平均寿命（0歳における平均余命）より短い。この差は、健康上の問題によって日常生活に制限が生じる期間である。政府は差の縮小に向けて**健康日本21**を掲げ健康増進に取り組んでいる。[田中]

健康信念モデル
health belief model
9

健康行動の促進要因として、脅威の認識とメリット・デメリットのバランスを想定する健康行動の理論。健康行動は、病気の可能性を実感し（罹患（りかん）の認知）、深刻な影響を認識し（重大性の認知）、健康行動のコスト（障害性の認知）より恩恵を大きく感じ（有益性の認知）、その行動が自分にできると感じ（**自己効力感**）、契機（行動のきっかけ）がある場合に促される。たとえばある人が、喫煙を続けると病気になるかもと思い、それは大変だと危機意識を持ち、我慢は辛いが健康が優先だと考え、自分にも**禁煙**できると感じ、家族の勧めを契機に禁煙に至る流れが考えられる。[田中]

健康心理アセスメント
psychological assessments for health

健康に関する問題、行動特性やパーソナリティの特徴などを、面接、観察、心理検査法、神経生理学的・神経心理学的方法などで評価すること。対象者に適した支援や介入を考える手がかりを提供し、効果測定の目安となり、見通しの判断に役立つ。**アセスメント**の対象は広く、**QOL**、原因帰属、健康観、健康状態、**自己効力感**、**ソーシャルスキル**、不安、抑うつ、怒り、職場ストレス、**ストレスコーピング**、**ストレッサー**、**ソーシャルサポート**、**バーンアウト**、生活習慣、リスク行動、依存症、知能、痛み、記憶障害や認知障害の評価などがある。[田中]

健康生成論
salutogenesis

健康のとらえ方として、健康になる要因を突き止めて強化することで、健康をつくるとする考え方。病気になるリスクファクターを突き止めて取り除くという、従来の医学における疾病生成論の発想とは異なる。[田中]

健康日本 21
health Japan 21

厚生労働省による、21 世紀における国民の健康づくり運動。目標設定と情報提供、環境整備を進め、自己決定に基づく生活習慣の改善を促す施策である。個人の健康観に基づく取組みを社会が支援し、健康を実現するという理念による。**健康寿命**の延伸と健康格差の縮小、**生活習慣病**の発生・重症化の予防、社会生活に必要な機能の維持・向上、健康を支える社会環境の整備、および栄養・食生活、身体活動・運動、休養、飲酒、喫煙、歯の健康に関する生活習慣・社会環境の改善などをめざす。[田中]

言語獲得援助システム（LASS）
language acquisition support system

チョムスキー, A. N. は、子どもには言語を獲得するための**言語獲得装置**（**LAD**）が生まれつき備わっていると考えた。一方**ブルーナー, J. S.** は、この言語獲得装置を作動させるために、大人に子どもの言葉の発達を助ける**言語獲得援助システム**（**LASS**）が備わっており、2 つの相互作用によって言語獲得が促されると考えた。具体的には、大人は子どもに対して、大人と会話をするような方法とは異なる特徴的な発話のしかた（**対乳児発話**）を行い、言葉の働き、文の構造、語の意味を理解する手がかりを与え、言語獲得の**足場づくり**を行っている。[小泉]

言語相対性仮説（サピア＝ウォーフ仮説）
linguistic relativity hypothesis / Sapir-Whorf hypothesis
2

アメリカン・インディアン等の諸言語を研究してきた**サピア, E.**と**ウォーフ, B. L.**は、どんな言語でも世界を同じように正確にとらえられるという見解に対して、使用言語によってその世界観は異なっているとする相対性を主張する仮説を提示した。[坂上]

言語発達
language development
3 5 公

言語発達とは、音を作る仕組みや音の分類（音声・音韻）、語や文の伝達内容（意味）、語や文の構成や文法（形態・統語）、語や文の使用方法（語用）を獲得する過程である。**乳児期**は前言語的コミュニケーションの段階と呼ばれ、言語以外の手段を用いて人とやり取りを行うとともに、特定の言語の音声を獲得する。**幼児期**には言葉を発する発音や言葉の意味理解を獲得し、言語的コミュニケーションの段階へ発達していく。幼児期は話すことと聞くことが中心だが、**児童期**には読むことと書くことが加わり、文字を使って他者とやり取りを行うようになる。[小泉]

顕在記憶／潜在記憶
explicit memory / implicit memory
2 公

意識的に想起できる記憶を**顕在記憶**と呼ぶ。これに対し、**潜在記憶**は、意識的に想起できなくとも、**長期記憶**の中に存在し、自覚なしに認知や行動に影響を及ぼす記憶であり、**プライミング効果**を生じさせる。[行場]

検査法
test method
1 公

心理検査（テスト）を用いて、心理学的な特性や状態を測定する方法。心理検査には知能検査のように知的能力に関する検査と、パーソナリティに関する検査に大別できる。それぞれに個別的検査と集団的検査があり、目的や種類に応じて使い分ける。[高砂]

幻肢（げんし）
phantom limb
6

けがや病気によって四肢を切断した患者の多くが、そこに失った四肢が存在するように感じることがある。これを**幻肢**と呼ぶ。幻肢は痛みを伴うことが多く、この症状は**幻肢痛**と呼ばれ、難治性の疼痛（とうつう）で心身症に該当する。詳しい原因はわかっていないが、脳の**体性感覚野**（かんかくや）にある体の各部位に対応するマップが、その部位を失ったことで再構成されることが影響しているという考え方がある。主観的な痛みとして電流を流した万力（まんりき）でつぶされるような痛みがある。治療では、痛みを感じているはずの部位は実際には失われているため、痛み止めの薬や麻酔などは効果がない。[高瀬]

原始反射
primitive reflex
3

身体になんらかの刺激を受けると、無意識的に反応する動作のこと。**新生児反射**ともいわれる。乳児期早期、ものによっては胎児期から出現し、生後数か月で消失する。代表的なものに、**口唇（こうしん）探索反射**、**吸啜（きゅうてつ）反射**（口の中に入ってきた乳首などを吸う動き）、**把握反射**、**モロー反射**（大きい音などに反応して、急に両腕を伸ばして何かにしがみつくような動き）などがある。［本郷］

限定商法
hunger marketing
8

数量限定や期間限定など、希少な商品は魅力的で価値があると感じやすいこと（**希少性の原理**）を利用した商行為。消費者庁は、この原理を利用した事業者による違法・悪質な勧誘行為を防止し、消費者の利益を守るため、**特定商取引法**を改正した。［山浦］

検定統計量
test statistic
7

統計的検定のために用いられる**標本統計量**のこと。一般的には、標本から計算した**検定統計量**の実現値は、**帰無（きむ）仮説**と整合的ではなく、**対立仮説**と整合的であるほど、絶対値が大きな値を示す。代表的な検定統計量として、***t*** **値**、***F*** **値**、χ^2 **値**などがある。［山田］

検定力（検出力）
statistical power
7

帰無（きむ）仮説が誤っているときに、検定を行って帰無仮説を正しく棄却できる確率のこと。「1－(**第 2 種の誤り**の確率)」で求められる。検定の性能を評価する数値として利用できる。**検定力**を考慮して、データ収集以前に**サンプルサイズ**を決めることができる(**検定力分析**)。［山田］

見当識障害（けんとうしきしょうがい）
orientation disorder
5

失見当識（しつけんとうしき）ともいう。自己の置かれた時間（現在の日時や季節）、空間（現在自分のいる場所）、自分に関係の深い人間（両親や子どもや配偶者）など自分に関する基本的認識が障害された状態。**認知症**、**せん妄**、ウェルニッケ脳症やアルコール依存症に伴う**コルサコフ症候群**などで認められる。［沼］

ケンブリッジ非行発達研究
The Cambridge Study in Delinquent Development
10

非行と犯罪についての現在でも継続中の大規模な前向き研究である。対象者は 1953 年生まれの 411 人の男性で、調査は 1961～62 年（対象者は当時 8～9 歳）に始まった。最初の責任者は**ウェスト, D. J.** で、現在は**ファリントン, D. P.** が指揮している。［越智］

コア・アフェクト理論
core-affect theory
4

ラッセル, J. A. が自身の感情円環モデルを発展させる形で提唱した感情理論。個別感情の存在を仮定する**基本感情**説とは対照的に、あらゆる感情状態を、**感情価**と**覚醒度**の 2 次元空間に位置づけられる連続的なものとみなす。感情価と覚醒度はコア・アフェクトと呼ばれ、それぞれが神経生物学的な基盤を有する普遍的な感情次元だと考えられている。そして、コア・アフェクトの組合せから生じるシンプルな感情状態に対し、後続する種々の認知的処理が行われることで、怒りや恐怖といった日常語彙的なラベリングや、感情状態の**原因帰属**などが生じる。［岩佐］

語彙アプローチ
vocabulary approach
4 公

パーソナリティ心理学における研究手法の一つ。重要なパーソナリティは日常語彙化しているという仮定のもと、パーソナリティ特性と関連した語を収集・分類し、さらに**因子分析**を用いて、その基本構造や特性次元の数などを明らかにしようとする。［岩佐］

行為障害／素行症
conduct disorder
10 公

反復し持続して、反社会的、攻撃的、反抗的な行動を繰り返す**精神障害**類型。子どもの場合、いたずらなどの年齢相応な**逸脱行動**を大きく超えていることが必要である。具体的には、暴行、傷害、脅迫、動物虐待、放火、性犯罪などが含まれる。DSM-5 における名称では「素行症／素行障害」となっている。［越智］

構音障害
articulation disorder
3

コミュニケーション障害には、語彙や文法などの理解と産出にかかわる**言語障害**、発声・発音・発語の産出の困難さにかかわる**構音障害**、発話の流暢性にかかわる**吃音**、場面や文脈に合わせて言語的・非言語的コミュニケーションを行うことの難しさにかかわる社会的コミュニケーション障害の 4 つがある。**構音**とは音声を作り出すことであり、構音障害では発音の歪みや不明瞭さなどがある状態が見られる。構音障害は、他の障害では説明できない機能性構音障害と、口腔の形態的な問題による器質性構音障害、運動の問題による運動障害性構音障害に分類される。［小泉］

効果器
effector
6

生体は受容器で受け取る刺激に応じてさまざまな反応を示す。この反応に必要なものが**効果器**である。刺激に対する通常の反応は運動であるが、ヒトの場合、運動における効果器は**筋肉**である。

また、**分泌腺**も効果器に含まれる。[高瀬]

光学的流動パターン
optical flow
2

ギブソン, J. J. が**生態学的視覚論**の立場から提出した光学的配列の一つであり、環境内を生体が前進するときに、注視点を中心に周辺に吹き出すような光刺激の流れが現れる。後進するときには逆に注視点に収束するような流れが生じる。このように**光学的流動パターン**には３次元空間や対象を特定する豊富な情報が含まれており、それを見ただけで**ベクション**が生じる。[行場]

効果研究
outcome research
5 公

心理療法の実践に関する研究として、治療や介入の効果について科学的に評価するもので、プロセス研究と相補的関係にある。**アイゼンク, H. J.** の心理療法改善率の批判論文を契機に研究が進められ、方法として**無作為化比較試験**（**RCT**）、**単一事例（シングルケース）実験**、**メタ分析**など。[沼]

効果の法則
law of effect
1 2

ソーンダイク, E. L. の見いだした法則で、他の条件が等しければ、快を伴う反応は将来より起こりやすく、不快を伴う反応はより起こりにくくなるという、彼の結合主義的考えに基づいている。現代における強化、弱化の考え方の出発点となった。[坂上]

効果量
effect size
1 7

実験等の効果の大きさを表す指標のこと。実験群と統制群の**平均値**の差を**標準偏差**（２群をプールした標準偏差など）で割って求められる、標準化平均値差が代表的である。一般に、**検定統計量**は、**効果量**×（**サンプルサイズ**の関数）で構成される。[山田]

交感神経／副交感神経
sympathetic nerve / parasympathetic nerve
4 6 9 公

自律神経系は**内分泌腺**および心臓、血管、胃や腸などを構成する**平滑筋**を制御し、その活動の多くが消化や循環のように自律的、自己制御的である。自律神経系は**交感神経**と**副交感神経**に分類される。交感神経は脊髄の胸髄と腰髄から出ており、脊髄を出た直後に神経節に接続する。副交感神経は脳幹の中脳・延髄と脊髄の最下部である仙髄から出ており、神経支配する部位の近傍で神経節に接続する。交感神経と副交感神経の特徴に**拮抗支配**がある。これは、交感神経が促進するものを副交感神経は抑制し、交感神経が抑制するものを副交感神経が促進することをさす。[高瀬]

攻撃性／攻撃行動
aggression / aggressive behavior
4 10 公

攻撃行動は他の個体に危害を加えることを意図してなされる行動であり、攻撃行動を引き起こす認知、情動、動機づけなどの内的過程を**攻撃性**という。**大渕憲一**によれば、攻撃行動が生じるメカニズムは3つにまとめられる。一つ目は**フロイト, S.** の攻撃本能論や**ローレンツ, K. Z.** の生得的攻撃機構に代表される**内的衝動説**である。この説では、われわれには攻撃行動をもたらす心理的エネルギーが固体内に生得的に備えられていると考える。2つ目は**情動発散説**であり、**ダラード, J.** の**フラストレーション－攻撃仮説**や**バーコヴィッツ, L.** の**不快情動説**が含まれる。この立場では、攻撃行動は不快感情の表現や発散であると考える。3つ目は**社会的機能説**であり、**バンデューラ, A.** の**社会的学習理論**や**テダスキー, J. T.** の理論が含まれる。この観点では、目的達成のための手段として、機能的・意図的に攻撃行動が生じると考える。［荒井］

高血圧
hypertension
9

診察室血圧の測定で、最高血圧 140mmHg 以上または最低血圧 90mmHg 以上の場合に診断される。生活習慣とのかかわりが深く、過剰飲酒、肥満、喫煙、**ストレス**などが発症を促す。高血圧の状態が持続すると心筋梗塞（こうそく）や心不全などが起きやすくなる。［田中］

広告効果
advertising effect
8

商品やサービスに関する広告によって、消費者の認知や興味・関心、および消費行動や集客力に変化をもたらすこと。**広告効果**の測定には、広告の接触頻度、広告による心理・行動的変容の程度が用いられる。［山浦］

交互作用
interaction
1 7

複数の**独立変数**の組合せの効果。実験の場合には、ある**要因**（独立変数）が**従属変数**に及ぼす効果が、もう一つの要因の**水準**によって異なること。この図では、指導法（AとBの2水準）が従属変数（得点）に及ぼす効果が、教材（XとYの2水準）によって異なっている。すなわち、教材Xは指導法Bのほうが、教材Yは指導法Aのほうが効果的であることがわかる。［村井］

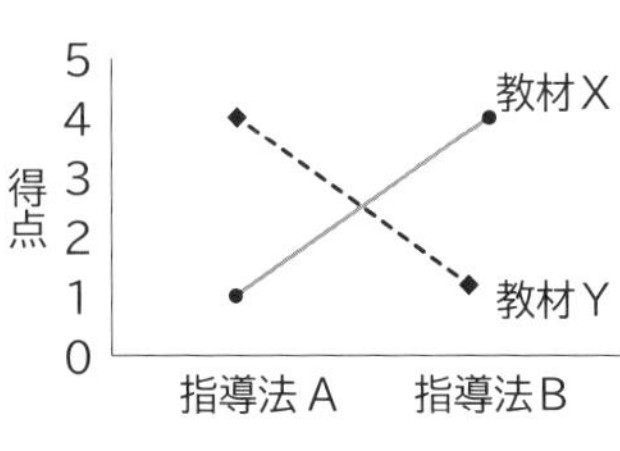

高次脳機能障害
higher brain dysfunction
6 公

高次脳機能障害は、高度、複雑、抽象的処理を必要とする幅広い脳機能、すなわち高次脳機能の障害であり、主に、**失語**、**失行**、**失認**をさす。また、広くは記憶・注意・意欲の障害、動作の持続の障害も含む。さらに、これらの各機能の障害にとどまらず、**認知症**・意識障害等の脳機能の全般的な障害も含めて考えることがある。高次脳機能障害に至る原因は、出現する症状、個人の特性によりさまざまであるが、主に**脳血管障害**、脳症、脳炎等の病気や、脳外傷等の事故によって脳が損傷されたために障害が引き起こされることが多い。［高瀬］

向(こう)社会的行動
prosocial behavior
3 公

他者の利益となる行為者の自発的な行動。対人相互交渉を活発にしたり、社会的活動に参加したりするうえで大きな役割を果たす。具体的には、**援助行動**、分配行動、寄付行動などが挙げられる。**向社会的行動**には、行為者の動機やなんらかの犠牲を払うか否かは問われない。その点で、自分の犠牲を払うことが前提となる**愛(あい)他(た)的行動**とは区別される。**アイゼンバーグ, N.** は、向社会的行動の生起過程を、第１段階：他者の要求への注意、第２段階：動機づけ、第３段階：意図と行動のつながりといった３段階モデルによって説明している。［本郷］

口唇(こうしん)期／肛門期
oral stage / anal stage
3

フロイト, S. は５段階の**心理性的発達理論**を提唱した。第１段階の**口唇期**（１歳半ぐらいまで）では食行動と結びつく口唇が、第２段階の**肛門期**（１歳半～就学前）では排便に伴う肛門の快楽が重要となる。各時期に固着することで独自の性格が生じる。［本郷］

高信頼性組織（HRO）
high reliability organization
8

原子力発電所や航空会社など、不測の事態で大事故につながる現場でありながら事故・失敗を最小限にとどめている組織のこと。**高信頼性組織**（**HRO**）の共通点には、失敗から学ぶ、単純化を許さない、オペレーションを重視する、復旧能力を高める、専門知識を尊重する、がある。［山浦］

向性／動性／走性
tropism / kinesis / taxis
2

生物の全身を用いた**生得性行動**として、特定の刺激源に対し一定の方向性を持って定位する**向性**（もしくは**屈性**）、明確な方向性はないが刺激に対して反応が変化するために結果としてある方向に移動する（たとえばワラジムシは乾燥している場所で活発に活動するが湿気のある場所ではじっとしているので、そちらに向かうように見える）**動性**、刺激への接近や逃避などの運動方向を持つ**走性**がある。特に光、温度、化学物質、重力、電気を刺激とした走性が研究されており、これらは走光性、走温性、走化性、走地性、走電性と呼ばれる。［坂上］

構成概念妥当性
construct validity
1 4 5 7

妥当性の一つで、ある具体的な手続きを伴う測定が、研究計画の際に意図した概念的な変数をどの程度適切に測定しているかをさす。構成概念をどのように考えるかという理論上の問題を含むため、一つの研究だけでは明確にできないことも多い。［高砂］

更生緊急保護
urgent aftercare for discharged offenders
10

刑事上の手続きや**保護処分**による身体の拘束を解かれた者で、親族の援助や公共の衛生福祉に関する機関などからの保護を受けられない場合などに、申請によって、緊急的に必要な援助や保護の措置を行い、改善更生を図る制度である。食事の給与や医療・療養の援助、帰住の援助、金品の給貸与、社会生活を営むために必要な指導助言の実施などが含まれる。［荒井］

更生保護
offenders rehabilitation

罪を犯した者や非行のある少年を社会内で適切に処遇すること（**社会内処遇**）で、再犯や再非行を防ぐことを目的とした活動をさす。**保護観察**、応急の救護や**更生緊急保護**、仮釈放・少年院からの仮退院等、生活環境調整、恩赦、犯罪予防活動を含む。［荒井］

公正理論
justice theory

人は自分の投資量に見合った報酬量が得られないとき、不快感や心理的な緊張状態を経験し、それを解消しようとして認知や行動の変化を生じさせる。投資量＞報酬量の認知が一般的で、そのような認知には分配的公正と手続的公正が関与する。［山浦］

構造化面接
structured interview
1

面接法の手法の一つ。あらかじめ定められた順序や内容で質問が行われる。被面接者の様子を見ながら、解説を加えたり回答の意味を確認したりすることもできるが、どの程度まで質問の方法に自由度があるかによって**半構造化面接**と区別される。［高砂］

拘置所
detention house
10

拘置所は、主に刑事裁判で刑罰が確定していない**未決拘禁者**を収容する。場合によっては、控訴や上告も含めて、裁判で刑が確定するまで長期間拘置所に収容されることになる。なお、死刑判決が確定した者は、原則、刑の執行まで拘置所に拘禁される。［荒井］

行動遺伝学
behavioral genetics
1 4

行動に及ぼす**遺伝**の影響を研究する学問分野。一般的に行動として表されるものは、遺伝子型の違いによる効果と環境によって行動が変化する効果を加算したものと考えられ、心理学では遺伝子型の等しい双生児や近交系（きんこう）の動物を使った研究が知られる。［高砂］

行動経済学
behavioral economics
8

従来の経済学では、人の行動原理として**効用最大化**を前提とするため、直感や感情に基づく**非合理的行動**を説明することはできなかった。これを可能にしようと、経済学の理論に心理学の要素を加えることで生まれた学問領域。［山浦］

行動主義
behaviorism
1 2 公

精神分析や**ゲシュタルト心理学**と合わせて20世紀の心理学の三大潮流となったもの。内観法による意識の言語化という手法に対抗して、心理学研究は客観的に計測可能な行動を対象にするべきと主張したアメリカの**ワトソン, J. B.** が**行動主義**と名づけた。ワトソンの考えは**パヴロフ, I. P.** による条件づけをベースとしており、**恐怖条件づけ**実験を実施した。ワトソンの古典的行動主義に対して、その後、操作主義を取り入れ媒介変数を導入した**新行動主義**、**レスポンデント条件づけ**と**オペラント条件づけ**を区別した**スキナー, B. F.** の**徹底的行動主義**などが生まれた。［矢口］

行動パターン（タイプAなど）
behavior pattern (Type A, etc.)
9 公

特定の疾患の発症と密接な関連を持つ行動特性。**タイプA行動パターン**は心筋梗塞（こうそく）や狭心症など冠動脈性心疾患に罹患（りかん）しやすく、**怒り**や敵意、**攻撃性**が予測因子とされ、仕事熱心。心拍や血圧が増して心臓に負担がかかる。**タイプB行動パターン**は穏やかでマイペース、冠動脈性心疾患に罹患しにくいとされる。疾病と関連した特性に注目し、パーソナリティの類型を見いだした研究もある。**タイプCパーソナリティ**は、がん患者に比較的共通する特徴として感情抑制と社会的同調性が指摘される。**タイプDパーソナリティ**はネガティブ感情と社会的抑制が特徴で冠動脈性心疾患のリス

ク因子とされる。行動パターンには文化差の報告も見られる。［田中］

後頭葉
occipital lobe
6

大脳皮質は側頭(そくとう)の後方上部から前方下方に走る**外側溝**(がいそくこう)（**シルビウス溝**）、頭頂から左右に走る**中心溝**を目安に、前頭葉、頭頂葉、側頭葉に分けることができ、さらに**頭頂後頭溝**を目安に頭頂葉と**後頭葉**が分かれる。［髙瀬］

行動療法
behavior therapy
1 5

行動療法は学習理論や実験心理学、行動科学に基づく実践の総称である。人が行動を経験から学習し習得するように、症状や不適応行動も学習され身についたものととらえる。治療の対象は目に見える行動や症状のみであり、不適応な行動を消去、修正し、新たな適応的行動の習得がめざされることになる。面接室のみで治療が行われる立場と異なり、ホームワークや不安等に直面するなど面接室外での活動を求めることがある。具体的技法として、**エクスポージャー**、**シェイピング**、**モデリング**などがある。［村松］

公認心理師
certified public psychologist
1 公

2015年に公布、2017年9月に施行された**公認心理師法**によって成立したわが国の心理職の国家資格。保健医療、福祉、教育、司法・犯罪、産業・労働などの分野において、心理学に関する専門的知識や技術によって相談に応じ、助言や指導を与えるなどの援助を行うことが定められている。資格の取得に当たっては法令で指定された25科目の単位を大学の学部で取得することが最低要件であり、2018年度入学の学生から対象となった。学部卒業後は大学院でさらに指定された10科目を受講し修了するか、一定期間所定の現場経験を経た後で、国家試験に合格する必要がある。［高砂］

購買意思決定過程
consumer purchase decision process
8

消費者の購買行動、再購入・再利用の**意思決定**に至るまでの一連のプロセス。その説明モデルには、**ハワード＝シェスモデル**、**EBMモデル**などから発展した**消費者意思決定モデル**、**多属性態度モデル**、**二重過程理論**などがある。［山浦］

購買行動
buying behavior
8

一般に、購買と直接関係するプロセスをさすことが多い。つまり、商品・財やサービスの購買に直接かかわる判断、**意思決定**、行動に至るプロセスのことである。厳密には、**購買前行動**（購買のた

めの準備・計画段階）を含むとされる。［山浦］

購買動機
buying motivation
8

人が商品を購入したりサービスを利用したりしようと駆り立てる動機づけ、その理由。経営学者**コトラー, P.** は、**購買行動**に影響を与える要因について、文化的要因、社会的要因、個人的要因、心理的要因の４つに整理した。［山浦］

衡平理論
equity theory
8

公正理論をもとに、**アダムス, J. S.** が**モチベーション**喚起の機序を説明したもの。人はしばしば自分が費やした時間や努力などのインプット（I）と得た報酬のアウトカム（O）の割合（O/I）を、他者のそれと比較する。自分の O/I が不均衡で報酬が少ないと認識したとき、他者も同じ状態ならば不満はさほど生じない。しかし、他者が恵まれた状態にあるならば不満に思い、自らのインプットを減らすなど、自分の努力量や認知、行動を調節する。また、人は都合よく比較対象の他者を選択する傾向を持っている。［山浦］

項目反応理論
item response theory
1 7

テストが測定している特性値 θ の関数として各項目の正答確率を表した**項目特性曲線**に基づき、個々の受験者の特性値を推定するテスト理論の体系のこと。項目特性曲線として、**困難度** b と**識別力** a という２つのパラメータを持つ、下図のようなロジスティック曲線がよく用いられる。困難度が高い項目ほど $P(\theta)=0.5$ となる θ の値が大きくなり、識別力が高い項目ほど（この θ の近辺で）特性値が異なるときの正答確率の差が大きくなる。［寺尾］

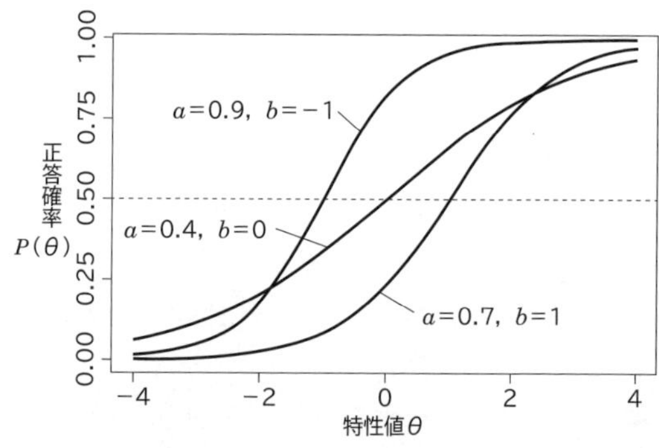

項目分析
item analysis
3 7

テストの質を高めるために、解答データに基づいてテスト項目を分析すること。正答率（**困難度**）が高すぎたり低すぎたりする項目、総合点との**相関**（**識別力**）の低い項目、他の項目との相関（等質性）の低い項目が修正や削除の対象となる。［寺尾］

合理的選択理論
rational choice theory
10

コーニッシュ, D. B. と**クラーク, R. V.** が提唱した理論。犯罪者は合理的理性人であり、犯罪機会で冷静に損得を計算して犯行に及ぶとする。こうした合理性は、犯罪者の意思決定プロセスに見ることができる。たとえば、犯罪者が犯行を決定するのは、犯罪で得られる利益が逮捕されるリスクの高さと逮捕された場合の刑罰の重さより大きな場合と考える。また、環境や状況の情報、過去の経験からそのときに最適な罪種を選び、物色を通して犯行遂行や利益追求にふさわしいターゲットを選ぶと考える。この合理性を逆手に取って、たとえば犯行場所での利益を減らし、標的を堅固化することで、犯罪は予防できると考える。こうした**合理的選択理論**の考え方は、**状況的犯罪予防**の基盤ともなる。［荒井］

合理的配慮
reasonable accommodation
5 8 9 公

障害のある人が障害のない人と平等に人権と基本的自由を享受し行使できるよう、おのおのの障害や困難を取り除くための配慮。障害を理由とする差別の解消の推進に関する法律（**障害者差別解消法**）が2013年に制定され、同法では単に心身機能の障害だけでなく社会的障壁が合わさることで生活が制限されるという障害の社会モデルの考えが取り入れられている。行政・学校・企業などの事業者は、障害のある人から現に社会的障壁の除去を必要としている旨の意思の表明があった場合に、本人の心身の状態や取り巻く環境に応じて負担が重すぎない範囲で対応することが求められている。［藤田］

勾留（こうりゅう）
pre-sentencing detention
10

被疑者もしくは**被告人**を**拘置所**等の刑事施設や警察の留置施設に拘禁すること。**勾留**は適法な逮捕に引き続いて行われることが必要で、その目的は逃走および証拠隠滅の防止である。作業義務を科さない短期自由刑の拘留（こうりゅう）とは異なる。［越智］

高齢社会対策
measures for aging society
9

高齢化の進展に適切に対処するための施策をさす。1995年に**高齢社会対策基本法**が制定された。豊かな社会、公正で活力ある社会、自立と連帯の精神に立脚して形成される社会が構築されることを基本理念として定めている。[藤田]

高齢者虐待
elder abuse
9 公

高齢者が他者からの不適切な扱いにより、権利や利益を侵害され、生命や健康や生活が損なわれるような状態に置かれること。**虐待**の類型として身体的虐待、心理的虐待、介護・世話の放棄・放任(**ネグレクト**)、性的虐待、経済的虐待がある。介護保険施設等による安易な身体拘束も虐待に該当する。地域の関係機関との連携のもとで虐待の早期発見や対応ができる体制を整備するとともに、**認知症**や介護に対する正しい理解を啓発し、近隣とのつながりがなく孤立した高齢者世帯には働きかけを行い、高齢者本人とともに養護者を支援する視点が重要である。[藤田]

コーディネーション
coordination
3

対象者の支援ニーズと提供可能なサービスの間の関係を調整し、対象者の**ウェルビーイング**の向上を図ること。**コーディネーション**を行う人をコーディネーターと呼ぶ。そのほか、自分の身体の部位を調整して、行動する意味でも用いられる。[本郷]

コーピング
coping
5 8 9

ストレス反応への対処方法として個人がとる、認知的・行動的な努力。**ストレス**となる事態へのコントロール可能性が高ければ、原因の解決に重点を置いた**問題焦点型コーピング**、低ければ感情の制御に重点を置いた**情動焦点型コーピング**が有効とされる。前者は、人に働きかけたり自分の考え方を修正したりして問題の解消を図る、**ストレッサー**自体への働きかけ。後者は、辛い気持ちの緩和策で、気晴らしをしたり困難のことを考えないようにしたりする、ストレス反応への働きかけ。ストレスによる健康への影響は、脅威度などの認知的評価やこうした**コーピング**に左右される。[田中]

コーホート
cohort
3

特定の地域や集団に属する人、とりわけ同時代に生まれた人々の集団。発達研究で用いられる**コーホート法**では、異なる年齢集団をおのおの縦断的に追跡することにより、年齢と社会・文化的要因の相互作用を明らかにすることを目的とする。[本郷]

五感／感覚モダリティ
five senses / sensory modalities

感覚経験の質的違いや**感覚受容器**と**感覚神経**の違いに注目した分類であり、**感覚様相**ともいわれる。古くから**五感**と呼ばれてきた視覚、聴覚、味覚、嗅覚、触覚のほかに、圧覚、痛覚、温覚、冷覚、運動感覚、平衡感覚、内臓感覚などが含まれる。［行場］

誤帰属
misattribution
4

原因帰属の過程で、真の原因がある場合に、別の要因に原因を帰属することをさす。**誤帰属**の研究では、正解とそれ以外の要因が用意されるが、広い意味では正解がない場合に、別の要因が原因として説明される場合も含んでいる。代表的なものに、生理的喚起を生じさせた真の要因とは異なる要因が自己の情動の原因と判断されやすいという**情動の 2 要因理論**の実験があるが、それをもとにした**ダットン, D. G.** と**アロン, A. P.** の吊り橋実験における**恋愛感情**の派生、状況要因を無視した特性帰属のしやすさなどの**根本的な帰属の誤り**などが有名である。［村上］

顧客満足（CS）
customer satisfaction
8

商品やサービスに対して、顧客の購買・利用前段階での期待値が実際にどのくらい満たされているかの程度。**顧客満足**は、商品やサービスに対する**ロイヤルティ**向上の先行因であることが実証されている。［山浦］

呼吸
breathing / respiration
6

呼吸は、**虚偽検出**の有力な生理的変化として、脈拍、脈波（みゃくは）、血圧、眼球運動等と合わせて検討されている。しかし、呼吸は意図的に調節でき、被検者への負担が大きく、定量的測定方法が未開発等の理由から、他の指標に比べてあまり研究が多くない。［髙瀬］

呼吸器系疾患
respiratory disease
9

呼吸器の病気。気管支喘息（ぜんそく）は炎症した気道が狭窄（きょうさく）を起こす疾患で、アレルギーとのかかわりが深い。自己管理で **QOL** を改善できる。慢性閉塞性肺疾患（**COPD**）は、肺気腫や慢性気管支炎の総称。肺の生活習慣病ともいわれ、喫煙と深くかかわる。［田中］

刻印づけ（刷り込み）
imprinting
2 3 公

ローレンツ, K. Z. によって詳しく報告された現象。彼は、自分の目の前で孵化したハイイロガンのひなが、自分を「母親」と思い込んで彼の後をついて回ることを発見した。このような現象は、早成性の鳥類に見られるものであり、孵化後一定の時期に、動いて、音が出るものに対してしか起こらないこと、一度書き込まれた記憶はその後の体験によって変更できないことから**刻印づけ**（**刷り込み、インプリンティング**）と呼ばれた。これに関連して、一定の時期までに行動を獲得しないとその後は獲得が難しい時期を**臨界期**と呼ぶ。［本郷］

国際疾病分類（ICD）
International Classification of Diseases
5 公

1893年の**国際死亡分類**に端を発し、ICD-6からは**WHO**が管轄、国際的に統一した基準による死因・疾病分類。異なる地域や時点で集計された死亡・疾病データの体系的記録を分析、比較し、公的統計（人口動態統計等）に適用する。2019年に**ICD-11**がWHOで承認され、2022年に正式に発効された。［沼］

国際生活機能分類（ICF）
International Classification of Functioning
9 公

2001年に**WHO**において採択された、すべての人に関する生活機能と障害の分類法。人間の健康状態を、単に病気や障害がない状態ではなく、生活機能が高い水準にあるとする。健康状態は、心身機能・身体構造、活動、参加という3つの生活機能と、個人因子、環境因子の2つの背景因子で構成されると見る。**ICF**は**生物心理社会モデル**の観点から人と環境の相互作用に着目し、人間の生活機能の全体像をとらえようと試みる。病気や障害のマイナス面を評価する視点から、生活機能というプラス面を評価する視点に変換した点が大きな特徴である。［藤田］

国際的な子の奪取の民事上の側面に関する条約（ハーグ条約）
Hague Convention on the Civil Aspects of International Child Abduction
10 公

国際結婚をした夫婦が不仲になった場合、片方の親が他方の親の了解を得ずに子どもを故国などの国外に連れ去るケースが少なくない。この場合、子どもを連れ去られた親が子どもを取り戻すことは極めて難しくなる。そこで、このような場合に、子どもを迅速かつ確実に、もとの居住国（常居所地）に返還する国際協力の仕組みが定められている。これを**ハーグ条約**という。ただし、この条約では、最終的な親権の帰属を決定する手続きは定められていない。適用されるのは16歳未満の子どもである。［越智］

心のモジュール説
module theory of mind
3 4

心が、特定の機能を果たすためにいくつかの独立した処理単位（**モジュール**）の集合から構成されるととらえる説。この説は、言語や**心の理論**の獲得の説明などに適用される。**チョムスキー，**

A. N. の**言語獲得装置**も一種のモジュールだと考えられる。［本郷］

心の理論（TOM）
theory of mind
3 公

自分や他者の行動を予測したり説明したりするための心の働き（信念、意図、欲求、感情など）についての知識や原理。**プレマック, D.** らのチンパンジーなどの類人猿を対象とした研究から始まった。**バロン＝コーエン, S.** らは、自閉症の特徴であるコミュニケーション上のつまずきを**心の理論**（TOM）の観点から検討した。心の理論の獲得は、おおむね4歳以降だと考えられており、その獲得の確認には**誤信念課題**などが用いられる。児童期中期の9歳頃になると、他者の心的状態についての別の他者の心的状態の推測、すなわち**二次の心の理論**が可能になる。［本郷］

個人差
individual difference
1 3 公

人々における個人個人の違いのことで、特に心理学では身体的な差よりも心理学的な差異のことをさす。これを中心に研究するのが**差異心理学**であり、研究手法では**個性記述的アプローチ**である。訳語としてはヒト以外の動物については個体差と呼ぶ。［高砂］

個人情報の保護
protection of personal information
1 公

わが国で**個人情報の保護に関する法律**は2005年に施行されているが、ここでは心理学の**研究倫理**における観点から述べる。まず個人情報とは、一般的な氏名・性別・生年月日など個人を特定できる情報に限らず、その人の有する身体や財産、職種や地位なども含むもので、心理学の研究においては能力や特性などが得点化されたものも該当する。研究上で知りえた個人情報については研究者側に**秘密保持義務**があり、個人情報を取得する際には氏名や住所など分析に必要ない項目を削除したり、匿名化して入力したりする工夫が必要である。［高砂］

個人心理学／アドラー心理学
individual psychology / Adlerian psychology
1

アドラー, A. は自身の心理学を**個人心理学**と呼んだが、これは個人という語がこれ以上分けられない（in-dividual）という意味を持つとともに、**フロイト, S.** のように個人を自我や超自我やエスで分割するようなモデルを持たなかったからである。アドラーによれば、子どもは小さな頃から身体的あるいは精神的に**劣等感**を感じやすく、それが社会とのかかわりの中で劣等コンプレックスとなり、無意識的にこれを補おうとする**補償**が生じる。この補

償が強すぎると過補償の状態となるが、これは嫌われまいとする優等生的な態度の子どもに典型的に認められる。［高砂］

個人内評価
intra-individual evaluation
3 7

他者や集団ではなく、個人内にある基準と比べる評価。個人の過去の成績と比較して、現在の成績を評価することを縦断的個人内評価という。一方、個人内で各教科間の成績を比較して個人の特徴を理解することを横断的個人内評価という。［本郷］

誤信念課題（誤った信念課題）
false belief task
3

子どもが**心の理論**を持っているかどうかを調べるための課題。自分は知っているが他者は知らない状況において、他者の誤信念（誤って思い込んでいること）とそれに基づく行動を予測できるかを調べる課題。**サリー・アン課題**が有名である。この課題では、サリーがかごにボールを隠し、いなくなった後、アンがボールをかごから箱に移すという状況が示される。次に、サリーが戻ってきたとき、かごと箱のどちらを探すのかと質問される。子どもがサリーの視点に立ち、「かご」と答えれば正答となる。［本郷］

個性記述的アプローチ／法則定立的アプローチ
idiographic approach / nomothetic approach
1 4

ドイツの哲学者**ヴィンデルバント, W.** が学問の方法を論じる際に用いた区分。自然科学は一般的な法則を見いだす**法則定立的アプローチ**を用いるのに対して、精神科学（人文科学・社会科学）は一度きりの特殊な現象を理解する**個性記述的アプローチ**を使うことが多い。前者では説明が求められ、後者では記述による理解が求められる。心理学では両者とも使われ、同じパーソナリティの研究であっても、多くの人に共通した普遍的な法則を得ようとする法則定立的な研究もあれば、その個人に特有なパーソナリティを研究しようとする個性記述的な研究も可能である。［高砂］

個体発生／系統発生
ontogeny / phylogeny
3

個体発生は、生物の個体の発生（受精卵、芽や胞子）から完全な成体となる過程のこと。**系統発生**は、ある種の生物が過去から現在までにたどった進化の過程のこと。厳密な意味では、「個体発生は系統発生を繰り返す」といった**反復説**は当てはまらない。［本郷］

固定的活動パターン
fixed action pattern
2

解発子（かいはつし）によって引き起こされる、いつも決まった順序で起こる一連の複数の行動パターンからなるステレオタイプ的な**生得性行動**。一連の行動が最初の解発子だけで連続的に起こる点で、生得的反応連鎖と異なる。動物行動学者（エソロジスト）によって主に研究され、この行動の仮説的な神経生理学的モデルは**生得的解発機構**と呼ばれる。［坂上］

古典的テスト理論
classical test theory
7

個人 i のテスト得点 x_i を、真の得点 t_i と測定誤差 e_i の和であると考えることを基盤とする、テストに関する理論体系のこと。**テストの標準化**のための理論的基盤を提供してきた。後に発展した**項目反応理論**と対比される。測定誤差の存在により、テスト得点は確率的に変動する。真の得点は個人 i におけるテスト得点の期待値 $E[x_i]$ である。テストの受験者集団全体でのテスト得点の分散 σ_x^2 は、真の得点の分散 σ_t^2 と測定誤差の分散 σ_e^2 の和となる（つまり、$\sigma_x^2 = \sigma_t^2 + \sigma_e^2$）。テスト得点の分散に占める真の得点の分散の割合 $\frac{\sigma_t^2}{\sigma_x^2}$ をテストの**信頼性係数**と呼ぶ。［寺尾］

子ども・子育て支援
child and child care support
9 公

安心して子育てができるようにその経済的負担を軽減し、地域の子育て環境を整備して子どもの育ちを社会全体で支える取組み。2012 年に子ども・子育て支援新制度が成立し、市町村が実施主体として**子ども・子育て支援**事業計画を策定して総合的に子育て支援を行うことが定められた。制度の主なポイントは、認定こども園、幼稚園、保育所を通じた共通の給付（施設型給付）と小規模保育等への給付（地域型保育給付）の創設、幼保連携型認定こども園制度の改革、地域子ども・子育て支援事業の充実、子ども・子育て会議の設置、などである。［藤田］

ゴナドトロピン（性腺刺激ホルモン）
gonadotropin
6

下垂体前葉以外に胎盤からも分泌（ぶんぴつ）される。下垂体前葉の**ゴナドトロピン**には、**黄体形成ホルモン**と**卵胞刺激ホルモン**がある。下垂体前葉のゴナドトロピンの標的器官は精巣および卵巣で、性ホルモンの産生（さんせい）を刺激する。［高瀬］

コネクショニズム
connectionism
2

神経回路網（**ニューラルネットワーク**）における結合状態をコンピュータモデル化して、認知や知能、行動のシミュレーションを行うアプローチをさす。この立場をとる研究者は**コネクショニスト**と呼ばれる。神経回路網では並列分散処理がなされる。その基本理論は**甘利俊一**（あまり しゅんいち）らによって構築された。その後、**ラメルハート, D. E.** らにより提唱された **PDP モデル**が応用へ道を開き、今日の**機械学習**（深層学習、強化学習などを含む）の先駆けとなった。［行場］

固有値
eigenvalue
7

ある正方行列 A に対して、$A\boldsymbol{x} = \lambda \boldsymbol{x}$ を満たす零（れい）ベクトル（ゼロベクトル）でないベクトル $\boldsymbol{x}$ とスカラー λ が存在するとき、λ を A の**固有値**という。固有値は A の次数と同数存在する。**主成分分析**において、**共分散行列**（**相関係数行列**）の固有値は各**主成分得点**の**分散**と一致する。［杉澤］

コルチゾール
cortisol
6 9

副腎皮質から分泌（ぶんぴつ）される**ホルモン**で、脂肪の分解やタンパク質の代謝などにかかわり、免疫系にも影響を与える。**ストレス**で分泌が増す、代表的なストレスホルモン。慢性的に分泌が多い状態は、**うつ病**などのストレス関連疾患のリスクを高めるとされる。［田中］

コルテの法則
Korte's law
2

コルテ, A. によって検討され、**コフカ, K.** によって定式化された**仮現運動**（かげんうんどう）に関する法則。運動印象を ϕ、2 つの光点間の空間距離を s、光点の強度を i、光点の提示時間と点滅の間隔時間を合わせた値を g とすると、$\phi = f\left(\frac{s}{ig}\right)$ という関係が成り立つ。これが特定の値のときに最適運動（**ファイ現象**）が起こり、**最適時相**と呼ばれる。ϕ がそれより大きくなると同時に点滅する印象、小さくなると継起的に点滅する印象が生じるとされる。また、s が変化しても、i や g が補償するように変化すれば、最適時相が得られることも表されている。［行場］

コレスポンデンス分析
correspondence analysis
7

クロス集計表をもとに、興味ある対象を空間に配置する、**多変量解析**の一手法である。**対応分析**とも呼ばれる。数学的には**数量化Ⅲ類**と同じ手法であり、**質的変数**のカテゴリーに数量を付与する。興味ある対象はクロス集計表での一方の変数 X のカテゴリーである。すると、個々の対象について、もう一方の変数 Y のカテゴリーごとに度数が記録されているから、Y の各カテゴリーを変数、度数を測定値のようにみなすことができる。多少の加工の後、**主成分分析**を行えば、各対象の主成分得点を得ることができる。この得点を数量化得点と呼ぶ。[寺尾]

コンサルテーション
consultation
3 5 公

専門家どうし（**コンサルタント**と**コンサルティ**）の相互関係で、コンサルティが効果的に問題解決できるようコンサルタントが専門的な援助や助言を与えること。たとえば教育領域では**スクールカウンセラー**と教師、医療領域では精神科医師と身体科医師。[沼]

コンサルテーション・リエゾン精神医学（CLP）
consultation-liaison psychiatry
5 公

精神科が他の診療科と関連し、身体疾患を抱えた患者の精神科的治療と心理社会的ケアを行う医療分野であり、その方法として**コンサルテーション**（相談）や**リエゾン**（連携）がある。総合病院において質の高い精神医療を提供することを目的に、一般病棟に入院する**せん妄**や**抑うつ**の患者、精神疾患や自殺企図があり各身体科に入院する患者を対象として、**リエゾンチーム**（精神科医、専門看護師、**精神保健福祉士**、作業療法士、**公認心理師**、薬剤師）と身体科スタッフが連携し継続的な精神医療を行うことで、医科診療報酬としてリエゾン加算が認められた（2012 年）。[沼]

コントラスト感度曲線（CSF）
contrast sensitivity function
2

縞（しま）刺激の**空間周波数**を横軸に、そのコントラスト（明暗対比）を縦軸に取り、縦軸の上部に行くほどコントラストを低くして作成したチャートを見ると、3cpd 程度の縞が低いコントラストでも最もよく見えるが、空間周波数がそれよりも低い、あるいは高い縞はコントラストがより高くないと見えなくなる。結果として、逆U字型の**コントラスト感度曲線**（**CSF**）が得られる。CSF はさまざまな大きさの刺激に対する視覚系の感度を表し、**空間変調度伝達関数**とも呼ばれる。[行場]

コントロール質問法
control question technique
10

ポリグラフ検査における質問方法の一つで、検査しようとしている犯罪についての直接的な質問と過去に行った（可能性の大きい）犯罪についての質問の生理反応を比較して判断するもの。科学的な根拠が乏しく、現在わが国の警察では使用されていない。[越智]

コンピテンシー
competency
8

マクレランド, D. C. が紹介したことがきっかけとなり経営の分野で広まった、伝統的な能力だけでなくパーソナリティ変数をも含んだ能力の概念である。その後、高業績者の行動特性や思考・価値観・動機などの精神的能力に注目した**コンピテンシー・モデル**が設計され、職務等級制度に代わる評価制度として用いられるようになった。わが国でも 2000 年代に人事考課の基準として普及したが、わが国の現状に合わせて、発揮能力などに重点を置いた行動モデルに変化している。**加藤恭子**は「**コンピテンシー**とは、行動によって見極められる総合的な能力の概念であり、高業績や有能さにつながると予測されるもの」と、それまでの論議をまとめて定義している。[小野]

コンプライアンス
compliance
8 9

法令遵守を意味し、企業やその他の組織は、社会の中で活動するためには、さまざまな法律や条例などを守ることが求められる。産業場面では、働く人々の保護のための**労働基準法**や**労働安全衛生法**、安全配慮義務を含む**労働契約法**などがあり、消費者を保護する**消費者保護法**（消費者契約法と特定商取引法など）や**環境保全関係法令**（いわゆる公害防止法）がある。また、**公共の福利**の側面では、憲法 14 条の下で、障害の有無による**偏見や差別の禁止**、さまざまな差別的扱いやハラスメントにより引き起こされる**精神障害の防止**、**児童福祉法**による若年者の保護などが、遵守すべき法律の重要な柱になっている。[小野]

さ

サーカディアンリズム
circadian rhythm
6 公

24 時間を周期とする生体リズムは**サーカディアンリズム**と呼ばれ、これを担う脳の領域が**視交叉上核**である。視交叉上核は視交叉の直上で視床下部の第三脳室の底部にある小さな神経核であり、サーカディアンリズムを支配する最高位中枢である。[高瀬]

サークル仮説
circle hypothesis
10

カンター, D. V. が連続犯の犯行場所と居住地域の関連について提唱した仮説。ある地域で連続して同一犯人によるものと思われる複数の犯罪が起きていた場合、その発生地点間を結ぶ最も長い直線を直径とする円を描くと、その内部に犯人の居住地があるというもの。カンターは**連続放火**事件を対象としてこの仮説を実証したが、その後の研究で性犯罪などでも同様の現象が生じることが示されている。**サークル仮説**が成り立つかどうかはその地域の地理的な特性が影響する。わが国の都市部で発生する放火事件では約 7 割でサークル仮説が成り立つ。[越智]

サーバント・リーダーシップ
servant leadership

グリーンリーフ, R. K. が提唱した支援型の**リーダーシップ**論。リーダーは、ミッションやビジョンを掲げてそれを実現しようとフォロワーたちを導き、かつそのフォロワーたちに尽くし奉仕するものであるという。そのことによってフォロワーたちからの信頼を得て、主体的で創造的な活動や協働を生み出すようになると論じられた。このリーダーシップのとらえ方は、それまでのリーダー主導で支配的なリーダーシップの考え方や実践、研究に大きな転換をもたらした。[山浦]

再現可能性
reproducibility

発表された研究報告について同条件・同手続で追試した際に同じ結果が得られることをさす。結果を再現できない場合、研究結果やそこから導かれた理論などが正しいことが立証できなくなり、そのような状況を**再現性の危機**と呼ぶ。[矢口]

再検査信頼性
test-retest reliability
1 5 7

同一の対象者に対して、同一の検査（テスト）を数週間程度の間隔をおいて再度実施したときに得られる**信頼性**のこと。一般的には、この２回の検査における得点間の**相関係数**を**再検査信頼性**の推定値とする。［高砂］

サイコパシー
psychopathy
4 10

社会的に嫌悪される悪意的な**パーソナリティ**の一つ。**サイコパス**は**サイコパシー**を強く持つ人物の臨床像である。サイコパシーの測定は、半構造化面接の**サイコパシーチェックリスト改訂版**（**PCL-R**）のほか、心理尺度も作成されている。これらを用いた研究では、サイコパシーの特徴は２つに分けられる。**一次性サイコパシー**は、感情・対人関係での特徴であり、同情心や共感性の欠如、冷淡さ、恐怖心の欠如、利己性、対人的な攻撃性などに表れる。**二次性サイコパシー**は社会的異常性であり、過度の衝動性や刺激希求性、低年齢からの**反社会的行動**などに表れる。［荒井］

サイコロジカル・ファーストエイド（PFA）
psychological first aid
5 9 公

米国９・11 同時多発テロ事件を契機に作成された、大規模災害後の包括的な**早期支援マニュアル**。原則は安全安心の確立、苦痛を和らげる、被災者の資源を活用、自然な回復力を高めるなど広範囲にわたる被災者に負担を与えない**非侵襲的支援法**である。［沼］

最小二乗法
least squares method
7 8

誤差の二乗和が最小となるような**母数**を推定値とする方法。たとえば、**単回帰分析**で回帰直線の式を求める際に、予測の誤差（回帰直線から求められる予測値と実際に観測された測定値の差）の二乗和が最小になるような切片と傾きの値を推定値とする。［山田］

差異心理学
differential psychology
1

個人差を研究することを主眼とした心理学の領域。一般心理学が人々に共通に当てはまる法則を見いだそうとする（**法則定立的アプローチ**）のに対して、そういう場合に個人差ということで切り捨てられてしまうものに焦点を当てた**個性記述的アプローチ**を特徴とする。最初に**差異心理学**と命名したのはドイツの**シュテルン, W.** で、シュテルンの差異心理学では、個人がどれほど他人と異なっているかに関する研究、個人の中で能力や特性などがどれほど相関するかに関する研究、個人が属する集団や民族どうしの比較研究などが提唱されている。［高砂］

再生／再認
reproduction / recognition
2

記憶に保持された情報を思い起こす過程である**想起**には、覚えているものをそのまま表出する**再生**と、以前に記銘したことがあるかないかを答える**再認**が含まれる。記憶成績の測り方には**再生法**と**再認法**があり、一般に**再生率**よりも**再認率**のほうが高く、再認のほうが容易である。これを説明する考え方には、**記憶痕跡**が強い場合にのみ再生が可能であるとする説や、2段階説（再生には手がかりによる検索処理と検索候補が合っているか照合処理が必要であるが、再認には照合処理だけでよいとする考え方）など種々の説が提出されている。［行場］

再テスト法
test-retest method
7

同一の集団に対して、同一の尺度で2回の測定を行うことにより、測定の安定性の観点から尺度の**信頼性係数**を推定する方法。測定する特性がどの受検者においても変化しておらず、1回目の測定での記憶が2回目に影響しないことが理想である。［寺尾］

サイバネティックス
cybernetics
6

生体内外の情報のフィードバックという概念に重きを置いて個体をとらえる考え方を**サイバネティックス**と呼ぶ。**ウィーナー, N.** の著書『**サイバネティックス―動物と機械における制御と通信**』で初めて記された概念である。本来の意味はギリシア語で「舵（かじ）取り」をさす。舵取りの語源から推測されるように、サイバネティックスとは自らのパフォーマンスについての情報（フィードバック）を活用することで全体をコントロールする自己調整機能を持つシステムについての考え方、もしくは研究分野である。［髙瀬］

裁判員制度
saiban-in (lay judge) system
10 公

一定の事件の裁判に市民から選出された**裁判員**が参加し、裁判官とともに合議体を構成して裁判を行う制度。国民が裁判に参加することで、国民の視点や感覚が裁判に反映され、国民の司法への理解と信頼が深化することをねらった制度であり、2009年に施行された。［荒井］

再犯者率
recidivism rate
10

刑法犯検挙人員に占める**再犯者**の人員の比率をいう。刑法犯検挙人員の総数が**初犯者**と再犯者の和であることから、数字的には再犯者が減少していても、初犯者の減少幅が再犯者の減少幅より大きければ、**再犯者率**は上昇することになる。［荒井］

再犯リスク
risk level of offenders' recidivism
10

再犯とは、犯罪に及んだ人が、再び犯罪に及ぶことをさす。ある犯罪者が再び犯罪に及ぶかどうかを予測することを、**再犯予測**というが、現在の科学では再犯を100%予測することはできない。一方、ある犯罪者がどの程度再び犯罪に及ぶ可能性があるか、その見込みを立てることは可能である。この、ある犯罪者がどの程度再び犯罪に及ぶ可能性があるのかを**再犯リスク**と呼び、確率で表すことができる。わが国でも、近年、再犯の**リスクアセスメント**を重視し、再犯に結びつきやすいニーズを個別に評価するためのリスクアセスメントツールが開発されている。［荒井］

最頻値（モード）
mode
7

変数の**度数分布**における、度数が最大となるデータの値のことで、**代表値**の一つ。**質的変数**でも適用可能。**量的変数**の値を**階級**に分けた場合、度数が最大の**階級値**が**最頻値**になる。階級の分け方、および分布の形状によっては最頻値が一つに定まらない。［村井］

催眠療法
hypnotherapy
5

催眠療法の歴史は古く、かつては**カタルシス**効果が期待されていたこともあったが、意識の変性状態（トランス）の中で生じる体験やイメージの想起に治療的意義があるとされ、自ら変化していくことを支援する技法として、**不安障害**や過敏性腸症候群などに用いられている。［村松］

逆さ眼鏡
inverting spectacles
2

プリズムなどを用いて、網膜像を上下・左右のいずれか、あるいは両方向に反転させて体験させる眼鏡のこと。**ストラットン, G. M.** の古典的実験によれば、**逆さ眼鏡**を着用して1週間ほど生活すると、完全にではないが、外界が正立して見えることが多くなるという。逆さ眼鏡を用いた実験は、**変換視**研究（網膜像の方向だけでなく、形、色、大きさなどを変化させた視環境における**順応**や適応、**知覚運動学習**を調べることを目的とした実験）の中でも代表的なものである。［行場］

作業（刑務作業）
prison work
10

規則正しい勤労生活を課し、心身の健康維持、勤労意欲や規律ある生活態度の醸成、共同生活での役割や責任の自覚を促しつつ、社会復帰に資する職業知識・技能を授けるための**矯正処遇**。これには生産作業、社会貢献作業、職業訓練、自営作業がある。［荒井］

作業検査法
performance test
1 4 5 7 公

特定の作業を反復して行う場面を設定し、その作業結果や作業量の変化などから、被検者の**パーソナリティ**を診断する心理検査である。代表的なものに**内田クレペリン精神作業検査**があり、集団で実施できるメリットがある。[村松]

サクセスフル・エイジング
successful aging
3 公

高齢期以降、心身や環境の変化にうまく適応して、幸福に生活を送ること。その達成のための条件としては、①病気や障害が少ないこと、②身体機能や認知機能が高く維持されていること、③積極的に社会活動や生産活動に参加することが挙げられる。[本郷]

サッカード眼球運動
saccade
2

読書時に次の行に進むときなどに典型的に現れる急速な**眼球運動**で、飛越眼球運動とも呼ばれる。一般に随意的に生じる場合には振幅が大きく、潜時(せんじ)は 1/4 秒程度で、視対象を素早く捕捉する機能を持つ。一方、凝視時に小さな振幅（視角 1°以下）で現れる不随意的な眼球運動は**マクロサッカード**と呼ばれており、固視により視覚入力が減退しないように網膜像を更新する働きを持つと考えられている。[行場]

里親
foster parent
9 公

要保護児童を一時的または継続的に、通常の親権を有さずに自身の家庭で養育する者。家庭での養育に欠ける児童に、温かい愛情と正しい理解を持った家庭を与えることにより、**愛着**関係の形成など児童の健全な育成を図る。そのため**社会的養護**においては**里親**委託が優先して検討される。里親制度は、都道府県知事が要保護児童の養育を里親に委託する制度である。対応する児童の特性や関係性、里親の希望に合わせて養育里親、専門里親、養子縁組里親、親族里親に分けられる。里親の認定は、都道府県児童福祉審議会の意見を聴いたうえで都道府県知事が行う。[藤田]

参加者内要因／参加者間要因
between-subjects factor / within-subjects factor
1 7

心理学研究の**要因計画**において、参加者に要因を構成する水準すべての参加を割り当てる場合を**参加者内要因**という。一方で、水準ごとに異なる参加者を配置する場合を**参加者間計画**という。研究目的によって 2 つのどちらが適切な要因計画か異なる。[矢口]

産業ストレス
job stress
9

産業場面での**ストレス**。仕事ストレス、職業ストレス、職場ストレスと呼ぶこともある。仕事で経験する**ストレッサー**は長時間労働、人間関係、情報化など労働環境、単身赴任、給与など生活の問題、騒音、アスベストなど物理化学的条件ほか多様である。**ワーク・ライフ・バランス**、**働き方改革**の流れから、私生活との関連も注目される。過度のストレスは労働者の健康や組織の効率性に響く。職場の**ストレスチェック**では、労働安全を視野にストレッサー、ストレス反応、修飾要因、媒介要因、ポジティブ要因などをアセスメントして個人や組織のレベルでの評価に用いる。[田中]

産業保健
industrial health / industrial hygiene
8

公衆衛生の一環をなすもので、企業で働く従業員の労働環境や健康状態を把握しその改善や増進を行う**産業医学**を基礎とし、**ストレス**、疾病、ケアなどだけでなく、従業員が心身ともにイキイキと働ける環境づくりを目的とし、動機づけ、キャリア、生産性の向上などをその内容としている。産業医、保健師、衛生管理者、衛生推進者等のスタッフや、心理職、社外の EAP がその機能を担い、そのための法整備や指針策定が進んでおり、近年**メンタルヘルス対策**として**ストレスチェック制度**が創設されている。[小野]

三原色説
trichromatic theory
1

ヤング, T. が提唱した**色覚**に関する説を**ヘルムホルツ, H. L. F. von** が発展させた理論。色覚は赤緑青の 3 要素から成り立っていると考え、3 要素の比率に応じてさまざまな色を知覚するというもの。網膜の**錐体**(すいたい)**細胞**は赤緑青に反応する 3 種で区別された。[矢口]

残差分析
residual analysis
7

独立性の**カイ二乗検定**の結果が有意であったとき、**観測度数**から**期待度数**を引いた値である**残差**が、**クロス集計表**のどの**セル**で大きいかを調べる分析。残差を調整した調整残差を**検定統計量**として、これが標準正規分布に従うことを用いた検定を行う。[寺尾]

三色説/四色説
trichromatic theory / tetrachromatic theory
2

色の感覚や知覚を説明する理論のうち、赤、緑、青の 3 色を伝達する視覚神経機構を前提とする考え方は、**ヤング = ヘルムホルツの三色説**と呼ばれる。これに対し、赤－緑と黄－青の対になった色信号を伝達する神経機構を前提とするのが**四色説**で、**ヘリングの反対色説**とも呼ばれる。現在ではこれら 2 つの説は統合され、網膜の錐体レベルでは**三色説**に当たる符号化がなされ、その後の神経節細胞レベルでは四色説による符号化がなされるとする**段階説**が妥当とされている。[行場]

3 段階の心理教育的援助サービス
three-stage model of mental educational support service
3

学校教育場面において、援助対象に応じて、心理教育的援助を 3 段階に分けて実施すること。**一次的援助サービス**は、すべての子どもを対象として、対人関係スキルや学習意欲の促進などの基礎的な支援ニーズに対応する。**二次的援助サービス**は、家庭環境の変化などによってなんらかの問題が起こり始めた一部の子どもを対象として、問題の重大化を防ぐこと。**予防的援助**とも呼ばれる。**三次的援助サービス**は、長期欠席、**いじめ**、障害、**非行**などの重大な援助ニーズがある子どもを対象とした援助である。重大な問題の解決を図るという点で**治療的援助**とも呼ばれる。[本郷]

散布図
scatter plot / scatter diagram
7

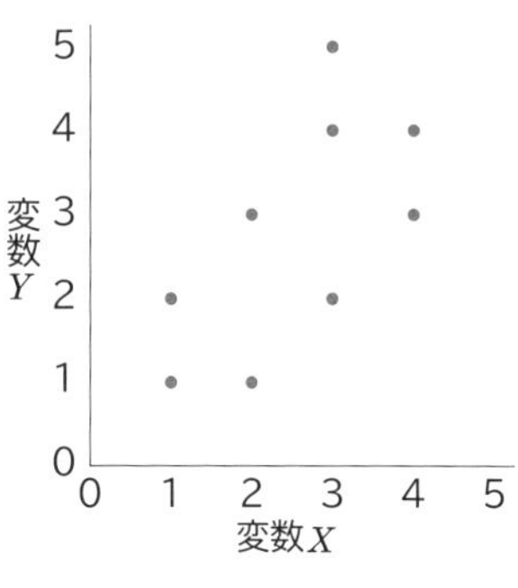

2 つの**量的変数**間の関連を視覚的に把握するための図。2 変数それぞれを横軸・縦軸に取った座標面において、個々の観測対象の 2 変数の値をプロットする。この**散布図**では、変数 X の値が大きい人ほど変数 Y の値も大きくなる傾向（右上がりの傾向）にあるので、**正の相関関係**を示す。一方、右下がりの傾向の場合には**負の相関関係**を示す。[村井]

サンプルサイズ
sample size
1 7

研究で測定対象とした標本の大きさをさし「n＝○」で表される。**サンプルサイズ**が不必要に大きい場合、**帰無仮説**が真であるのに**対立仮説**を採択してしまう**第 2 種の誤り**が発生しやすくなる。そのため適切なサンプルサイズ設計が必要である。[矢口]

参与観察
participant observation
1

観察法の一つで、**参加観察**ともいう。観察者自身がその観察対象に加わる研究方法であるが、対象者とやり取りをしながら観察をする交流的観察もあれば、対象者から少し距離を置いて自然な観察をしようとする非交流的観察もある。[高砂]

ジェームズ＝ランゲ説
James-Lange theory
1 4 6

アメリカの**ジェームズ, W.** がデンマークの**ランゲ, C.** と別々に提唱した**情動**体験の発生プロセスの理論。人の情動は刺激知覚→身体反応発生→情動生起のプロセスでもたらされると考え、たとえば「悲しい場面を見て涙が流れるから悲しみを感じる」と推定する。［矢口］

シェマ
shema
3

外界の事物・事象を把握するための認知的枠組み。**ピアジェ, J.** によると、子どもは自分の**シェマ**と合う経験をした場合はレパートリーとして取り入れ（**同化**）、枠組みと合わない経験をした場合はシェマを変える（**調節**）ことによって発達する。［本郷］

ジェンダー
gender
3 8 公

生物学的な性を表すセックス（sex）に対して、心理・社会的な性を表す用語。身体的特徴と必ずしも一致するわけではない。セックスと**ジェンダー**が相まって、**セクシャリティ**すなわち**性的指向**が生じる。また、性別について社会に浸透している固定的イメージをジェンダーステレオタイプという。［本郷］

ジェンダーアイデンティティ
gender identity
3

本人が自分自身の性別をどう認識しているかということ。**性同一性**、**性自認**とも呼ばれる。自分が自覚する性別と出生時に指定された性別との間に著しい不一致が続く状態を**性別違和**という。［本郷］

自我
ego
5

自我は哲学や社会学でも用いられるが、**フロイト, S.** の心的構造論においては、心は**イド**（**エス**、無意識的衝動）、**超自我**（道徳観や良心）、自我の３つから構成される。自我は意識の働きによる**現実原則**に基づいて、イドと超自我の調整を行い、適応的な行動を取る働きを担う。［村松］

視角
visual angle
2

視覚刺激の大きさを表す単位で、刺激の両端と、眼のレンズに当たる水晶体の中心点（結節点）を結ぶ２つの直線がなす角度で表される。視野角とも呼ばれ、たとえば、**視角** 1°は観察距離が約57.3cm からサイズが 1cm の刺激を見た場合に相当する。［行場］

時隔強化スケジュール
interval schedule of reinforcement

強化子提示から一定時間経過後の最初の反応に対して強化子が出現する強化スケジュール。一定時間が常に固定されているものは**固定時隔強化スケジュール**、変動するものは**変動時隔強化スケジュール**と呼ばれる。前者では強化子提示予定時刻に向かって次第に反応率が上昇する**スキャロップ**というパターンが特徴的である一方、後者では比較的安定した中程度の反応率での反応遂行が観察される。一定時間経過後、反応の有無にかかわらず強化子が提示される時間強化スケジュールと間違えやすいので注意が必要である。［坂上］

視覚的断崖
visual cliff

奥行き知覚能力の発達を明らかにするために、**ギブソン, E. J.** と**ウォーク, R. D.** によって開発された実験装置。高床式の台にガラス板が張られているが、途中で床板がなくなり、見た目では断崖となっている。また、この装置は、**社会的参照**の確認にも用いられる。これは、自分が判断できない状況に遭遇したときに、信頼できる相手の反応を手がかりとして自分の行動を決定することである。たとえば、**視覚的断崖**の前で立ち止まった子どもは、目の前の母親が笑顔の場合はガラス板を渡り、悲しい顔の場合は立ち止まったままでいる。［本郷］

シカゴ学派
Chicago school

シカゴ大学の社会学者（たとえば、**パーク, R. E.** や**バージェス, E. W.** など）を中心に活躍した研究グループ。彼らは1920〜30年代のシカゴ地域の急激な産業化・都市化の進展する社会の病理状況を科学的立場から探究し、都市社会学の起源となった。［荒井］

弛緩訓練
relaxation training

不安や緊張を軽減するための方法として**ジェイコブソン, E.** の**漸進的弛緩法**や**シュルツ, J. H.** の**自律訓練法**、**ウォルピ, J.** の**逆制止**などがある。筋弛緩と心理的弛緩によって**自己制御**や心身への気づきなどにつながるアプローチを示すものである。［村松］

軸索／軸索輸送
axon / axonal transport

神経細胞の細胞体から伸びる突起のうち、隣接する細胞に情報を伝える役割を担うものを**軸索**と呼ぶ。軸索内ではタンパク質の合成がほとんど行われておらず、細胞体で合成されたタンパク質が軸索を通じて運ばれる。これを**軸索輸送**と呼ぶ。［髙瀬］

シグナルカスケード
signal cascade
6

一つの反応でできた生成物が次の反応で消費される一連の生化学的反応を**シグナルカスケード**と呼ぶ（カスケードは階段状の滝）。この生化学的反応は、比較的小さな細胞外刺激から始まり、シグナルの増幅により大きな細胞内反応を引き起こす。［高瀬］

刺激性制御
stimulus control
2

「刺激：反応：刺激」随伴性（A：Bは事象Aに事象Bが随伴することを表す）が中核となる条件づけは**弁別オペラント条件づけ**と呼ばれ、「反応：刺激」随伴性が中核となった**オペラント条件づけ**によって形成された「オペラント：強化（弱化）子」という**強化随伴性**が先行刺激の後に引き続くことで、「弁別刺激：弁別オペラント：強化（弱化）子」という**三項強化随伴性**が出来上がる。**刺激性制御**とはこの弁別刺激がオペラントを制御する事態、あるいはその研究領域も意味している。なお、オペラントを後続刺激が制御する事態や研究領域は**強化スケジュール**と呼ばれる。［坂上］

刺激等価性
stimulus equivalence
2

恣意的見本合わせ課題（広義には**条件性見本合わせ課題**）A、B、Cを考え、課題Aでは音声の「リンゴ」が見本刺激で絵の「林檎」が比較刺激の中での正反応、課題Bでは絵の「林檎」で、ひらがなの「りんご」を正反応とし、課題Cではひらがな表記の「りんご」で、音声の「リンゴ」を含む比較刺激が提示される。課題Aと課題Bだけを訓練することで、訓練されていない①「リンゴ」から「リンゴ」を選べれば**反射律**、②「林檎」から「リンゴ」、「りんご」から「林檎」を選べれば**対称律**、③「リンゴ」から「りんご」を選べれば**推移律**、④「りんご」から「リンゴ」を選べれば**等価律**が成立したという。**刺激等価性**はこうした最小の訓練によって刺激クラス間の等価関係が派生することをいう。［坂上］

試験観察
tentative probationary supervision
10

家庭裁判所で少年の処分を直ちに決めることが困難な場合に、一定期間、少年を**家庭裁判所調査官**の観察に付すことである。**試験観察**では、家庭裁判所調査官が少年に助言や指導を与えつつ、少年が自分の問題を改善しようとしているかといった視点で観察を続ける。なお、試験観察を行う際、民間の人や施設に指導をゆだねて観察することもあり、これを**補導委託**という。［荒井］

事件リンク分析
linkage analysis of serial crimes

ある地域で複数の事件が連続して発生した場合、それらの犯罪のうち、どれとどれが同一犯人によって行われたものなのかを推定することが必要になってくる。これは基本的には犯人のDNAや指紋などによって行うが、これらの証拠が得られなかった場合、犯人の行動の特徴をもとに行う。もし、ほかの犯人が行わないような特異な犯行パターンが別の犯行現場で見られた場合には、それらの事件は同一犯人によるものであると推定する。**事件リンク分析**が可能であるための前提としては、連続犯は異なった事件現場においても類似した行動を行うという**一貫性仮説**が成り立つことが必要である。［越智］

自己愛傾向（ナルシシズム）
narcissism

自尊感情を維持・高揚するために、自身の能力を誇大に評価・表現したり、他者を価値下げしたりする傾向。背景には不安定で脆弱な**自己概念**が存在し、他者からの評価に過敏で傷つきやすい。**自己愛傾向**者の誇大性は、そうした過敏性を補償するものと考えられている。［岩佐］

自己意識
self-consciousness

外的刺激ではなく、自分自身に方向づけられた**意識**。他者から観察されている外見や行動などの外的側面に向けられたものを**公的自己意識**と呼び、他者から観察されない思考や感情などの内的側面に向けられたものを**私的自己意識**と呼ぶ。［岩佐］

視交叉（しこうさ）
optic chiasm

視覚の情報伝達に係る経路を構成する要素であり、両側の**視神経**が接合して形成されている。また、**視交叉**の後方では両側の**視索**に分かれて、視床の**外側膝状体**（がいそくしつじょうたい）へと情報を伝える。視交叉の障害により、半盲を基本とした特徴的な視野異常を呈する。［高瀬］

試行錯誤
trial and error

ソーンダイク, E. L. によるネコを用いた**問題箱**の実験に由来する用語。問題箱の外に脱出するには複雑な仕掛けを外さなくてはならない場面で、動物は箱内に入れられてから脱出までの時間（**反応潜時**（せんじ））を試行回数の増加に伴って減少させた。彼は動物がさまざまな試みを行ってその試みが成功したりしなかったりすることが、このタイプの学習で起こっていると考え、うまくいった場合はその試みが強められ、逆に失敗した場合は弱められると考

えた。現在の**オペラント条件づけ**の端緒であり、反応が道具としての役割を持つことから**道具的条件づけ**と呼ばれた。［坂上］

自己開示
self disclosure
4

他者に対して自分自身に関する考えや情報などを伝える行為をさす。**自己呈示**と対比され、本音を伝えることが**自己開示**として扱われることが多い。自己開示は対人関係の発展と関係があるとされ、対人関係が親密になる段階で深い開示がなされていくと考えられている。また自己開示には**返報性**があり、片方の開示が増えると相手からの開示が増えるなど、開示量の量と質の変化は対人関係の**親密性**の程度と関連していることが示されている。［村上］

自己概念
self-concept
3 4 5 9 公

広義には、自分自身に関する知識や信念などの認知的要素全般をさす。**自己概念**は多層的な構造をしており、その範囲は身体的特徴等の生物学的なレベルから、宗教性等のスピリチュアルなレベルにまで及ぶ。発達過程を通じて学習・形成され、新たな刺激や情報に触れる際のフィルターとしても機能する。自己概念に関する心理学理論は数多く、たとえば**ロジャーズ, C. R.** の理論においては、**理想自己、現実自己、当為自己**という３種の自己概念が想定されており、これらの相互的な関係性から個人の適応状態が影響を受けると考えられている。［岩佐］

自己啓発
self-development
8

自己の必要に基づいて、自ら進んで学習することをいう。自己啓発に対する高い意欲が**キャリア発達**を支えるが、今日の高度に発展した科学技術のもとでは、個人の意欲や資源だけでは、学習に対応できないことも多く、企業などの支援が必要になる。［小野］

自己効力感
self efficacy
2 3 4 9 公

バンデューラ, A. が提案した概念で、特定の問題や課題解決を行う状況において、自分自身が適切な行為をとることができるという自信や期待をさす。直接的な経験だけでなく、他者の観察（**代理学習**）などによっても獲得されるとされている。［村上］

自己実現
self-actualization
1 5 9

自分の可能性を発揮するために努力し、実現させ、自分らしい生き方を成し遂げること。達成や成長の文脈で注目される。**マズロー, A. H.** は、生存と安全の保証、他者とのかかわりと社会的承

認の欲求が満たされた後に、この欲求が生まれるとした。［田中］

事後情報効果
post-event information effect
10

目撃証言において、目撃の後に触れた情報によって事件の記憶が変容してしまうこと。これは誘導尋問のような明らかな形でも発生するが、質問者が用いた単語の選択や、ある質問をしたこと自体でも発生することが知られている。たとえば、交通事故の目撃者に対して、「車が接触したときに…」と聴取するのと「車が激突したときに…」と聴取するのでは、車の衝突シーンの記憶が異なってしまったり（後者のほうが激しい衝突の記憶になる）、「事件現場にはほかに車は停車していましたか」と聞くだけで、実際には存在しなかった「ほかの車」が記憶の中に混入してしまったりする。［越智］

自己制御
self-regulation
2 4 公

認知・感情・行動など、自己にかかわるあらゆる側面を対象とした制御。たとえば、難関大学に合格するという目標のもと、余暇活動を我慢し、学習計画を立て、それを実現できるよう感情や動機づけを調整するといったプロセスが**自己制御**に含まれる。自己制御は自己制御資源と呼ばれる認知資源を要し、衝動の抑制や目標指向的な行動を実行する際に消耗する。**バウマイスター, R. F.** によれば、十分な自己制御資源に加え、目標の設定、目標と現状との乖離（かいり）のモニタリングが自己制御の必要条件であり、これらが一つでも欠如していると自己制御は失敗する。［岩佐］

自己中心性
egocentrism
3

自分の視点を中心にして周囲の世界を見て、他者も自分と同じ視点で見ていると考える特徴。**ピアジェ, J.** によって乳幼児期の思考の特徴とされた。**中心化**ともいう。たとえば、大人と向かい合って座って絵本を読んでいる場合、幼児は、自分が見ているのと同じように大人にも絵本が見えていると考えてしまう。他者の視点を理解する能力の発達を調べるための有名な課題としては**3つ山課題**などがある。一方、他者の視点に立って物事を考えられるようになることを**脱中心化**といい、**前操作期**から**具体的操作期**にかけて可能になる。［本郷］

自己調整学習
self-regulated learning
3

学習者が能動的に学習にかかわり、自らの学習を調整するという学び方。**ジマーマン, B. J.** と**シャンク, D. H.** の研究によって示された用語。**自己調整学習**に必要な要素として、**動機づけ**、**学習方略**、**メタ認知**の３つがある。［本郷］

自己呈示
self presentation
4 公

自己の姿を他者に示すことであり、この姿にはありのままのものから、他者に見せたい姿を呈示するものまで幅がある。他者に見せたい姿をコントロールしようとすることは**印象操作**とも呼ばれている。**自己呈示**の動機にはいくつかあり、利益の拡大や損失の軽減という印象操作に近いものから、**自尊心**の維持を行うために、先に失敗の原因をつくっておく**セルフハンディキャッピング**や、成功は自分、失敗は自分以外の要因に出来事の原因を説明する**セルフサービングバイアス**などが知られている。［村上］

仕事の要求度－コントロールモデル
job demand-control model
9

仕事で要求されるものが多ければ**ストレス**は高まるが、仕事の裁量がゆだねられていればストレスは緩和されると見るモデル。この視点で職場環境を分析し、ゆだねた仕事の要求度に見合ったコントロール権限を与えることが勧められる。［田中］

仕事の要求度－資源モデル
job demand-resource model
9

量的・質的な仕事の高い要求が、**ストレス**反応を生じて健康問題を起こすネガティブな流れと、業務上のサポートなど仕事の資源が**ワーク・エンゲージメント**を高め、仕事の**動機づけ**を増し、健康問題を予防するポジティブな流れを図式化したモデル。［田中］

自己評価／他者評価
self assessment / peer (expert) assessment
7 8

教育評価（**学習評価**）において、学習者自身が評価者である場合を**自己評価**、他者である場合を**他者評価**と呼ぶ。他者評価は、学習者どうしが相互に評価を行う**ピア評価**と、教師のようなエキスパートが評価を行う**エキスパート評価**に分けられる。［寺尾］

自己評価維持モデル（SEM）
self-evaluation maintenance model
4

テッサー, A. による、自己にとって重要な場面や、比較相手として身近な他者の成績により、**自己評価**が影響を受けやすいことを仮定したモデル。その背景には**自尊心**の影響により、自己評価を維持しようとする働きがあるとされている。［村上］

自死・自殺予防
suicide prevention

9 公

自死・自殺は意志的に自らの命を絶つことで、それを防ぐ試みが**自死・自殺予防**。自死・自殺の心理的分類には、苦悩からの逃避、罪悪感による自罰、激しい怒り、自己犠牲、耽美的な憧れなどがある。リスクファクターには、過去の自殺企図、**うつ病**など精神疾患、**依存症**、**ソーシャルサポート**の欠如、失業などネガティブな**ライフイベント**や**ストレス**などが知られる。希死念慮が見られ危険性が高い場合は、メンタルヘルスの専門家につなぐ。医療、福祉、教育、産業などの連携と施策で、生きることを包括的に支援することは、「追い込まれた末の死」の予防につながる。［田中］

思春期
puberty

身体的にも心理的にも変化の途上にある**思春期**（**青年期**前期）は、子どもでも大人でもない移行期を生きることになる。この移行期には、**統合失調症**や**摂食障害**、**家庭内暴力**、**不登校**などの困難（危機）が現れる一方、平穏に通過する者もいる。［村松］

視床
thalamus

視床は、**視床下部**とともに**間脳**を構成する脳部位である。視覚、聴覚、体性感覚を中継して大脳新皮質に情報を送る役割を持つ。視床の**外側膝状体**は視覚情報を、**内側膝状体**は聴覚情報をそれぞれ中継し、情報は大脳に達する。［髙瀬］

視床下部
hypothalamus

視床下部は体液情報をモニターして、**自律神経系**や**内分泌系**を統括し、食欲や性欲等、さまざまな本能行動を制御している脳部位である。視床下部にはホルモンを産生する**神経細胞**（**神経内分泌細胞**）が分布している。これらの神経内分泌細胞は、２種類の様式で下垂体からのホルモン分泌にかかわる。一つ目は、下垂体前葉に対して、そのすぐ上流の血管である**下垂体門脈**に**放出ホルモン**を分泌する様式である。もう一つは、視床下部の神経内分泌細胞が直接、その軸索を下垂体後葉に伸ばし、そこから下垂体後葉ホルモンを分泌する様式である。［髙瀬］

事象関連電位
event-related potential

脳は**神経細胞**の集団であり、個々の神経細胞が示す電気活動は**脳波**となって現れる。脳波の研究では、光や音あるいは自発的な運動といった特定の事象に関連して一過性に生じる**事象関連電位**を解析することがある。事象関連電位は、広義には感覚刺激に誘発

される電位変化を含む概念であるが、狭義には注意、認知、記憶といった心的過程にかかわる電位変化のみをさす。事象関連電位の特長は、第一に脳内の心的活動をミリ秒単位で分析できる時間分解能にある。そして第二に比較的安価な装置で測定でき、実験参加者の拘束、苦痛が少ない点も特長として挙げられる。[高瀬]

市場細分化
market segmentation
8

多様なニーズを持つ多くの消費者を、限られたニーズを持つ消費者の集団、換言すれば同質の需要を持つ人々の集団に区分することである。それにより、特定の層に焦点を当てた商品やサービスの開発と効果的な販売促進が可能になるが、過度に市場を細分化すると、市場は小さくなり大量生産は不可能になる。グループ分けをする基準には、地理的基準（都市－地方、気候、湾岸－内陸など)、人口統計学的属性（性、年齢、家族構成、職業、所得、文化、宗教など)、そして、社会心理的要因（**ライフスタイル**、**パーソナリティ**など）などが挙げられる。[小野]

システムズ・アプローチ
systems approach
8

問題が生じたとき、部分（個人）ではなく、それを取り巻く環境や相互作用の様相など全体をシステムととらえて解決を図る手法。たとえば、**家族療法**では家族を有機体システムとして問題を整理、理解しようとする。[山浦]

自然観察法
naturalistic observation
1 公

実験的操作を加えずに自然のまま行動を観察する研究方法。組織的（系統的）観察では研究者の関心のある行動をデータとして収集するので、事前に偶発的で日常的な観察を非組織的観察として組織的観察のための予備観察に使うことが多い。[高砂]

自尊感情（セルフエスティーム）
self-esteem
3 4 公

自分自身を価値あるものととらえる感覚であり、そうした感覚を伴うポジティブな感情。**自尊心**と訳す場合もある。**自尊感情**の高さは精神的健康と正の関係にあるが、一方で自尊感情は変動する性質も有している。この点から、特性自尊感情と状態自尊感情との区別や、全体的な自尊感情と領域別の自尊感情との区別を強調する見方もある。また、**リアリー, M. R.** の**ソシオメーター理論**では、自尊感情の変動が社会的な適応状態を反映するとされる。加えて、自尊感情の変動性そのものも研究対象となっており、**自**

己概念の複雑性や明確性との関連が指摘されている。［岩佐］

実験仮説
experimental hypothesis
1

統計的仮説検定において、**帰無仮説**と対になる**対立仮説**の別称。研究を行う際には、実際に検証したい「XはYと関係がある」を実験仮説として立て、帰無仮説の「XはYと関係がない」を棄却できる確率を計算して検定を行うことになる。［高砂］

実験計画法
experimental design
1 7

従属変数に影響を与えうる要因の設定と操作など、実験を適切に構成する手続き。**剰余変数**（**独立変数**以外で、従属変数に影響しうる変数）を統制し、独立変数との**交絡**の防止をするため、**無作為化**などを行う。得られたデータの分析手続きまでを**実験計画法**に含む場合もあり、その分析は一般に**分散分析**をさす。［村井］

実験参加者内計画／実験参加者間計画
within-subject design / between-subjects design
7

実験において条件間の比較を行う場合、同じ参加者が全条件を経験する計画を**実験参加者内計画**といい、各条件に異なる参加者を割り当てる計画を**実験参加者間計画**という。効果を見たい要因がいずれの計画かで適切なデータ処理の方法が変わってくる。［村井］

実験神経症
experimental neurosis
1

学習困難な課題を提示された動物が異常な行動パターンを示すこと。**パヴロフ, I. P.** が楕円と円の**弁別学習**をイヌに与えた際に発見され、人間の**神経症**にならって命名した。この弁別実験ではイヌは嫌がって鳴き声を上げたり体をよじったりした。［高砂］

実験法
experimental method
1 3 公

変数間の因果関係を明確にすることを目的とし、条件統制のもとで行われる研究手法。因果関係を明らかにしやすいというメリットがある一方で、統制された条件下で実施するため**生態学的妥当性**の確保が困難というデメリットもある。［矢口］

失行
apraxia
6 公

高次脳機能障害に含まれる症状であり、**失行**がある人は、複雑な作業や単純でも技巧を要する作業をする際に、身体的には作業を行う能力があるにもかかわらず、パターンや順序を覚える能力が失われ、その作業に困難を呈する。［髙瀬］

実行機能
executive function
2 3 公

複雑な、あるいは多重の課題を遂行する際には、課題の目標を維持しながら進捗状況の更新や監視を続け、さらに課題の切替えや分岐処理、処理資源配分などを的確に行う認知制御が重要である。これらの認知的働きを総称して**実行機能**と呼ぶ。**バデリー, A. D.** の**作業記憶**のモデルでは、視空間情報、音韻情報、エピソード記憶などのコンポーネントを統括する機能として、**中央実行系**が仮定されている。実行機能の神経基盤は一般に**前頭前野**にあるとされるが、**アルツハイマー型認知症**などで、前頭機能の低下が顕著になると、日常生活にもさまざまな支障が現れる。［行場］

失語症
aphasia
6 公

失語症にはいくつか種類があり、大脳の左前頭葉にある**ブローカ野**が損傷を受けると単語を正しく発音することが難しく、ゆっくりたどたどしく話すようになる**ブローカ失語症**（**表出性失語症**）を呈す。また、大脳の左側頭葉にある**ウェルニッケ野**が損傷を受けると、言葉は聞けるが、その言葉の意味を理解することができなくなる**ウェルニッケ失語症**（**受容性失語症**）を呈す。そして、脳の**弓状束**が損傷を受けると、言語の理解と自発的な会話は障害されないが、言語を聞いてすぐにそれを反復することが困難になる**伝導失語症**を呈す。［高瀬］

質的研究法
qualitative study
1 3

数量的データを使わずに言語報告など質的データを用いて分析を進める研究法の総称。統計を用いず、意味の読み取りを中心に分析を行うもので、情報をカードにまとめて図示することで多様なデータをまとめる **KJ 法**（KJ とは発案者の**川喜田二郎**のイニシャル）、言語化されたデータを細かく分断してコーディングする**グラウンデッド・セオリー**、日常会話場面の発話をやりとりする際の微細な分析に基づく**会話分析**、特定の対象に対してどのような言葉や意味でそれを語るかという言説（ディスコース）を分析する**ディスコース分析**など種々の方法がある。［高砂］

質的変数
qualitative variable
7

データの値がカテゴリーで表される変数。性別、出身地などがその例であり、主として分類を目的とする変数のことである。**質的変数**では、対象の持つ属性の違いを質的に表現しており、量的情報を含まないので、**量的変数**とは違う分析が必要になる。［村井］

失認
agnosia

高次脳機能障害に含まれる症状であり、**失認**がある人は、感覚障害はないが、物体や人の顔等が認知できないことがある。また、特定の感覚を介して対象物を認知することが難しく、ハサミを目で見て認識できないが、さわって認識できることがある。［高瀬］

質問紙法
questionnaire method

1 3 4 5 7 公

調査法や**検査法**の代表的な手法で、**質問紙**（調査票）を配布して回答を求めるもの。短時間で多くの対象者のデータを取得できる反面、回答のしかたが画一的で融通が利かない。回答者が意識的に回答を操作できるという特徴もある。直前の項目に答えた後で文脈依存的に生じる**キャリーオーバー効果**の存在が知られているため、項目を入れ替えるなどして**信頼性**を確認する必要もある。また「政府の銃規制や銃所持の政策に賛成ですか」という例のように、1つの質問から複数のことを回答させようとする**ダブルバレル質問**にならないように注意を要する。［高砂］

自伝的記憶
autobiographical memory

特定の時間や場所に結びつけられた個人的経験に基づく**エピソード記憶**のうち、特に自己の発達や生涯にかかわる**記憶**のこと。自我同一性を支える大切な役割を持つ。**自伝的記憶**の始まりは、個人差はあるが、**幼児期**の3歳から4歳頃からといわれている。一般に年齢が増すにつれて想起される自伝的記憶は多くなるが、特に10歳から30歳付近でも想起数が多くなる突き出しが見られ、**レミニッセンスバンプ**と呼ばれている。この現象は、その年代が**自我同一性**の確立期に当たることと関連づけられている。［行場］

児童委員
commissioned child welfare volunteer

担当区域の児童および妊産婦に関する状況把握、子育て不安への相談支援、**児童相談所**などの関係機関への連絡などを行うボランティア。都道府県知事の推薦に基づき厚生労働大臣が委嘱する。任期は3年で無報酬。**児童委員**は**民生委員**が兼務する。［藤田］

児童期
childhood

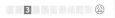

おおよそ6～12歳の小学校に在学している時期。**学童期**ともいう。**幼児期**と**青年期**との間の時期。ただし、学校教育法では小学生を「学齢児童」、**児童福祉法**では18歳未満の者を「児童」といい、法律によって取り扱いが異なる。［本郷］

児童虐待
child abuse / child maltreatment
5 9 10 公

1962 年に「被殴打児症候群」が報告されて以降、子どもへの意図的な暴力などの不適切な養育（マルトリートメント）がアメリカで社会問題化した。わが国は 2000 年になって「児童虐待の防止等に関する法律」（**児童虐待防止法**）が成立するに至った。わが国の**児童虐待**は**身体的虐待**、**心理的虐待**、**性的虐待**、**ネグレクト**（養育の拒否・怠慢）の 4 つに分類されている。児童虐待は精神疾患（**PTSD** など）だけでなく、心理発達、身体発達（脳への影響を含む）といった広範な影響を子どもに与えることから、総合的な支援が求められる。［村松］

児童自立支援施設
children's self-reliance support facility
9 10 公

不良行為をしたりするおそれのある児童や、家庭環境等から生活指導を要する児童を入所または通所させ、必要な指導を行って自立を支援する施設。生活指導のほか、学科指導、職業指導および家庭環境の調整を行い、退所後も相談等の援助を行う。［藤田］

自動性
automaticity
4

バージ, J. A. が提唱した概念で、統制された過程と対照される。意図性・自覚性・効率性・統制可能性の条件が挙げられている。自動性を示す実証として**プライミング効果**による行動への影響が検証されているが、一部は再現の難しさも指摘される。［村上］

児童相談所
child guidance center
9 10 公

都道府県および指定都市が設置する児童福祉の中核となる専門機関。被**虐待**児や障害児、**非行**少年などの高度な専門性を必要とする相談支援を実施する。主な業務は次のとおり。児童に関するさまざまな問題について家庭や学校等からの相談に応じること。児童およびその家庭について医学的、心理学的、教育学的、社会学的および精神保健上の調査・判定を行い必要な指導を行うこと。児童の一時保護を行うこと。なお、**児童相談所**長は児童の施設入所、**家庭裁判所**への送致等の措置を行うほか、親権喪失、親権停止および管理権喪失の家庭裁判所への請求権を有する。［藤田］

児童の権利に関する条約
United Nations Convention on the Rights of the Child
3 10

18 歳未満の児童の人権尊重や権利の確保に向けた具体的で詳細な事項を規定している条約で、1989 年に国連総会で採択された。すべての子どもに対して、生きる権利、育つ権利、守られる権利、参加する権利を認めようというもの。わが国では 1994 年に批准

し発効した。［越智］

児童発達支援
child development support
9

未就学の障害のある子どもを通所させ、日常生活における基本動作や知識技能を指導し、集団生活への適応訓練等の支援を行うこと。児童発達支援センターと児童発達支援事業所の２類型があり、発達支援、家族支援、地域支援を総合的に提供している。［藤田］

児童養護施設
foster home
9 10

保護者のない児童、**虐待**されている児童その他環境上養護を要する児童を入所させて養護し、退所した者に対して相談等自立のための援助を行う施設。入所理由の半数以上が虐待によるもので、安全な生活環境の中での治療的養育が不可欠である。［藤田］

シナプス
synapse

神経細胞は、**樹状突起**を持つ細胞体、さらに、興奮を伝える**軸索**、そして軸索先端の**神経終末**（**終末ボタン**）という構造をとる。樹状突起は他の細胞からの信号を受け取る領域であり、ここに入力される信号は、**シナプス**という構造を通じて隣接する細胞から送られてくる。樹状突起のシナプス部分に**棘突起**（きょく）（**スパイン**）と呼ばれる小突起が形成されている場合もある。樹状突起に入力された信号は、細胞体、そして軸索へと伝わり、**神経伝達物質**を含む小胞を持つ神経終末に伝わる。そして、**シナプス間隙**（かんげき）に神経伝達物質を開口分泌（かいこうぶんぴつ）し、ほかの神経細胞へと情報を伝達する。［髙瀬］

自白
confession
10

被疑者等が自己に不利益な事実（特に自分が犯人であるという情報）を認めること。**自白**は有罪の認定において今でも非常に重視されており、「証拠の女王」と呼ばれることもある。拷問や脅迫などによって獲得された自白は、証拠から排除される。［越智］

自発的特性推論
spontaneous trait inference
4

判断の際に、その人物の特性が自動的に推論されるメカニズム。**ギルバート, D. T.** は、①行動のカテゴリー化と②特性推論が自動的に行われた後で、③状況などの要因を含めた情報の修正が意図的に行われる可能性があるという３段階モデルを立てた。［村上］

四分位数（しぶんいすう）
quartile
7

データを大きさの順に並べ4分割した場合にできる、3つの境界値。**四分位点**ともいわれる。3つの四分位数のうち下から25%のところを**第1四分位数**、50%を**第2四分位数**（すなわち**中央値**）、75%を**第3四分位数**という。[村井]

自閉スペクトラム症／自閉症スペクトラム障害（ASD）
autism spectrum disorder
3 4 5 9 公

カナー, L. は1943年の論文で「自閉」を基本症状とする**早期幼児自閉症**を発表した。その後の自閉症研究や診断では、言語・認知障害説、**心の理論**障害説、DSM-Ⅲの**広汎性発達障害**の一亜型と変遷したが、DSM-5で障害の軽度から重度という**スペクトラム**として**ASD**を提唱。基本特徴はA）社会的コミュニケーションや対人相互反応を維持させることの困難、B）行動・興味・活動の限定された反復パターン（感覚刺激に対する過敏さや鈍感さの項目を含む）4項目のうち2つ以上に該当すること。社会適応力を重視し、支援のための**重症度水準**が設定された。**注意欠如・多動症／注意欠如・多動性障害**（**ADHD**）との併存診断も可能。[沼]

司法面接
forensic interview
10 公

捜査や裁判において、被害者や**目撃者**などの証言は非常に重要な情報源や証拠になる。しかし、特に被害者が子どもや脆弱性を持った人（障害を持った人など）の場合、正確な供述を取るのは困難で、かつ繰り返しの聴取はそれ自体がトラウマ的なものとなってしまう。そのため、できるだけ少ない回数の面接でより多くの正確な情報を聴取するための技法が各国で開発された。代表的なものとして、英国の「よい実践のためのビデオ面接ガイドライン」やアメリカの国立小児保健・人間発達研究所による**NICHDプロトコル**などがある。いずれも**ラポール**形成とインタビューの構造化が重視されている。[越智]

シャーデンフロイデ
[独] Schadenfreude
4

他者の失敗や不幸といった苦境を第三者的に見聞きして生じる快感情。俗に「他人の不幸は蜜の味」とも表現されるような感情状態である。その不幸がそれほど深刻でなく、また相応の理由が存在するとみなされた場合に生じやすいとされる。[岩佐]

社会化／個性化
socialization / individualization
3 公

社会化とは、その社会や文化の規範に沿った行動を獲得すること。**個性化**とは、自分らしさを発見し、**自己実現**を達成すること。しかし、社会化と個性化は対立するものではなく、それらが統合されることによって社会性が発達する。［本郷］

社会解体
social disorganization
10

非行や犯罪、その他逸脱行為の原因理論の一つとして主に**シカゴ学派**によって用いられた概念。従来の社会構造が都市化や産業構造の変化等によって崩壊していくことによって、人々の規範や価値観が崩れ、社会統制が弱まってしまっている状態。［越智］

社会構成主義
social constructionism
1 公

自分たちや世界を理解するために心理学が用いてきた概念、説明、知識といったものは社会的産物であり、人々の交流の産物であるというアプローチ。記述や説明はあるがままの世界の産物というわけではなく、精神疾患の言説を例に取るならば、「うつ病」というものが物理的実在として存在するというよりも、人々が歴史的・文化的にこの疾患の現象に立ち会ってきたことによって、それを解釈し、論じ、交流してきたことで生み出された社会的産物であると考える。アメリカの社会心理学者**ガーゲン, K. J.** が論じたものが知られている。［高砂］

社会的アイデンティティ／社会的アイデンティティ理論
social identity / social identity theory
4 公

タジフェル, H. と**ターナー, J. C.** が立てた、**内集団**と**外集団**の対比から生じる個人の態度に注目した理論である。**社会的アイデンティティ**とは自己を同一化してみなす所属集団（内集団）をさす。その場合に内集団に対する評価と、自己に対する評価が結合する。多くの場合には、**自己高揚動機**から、その集団の持つ肯定的な特徴を自己の特徴とみなすことで、自己評価を高めようとする。また自己を集団の一員とみなすことで、意識や誇りが生じるとされる。外集団との集団間比較の結果として、**内集団びいき**や外集団への**偏見**が生じると説明されている。［村上］

社会的学習／社会的学習理論
social learning / social learning theory
2 3 4 5 公

広義には、社会的な相互関係（モデリングや**模倣**など）にヒトの学習が大きく依存しているという考え方をいう。狭義には**観察学習**でのモデリングの考え方を拡張した**バンデューラ, A.** と**ロッター, J. B.** による**社会的認知理論**をさす場合が多い。［坂上］

社会的絆（きずな）理論
social bond theory
10

ハーシ, T. W. によって提唱された非行・犯罪理論で、「その人はなぜ犯罪を犯したのか」ではなく、「なぜ多くの人は犯罪を犯さないのか」という観点で理論化されたもの。ハーシによれば、人は次の 4 種類の社会的な絆によって、非行や犯罪を犯すことが抑えられているという。①**愛着**：両親や友人などに対する情緒的なつながり、②**コミットメント**：人生や仕事に目標があること、③**巻き込み**：合法的な行動で忙しく非合法活動に従事している暇がないこと、④**規範観念**：**正義感**や道徳的価値観など。［越智］

社会的規範
social norm
4

特定の社会集団において、その成員に従うことが期待されているルールやそれに伴った行動様式。主として明文化されていないものをさすが、法や制度のように明文化されているものも含むことがある。文化や時代とともに変化する。［村上］

社会的苦痛
social pain
9

全人的苦痛の一つ。治療費の支払い等の経済的な問題、収入が減少して生活や育児、教育に支障をきたすなどの家庭内の問題、職業人としての役割が脅かされたり人間関係に支障が出たりする状態など、多岐にわたる社会関係に起因する苦痛をさす。［藤田］

社会的交換
social exchange
4 公

対人的な相互作用を価値のやり取りとみなす考え方である。もとは人類学における贈与行動を主として説明しようとしたものであり、社会学や社会心理学へと幅広く展開されている。価値のやり取りには金銭や贈り物のような有形の財だけでなく、愛情など無形の財を含めたつりあいに関するモデルが立てられている。**社会的交換**の研究で扱われる対象は幅広く、贈与行動に端を発する**返報性**に関する行動や、交換の対人ネットワーク、友人関係や恋愛関係など、対人関係自体に焦点を当てるアプローチなどが行われている。［村上］

社会的公正
social justice
4

社会や集団における手続きの原理や結果に関する妥当性の概念。**ドイッチ, M.** は、集団における報酬の配分方法の原理について、貢献度に応じた公平配分、関係の維持を目的とした平等配分、生活水準を考慮した必要配分が用いられるとした。［村上］

社会的行動障害
aberrant social behavior
6 公

交通事故や脳出血などで脳を損傷すると、後遺症として記憶や注意などの認知機能低下のほかに、感情の制御、意欲の喪失など、社会生活に大きく影響する問題行動を生じることがある。脳損傷によって生じる前述の行動障害を**社会的行動障害**と呼ぶ。［高瀬］

社会的情動
social emotion

恥／罪悪感、妬み／嫉妬、シャーデンフロイデ等、他者の存在を前提として生じる**情動**（または**感情**）の総称。社会的感情と訳す場合もある。認知的要素を多く含む一群であり、特に**自己意識**を前提として強調する場合には、自己意識的感情とも呼ばれる。社会的な拒絶につながる失態や悪事、他者との比較による優劣性の認知などが引き金となることが多い。**社会的情動**は、自他の分化や表象能力の発達に伴って、生後 1 年半ほどで発現し始めるとされる。神経科学的な研究では、他者の心的状態を推測する機能と神経基盤を共有していることが示されている。［岩佐］

社会的ジレンマ
social dilemma

個人にとっては有利であったり、利得がある利己的な選択をとったりしたほうが合理的であるのに対して、全員が利己的な行動をとった場合には、集団全体の観点からすれば望ましくない、あるいはかえって個々人には不利益を被るような状況や構造のことをさす。**共有地の悲劇**やフリーライダー問題などがこれに該当する。環境問題や社会構造の問題を分析するために各個人の利得構造を変化させるなど、**ゲーム理論**を利用した実験により個人の行動の検証が行われている。［村上］

社会的スキル
social skill
3 4 9

他者との円滑な関係を形成し、それを維持することができる能力や技能。**社会的スキル**の高い人は人の意見を受け入れるだけではなく、必要に応じて自分の意見を主張したり相手の要請を断ったりすることができる。また、人に対する直接的な行動だけでなく、社会的スキルには自己を理解することも含まれる。社会的スキルを向上させるための方法として、さまざまな**社会的スキル訓練**（**ソーシャルスキル・トレーニング**）がある。この場合のスキル（技能）とは、「あいさつをする」といったような行動そのものではなく、状況に応じたまとまりのある行動のことである。［本郷］

社会的促進
social facilitation
3 4

他者の存在による影響のうち、パフォーマンスの向上をさす。他者が存在するだけでなく、競争場面や共同作業も含まれる。**ザイアンス, R. B.** は他者の存在は個人の動因（**覚醒水準**）を上昇させ、平易な課題では正の効果（反応の増加）を持つとした。［村上］

社会的手抜き
social loafing
4 8

他者の存在によって１人当たりのパフォーマンスの低下をさす現象。手抜き意識の有無は問わないことが多い。**リンゲルマン, M.** の綱引きなどの実験では、個々人の作業量を合計しても集団の作業量には達しないことが示されている。**ラタネ, B.** らは集団で実験していると思わせる疑似集団条件を用いて、他者とのタイミングのずれを差し引いても**社会的手抜き**が生じることを示している。個人の識別ができない状況、責任の分散、他者に合わせて最小限の努力しか行わないなどの理由が挙げられている。［村上］

社会的排除
social exclusion
4

他者や集団から受容されなかったり、拒絶されたりする状態をさす。社会的排斥とも呼ばれる。所属の欲求は、**適応**状態など**精神的健康**への影響が指摘されている。そのため、**孤独感**や身体的な痛みの感覚などとの関連性が研究されている。［村上］

社会的比較
social comparison
4

フェスティンガー, L. が提唱した、自己と他者を比較する行動をさす。その理由として自己の意見や能力を評価する際に、自己と類似した他者の意見や能力を判断材料として利用するために、他者を比較対象として用いるという説明がなされている。［村上］

社会的微笑
social smile
3 4

人の顔や声に反応して現れる微笑み。生後２〜３か月頃になると、人に対する反応としての微笑みが見られるようになる。とりわけ、生後３か月を過ぎる頃から、一層明確になることから３か月微笑と呼ばれることもある。一方、**新生児期**でも、乳児は、一瞬微笑んでいるかのような表情をすることがある。これは、入眠時などに起こることが多い。周囲の大人は、乳児が笑ったと喜ぶ（エンジェル・スマイル）ことがあるが、これは大人からの働きかけに対する応答ではなく、筋肉の収縮に伴う反応である。その点で、**新生児微笑**、**生理的微笑**といわれる。［本郷］

社会的養護
social care

要保護児童を公的責任で社会的に養育し、保護するとともに、養育に大きな困難を抱える家庭への支援を行うこと。児童福祉施設による施設養護、小規模グループケア等の**家庭的養護**、**里親**や**ファミリーホーム**による家庭養護に大別される。家庭養育優先原則に則り、代替養育においても家庭と同様の養育環境の整備をめざしている。**社会的養護**には養育機能のほか、発達の歪（ゆが）みや心の傷を癒し回復させ適切な発達を図る心理的ケア等の機能、家庭環境の調整や自立支援とアフターケア、地域における子どもの養育と保護者への支援などの地域支援等の機能がある。［藤田］

社会内処遇
community-based treatment

刑務所などの**矯正施設**で行われる施設内での処遇に対し、施設外、つまり、社会の中で行われる処遇を**社会内処遇**という。社会内処遇は、主に**保護観察所**が担う。社会内処遇としては、現行法上では、**保護観察**、**更生緊急保護**、**執行猶予**、**仮釈放**がある。［荒井］

社会福祉士
certified social worker

日常生活を営むのに支障がある者の福祉に関する相談に応じ、助言、指導、保健医療福祉サービス関係者との連絡および調整その他の援助を行う専門職。**社会福祉士及び介護福祉士法**に基づく名称独占の国家資格である。［藤田］

社会復帰調整官
rehabilitation coordinator

保護観察所に勤務し、精神障害者の保健や福祉などに関する専門知識に基づいて、心神喪失等状態で重大な他害行為を行った者（**医療観察制度**対象者）の社会復帰を促進するため、生活環境調査、生活環境調整、**精神保健観察**などの業務を行う専門職。［荒井］

尺度水準
level of measurement / scale level

測定値の性質に基づく、測定尺度の分類。**スティーヴンス, S. S.**による**名義尺度**、**順序尺度**、**間隔尺度**、**比率尺度**の 4 分類が一般に用いられる。測定値が持つ情報の豊かさに関して、名義尺度が最下位、比率尺度が最上位である。［寺尾］

遮断化／飽和化
deprivation / satiation
2

確立操作において**強化（弱化）子**の効力を強める操作を**遮断化**、弱める操作を**飽和化**と呼ぶ。強化スケジュールが研究の俎上に上がる前の**学習理論**（たとえば**ハル, C. L.** の**仮説演繹体系**）では、**学習の動機づけ**の主要なテーマはこれらの操作にあった。［坂上］

視野闘争
binocular rivalry
2

左右の眼に異なった視覚刺激を提示して両眼で見た場合に、片方に提示された刺激が数秒ごとに自発的に交替して見えたり、両刺激が入り混じったモザイクが見えたりする現象のこと。**視野闘争**下では、コントラストや熟知度の高い刺激がより優勢に見える。［行場］

集団意思決定
group decision making
4 8

個人単位の意見を集約して、集団や社会全体としての決定を行う方法。議論や多数決などがよく用いられているが、議論を行って**意思決定**を行う際には、その結論に主として２つの影響があることが知られている。一つは**ジャニス, I. L.** が提示した**集団浅慮**（**集団思考**）と呼ばれる、優秀な個人を集めた集団で下した決定が、個人の決定よりも劣った決定になる傾向であり、もう一つは**ストーナー, J. A. F.** による、集団で下した決定が、個人のもともとの判断よりも極端な方向に偏りやすい**集団成極化**という現象である。［村上］

集団間葛藤
intergroup conflict
4

競争や対立する集団間において生じる緊張状態をさし、所属集団や所属意識のある成員に敵意や差別など負の感情を生み出す。**シェリフ, M.** はこのような**集団間葛藤**が、同質の複数の集団が形成されることによって生じることを**野外実験**から示した。［村上］

集団規範
group norms
4 8

集団に属するメンバー間において、共有される判断の枠組みや行動様式。**シェリフ, M.** は、暗闇で光点が動いて見える**自動運動**現象を用いて、集団での判断後に、個人の判断も集団の基準に準じるようになった過程を、**集団規範**の始まりとみなした。［村上］

集団凝集性
group cohesiveness
4 8

集団成員を誘引する力として、集団自体が持つ特徴をさす。集団に所属したいという魅力の程度で示すことが多い。目標達成などの動機や対人関係などが構成要因である。集団同一視の観点から、**社会的アイデンティティ**との関連性も指摘されている。［村上］

集団準拠評価
norm-referenced evaluation
7

ある集団の中での相対的位置に基づく**教育評価（学習評価）**のこと。**相対評価**と同義である。例として、学力試験の**偏差値**や、各段階の人数比率を固定した５段階の成績評価が挙げられる。**目標準拠評価（絶対評価）**と対義語関係となる評価である。［寺尾］

集団精神療法／集団心理療法
group psychotherapy
5 公

統合失調症、うつ病、アルコール依存などの**精神疾患**に対して行われる**集団精神療法**、個人の心理的成長をめざす**エンカウンターグループ**やグループカウンセリングなどの**集団心理療法**やグループアプローチがある。ただ、２つの用語の明確な線引きは難しい。グループへの所属感やメンバーの相互作用によって個人心理療法とは異なる成長のきっかけとなる一方、他者への恐怖や集団へのなじめなさなどマイナスの影響を与えることも考慮する必要がある。このため、実施者には**グループダイナミックス**（集団力学）や集団心理への理解が必要となる。［村松］

集団創造性
group creativity
8

独創的で有用性を備えたアイデアや行動を生み出す集団の能力のこと。メンバー（たち）が異なる発想を提示すれば、多様な視点が刺激し合って集団創造性の促進が期待される。この見地に基づいて提唱されたのが**ブレインストーミング法**である。ただし、**集団過程**では**同調圧力**や**社会的手抜き**などの現象も起こるため、創造性の発揮は容易ではない。［山浦］

自由度
degrees of freedom
7

確率分布や統計量などにおいて独立に値を取ることができる要素の数。確率分布を例に取ると、**標準正規分布**に従う独立な n 個の**確率変数**の二乗和は、自由度 n の**カイ二乗分布**に従う。**t 分布**と **F 分布**はカイ二乗分布をもとにできた分布で、それらの**自由度**は、もとになるカイ二乗分布の自由度で決まる。また、統計量を例に取ると、データの各値から平均値 $\bar{x}$ を引いて二乗したものを合計して求められる**全体平方和** $\sum_{i=1}^{n}(x_i-\bar{x})^2$ の自由度は $n-1$ となる。n 個の $x_i-\bar{x}$ のうち、$n-1$ 個の値が決まると、残りの１個の値は、$n-1$ 個の $x_i-\bar{x}$ から一意に定められる。［山田］

終末期ケア／ターミナルケア
terminal care
9 公

死に至るのはそう遠くないと思われる時期に、配慮して行われる医療やケア。治療方針を決める際には、痛みや死への恐怖などの**全人的苦痛**を緩和し、患者に残された時間を充実させて生ききるための支援がなされる。同時に、家族の経済的・精神的負担の軽減を図り、死別後の**グリーフケア**を見据えた支援が展開される。医療職からの適切な情報提供と説明、**多職種連携**によるケアチームとの十分な話し合いのうえに、本人の意思決定を基本としたケアが進められる。なお、**終末期ケア**は**緩和ケア**の一部であり、日常のケアの延長上に位置づけられるものである。［藤田］

就労移行支援
employment transfer support
9 公

一般就労等を希望する65歳未満の障害者に対して、生産活動、職場体験等を通じ、就労に必要な知識および能力の向上のため必要な訓練を行う**障害者総合支援法**に基づくサービス。利用期間は2年以内で、雇用契約がなく賃金・工賃は支払われない。［藤田］

就労継続支援
continuous employment support
9

一般就労等が困難な障害者に対して、就労と生産活動の機会を提供し、就労に必要な知識および能力の向上のため必要な訓練を行う**障害者総合支援法**に基づくサービス。利用期間の定めはない。雇用契約を結ぶA型と結ばないB型の2つがある。［藤田］

主観確率
subjective probability
7

確からしさに対する個人的な確信度を0から1までの数値で表現して確率としてとらえたもの。**主観確率**に対して客観確率があり、多数回の試行の中である事象が起こる相対頻度を確率ととらえる。主観確率は**ベイズ統計学**で用いられる。［山田］

主観的健康感
subjective health
9

健康度の自己評価。**WHO**は健康を身体的、心理的、社会的な面からとらえているが、さらにスピリチュアルな側面を加える議論もあって、健康は多面的な概念といえる。主観的に健康を総括した指標として、あなたの健康状態はどうですかなど、総合的な判断を評定法で尋ねる方法がある。自分の健康への満足度、過去の自分や同年齢の他者との比較を問うこともある。健康指標の一つだが、医学的な健康指標とは必ずしも一致しないため、独自の判断に基づくものといえる。高齢者の生命予後予測にも使われる指標で、健康の質的側面を反映していると考えられる。［田中］

主観的幸福感
subjective well-being

個人生活について、自分で評価した**ウェルビーイング**。多様なとらえ方がされるが、わが国でよく使われる指標では、認知的側面（人生や生活の全体的および特定領域への満足感）と感情的側面（快感情の多さや不快感情の少なさ）が尋ねられる。人生の目的や意義、精神機能の良好さなども使われる。政策評価においては**QOL**の心理的側面の指標とみなされ、国際比較では国による違いが見出されている。**主観的幸福観**の研究は、心理学、医学、経済学、社会学などからアプローチされており、人々の主観的な生活の評価や幸福感を中心に研究する複合領域となっている。［田中］

主観的輪郭
subjective contour

物理的刺激としては存在しない輪郭線が、周囲に配置された刺激図形により誘導されて実際に見える**知覚的補完**現象。錯覚的輪郭ともいう。**カニッツァの三角形**（右図）が有名。**主観的輪郭**に応答を示す視覚皮質神経も見つかっている。［行場］

熟達化
expertise

主に領域固有的な知識や技能などの学習において、初心者が熟達者へと年齢や経験を通じて速度、正確さ、理解度などが変容していく過程をいう。定型的熟達（自動的制御による実行）、適応的熟達（柔軟性の高い実行）、創造的熟達（独創性のある実行）を区別する見解もある。［坂上］

受刑者
sentenced person

刑事収容施設法上、懲役受刑者（懲役の刑の執行のために刑事施設に拘置されている者）、禁錮受刑者（禁錮の刑の執行のために刑事施設に拘置されている者）または拘留受刑者（拘留の刑の執行のために刑事施設に拘置されている者）の総称である。なお、懲役刑と禁錮刑を拘禁刑に一本化することなどを盛り込んだ、刑法等の一部を改正する法律が2022年に成立した。［荒井］

主効果
main effect

2要因以上の**実験計画**における各**要因**の単独の効果。指導法と教材の2要因が成績に及ぼす影響について考えると、教材の種類を無視、すなわち教材を区別せずまとめた場合の指導法の効果、また指導法の種類を無視した場合の教材の効果が**主効果**である。［村井］

樹状突起
dendrite
6

神経細胞の中の一部の構造である。**樹状突起**は他の細胞からの信号を受け取る領域であり、ここに入力される信号は、**シナプス**という構造を通じて隣接する細胞から送られてくる。樹状突起に入力された信号は、細胞体、軸索へと伝わる。[高瀬]

主成分分析
principal component analysis
7

複数の変数 X_1 から X_p（$p \geqq 2$）に含まれる情報の集約を目的として、合成変数 $Y = w_1X_1 + \cdots + w_pX_p$ を得る、**多変量解析**の一手法である。この合成変数を**主成分**と呼ぶ。主成分は最大で p 個合成できるが、一般により少ない変数に情報を集約する。重み w の2乗和が1という制約のもとで、最大の**分散**を持つように合成された変数を第1主成分という。第2主成分は、第1主成分との**相関**が0となる合成変数のうちで、分散が最大となる変数である。**因子分析**が観測変数を背後にある因子に分解するのに対し、**主成分分析**は変数を合成するが、数学的には類似した側面を持つ。[寺尾]

主題統覚検査（TAT）
Thematic Apperception Test
1 4 5 7

マレー, H. A. による**投影法**（**投映法**）の**パーソナリティ検査**。さまざまな社会的場面が描かれた刺激図版を順に示し、自由にストーリーを語らせ、その内容や形式からパーソナリティを査定する。課題統覚検査、絵画統覚検査と訳される場合もある。[岩佐]

出版バイアス
publication bias
1

否定的な研究結果よりも肯定的な研究結果のほうが公表されやすいというバイアス。**疑わしい研究実践**（**QRPs**）の原因となる。対策として、研究計画の事前登録や査読付き事前登録の制度が導入されつつある。[矢口]

首尾一貫感覚（SOC）
sense of coherence
4 9

把握可能性（状況の理解や予測）、処理可能性（なんとかできる、なる感じ）、有意味感（出来事や生の意味）から構成される感覚。これがあると逆境でも生き抜き、**ストレス**に柔軟に対応できる能力となって、健康の維持に役立つと考えられている。[田中]

受容体（レセプター）
receptor
6 公

神経細胞間の情報伝達は、放出された**神経伝達物質**が細胞膜の**受容体**に結合することで果たされる。神経伝達物質は数十種類あり、各神経伝達物質にはそれぞれ数種類の受容体がある。神経伝達物質の受容体には、物質が結合するとGタンパク質が活性化され、特定の二次メッセンジャーを合成する酵素が活性化あるいは不活性化されて細胞内で反応が生じる**Gタンパク質結合型受容体**と、物質の結合によって受容体の構造が変化し、特定のイオンが通り抜けられるようになって膜電位が変化する**イオンチャネル型受容体**等がある。［高瀬］

受容野（じゅようや）
receptive field

受容野とは、感覚処理にかかわる各細胞が感覚器官を通じ、ある刺激に対して反応することのできる、その器官上での範囲である。受容野の位置や大きさ、そして形および内部構造は細胞により異なり、各細胞は特定の刺激に感受性を示す。［高瀬］

受療行動
patient's behavior

患者が病院を受診する経緯のこと。**受療行動**は症状の知覚と病気表象の形成、受診決定、診断、治療継続などと段階的に進む。厚生労働省の受療行動調査では、受療の状況や医療の満足度などを尋ね、患者視点に立った医療のあり方の検討に役立てている。［田中］

シュワン細胞
Schwann cell

神経細胞の中には、軸索にグリア細胞が巻きつき、**髄鞘**（ずいしょう）と呼ばれる構造体を形成しているものがある。中枢神経系では**オリゴデンドロサイト**が髄鞘を形成し、末梢神経系では**シュワン細胞**が髄鞘を形成する。発見したドイツの生物学者**シュワン, T.** にちなむ。［高瀬］

順位相関係数
rank correlation coefficient

変数の値の順序関係に基づく**相関係数**のこと。**スピアマンの順位相関係数**と**ケンドールの順位相関係数**が知られており、－1から＋1までの実数値を取りうる。量的変数に適用する場合には、**ピアソンの積率**（せきりつ）**相関係数**と異なり**外れ値**の影響を受けにくい。［村井］

馴化－脱馴化法（じゅんか－だつじゅんかほう）
habituation-dishabituation method

馴化とは、同じ刺激が繰り返されると慣れて注意を向けない状態。**脱馴化**とは、刺激が変更されると再び注意を向ける状態である。この特徴を利用し、心拍数の変化、視線の動きなどから乳児の**知覚**や**認知**を調べるために用いられる方法である。［本郷］

馴化の法則（じゅんかのほうそく）
law of habituation

生得性の誘発刺激である**無条件刺激**の誘発機能が、その繰り返し提示によって減弱する現象を巡る法則で、最も単純な学習の法則と考えられてきた。増強についての**鋭敏化**の現象と対になってい

る。この法則の主要な点は、①試行の繰り返しに伴う反応の減少の割合は、**馴化**の進行に従って小さくなる、②馴化後の反応の回復量は、経過時間の長さに依存する、③同じ刺激の繰り返し提示で馴化の進行が早くなる、④弱い刺激ほど馴化の進行は早い、⑤馴化によって無反応状態であっても、さらに続けることで**過剰学習**の効果がある、⑥**刺激般化**（はんか）がある、などである。［坂上］

循環反応
circular response
3

ピアジェ, J. の**認知発達理論**の第 1 段階である**感覚運動期**（0～2 歳）の特徴。同じ動作を繰り返し、それに対する環境からの反応を通して認知を発達させていくことである。環境とのかかわり方の複雑さによって、第一次～第三次循環反応まである。［本郷］

準拠集団
reference group
8

自分と共通の関心や態度、価値観を有していると見る集団であり、自己評価や判断、行動選択の基準となる集団。その集団の**規範**に強く影響され、集団成員の一人である（と認められる）ことで心理的な満足や安心感がもたらされる。［山浦］

順行条件づけ／逆行条件づけ
forward conditioning / backward conditioning
2

レスポンデント条件づけの手続き。**中性刺激**提示後に**無条件刺激**が提示される手続きを**順行条件づけ**、その逆順を**逆行条件づけ**という。一般に後者では**条件反応**が観察されないが、**制止条件づけ**が起こっていると考えられている。［坂上］

順序尺度
ordinal scale
7

スティーヴンス, S. S. による 4 つの**尺度水準**のうち、下から 2 番目の尺度である。測定対象の質的特性をカテゴリーとして測定する点で**名義尺度**と同一であるが、成績段階（A、B、C）など、カテゴリー間に順序関係が存在する。カテゴリーに数値を割り当てるときは、A=3、B=2、C=1 のように、数値の大小がカテゴリーの順序と矛盾しないようにする。このとき、数値を等間隔にする必要はない。たとえば、A=5、B=2、C=1 としてもよい。**順序尺度**では、名義尺度で利用可能な統計量に加え、**中央値**や**パーセンタイル**など、順序に基づく統計量を利用できる。［寺尾］

順応
adaptation

広い意味では、生体内の機能や行動を特定の環境状態に適合させる過程を示す。感覚・知覚心理学の領域における**順応**とは、刺激を持続的に提示することにより、感覚神経系の応答が低下し、感覚経験が弱まったり変容したりする現象をさす。代表的なものに、視覚の**明順応**や**暗順応**、嗅覚の匂いに対する順応、皮膚感覚の温／冷刺激に対する順応などがある。順応により、一定の判断基準が形成される場合があり、**順応水準**と呼ばれる。たとえば、同じ温度の部屋でも、順応水準の違いにより、寒い外から帰った場合には暖かく、風呂から上がったときには寒く感じられる。［行場］

生涯持続型犯罪者
life-course persistent offender
10

発達的観点から犯罪者の分類を行った**モフィット, T. E.** が示した加害者の一分類である。このタイプの加害者は、幼少期の比較的初期から種々の**反社会的行動**（窃盗や傷害など）を示し始め、生涯にわたって反社会的行動を行い続ける者を表す。［荒井］

障害者虐待
disability abuse
9

障害者が他者からの不適切な扱いにより権利や利益を侵害される状態や生命、健康、生活が損なわれるような状態に置かれること。**障害者虐待防止法**において、養護者による虐待、施設従事者等による虐待、使用者による虐待の３類型が定義されている。［藤田］

障害者総合支援法
Act on Providing Comprehensive Support for the Daily Life and Life in Society of Persons with Disabilities

地域社会における共生の実現をめざして、障害福祉サービスの充実等、障害者の日常生活および社会生活を総合的に支援することを定めた法律。2005 年に成立した障害者自立支援法の改正法である。支援の対象は身体障害者、知的障害者、精神障害者（発達障害者を含む）、一定の難病患者である。支援内容は**自立支援給付**と**地域生活支援事業**の２つに分かれ、利用者負担は所得等に配慮した応能負担とされている。市町村の窓口に申請して障害支援区分の認定を受け、特定相談支援事業者または本人が作成したサービス等利用計画に基づいて介護給付等のサービスが開始される。［藤田］

障害者手帳
disability certificate
9

身体障害者手帳、**療育手帳**、**精神障害者保健福祉手帳**の総称である。手帳の取得は任意だが、保有することが障害者としての証明となり、障害者雇用制度の利用や障害年金の受給のほか、各種福祉サービスや支援策を受けられる。［藤田］

障害受容
acceptance of disability
9

疾病や外傷により心身機能の一部を喪失した人が、その事実を直視し、自分の中に位置づけ、折り合いをつけること。**上田敏**によれば、障害の受容はあきらめではなく価値転換であり、障害が自分の人間としての価値を低めるものではないことの認識と体得を通じて積極的な生活態度に転ずることとされる。**障害受容**の過程として、ショック、否認、混乱、解決への努力、受容の段階を経ることが知られている。健常者は、障害者のあるがままの姿を受け入ることで障害受容が促され、また障害者が誇りを持って堂々と生きる姿に触れることで障害者への偏見が克服される。障害受容にはこのような個人と社会の相互作用が見られる。[藤田]

生涯発達心理学
life-span developmental psychology
3

胎児期から死に至るまでの一生涯に渡る変化の過程を明らかにしようとする学問領域。とりわけ、**成人期**以降の変化に関心を持つ。1960 年代以降、**縦断的研究**のデータの蓄積、老年学の誕生、高齢社会の到来などによって、より関心が高まった。[本郷]

消去／消去スケジュール
extinction / extinction schedule
2

出現していたオペラントに**強化子**（もしくは**弱化子**）を随伴しない手続きや操作を**消去スケジュール**、その結果、反応がもともとの反応率（ベースライン反応率）に戻る現象を**消去**という。一般にそれまで反応が高頻度で出現するスケジュールから消去スケジュールに移行すると、初期の段階に反応率が一時的に高くなる**反応頻発**が観察される。応用や臨床場面では反応頻発は望ましくないことが多いので、代わりに反応が起こらないことに強化子を随伴させる無行動**分化強化スケジュール**などを用いて、急激な時間当たりの強化子数（強化率）の減少をカバーし反応頻発を抑える。[坂上]

状況的犯罪予防
situational crime prevention
10

状況的犯罪予防の名を広めたのは、1970 年代に英国内務省に所属していた**クラーク, R. V.** である。当時アメリカでは**環境犯罪学**が大きな潮流となっていたが、英国でも犯罪が起こる場所や環境に注目し、犯罪が起きにくい環境をつくることが犯罪機会の削減において重要であるとする状況的犯罪予防のアプローチが取られていた。クラークらは**合理的選択理論**や環境心理学的知見に基づき、状況的犯罪予防の具体的な**犯罪削減技法**を提案してきた。これは何度かの変遷を経て、現在、犯行を難しくすること、捕まるリスクを高めること、犯行の見返りを減らすこと、犯行の挑発を減らすこと、犯罪を容認する言い訳を許さないことの５区分に各５つの技法を配置した25の犯罪削減技法となっている。［荒井］

状況論的アプローチ
situated approach
2

連合論的もしくは認知論的な学習についての考え方とは異なる状況的学習、つまり学習とは外界から何かを取り入れることではなく、物理的文化的状況に埋め込まれたものであって社会的文化的実践を通して共同体に参画することで、その参画のあり方が変容する過程であるという考え方をとる認知・発達・教育心理学者たちのアプローチ。「状況に埋め込まれた（situated）」行為・学習・認知をキーワードとし、その考え方は、共同体への参画のしかたに焦点を当てた**正統的周辺参加**に最も端的に示されている。［坂上］

条件強化子
conditioned reinforcer
2

先行する反応を淘汰する（増加、減少させる）生得的機能を持った後続刺激を**無条件強化子**（減少の場合は弱化子）と呼び、無条件強化子に随伴されることで、新たに、反応を淘汰する機能を持った**中性刺激**を**条件強化子**と呼ぶ。［坂上］

条件制止
conditioned inhibition
2

２種類の**中性刺激**Ｔ（音）とＬ（光）を用いて**無条件刺激**Ｕとの**レスポンデント条件づけ**に行う際、Ｌ単独ではＵが随伴するが、ＴとＬの複合刺激ではＵが随伴しない訓練を行うと、別の条件づけ場面において異なる中性刺激とＴとが組み合わされても条件づけを制止する機能（たとえば条件刺激になりにくかったり、条件反応が弱くなったりする）を持つようになる。このときのＴを条件制止子と呼び、条件制止子によるこのような機能や過程を**条件制止**と呼ぶ。［坂上］

条件性弁別
conditional discrimination
2

あらかじめ、ある個体で赤色もしくは緑色のキーを**弁別刺激**とした**弁別オペラント**がすでに成立しているとする。これらの弁別刺激に先行する刺激、たとえば水平線と垂直線のどちらかが中央のキーに提示され、引き続いてその左右のキーに、赤色と緑色が位置についてはランダムに提示される。仮に水平なら赤、垂直なら緑キーに、定められた反応をすれば強化子が出現するという手続きで、訓練後に水平／垂直に対応した色光に反応するようになれば、**条件性弁別**が成立したといい、この手続きを**条件性見本合わせ**（狭義には**恣意的見本合わせ**）と呼ぶ。［坂上］

条件等色（メタメリズム）
metamerism
2

人間の**色覚**は、光源の分光分布や物体表面の反射特性に依存するが、それらの物理的特性が異なっても、特定の条件下では同じ色に見える場合があり、**条件等色（メタメリズム）**と呼ばれる。たとえば、昼間の自然光の下では異なる色に見える服が、夜に蛍光灯の下で同じ色に見える場合がある。［行場］

条件反射
conditioned reflex
1 2

パヴロフ, I. P. によって見いだされた、学習性の誘発反応。生得的に誘発機能を持つ**無条件刺激**を、生得的には誘発機能を持たない**中性刺激**に随伴させることで、中性刺激は誘発機能を獲得した**条件刺激**となって反応を誘発する。**条件反応**ともいう。［坂上］

条件抑制
conditioned suppression
2

たとえば**変動時隔強化スケジュール**によって維持されたオペラントの定常的な遂行中に、ブザー音に電撃が随伴するような**嫌悪刺激**を用いた**レスポンデント条件づけ**を付け加えると、条件づけによる学習が進行するに従い、次第にブザー音の提示中は、進行中のオペラントの反応率が減少する。この現象を**条件抑制**といい、その反応率の減少は抑制（比）率として表される。条件抑制は、**不安**のモデルとして用いられることがあり、たとえば抗不安剤の開発などに利用される。［坂上］

少子高齢化
declining birthrate and aging population
9

人口に占める高齢者の割合の増加と、出生率の低下による若年人口の減少が同時に進行すること。少子化の要因は未婚化・晩婚化の進展と夫婦の出生力の低下、高齢化の要因は死亡率の低下とそれに伴う**平均寿命**の伸長である。［藤田］

承諾要請技法
compliance techniques with request
4

自分が期待する方向に他者の行動を変容させるために、相手の承諾を利用する方略のことである。**チャルディーニ, R. B.** は、認知的な要素に関するメカニズムの変化をねらったものとして、先に承諾を取り付けておいて、後でそれを取り消すというコミットメントを利用した**応諾先取り法（ロー・ボール法）**、小さな要請から、徐々に高度な要求を求める**段階的要請法（フット・イン・**

ザ・ドア法)、お互いに譲歩をしているように見せかける**譲歩的要請法**(**ドア・イン・ザ・フェイス法**)のような段階要請のテクニックを紹介している。[村上]

象徴遊び
symbolic play

「今・目の前にないもの」をイメージして、「今・目の前にある」別の物で代用する遊び。遊びの形態によって、一人でなんらかのイメージに基づいて遊ぶ**ふり遊び**と、おままごとなど他者と役割分担をしながら遊ぶ**ごっこ遊び**に分けられる。[本郷]

情動
emotion

emotionは**情動**または**感情**と訳されるが、情動という訳語が用いられる際には少なくとも2通りの用法がある。第一に、強い生理的喚起を伴う急激かつ短期的な反応を意味する場合がある。これと対比されるのは**気分**である。気分は比較的穏やかで長期間持続する状態をさす。第二に、行動の**動機づけ**機能に着目する用法がある。たとえば**恐怖**は**逃避**行動を誘発し、**怒り**は**攻撃**行動を誘発する。この文脈において、感情はその主観的感覚により着目した表現となり、これを強調する意図で情感とも表現される。[岩佐]

情動の帰属理論
emotion attribution theory

シャクター, S. らによる情動理論。同じ生理的覚醒状態であっても、その原因帰属次第で異なる情動として命名・体験されることを示した。生理的要因と認知的要因の2要因の相互作用に着目したことから、**情動の2要因理論**と呼ばれることが多い。[岩佐]

情動の中枢起源説/情動の末梢起源説
central/peripheral theory of emotion

情動体験プロセスを相反する立場から説明する2つの説。**情動の中枢起源説**は**キャノン=バード説**と呼ばれ、情動体験プロセスにおいて視床を経由し大脳皮質と視床下部に情報が分岐するプロセスを主張している。大脳での情動生起が視床下部経由の身体反応より先行するため「刺激→中枢での情動体験→身体反応」という図式が想定される。一方、**情動の末梢起源説**は**ジェームズ=ランゲ説**と呼ばれ、刺激によって身体反応が引き起こされ、それによって情動体験がもたらされると主張するものである。したがって「刺激→身体反応→中枢での情動体験」が想定される。[矢口]

情動の2要因理論
two-factor theory of emotion

個人が経験する感情は、状況によって喚起された生理的覚醒(かくせい)状態と、その認知的解釈という2要因の相互作用で決定されるとした**シャクター, S.** らが提唱した理論。**情動の中枢起源説／情動の末梢起源説**の折衷的な理論だとされている。[岩佐]

情動の連合ネットワーク理論
associative network theory of emotion

バウアー, G. H. による**情動**理論。情動は**意味ネットワーク**内に**ノード**（集合点）として存在するため、隣接する**意味記憶**の活性化によってその情動ノードにも活性化が及び、当該の情動が発生する。情動と記憶の双方向的な活性化拡散は、**気分一致効果**の説明原理ともなっている。[岩佐]

小児性愛障害
pedophilia

パラフィリア障害（性的嗜好障害）の一つ。思春期前または通常13歳以下の子どもに対して性的興奮をもたらす反復的な強い空想、衝動、行動を特徴とする。パラフィリア障害の中では比較的多く見られる。この障害を有する者の大半は男性である。[越智]

少年院
juvenile training school

家庭裁判所から**保護処分**として送致された少年に対して、その健全な育成を図ることを目的として、矯正教育や社会復帰支援などを行う施設である。**第一種少年院**は心身に著しい障害がないおおむね12歳以上23歳未満の者、**第二種少年院**は心身に著しい障害がない犯罪的傾向が進んだおおむね16歳以上23歳未満の者、**第三種少年院**は心身に著しい障害があるおおむね12歳以上26歳未満の者を収容する。**第四種少年院**は少年院で刑の執行を受ける者、**第五種少年院**は**特定少年**のうち2年の**保護観察**に付された者で、保護観察中に重大な遵守事項違反があり、少年院での処遇が必要とされた者を収容する。[荒井]

少年鑑別所(かんべつしょ)
juvenile classification home

少年鑑別所法によって設置されている法務省矯正局所管の施設。**少年鑑別所**では、家庭裁判所の求めに応じて鑑別対象者の**鑑別**を行うこと、**観護措置**が執(と)られて少年鑑別所に収容される者などに対して、健全な育成のための支援を含む観護処遇を行うこと、地域社会の非行および犯罪の防止に関する援助を行うことを業務とする（この場合、**法務少年支援センター**といわれる）。[荒井]

少年刑務所
juvenile prison

主として裁判で懲役刑や禁錮刑が確定した受刑者を収容する刑事施設。**少年刑務所**とはいえ、16 歳以上の少年で**検察官送致**となり、刑事裁判で受刑が確定した者は割合的には低く、実際には 26 歳未満の若年の成人受刑者が主に収容されている。［荒井］

小脳
cerebellum

脳は上から**大脳**、**間脳**、そして**脳幹**と呼ばれる**中脳**、**橋**、**延髄**へと続き、脳幹背側部を**小脳**が覆う構造となっている。脳幹背側部にある小脳は、大脳皮質と同様に層構造を持つ小脳皮質からなる。小脳皮質は、顆粒細胞、**プルキンエ細胞**とその他の抑制性介在ニューロン等から構成され、運動や姿勢の調節、さらに最近では高次脳機能にもかかわることが示唆されている。小脳は、ヒトでは脳全体の 15%程度の容積しかないが、脳全体の神経細胞の約半分が存在する。また、小脳疾患の患者にはさまざまな症状が出現することが知られており、これは**小脳失調症状**と呼ばれる。［高瀬］

消費者ニーズ
consumer needs

消費者が商品やサービスに対して持つ欲求で、それらを購入しようという動機の原動力である。**消費者ニーズ**は時代や社会とともに変化し、近年は、それらが保有する機能だけでなく、社会的な公正さや環境への配慮などもそこに含まれている。［小野］

消費者保護
consumer protection

市場経済のもとで、企業と消費者の間の情報力や交渉力の格差は大きく、消費者は圧倒的に不利な立場にある。わが国では、**消費者保護**の視点から、特定商取引法、景品表示法、消費者契約法などの**消費者保護法**や**製造物責任法**などが制定されている。［小野］

消費の外部性
consumption externality

消費者が、商品やサービスの選択に際して他者の影響を受けることをいう。商品が持つ機能や品質とは別に生まれる価値で、希少性が高い商品に価値を見いだす**スノッブ効果**や、皆が持っていると自分も欲しくなる**バンドワゴン効果**などがある。［小野］

情報処理パラダイム
information processing paradigm

人間の**意思決定**・行動選択に至る様相を**認知科学**的な情報処理過程でとらえ、その特徴を解明しようとする。人間をコンピュータの仕組みと類似させて考えることには批判もあるが、心理学、脳神経科学、マーケティングなどの領域を統合する動きを活発化さ

せている。［山浦］

剰余変数
extraneous variable
1 7

剰余変数とは**独立変数**以外に**従属変数**に影響を及ぼす変数をさす。心理学実験では変数統制をすることで剰余変数の影響を抑制することが可能となるが、質問紙研究などでは研究者が予期しない剰余変数が発生する場合がある。［矢口］

ショートステイ
short stay
9

介護者の病気等により日常生活に支障がある高齢者や障害者が介護を受けられない場合に、施設に短期間入所して日常生活全般にかかわる介護を受ける宿泊型のサービス。在宅福祉三本柱の一つであり、介護者のレスパイト（休息）の役割を担っている。［藤田］

初期経験
early experience
3

人間や動物がその発達の初期に受ける物理的、社会的刺激の総体。とりわけ後の発達に大きな影響を与えるものをさす。受精から出生までの時期である**胎児期**の経験も**初期経験**に含まれる。**ローレンツ, K. Z.** の示した**刻印づけ**は典型的な影響の例である。［本郷］

食育
dietary education
9

食に関する知識と選択力を身につけ、健全な食生活を営む能力を養う教育。2005 年に**食育基本法**が制定され、農林水産省、厚生労働省、文部科学省などが活動している。健康的な食習慣を身につけることは、子どもだけでなく、全世代で重要とされる。［田中］

職業性ストレスモデル
occupational stress model
8 9

アメリカ国立労働安全衛生研究所（**NIOSH**）が、従来の研究を踏まえて提示した**ストレスモデル**である。**ストレッサー**（職場環境、役割上の葛藤、役割の不明確さ、対人葛藤・対人関係、仕事の将来性、仕事の統制、仕事の量的負荷、仕事の要求に関する認知など）が、個人的要因（属性、職種・地位、性格、自己認知）、家族・家庭などの仕事外の要因、緩衝要因（ソーシャルサポートなど）を媒介変数として、**急性ストレス反応**（心理的・生理的・行動的反応）を引き起こし、やがて疾病や作業能率低下などの問題を生じさせる、という一連の流れを提示している。［小野］

職業適性検査
vocational aptitude test
4

個人の指向性や能力から将来の職業的なパフォーマンスを予測し、職業適性を判定しようとする検査の総称。**内田クレペリン精神作業検査**をはじめとした心理検査や、厚生労働省による一般職業適性検査など、さまざまな検査が用いられる。[岩佐]

職場復帰支援
return-to-work support
8 公

仕事を主な原因とする**精神障害**を発症し休職した人が、その回復後に職場復帰することが増えている。その際行われる、復職の判断基準の運用、回復状況に応じた職務内容・責任や勤務時間の調整、配置先の受入れ態勢の整備などの支援のことをいう。[小野]

触法少年
juvenile offender under 14
10

少年法 3 条における 14 歳未満で刑罰法令に触れる行為をした少年をさす。わが国の現行法では、14 歳未満の少年に刑事責任を問うことはできない。そのため、14 歳未満の少年では、その行為が犯罪であっても犯罪としては扱うことはできず、法に触れる行為をした少年となる。[荒井]

職務拡大
job enlargement
8

大量生産を可能にした細分化された単純反復作業は、**人間性疎外**を招いたが、**職務拡大**は、逆に、複数の人間が担っていた作業を一人の作業者が担い、作業の幅を拡げ（水平的拡大）、仕事の中に人間らしさを取り戻そうとした**職務再設計**の一つである。[小野]

職務充実
job enrichment
8

職務を水平的に広げる**職務拡大**だけでなく、職務の計画や手順などに関する意思決定や自由裁量の余地を作業現場に与える（垂直的拡大）**職務再設計**の一つである。大量生産を支えた単純・反復作業で奪われていた「自分で考え判断する」という「人」としての機能を作業現場に戻し、**人間性疎外**の克服に貢献した。**ハーズバーグ, F.** の 2 要因説の登場以降、働く人々の自律性や成長要求にかかわる**職務満足感**（**動機づけ**要因）と**生産性**の関係に注目が集まり、**成長要求**の充足を促進するこの職務設計が、**労働の人間化・QWL** の視点からも重視されるようになった。[小野]

職務特性モデル
job characteristics model
8

1970 年代に、**職務充実**の程度を論議する**職務診断論**の展開の中で**ハックマン, J. R.** と**オルダム, G. R.** によって提唱されたもので、職務の中核的な次元とされる技能多様性、課業重要性、課業同一性（この３つが、重要な心理的状態である**有意味感**を構成）、自律性（仕事成果への責任感）、結果のフィードバック（仕事成果への知識）という５つの要因が、上記の（　）で示した重要な心理的状態を通して、**内発的動機づけ**や質の高い仕事、**職務満足感**、ターンオーバーや離職などの要因と結びつくことを示した。そこでは、個人の成長要求の強さが調整変数として機能する。職務充実の基礎となる考え方である。[小野]

職務分析
job analysis
8

職務遂行に要求される知識・技能・経験や体力・資質などの資格要件、作業環境（設備、使用機器、原材料など）、責任の範囲、作業手順などを、質問紙、面接調査、観察などを通して明らかにすることである。それをまとめたものが**職務明細書**で、募集・採用、配置・異動、評価や能力開発などに利用される。[小野]

職務満足感
job satisfaction
8

ホポック, R. が 1935 年に肯定的な側面から職務における満足を論じて以来、極めて重要なキーワードになった。**ロック, E. A.** の**職務満足感**の定義「個人の仕事の評価や仕事経験からもたらされる喜ばしい、もしくは、肯定的な感情」が今日よく使われる。職務満足感に影響を与える独立変数としては、仕事そのもの、労働条件や人間関係、作業環境などのほか、本人の属性やパーソナリティ・能力、家族や社会経済的状況などがあり、従属変数としては、**動機づけ**、**生産性**、定着・離職意識や**コミットメント**、ターンオーバーなどが挙げられる。**生活満足感**と職務満足感は一般的に、スピルオーバー（あふれ出し）関係にあるとされる。[小野]

ジョブ・クラフティング
job crafting
8

職務の担当者が、自己の仕事に関する人間関係や意味づけ、そして、物理的な内容や方法などの変更を主体的に行うことにより、仕事の**やりがい**や満足感、**ワーク・エンゲージメント**などを高める、ボトムアップの活動である。[小野]

ジョブコーチ
job coach
9

障害者が一般の職場に適応できるように、職場内外に対して支援を行う専門職。障害者と家族への直接支援を行うほか、事業主や職場の従業員に対して職務や職場環境の改善に係る助言・提案を行い、職場の支援体制を整備し、障害者の職場定着を図る。[藤田]

処理水準
level of processing
2

認知処理の初期では、入力情報の物理的・感覚的特性の分析などの比較的「浅い処理」が素早くなされる。その後の段階では、記憶、言語、思考過程と連携して意味的、連想的、抽象的な「深い処理」が時間をかけて行われる。このような違いを**処理水準**と呼ぶ。［行場］

自律訓練法
autogenic training

ドイツの精神科医**シュルツ, J. H.** が**催眠**の研究から発想を得て考案した心理生理的治療法、自己コントロール法である。標準練習は、落ち着いた環境で、7つの言語公式を自分のペースで反復することにより、段階的に心身が弛緩（しかん）した状態をつくり出していく。このプロセスにより、心身の機能調整と再体制化が図られることになる。練習を継続することにより、不安の低下や気分の安定などの心理的変化と心拍の低下、筋弛緩などの生理的変化が起こる。こういった変化が自己治癒力を高めると考えられている。このほかに特殊練習や瞑想（めいそう）訓練などがある。［村松］

自立支援給付
payment for services and supports for persons with disabilities
9

障害者の日常生活および社会生活に必要な介護や訓練等の支援を提供するサービス。利用するサービス費用の一部を、行政が障害者へ個別に給付する。**自立支援給付**の種類は、介護給付、訓練等給付、自立支援医療、相談支援、補装具に大別される。［藤田］

自律神経系
autonomic nerve
6 9 公

末梢神経系は、**体性神経系**と**自律神経系**に分類される。体性神経系は知覚や運動を担うが、自律神経系は内分泌（ないぶんぴつ）腺および心臓、血管、胃や腸などを構成する平滑筋を制御し、その活動の多くが消化や循環のように自律的あるいは自己制御的である。眠っていても意識がなくてもこの神経系は活動し続けるため、自律神経系という名称がつけられた。自律神経系は**交感神経**と**副交感神経**に分類される。交感神経は緊急事態に際して活動的に働いてエネルギー消費を促進するのに対して、副交感神経は消化機能を促進してエネルギーを貯蔵するよう促す。［髙瀬］

事例研究（ケーススタディ）
case study
1

単一の個人または単一の組織の詳細なデータに基づいて行われる心理学の研究法。**臨床心理学**など多くの分野で用いられる方法で、観察・調査・検査・面接などを通じて得られたデータについて**個性記述的アプローチ**を用いて分析することが多い。［高砂］

新オレンジプラン（認知症施策推進総合戦略）
The New Orange Plan (comprehensive strategy for promotion of policy measures against dementia)
9

2015年に厚生労働省が打ち出した2025年の**認知症**介護に向けた7本柱の施策で、以下が含まれる。①普及啓発、②適時・適切なケアの提供、③若年性認知症施策、④介護者支援、⑤高齢者にやさしい地域づくり、⑥研究開発、⑦本人・家族の視点の重視。［藤田］

進化論
evolutionary theory
1 4

進化とは生物の集団が世代を経るうちに徐々に変化することを意味し、一般的には英国の**ダーウィン, C. R.** の**進化論**をさす。19世紀初頭のフランスの**ラマルク, J.-B. de** はその世代において得られた新しい**形質**が次世代に伝わると考えたが、このような獲得形質の遺伝に対してダーウィンは異を唱え、主として自然選択によって進化が起こると論じた。ダーウィンは進化が**突然変異**によって無方向的・無目的的に進むと考えたのに対して、英国の**スペンサー, H.** は適者生存の仕組みによって社会は未分化の状態から秩序へと向かうと考え、進歩的ニュアンスを残した。［高砂］

シングルケースデザイン
single-case research design
1 2

研究参加者を一人（または一集団）だけ使う研究計画。他の人々と比較するのではなく、**事例研究（ケーススタディ）**のように個人内での変化を質的に分析するものもあれば、**単一事例（シングルケース）実験**のように量的に分析するものもある。［高砂］

神経画像検査
neuroimaging test
6 公

脳の構造または機能を画像によって可視化する検査を総称して**神経画像検査**と呼ぶ。これには**磁気共鳴画像法（MRI）**、**陽電子放出断層撮影法（PET（ペット））**、**機能的磁気共鳴画像法（fMRI）**等がある。MRIは水素原子が磁場内で高周波により活性化された際に放出する波を測定することで脳の構造に関する高分解画像を得る方法である。同じく脳の構造を見る**コンピュータ断層撮影法（CT）**とは異なり、MRIはコントラスト分解能に優れている等の特長を有する。PETは脳の構造ではなく脳の機能を画像によって提供する方法である。また、fMRIはMRIの特長とPETの特長を合わせた方法であり、脳の構造と機能の両方を見ることができる。［高瀬］

神経幹細胞
neural stem cell
6

自己複製能および多分化能を備えている未分化な細胞を**神経幹細胞**と呼ぶ。神経幹細胞は胎生期の脳で増殖し、その後に**神経細胞**へと分化する。また、胎生後期や生後の脳では**グリア細胞**へと分化することが報告されている。このように神経幹細胞は、中枢神経系を構成する主要な細胞のもととなる細胞である。また、近年、ごく少数の因子を導入し、培養することによってさまざまな組織や臓器の細胞に分化する能力とほぼ無限に増殖する能力を持つ**人工多能性幹細胞（iPS 細胞）**が開発された。この iPS 細胞を神経細胞に分化させる技術も確立されている。［髙瀬］

神経症傾向
neuroticism

感情的な不安定性、特に不快感情の経験しやすさを表す**パーソナリティ**特性。**アイゼンク, H. J.** のパーソナリティ次元論で一般化し、後には**特性 5 因子モデル／ビッグ・ファイブ**の因子の一つとなった。うつ病等、さまざまな精神疾患のリスク要因としても注目されている。［岩佐］

神経心理学的検査
neuropsychological test

脳の損傷や**認知症**等によって生じた脳の器質的変化に伴う機能的変化を評価する検査を**神経心理学的検査**と呼ぶ。具体的には、知能、記憶、言語等の**高次脳機能障害**を定量的・客観的に把握する検査である。高次脳機能障害とは、高度、複雑、抽象的処理を必要とする幅広い脳機能の障害であり、主に、**失語**、**失行**、**失認**をさし、広くは記憶・注意・意欲の障害、動作の持続の障害も含まれる。神経心理学的検査の測定対象はさまざまであるが、主に知能、記憶、注意、**実行機能**に分類され、結果から、機能障害の重症度、障害のパターン、障害の時間的変化の理解が可能となる。［髙瀬］

神経性やせ症／神経性過食症
anorexia nervosa / bulimia nervosa

アノレキシア・ネルボーザの名称は 1874 年**ガル, W. W.** が症例報告で提唱。特徴は、正常体重の最低限を維持できないような体重減少、体重増加や肥満への恐怖、体型に関する認知障害、自己評価に対する体型への過剰な影響など。重症度は **BMI** に基づき、制限型と過食・排出型の 2 タイプがある。身体と精神状態のアセスメントが必須、生命危機がある場合は緊急入院も必要。ブリミア・ネルボーザは、明らかに大量の食物を摂取し制限できないという過食エピソード、体重増加を防ぐための**不適切な代償行為**（自己誘発性嘔吐（おうと）、下剤・利尿剤の誤った使用）を繰り返す。［沼］

神経生理学的アセスメント
neurophysiological assessment
9

神経生理学では脳、脊髄、末梢神経、筋などがかかわる機能や病態を生理学的に研究する。臨床神経生理学ではその知見を、健康上の問題と結びつけていく。**神経生理学的アセスメント**は、運動、感覚、記憶や学習などの働きを、神経細胞や神経回路網の働きとして理解し、評価すること。**脳波**や**筋電図**のほか、誘発電位（運動誘発電位、体性感覚誘発電位）や**事象関連電位**、神経伝導検査、脳機能イメージング（**PET**、**fMRI** など）、**脳磁図**などが使われる。たとえば、脳卒中の患者の運動、認知、感覚などの機能障害を、定量的に評価することが試みられている。[田中]

神経伝達物質
neurotransmitter
6 公

神経伝達物質が受容体に結合することで神経系の情報は伝達される。神経伝達物質は数十種類あり、各神経伝達物質には、それぞれ数種類の受容体がある。神経伝達物質は、**アミノ酸**、**アミン**、**神経ペプチド**に大別でき、アミノ酸の神経伝達物質には**グルタミン酸**と**γ－アミノ酪酸**（**GABA**）等がある。アミンの神経伝達物質には**アセチルコリン**、**ドーパミン**、**ノルアドレナリン**（**ノルエピネフリン**）、**セロトニン**等がある。そして神経ペプチドにはソマトスタチン、コレシストキニン、エンケファリン、**バソプレシン**（**バソプレッシン**）、**オキシトシン**、**オレキシン**等がある。[髙瀬]

神経発達症群／神経発達障害群
neurodevelopmental disorders
5 6 公

発達の早期、しばしば就学前に明らかとなり、背景に神経系の発達の不具合があると想定される一群の疾患。DSM–5 では生涯発達アプローチを反映させ、このカテゴリーに、**知的能力障害群**、コミュニケーション群、**自閉スペクトラム症／自閉症スペクトラム障害**（**ASD**）、**注意欠如・多動症／注意欠如・多動性障害**（**ADHD**）、**限局性学習症**などを分類。[沼]

新行動主義
neo-behaviorism
1 2 公

刺激と反応の直接的関係（**S–R**）に注目し**行動主義**を興した**ワトソン, J. B.** に対し、刺激と反応の間に存在する生命体（organism）の働きに注目し **S–O–R** の図式を想定した立場。動因の作用を主張し**動因低減説**を唱えた**ハル, C. L.**、ネズミを用いた**認知地図**実験を実施した**トールマン, E. C.** などが代表的研究者として挙げられる。それぞれの主張に差はあるが、**操作主義**を取り入れ学習中心の研究をした点で共通している。また、**徹底的行動主義**を唱えレスポンデント条件づけとオペラント条件づけを区別したスキナー, B. F. を新行動主義の研究者に含める場合もある。［矢口］

人事考課（人事評価）
performance appraisal

働く人々の能力や業績・成果を評価し、公平・公正な処遇（昇給、賞与、昇進などの異動）と能力開発のニーズ（必要点）の発見を目的としている。わが国では、情意・勤怠、能力・適性、成績・業績の３つの視点からの評価が主なものである。**成果主義**の普及とともに、評価結果、とりわけ成果と処遇の結びつきが強くなり、評価が、**モチベーション管理**の重要な課題になっている。そこで、評価者の恣意性を排除し客観性を担保し、公平感や納得感を高めるために、**評価者訓練**、複数の評価者による評価、手続き等の公開だけでなく、**考課面接**の充実などが行われている。［小野］

人事評価バイアス
rating bias

人事評価には、客観的で公平・公正さが求められるが、評価者の個人的な背景などの影響で、評価に偏りが生じる可能性がある。それを**人事評価バイアス・評定誤差**といい、誰にでも高い評価を与える（５点尺度ならば５や４に集中する）**寛大化傾向**、尺度の中心近くに評価が集中する（同じく、３に集中）**中心化傾向**、被評価者の特定の特性（行動、価値観、属性、容姿・服装など）によって評価項目全体の評価が影響される**光背（こうはい）効果（ハロー効果）**、論理的誤差、対比誤差などがある。［小野］

人事評価フィードバック
personnel appraisal feedback

人事考課において、正当でない・不公正な評価をされているという認知は、**動機づけ**を下げやすいので、被評価者が納得できるようなフィードバックは不可欠である。近年では、被評価者の疑問に十分応えられる**考課面接**の充実が求められている。［小野］

心神耗弱（こうじゃく）
diminished capacity

精神の障害により、是非善悪を弁別する能力（**弁識能力**）またはそれに従って行動を制御する能力（**制御能力**）が著しく劣っている状態であるが、**心神喪失**には至っていない状態のこと。限定責任能力者として、刑が必要的に（必ず）減軽される。［越智］

心身症
psychosomatic disease
5 9 公

身体疾患の中で、発症や経過に心理社会的因子が密接に関与し、器質的ないし機能的障害が認められる病態と定義され（日本心身医学会による）、病的状態や病像を包括した用語である。**心身医学**を背景とし、医療では**心療内科**を標榜することが多い。**セリエ, H. H. B.** の**ストレス**研究や**キャノン, W. B.** の**ホメオスタシス**研究など、身体疾患を多次元的視点で理解する**生物心理社会モデル**を重視し、心身症患者に特徴的な心理特性**アレキシサイミア**の概念が提唱された。疾患は、喘息（ぜんそく）、本態性高血圧、メニュエル病、神経性頻尿、更年期障害など診療科は多岐にわたる。［沼］

心神喪失
insanity
10

精神の障害により、是非善悪の弁別能力（**弁識能力**）または、それに従って行動を制御する能力（**制御能力**）を欠いた状態のこと。刑法 39 条 1 項によってその責任は阻却される。現実的には、**心神喪失**が疑われる事件の多くは不起訴となる。［越智］

新生児期
neonatal period
3

生後 4 週間まで（生後 0～28 日）の時期。**乳児期**は**新生児期**を含む生後 1 歳未満の時期をさす。新生児期は昼夜の区別がなく、子どもは 1 日の大半を寝て過ごす。身体に受けた刺激に対しては、無意識的に反応する**原始反射**が見られる。［本郷］

身体障害者手帳
physical disability certificate
9

一定程度の身体障害の状態にあることを認定するもの。都道府県知事に交付を申請し、認定されると手帳が交付される。障害等級は 1～7 級で、有効期間の規定はない。保有することで各種の割引や控除等の支援策を受けられる。［藤田］

身体的苦痛
physical pain
9

全人的苦痛の一つ。**身体的苦痛**には疼痛（とうつう）、全身倦怠感、食欲不振、不眠、呼吸困難等がある。病気そのものの苦痛に加え、検査や治療に伴う痛みや、全身衰弱によって移動や排泄などの**日常生活動作**（**ADL**）に支障が出るといった間接的な苦痛が存在する。［藤田］

診断的評価／形成的評価／総括的評価
diagnostic evaluation /formative evaluation / summative evaluation

アメリカの教育心理学者である**ブルーム, B. S.** によって示された評価の方法。指導の時期、段階によって３つに分類される。**診断的評価**は、指導に先立って行われる評価である。学習者の事前の状態を把握し、授業の構成、進め方の工夫などに役立てる。**形成的評価**は、指導の途中で行う評価である。小テストなどによって、それまでの授業の効果を確認し、その改善に役立てる。また、学習者自身も自分の現在の理解度を把握できる。**総括的評価**は、指導後に行われる評価である。指導目標の達成度の確認や成績の決定に用いられる。［本郷］

心的イメージ
mental imagery

感覚刺激がなくとも、感覚・知覚体験と類似した表象を内的に生成する能力を**心的イメージ**と呼ぶ。その重要な機能として、行動を起こす前の内的シミュレーションや**リハーサル**に利用することや、対象の部分や全体の**心的回転**や移動、拡大や変換などの心的操作ができること、したがって**創造的思考**のきっかけや補助となることなどが挙げられている。**ゴールトン, F.** の研究などで古くから示されていたように、心的イメージの鮮明性や操作性には個人差があり、心的イメージを経験したことがない人がいることも知られており、**アファンタジア**と呼ばれる。［行場］

心的外傷後ストレス症／心的外傷後ストレス障害（PTSD）
posttraumatic stress disorder

歴史的には1970年代のベトナム帰還兵やレイプ被害女性などの**トラウマ**研究の知見から、DSM-Ⅲで初めて診断カテゴリーとして登場した。基本特徴は、**心的外傷的出来事**（危うく死ぬ、重傷を負う、性暴力を受けるような出来事を実際に体験するか目撃する）に暴露後、特徴的な**侵入症状**、持続的回避症状、認知や気分の悪化、覚醒（かくせい）と反応性症状が１か月以上持続し、社会的、職業的に重篤な機能障害を起こしている。６歳以下の子どもには別の基準を設けている。評価に **CAPS** という**構造化面接法**が国際的に使用され、治療は **EMDR** や**エクスポージャー**が有効とされている。［沼］

心電図
electrocardiogram

心臓の筋肉に流れる電流を体表面から検出し、記録したものを**心電図**と呼ぶ。これにより、不整脈の有無、心筋の血液循環の不良（狭心症）、心筋の壊死（心筋梗塞（こうそく））等を把握することが可能である。１分間に電気が発生する回数で**心拍数**も測定できる。［高瀬］

心拍数
heart rate
6

一定の時間内に心臓が拍動する回数を**心拍数**と呼び、通常は1分間の回数をさす。**交感神経**の働きによって心拍数は上昇し、**副交感神経**の働きによって減少する。生理心理学的指標としては副交感神経の働きを示す指標として用いられることが多い。[髙瀬]

審判鑑別（かんべつ）
assessment for juvenile hearing and decision
10

鑑別のうち、**家庭裁判所**がその審判のために求めて行われる鑑別のことをさす。特に**観護措置**の決定により**少年鑑別所**に収容されている者に対して行う鑑別を収容審判鑑別という。裁判所以外の関係機関の求めに応じて行う鑑別は処遇鑑別と呼ばれる。[越智]

信頼区間
confidence interval
7

母数に関する**区間推定**によって推定された結果を**信頼区間**と呼ぶ。母平均μを標本平均$\bar{X}$から推定する場合、母平均μの95%信頼区間は、**標準誤差**$\frac{\sigma}{\sqrt{n}}$を用いて、$[\bar{X}-1.96\times\frac{\sigma}{\sqrt{n}}, \bar{X}+1.96\times\frac{\sigma}{\sqrt{n}}]$と表される（標本平均の**標本分布**が$\bar{X}\sim N\left(\mu, \frac{\sigma^2}{n}\right)$であるとき）。95%信頼区間は、標本から信頼区間を計算することを繰り返したときに、全体の区間のうち95%は母平均μを含む区間となると解釈できる。この母平均を含む区間が得られる確率.95を**信頼係数**あるいは**信頼水準**という。信頼係数を小さくする、あるいは、**サンプルサイズ**nを大きくすると信頼区間の幅は狭くなる。[山田]

信頼性／妥当性
reliability / validity
1 4 5 7 8

同一の対象に同じ条件下で繰り返し計測した値が一貫し安定していることを示す程度を**信頼性**という。たとえばなんらかの尺度を同じ集団に繰り返し実施した結果が大きく食い違う場合、尺度の信頼性は低くなる。信頼性の強さは、**再テスト法**、**折半法**、**内部一貫性**などによって測定できる。一方、**妥当性**は測定しようとしている対象や概念を的確に測定できている程度を示す。たとえば、国語能力を測る際に国語テストを指標にすると妥当性は高くなるが、数学テストを指標にすると妥当性は低くなる。妥当性は**内容的妥当性**、**基準関連妥当性**、**構成概念妥当性**で成り立つ。[矢口]

心理学的測定
psychological measurement
1

測定とはある規則に従って対象に数字を割り当てることであるが、心理学ではそのための物差しを尺度といい、アメリカの心理学者**スティーヴンス, S. S.** が提唱した４つの尺度水準を使い分ける。自然科学ではゼロ点が明確な**比率尺度**が多く用いられるのに対して、心理学的測定では**リッカート尺度法**のように、一連の質問項目に対して「1：全然当てはまらない」から「5：よく当てはまる」まで５段階で回答させて、それを等間隔の**間隔尺度**として数値化する方法も使われるほか、目的に応じて **SD 法**、**マグニチュード推定法**、**多次元尺度構成法**など種々の測定法がある。［高砂］

心理教育
psychoeducation
5

心理教育は病院、学校、福祉施設、療育施設などさまざまな場所で実践されている。専門家から疾患や治療方針、療養中の注意事項の説明を**クライエント**（患者）や家族に伝えることだけが心理教育ではない。困難な状況にある人たちに対して正しい疾患や障害の知識を相手の状況に配慮しながら伝え、病気や障害による生活上の困難さの理解と対処方法を身につけることを支援し、自身の回復に資する地域資源が提供するプログラムなどへの参加を選択（自己選択）し、決めること（自己決定）、これら一連の活動を**エンパワメント**する体系的支援が心理教育である。［村松］

心理的安全性
psychological safety
8

チーム内で自分の意見を率直に伝えても対人関係が悪くなることはないという信念が共有されている状態のこと。社会の不確実性の高まりや組織内外の協働の必要性が増す中で、**組織学習**や**イノベーション**を促すには**心理的安全性**が重要であるとして、**エドモンドソン, A. C.** が改めて注目した。心理的安全性を阻害する要因には、対人関係上で抱く４つの不安（無知、無能、否定的、じゃまする人と思われる不安）がある。これらが克服された心理的安全性の高い組織では、迅速な**意思決定**や**リスク回避**、**集団創造性**、**失敗からの学習**が促される。［山浦］

心理的財布
psychological purse / mental purse
8

消費者の価格知覚や判断を説明した概念で、**小嶋外弘**（そとひろ）により提唱された。物理的には同じ財布でも、消費者は使用目的別に異なった心理的な財布を持ち、同額の支出をしたとしても、どのような目的で支出されるか、すなわちどの**心理的財布**から払うかにより、

支出に伴う心理的痛みは異なる、とされている。［小野］

心理的離乳
psychological weaning
3

青年期において、自我意識に目覚め、それまで心理的に依存していた両親から離れて一個の人格として独立すること。乳児期から幼児期の離乳に際して母親から身体的に独立することにたとえた用語。**ホリングワース, L. S.** によって用いられた。［本郷］

進路指導（キャリアガイダンス）
career guidance
3 公

生徒が生き方を考え、将来に対する目的意識を持ち、自らの意志と責任で進路を選択決定する能力や態度を身につけることができるように、指導・援助すること。理念などは**キャリア教育**と同じであるが、中学校・高等学校の教育活動に限定される。［本郷］

図／地
figure / ground
2

図は前景として意識を伴い知覚される領域であるが、**地**は図の背景として明確な意識を伴わずに知覚される。図と地が交替して現れる現象は**図地反転**として知られ、**ルビン図形**（下図）などが有名である。**実験現象学**や**ゲシュタルト心理学**の研究によると、より明るい領域、より面積の小さい領域、閉じた領域、より規則的な形をした領域、垂直あるいは水平の方位を持つ領域などはそうでない場合に比べて図になりやすいことがわかっている。図と地の知覚は聴覚や触覚など他の**モダリティ**にも当てはまり、**注意**や**意識**の働きを調べる研究でも重要なテーマとなっている。［行場］

遂行機能障害
executive function disorders
6 公

遂行機能障害は高次脳機能障害であり、目標を明確に設定できない、目標を達成させるための計画を立てられない、正しい手順で計画を開始・持続できない、目標に近づくように自己の行動を評価し、必要に応じて修正できない等の症状が認められる。なお、executive function は、医学分野では**遂行機能**と訳され、心理学分野では**実行機能**と訳される。［高瀬］

髄鞘（ずいしょう）
myelin sheath
6

神経細胞の軸索にグリア細胞が巻きついたものを**髄鞘**と呼ぶ。長い軸索には複数の髄鞘が存在し、その間の継ぎ目を**ランビエ絞輪**（こうりん）と呼ぶ。髄鞘が軸索に巻きついた神経細胞は非常に速い速度で情

報を伝える。［高瀬］

随伴性／随伴性学習
contingency / contingency learning
2

複数の刺激や反応の事象間に見られる時間的確率的な関係。**随伴性**の概念には、観察で得られる事象間の因果的、相関的、独立的な関係が含まれる。「A：B」でAにBが随伴することを表すと、随伴性の操作には、「刺激：刺激」「反応：刺激」「刺激：反応：刺激」「反応：反応」の4つがあり、最初の3つは**レスポンデント**、**オペラント**、**弁別オペラント**の各条件づけの中核をなしている。**随伴性学習**は主に「刺激：刺激」随伴性での学習をいい、ヒトがどのように事象間の因果的な推論を行っているかを先行刺激と後続刺激間の条件確率等を系統的に操作することで調べる。［坂上］

睡眠
sleep

睡眠は脳波、眼電図、筋電図によって特徴づけられる身体の状態であり、特に脳波の特徴によって睡眠はいくつかの段階に分類される。現在は**レクトシャッフェン, A.** と**ケイルズ, A.** が考案した**睡眠段階**が国際基準となっている。［高瀬］

睡眠障害
sleep disorders

睡眠と覚醒は、**体内時計**（**サーカディアンリズム**）と**恒常性維持機能**（**ホメオスタシス**）により制御されているが、昼間活動して夜眠るという当たり前のことができなくなり、日常生活に支障をきたした状態を**睡眠障害**と呼ぶ。不眠症、過眠症として代表的な**ナルコレプシー**、無呼吸を特徴とする**睡眠時無呼吸症候群**（**SAS**）、睡眠覚醒リズムが環境や生活リズムと合わない**概日リズム睡眠障害**、睡眠中に異常行動をきたす**睡眠時随伴症**などがある。生理学検査として、脳波、眼球運動、オトガイ筋電図などを記録する**睡眠ポリグラフィー**により睡眠の異常の有無や評価を行う。［沼］

睡眠段階
sleep stage

睡眠は、**脳波**によって5段階に分けられる。段階1は入眠時のうとうとした状態で覚醒時に認められた**アルファ波**（**α波**）や**ベータ波**（**β波**）が消失し、代わりに低振幅速波や**シータ波**（**θ波**）が現れ、ゆっくりとした眼球運動が観察される。段階2は自覚的にも眠りに入った状態で**睡眠紡錘波**や**K複合波**が現れる。段階3は中等度睡眠に当たる。かなり大きい刺激を与えないと起きず、**デルタ波**（**δ波**）が全体の20～50%未満で出現する。段階4は深

睡眠に当たり、デルタ波が全体の50%以上を占める。段階レムではレム睡眠は低振幅の脳波と素早い眼球運動が特徴である。［高瀬］

数量化理論（Ⅰ～Ⅳ類）
theory of quantification

名義尺度あるいは**順序尺度**で測定された**質的変数**のカテゴリーに、なんらかの合理的基準によって数量を付与して、**多変量解析**を行う理論体系のこと。**林知己夫**（ちきお）によって構築された。手法としてはⅠ～Ⅳ類がある。質的変数を説明変数とした**重回帰分析**と、**判別分析**が、それぞれ**数量化Ⅰ類**、**数量化Ⅱ類**となる。**数量化Ⅲ類**は、**コレスポンデンス分析**と数学的に同一の手法であり、**相関**が最大となるように対象とカテゴリーの両方に数量を付与する。**数量化Ⅳ類**は、対象間の類似度に基づいて、各対象に数値を付与して空間に配置する。これは**多次元尺度法**の一種であるとみなせる。［寺尾］

スキーマ
schema

過去の経験をもとに構造化がなされ、長期記憶内に蓄積された知識の集合体のこと。**スキーマ**は認知過程を方向づけ、導く働きをするとされる。古くは**バートレット, F. C.** が物語の記憶や理解過程の研究で用いた概念であるが、その後の**認知心理学**においては、**トップダウン処理**を駆動する役割を持つとして重視される（**予期図式**とも呼ばれる）。たとえば、楕円（だえん）形を見たときに顔のスキーマが活性化されたとすると、目や口はどれかといった仮説演繹（えんえき）的な特徴分析がなされる。スキーマに類似した概念に**フレーム**（知識の枠組み）や**スクリプト**などがある。［行場］

スクールカウンセリング／スクールカウンセラー
school counseling / school counselor
㉆

スクールカウンセリングとは、心理に関する高度な専門的知識を持った**スクールカウンセラー**が教育機関で行う相談業務のことである。スクールカウンセラーは1995年から都道府県・政令指定都市対象の委託事業として全国に配置された。その業務は、**不登校・いじめ**等の問題行動・子どもの貧困・**児童虐待**等の早期発見・支援・防止等のために、また災害発生時などに、児童生徒・保護者・教職員に対し、**アセスメント**、**コンサルテーション**、**カウンセリング**等を行うことである。さらに、学内の関係者との連携・支援チーム体制を構築することも求められる。［小泉］

スクリプト
script
2

言語や文の理解の自動処理を実現するために、**シャンク, R. C.** と**エイベルソン, R. P.** が、ある典型的状況で生起する一連の事象系列を台本化して、フレーム構造で表現したもの。よく取り上げられる例にレストラン・スクリプトがある。[行場]

スティーヴンスの法則
Stevens' law
1 2 7

感覚の大きさ判断は、刺激強度のべき関数になるという**スティーヴンス, S. S.** が1950年代に提唱した法則。式で表すと、$R=k\cdot I^n$（Rは感覚の大きさ、Iは刺激の強度、nはべき指数、kは定数）となる。従来の**フェヒナーの法則**には、感覚の増分ΔRが刺激強度の増加に対し常に一定と仮定しているなどの問題があった。スティーヴンスは、人間は感覚の大きさを直接、数値表現できると仮定して、**マグニチュード推定法**などの測定法を開発し、新しい法則を導き出した。[行場]

スティグマ
stigma
4 10

人種や**ジェンダー**、社会的階層、職業、病気、障害、嗜好、生活習慣などに基づく社会的に構成された否定的な**ステレオタイプ**や意味づけのこと。**スティグマ**の対象とされた人物は、その価値観を共有する集団から不当な差別を受けたり**偏見**を持たれたりする。[越智]

ステレオタイプ
stereotype
4 9 公

リップマン, W. が用いた用語であり、特定の集団の特徴に対して持つ、典型的・画一的で単純化されたイメージのことである。社会的に共有されており、対象に対して強い感情評価を伴うことが多い。ネガティブなものは**偏見**と呼ばれている。[村上]

ステレオタイプ内容モデル
stereotype content model
4

フィスク, S. T. が提案した、**対人認知**の際に利用される**ステレオタイプ**に関するモデル。能力と人柄の2次元に分類されるステレオタイプは一面的なものではなく、肯定と否定の相補的特徴を持ち合わせていることから利用されやすいとしている。[村上]

ストーカー行為等の規制等に関する法律（ストーカー規制法）
Anti-Stalking Act
10

ストーカー行為への処罰など必要な規制を行い、また被害者への援助の措置などを定めることで、個人の身体、自由、名誉に対する危害の発生を防止し、国民の生活の安全と平穏に資することを目的として2000年に制定された法律。[荒井]

ストーキング
stalking
10

悪質なつきまとい行為のこと。**ストーカー規制法**では、「**つきまとい等**又は**位置情報無承諾取得等**」と「**ストーカー行為**」を規制対象とする。前者は、特定の者への恋愛感情や好意、それが満たされないことへの怨恨(えんこん)の感情を充足する目的で行う、①つきまとい・待ち伏せなど、②監視していると告げる行為、③面会・交際要求、④乱暴な言動、⑤無言電話・拒否後の連続した電話・FAX・電子メール・SNS など、⑥汚物などの送付、⑦名誉を傷つける行為、⑧性的羞恥(しゅうち)心侵害、⑨ GPS 機器などで位置情報を取得する行為、⑩ GPS 機器などを取り付ける行為である。一方、後者は、同一の者に対して前者の行為を繰り返し行うことである。［荒井］

ストックホルム症候群
Stockholm syndrome
10

誘拐や監禁事件などにおいて被害者が犯人との間に情緒的な関係を築き、場合によっては犯人を擁護するような行動に出ること。ストックホルムのノルマルム広場強盗事件でこのような行動が見られたことから名づけられた。実際には発生は多くない。［越智］

ストループ効果
Stroop effect
2

ストループ, J. R. が見いだした効果であり、色を表す単語（例：「赤」）に異なる色（例：青色）を付けた刺激を用意し、単語の色を読み上げるように求めると、色のみの刺激を用いた場合よりも読み上げ時間が長くかかる現象のこと。単語の意味の自動処理が競合する色処理に干渉をもたらすと考えられるが、反対に、色の自動処理が競合する意味処理に干渉を及ぼす現象は**逆ストループ効果**と呼ばれる。認知系における競合する属性の処理スピードの違いや、**選択的注意**や抑制機能が関与して干渉がもたらされると考えられている。［行場］

ストレス
stress
5 6 9 10 公

セリエ, H. H. B. は**ストレス**を「外部環境からの刺激によって起こる歪みに対する非特異的反応」と考え、**ストレッサー**を「ストレスを引き起こす外部環境からの刺激」と定義した。これはセリエの**ストレス学説**と呼ばれている。現在では、ストレスがストレッサーの意味で用いられることが多い。ストレッサーには寒冷、騒音、放射線といった物理的ストレッサー、酵素、薬物、化学物質等の化学的ストレッサー、炎症、感染、カビといった生物的ストレッサー、そして、怒り、緊張、不安、喪失といった心理的ス

トレッサーが仮定された。［高瀬］

ストレスチェック制度
stress check system
8 9 公

増加しつつある労働者の**メンタルヘルス**不調に対する一次予防を目的として、**ストレス**への気づきを促し、その原因となる環境の改善につなげるために、**職業性ストレス簡易調査票**などを用いて、年1回実施することが2015年から義務化された。**公認心理師**も必要な研修を修了してストレスチェック実施者になることができる。［小野］

ストレスの認知的評価
cognitive appraisal of stress
9

個人と環境が相互作用していくときに、状況がストレスフルである度合いを評価する人の認知過程。**ストレッサー**と**ストレス反応**の間の**媒介変数**として注目される。刺激がどのようなもので、どの程度の脅威になるか（脅威性）を判断するのが一次評価。その出来事がコントロール可能か、自分にそれができるか（対処可能性）を判断するのが二次評価。この考え方を使えば、事態の受け止め方を見直し対応のしかたを学ぶことで、**ストレス**を解決可能な課題とみなすことにつながる。大災害などの後では状況把握に時間がかかり、認知的評価まで時間を要することもある。［田中］

ストレス反応
stress response
5 6 9 公

ストレッサーに曝（さら）された生体の見せる、有害性に適応しようとする生化学的反応は**汎適応症候群**と呼ばれる。これは、**ストレス**に反応したあらゆる生体が起こす同じ一連の反応で、警告期、抵抗期、疲憊（ひはい）期の3期から構成される。［高瀬］

ストレスホルモン
stress hormone
6 9

ストレス刺激で分泌（ぶんぴつ）され**ストレス反応**にかかわるホルモン。下垂体前葉から分泌される**副腎皮質刺激ホルモン**、プロラクチン、下垂体後葉から**オキシトシン**、**バソプレシン**、副腎皮質から**コルチゾール**、副腎髄質（ずいしつ）から**アドレナリン**、**ノルアドレナリン**など。［田中］

ストレスマネジメント
stress management
5 9

ストレスを適切に管理するための介入手法。**ストレス反応**の軽減やストレス性疾患の予防・回復をめざす。予防的アプローチである**ストレスマネジメント**教育では、**トランスアクショナルモデル**に基づいてストレスの生起過程に働きかける。環境の改善や調整によるストレス源の除去、物事の受け止め方の調整や**マインドフ**

ルネスなどのストレス反応の軽減法の習得、**ソーシャルスキル**など対処技能の学習などが試みられる。職場、学校、地域などの組織単位と個人単位の営みがある。災害後など急性期の臨床的支援ではストレス反応への対症療法的な働きかけが重視される。［田中］

ストレッサー
stressor
8 9

人に**ストレス反応**を引き起こす刺激。生理的ストレッサー（感染症など）、物理化学的ストレッサー（混雑など）、心理社会的ストレッサー（死別など）が知られる。**ライフイベント**の経験数や**デイリーハッスルズ**への主観的評価は**ストレッサー**の目安となり、過ぎると健康が損なわれる。医学・生理学的ストレスモデルでは、ストレッサーの種類を問わず非特異的ストレス反応が生じると見る。だが心理学的ストレスモデルでは、認知的評価、対処、ストレス耐性などに個人差を想定し、とらえ方やかかわり方次第で、同じストレッサーでもストレス反応が異なると見る。［田中］

ストレングスモデル
strength model
9

クライエントの長所や**強み**に着目し、できることを活かした支援モデル。無力な状態に置かれたクライエントが、本来持ち合わせている自らの強みに気づき、主体的に困難を解決できるように促す。提唱者の**ラップ, C. A.** は次の６原則を掲げている。①クライエントはリカバリーし、生活を改善し、高められる。②焦点は欠陥ではなく、個人の強みである。③地域は資源のオアシスとしてとらえる。④クライエントは支援関係の監督者である。⑤支援者とクライエントの関係性が、根本であり本質である。⑥支援者の仕事の主要な場所は地域である。［藤田］

ストレンジ・シチュエーション法
strange situation procedure
3

エインズワース, M. D. S. が考案した、行動観察により子どもの**愛着**の質を分類する方法。子ども・養育者・実験者の３人が参加する８つのエピソード場面で構成され、養育者との分離・再会場面時の子どもの行動から、４つの愛着のタイプに分類する。回避型（A 群）は分離場面で抵抗せず、再会場面では養育者を回避する。安定型（B 群）は養育者を**安全基地**として利用し積極的にかかわる。アンビバレント型（C 群）は分離場面で強い抵抗をし、再会場面で怒りの抵抗を示し接触を求める。後に追加された無秩序・無方向型（D 群）は、一貫した行動パターンを示さない。［小泉］

スピリチュアルな苦痛
spiritual pain
9

全人的苦痛の一つ。自分の存在と意味がなくなることから生じる苦痛。病や死への恐怖や自らの存在意義、人生の意味などの問いを抱き、苦悩する。宗教的な意味に限定されない、誰にでも該当する人間の根源的な部分にかかわる苦痛である。[藤田]

スモールステップの原理
principle of small step
3

スキナー, B. F. が提唱した**プログラム学習**において使用される原理。学習課題をできるだけ細分化し、細分化された課題を難易度順に段階的に習得していくことで、学習者に課題が無理なく習得できるとするもの。関連用語に**即時確認の原理**がある。[小泉]

生活習慣／生活習慣病
lifestyle / lifestyle-related diseases
9 公

生活習慣は、食事、運動、休養、喫煙や飲酒など、生活上繰り返され個人の習慣となっている行為。これらが発症や進行に関与する疾患を**生活習慣病**という。がん、心臓病、脳卒中はその代表的な疾患で、わが国の死因の上位を占める。糖尿病やアルコール性肝疾患なども該当する。発症には遺伝要因や社会の生活環境要因もかかわっているが、生活習慣の積み重ねで発症する点に注目して、生活習慣の改善で発症や進行を予防する健康教育が進められている。生活習慣病には症状が進むまで自覚症状が少ない疾患が多いが、発症すると **QOL** が低下し、健康寿命が短くなる。[田中]

生活の質（QOL）
quality of life
9

WHO の定義では、一個人が生活する文化や価値観の中で、目標や期待、基準、関心に関連した、自分自身の人生の状況に対する認識のこと。高齢化や慢性疾患の治療が広まり、身体機能が低下した状態で医療や介護を受ける患者の認識への注目が背景にある。WHO 作成の測定尺度では、身体・心理・社会・自立・経済・宗教に関する満足などが問われる。医療や介護、福祉や産業などで幅広く使われる概念で、さまざまな領域特異的 **QOL** が考えられている。たとえば、働き方改革で従業員の**ワーク・ライフ・バランス**が向上することは、労働生活の質を高めるとされる。[田中]

生活場面面接
life space interview
9

クライエントの生活場面で行われる**面接**。面接構造が緩やかで、立ち話や言葉かけ等の些細（ささい）な行為に見えるかかわりから得た語りを意味づけていく。リラックスして面接できる、実生活上の問題を具体的に把握できるといった利点がある。[藤田]

生活保護制度
public assistance system

生活に困窮する人に対して国が援助を行う制度。その困窮の程度に応じて必要な保護を行い、健康で文化的な最低限度の生活（**ナショナルミニマム**）を保障するとともに、自立を助長することを目的とする。世帯員全員がその利用しうる資産、能力その他あらゆるものを活用してもなお国が定めた最低生活費を下回ったときにその不足分が保障される。生活を営むうえで必要な各種費用に対応して８つの扶助が存在する。**福祉事務所**に生活保護を申請した後、生活状況や資産、就労状況、扶養の可否などの資力調査が行われ、それを基に保護の要否が判定される。［藤田］

正規分布
normal distribution
7

連続変数に対する**確率分布**の一種で、統計モデルの前提として利用されることが多い。心理学研究では多くの場合、母集団分布として**正規分布**が仮定される。左右対称山型の形状をしており、山の中心が平均、横方向の広がりが分散で表現される。平均μ、分散σ^2という２つの**パラメータ**を持つ（図では平均50、分散100）。平均０、分散１の正規分布を**標準正規分布**という。［山田］

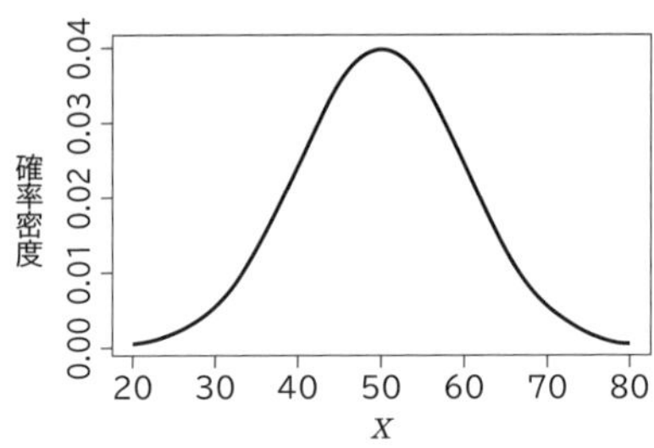

性行動
sexual behavior

性行動とは、陰茎を膣（ちつ）に挿入する交尾行動をさす。誘い行動等の交尾行動の前後に見られるやり取りも性行動の分析の対象になる。人間の場合、**セクシャリティ**を経験し表現する方法も含まれ、単独で行うマスターベーションも分析の対象となる。［髙瀬］

誠実性
conscientiousness
4

パーソナリティの**特性５因子モデル／ビッグ・ファイブ**における特性次元の一つ。まじめさ、勤勉さといった自己規律の強さを特徴とするパーソナリティ特性。計画的かつ目標指向的で、達成に向けて一貫した行動をとる傾向があると考えられている。［岩佐］

静止膜電位
resting membrane potential
6

非興奮時の**神経細胞**の細胞膜は内外のイオン濃度の差によって、およそ－70mVに分極して安定した状態にある。これを**静止膜電位**と呼ぶ。興奮性の神経伝達物質が受容体に作用すると静止膜電位はプラスになり、**興奮性シナプス後電位**が生じる。［高瀬］

静止網膜像
stabilized retinal image
2

一点を見つめている時でも、**マイクロサッカード**などの**固視微動**が絶えず生じているが、コンタクトレンズや偏光フィルターなどの光学装置を使って、固視微動と同期して画像を提示すると、網膜上では常に同じ位置に画像が提示されることになり、**静止網膜像**と呼ばれる。静止網膜像は数秒間で消失することが報告されている。これは網膜神経系の順応に起因すると考えられているが、消失は画像の部分や意味単位で起こり、また注意により消失を起こりにくくすることもできるので、視覚中枢系の関与も指摘されている。［行場］

精神科デイケア
psychiatric day care
9

精神障害者の社会生活機能の回復を目的とした、1日6時間の通所リハビリテーション。作業やレクリエーション、グループワーク等を通して、生活リズムを調整し、再入院や再発を予防したり、対人関係の形成、拡大を図ったりする。［藤田］

精神鑑定
psychiatric evaluation
10

精神鑑定は、被疑者あるいは被告人に刑事責任能力があるかどうかを、精神医学、心理学の専門家が判断する手続き。**鑑定人**（または鑑定嘱託者）は対象者が**心神喪失**、**心神耗弱**（こうじゃく）、あるいは**完全責任能力**のいずれかを判断することになる。精神鑑定の多くは起訴前簡易鑑定であり、ここで心神喪失であるとされた場合はほぼ不起訴とされる。そのため、**公判鑑定**で心神喪失とされ、無罪の判決が出ることはまれである。心神喪失、心神耗弱とされる場合、最も多い病名は**統合失調症**である。心神喪失で無罪、あるいは不起訴になった場合には引き続いて**医療観察法鑑定**が行われ、入院、通院等、その後の処遇が決定される。［越智］

成人期
adulthood
3 公

青年期の終わりから**老年期**までの時期。**エリクソン, E. H.** によれば、成人期前期には職業選択、結婚、子育てを通してパートナーとの**親密性**を維持すること、後期には職業人として次世代を育てること（**生成継承性**）が発達課題になるとしている。［小泉］

精神疾患（精神障害）の診断・統計マニュアル（DSM）
Diagnostic and Statistical Manual of Mental Disorders
5 公

アメリカ精神医学会（APA）が作成した**精神疾患／精神障害**の診断基準を明確にするためのマニュアル。DSM- Ⅲ以降、精神症状が一定の診断基準の項目に該当するか、決められた項目数を満たすかという具体的基準に従う**操作的診断**を用いるようになり、2013 年に**DSM-5** が、2022 年に改訂版の**DSM-5-TR** が公表された。［沼］

精神障害／精神疾患
mental disorder / mental disease
5 8 公

精神医学の主な対象は、不健康、異常な精神現象であり、患者の精神機能、異常体験や行動の偏りなどで判断することが多い。「障害」は原因を問わずなんらかの機能が障害された状態、「疾患」は病因・症状・経過・予後などまとまった単一の病気とみなされる状態。精神科固有の病気（統合失調症や気分障害）は身体疾患のように単一の病気を示す病因や病態が明確でないことが多く、名称に 2 つが混在しているのが現状である。現在世界では、診断・分類の基準として **DSM-5** と **ICD-11** が多く用いられ、どちらも診断名には障害（disorder）を使用している。［沼］

精神障害者保健福祉手帳
mental disability certificate
9

一定程度の**精神障害**の状態にあることを認定するもの。市町村窓口を通じて都道府県知事に交付を申請し、認定されると手帳が交付される。障害等級は 1～3 級で、2 年ごとに更新が必要である。保有することで各種の割引や控除等の支援を受けられる。［藤田］

精神障害の労災認定基準
8

近年、**労働災害**の認定申請において、**うつ病**や**過労死**など**精神障害**を理由とするものが増えている。厚生労働省は 2011 年の通達で、認定の基準を示しているが、そこでは、対象疾病の発病前おおむね 6 か月の間に、業務による強い心理的負荷が認められることとし、長時間労働と**過労自殺**などとの関係から、**時間外労働**時間が強く意識されている。具体的に目安となる月平均の時間外労働時間は、発病前のおおむね 6 か月間で 80 時間、直前の連続した 2 か月間で 120 時間、3 か月間では 100 時間以上とされ、さらに、出来事前後に月 100 時間程度の時間外労働が 1 回でもあれば認定される可能性が高くなっている。［小野］

精神神経免疫学
psychoneuroimmunology

免疫系にかかわる細胞が**神経伝達物質**や**ホルモン**を放出するとともに、それらに対する受容体を持っていることが証明されるに至り、精神、神経、免疫の相互作用を研究する新しい学問領域として**精神神経免疫学**が 1970 年代に誕生した。［髙瀬］

精神的苦痛
psychological pain

全人的苦痛の一つ。病名告知のショック、検査・診断・治療の不安、死に対する恐怖などの心理的反応。不安、怒り、抑うつ、孤独感、絶望感、無力感などが生じる。辛い気持ちが回復せず、日常生活への支障が続くようであれば専門的な治療が必要となる。［藤田］

精神年齢
mental age

知能検査などで子どもが合格できる問題を各年齢に配置し、対象となる子どもが通過した年齢水準をもとに、子どもの知的発達レベルの年齢程度を示したもの。**ビネー, A.** が考案した「精神水準」という概念を、**シュテルン, W.** が**精神年齢**と命名した。［小泉］

精神病質
psychopathy

シュナイダー, K. は正常からの逸脱として「本人がそのために苦しむか、社会が苦しまされるパーソナリティの異常性」と定義し、**情性欠如型**、発揚型、爆発型など 10 類型を提唱。DSM-Ⅳや ICD-10 の**パーソナリティ障害**にその定義が引き継がれる。［沼］

精神物理学（心理物理学）
psychophysics

ウェーバー, E. H. の研究に触発された**フェヒナー, G. T.** が創始した学問分野。ウェーバーは刺激変化の知覚体験が生じるために必要な刺激量はもとの標準刺激との比（**ウェーバー比**）によって決まり、ウェーバー比が五感によって異なるとする**ウェーバーの法則**を提唱した。フェヒナーはウェーバーの法則をもとに、感覚の強さは刺激強度と対数関係をなすとする**フェヒナーの法則**（ウェーバーの法則と合わせて**ウェーバー＝フェヒナーの法則**）を示した。その後、アメリカの心理学者**スティーヴンス, S. S.** は、**マグニチュード推定法**と**べき法則**を提唱した。［矢口］

精神分析／精神分析学
psychoanalysis
1 5 公

行動主義や**ゲシュタルト心理学**とともに 20 世紀の心理学における三大潮流の一つで、19 世紀末にウィーンの神経科医**フロイト, S.** が創始した学問体系。ヒステリーのような心因性の疾患を治療するために、**無意識**の役割を重視し、**抑圧**されている欲求を意識化することで心身の不調を取り除こうとした。**エディプス・コンプレックス**のようにフロイトは総じて性的な要因を前提とする生物学的なモデルに依拠していたが、フロイト以降には社会文化的な要因を重視する**フロム, E. S. P.** らの**新フロイト派**や、防衛機制に見られる自我の自律性を重視した**自我心理学**などが登場した。［高砂］

精神保健福祉士（PSW）
psychiatric social worker

精神障害者の地域相談支援の利用に関する相談や社会復帰に関する相談に応じ、助言、指導、日常生活への適応のために必要な訓練その他の援助を行う専門職。**精神保健福祉士法**に基づく名称独占の国家資格である。［藤田］

精神力動論
psychodynamic theory

人間の心理学的機能を、複数の異なる要素間の力学的なプロセスとしてとらえる理論の総称。**精神力動論**の代表例である**フロイト, S.** の**精神分析学**では、**自我**、**超自我**、**エス**という 3 要素間の力学的プロセスから、**意識**と**無意識**の働きが説明されている。［岩佐］

生成継承性（ジェネラティビティ）
generativity

子孫を生み出すこと、自分自身のさらなる同一性の開発にかかわる新しい存在、制作物、観念を生み出すこと。**エリクソン, E. H.** によって、**中年期**の心理社会的課題とされ、次世代を担う若い世代との相互作用を通して発達する。［本郷］

製造物責任法（PL 法）
Product Liability Act

製造物の欠陥により消費者が損害を被ったとき、消費者は従来求められていた製造業者の過失を証明する必要がなくなり、製品の欠陥と損害の因果関係さえ立証すれば、損害賠償を請求できるという法律で、**消費者保護**の観点から 1994 年に定められた。［小野］

生態学的システム論
environmental system model

発達心理学者の**ブロンフェンブレンナー, U.** は、人の発達は個人の動的な発達と変化する環境との相互作用であると提唱した。個人は時に失敗があっても自分を再構成しながら成長しようとし、その人が生活する環境もまた変化していく。その漸進的な相互作用の中で人は発達していくが、その生活環境もより大きなシステムから影響を受けている。このシステムはマイクロシステム、メゾシステム、エクソシステム、マクロシステムからなり、入れ子構造になっている。また、時間の変化を考慮したクロノシステム

が追加され、人の発達をより多面的にとらえようとした。[村松]

生態学的妥当性
ecological validity

研究で設定した環境や刺激が**母集団**の状況や環境を具体化している程度をさす。たとえば厳密に統制された実験で得られた結果を学校の教室内で一般化することは難しく、生態学的妥当性が低くなる。この場合**フィールド実験**などが選択肢に挙がる。[矢口]

生体リズム
biological rhythm

生体には100ミリ秒で周期的に発射する冷受容器のインパルス発射率、心拍のような秒単位の現象がある。また、新生児には数時間周期の睡眠、覚醒(かくせい)リズムがあり、多くの動物に24時間の活動性リズムがある。これらは**生体リズム**と呼ばれている。[高瀬]

精緻化見込みモデル
elaboration likelihood model

ペティ, R. E. と**カシオッポ, J. T.** による**説得**の際の態度変化に関する情報処理の理論。受け手の動機づけや能力の大小により、高い場合には精緻な処理（中心ルート）、低い場合には表面的な手がかりによる処理（周辺ルート）がなされるとしている。[村上]

性徴(せいちょう)
sex characteristics

男女の性別判断の基準となる特徴。**第一次性徴**は誕生時の男女間の生殖器の形態の違いであり、出生前から分化する。**第二次性徴**は**思春期**に性ホルモンの分泌(ぶんぴつ)によって起こる身体発育であり、体つきの変化や精通(せいつう)・初潮(しょちょう)などの性成熟という特徴がある。[小泉]

成長加速現象
growth acceleration phenomenon

異なる世代間で発達速度が異なる現象をさす年間加速現象の一つ。年間加速現象には、身長や体重といった身体発達が世代を追うごとに増加する**成長加速現象**と、精通や初潮の年齢が世代を追うごとに低年齢化する**成熟前傾現象**の２つがある。[小泉]

性的嫉妬
sexual jealousy

嫉妬は、個人にとって重要な関係性に対し、第三者による略奪等の脅威が示唆された際に生じる感情状態とされる。これは友人関係や家族関係においても生じうるが、特に性的伴侶との関係性が脅かされた場合に生じる嫉妬を**性的嫉妬**と呼ぶ。[岩佐]

性的マイノリティ
sexual minority
9

同性愛者、両性愛者、**トランスジェンダー**（身体的な性と**性自認**が異なる者）などの性的少数者の総称。身体的な性、性自認、**性的指向**、性の表現には多様性が存在する。性別に迷う状態や無性愛など、さまざまな**セクシャリティ**のあり方を含めて **LGBTQ+** という表現が使われることがある。海外ではその理解拡大や差別禁止に向けた法整備が見られ、わが国でも議論が進む。［田中］

静的リスク要因
static risk factor
10

リスク－ニード－反応性原則（**RNR 原則**）に含まれる**ニード原則**では、将来の犯罪と関連が強く、介入で変容可能な再犯リスク要因をターゲットにすることを原則とする。これに関連して、後から介入によって働きかけても変容させられない要因を**静的リスク要因**という。［荒井］

正統的周辺参加
legitimate peripheral participation
2

レイヴ, J. と**ウェンガー, E.** が提示した**状況的学習論**における、徒弟制度を例とした学習のあり方。徒弟は、社会的文化的文脈の学習を通じて周辺から中心へとその実践的な参画形態を変容させ、その実践共同体の正統的な一員となっていく。［坂上］

生得説／経験説
nativism / empiricism
1

生得説は人間が持つ能力や特徴は生まれながら備わっていると考える立場。フランスの哲学者**デカルト, R.** に代表される**理性主義**を由来としており、**優生学**を提唱した**ゴールトン, F.** や**生成文法理論**を提唱した**チョムスキー, A. N.** などが該当する。一方、人間が持つ能力や特徴は経験によって獲得されるものと考えるのが**経験説**である。人の心は生まれながら**タブラ・ラサ（白紙）**であると主張し理性主義を批判した英国の哲学者**ロック, J.** に代表される**経験主義**を発端としている。人の行動は後天的に与えられる環境で決まると考えた**ワトソン, J. B.** などが該当する。［矢口］

生得的反応連鎖
reaction chain
2

固定的活動パターンのように**解発子**（かいはつし）の提示で一連の行動がステレオタイプ的に出現するのとは異なり、**生得的反応連鎖**ではある行動の結果が生み出した環境変化が引き金となって別の行動を生み出すことで一連の行動が形成され、生起する。［坂上］

生徒指導
student guidance
3 公

一人ひとりの児童生徒の人格を尊重し、個性を伸ばしながら、社会生活に必要な資質や自己実現の能力を育成することをめざして行われる教育活動のこと。学校生活のあらゆる場や機会を通じ、教職員によって指導や援助が行われる。[小泉]

青年期
adolescence
3 5 公

児童期から**成人期**への移行期。**青年期**の始まりは、**第二次性徴**(せいちょう)の始まる身体的変化、中学生になるという社会的地位の変化、親からの自立を求める心理的変化が起こる時期などによって定義される。一方、青年期の終わりは明確な定義がなく、わが国の学校制度に対応させた考えでは大学生までが当てはまる。近年では、高学歴化や不況などの社会情勢により就業後も親に経済的・精神的に依存している状態が続くことから30歳前後を終わりの時期とする傾向がある。**エリクソン, E. H.** によれば、青年期は「自分は何者なのか」といった**アイデンティティ**が獲得される時期であるという。[小泉]

青年期限定型犯罪者
adolescence limited offenders
10

発達的観点から犯罪者の分類を行った**モフィット, T. E.** が示した加害者の一分類である。このタイプの加害者は、**青年期**に一時的に**反社会的行為**に手を染めるが、成人、就職、結婚などを機に自然と反社会的行為から卒業するタイプを表す。[荒井]

成年後見制度
adult guardianship system
9 公

認知症、**知的障害**、**精神障害**などのため判断能力が不十分な人の代理人を選定し、本人の権利を法律的に保護するための制度。本人の判断能力の程度に応じて、後見、保佐、補助の3類型があり、能力低下が大きいほど広い範囲の法律行為の代理権が与えられる。**家庭裁判所**によって**成年後見人**等が選任され、法律行為の代理権を行使して契約を本人に代わって締結する(財産管理)、医療・介護サービスを手配・契約して本人の生活の維持と保護を行う(身上監護)などを担う。任意後見制度を使えば、判断能力低下前に後見人の選定や後見事務内容を定めることができる。[藤田]

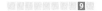

性の健康・権利
sexual health and rights
9

WHOの定義では、**性の健康**とは、性に関して身体的・情緒的・精神的・社会的に良好な状態のこと。**ライフコース**によってそのニーズが変わる。若年の妊娠・出産、更年期・高齢期の性など、課題は幅広い世代にわたる。**国際疾病分類**（**ICD**）には、性に関連する多様な症状に関する診断と管理のための情報が見られる。**性の権利**は、性に関する基本的で普遍的な権利であり、性的自由への権利や性の自己決定権などが含まれる。これらが注目されてきた背景には、**ジェンダー**に関する知見や多様な性のあり方への社会の認知の広まりがある。［田中］

性犯罪再犯防止指導
preventing recidivism guidance for sex offenders
10

性犯罪の**再犯**を防ぐために、**刑事施設**において性犯罪の受刑者のうち優先度の高いものを対象として行われている指導で、主に性犯罪についての**認知の歪み**（ゆが）の修正と自己コントロール能力の改善が行われる。［越智］

性犯罪者情報公開法（メーガン法）
Megan's Law
10

常習性犯罪者から子どもを守ることを目的として制定された法律で、1994 年にニュージャージー州で成立した後、全米に広がり、現在では連邦法にもなっている。逮捕された性犯罪者について、その危険性を分類し、その程度によって個人情報を一般に開示するというものである。最も危険性が高い者については、有罪判決後 15 年間にわたり、顔写真、氏名、住所、車のナンバー、犯罪歴などが一般に公開される。現在では多くの州がインターネット上で情報を開示している。通称名の**メーガン法**は、法律が制定されるきっかけとなった暴行・殺害事件の当時 7 歳の被害者の名前に由来している。［越智］

製品関与
product involvement
8

製品やサービスを選択し購買を決定するプロセスにおいて、どの程度情報探索やその評価に力を入れるか、すなわち心理的に関与するかという概念である。言い換えると製品への関心、重要性、こだわりということができ、**購買行動**への動機につながり、その強さによって意思決定の形態も異なるとされる。［小野］

製品コンセプト
product concept
8

製品の持つ基本的な機能・効用だけでなく、**ブランド**の持つ威信、デザイン、購買者にとっての意味などの複合体で、市場のニーズを反映して消費者にアピールするための商品のアイデンティティを示すものである。製品の開発段階で、ターゲットとなる市場（顧客層）、デザイン、機能、価格、PR 戦略（顧客への訴求の方法、広告媒体の決定など)、**差別化戦略**などを決定する基本となるものである。それに従って、製品の開発が行われる。具体的な製品の開発過程においては、企業が持つ**知的財産**（特許やノウハウ)、人的資源、資金力、技術力、製造能力などが勘案され、コンセプトの修正が行われることもある。[小野]

生物心理社会モデル
biopsychosocial model
1 5 9

健康状態を考えるうえで、生物学的要因と心理学的要因と社会学的要因が相互にかかわっていると考えるモデルで、もともとはアメリカの精神科医**エンゲル, G. L.** が 1970 年代に定式化したもの。生物学的要因（病原体や遺伝子など）を原因とする因果関係の疾患モデルでは、必ずしも疾患の全体像を把握できなかったことから、対人関係や信念や感情など個人の心理学的要因や、経済状況や生活環境などの社会学的・環境的要因も加えたモデルが提唱されるに至った。したがって、治療をする際にはこれらをすべて含めた人間全体を対象とすることが求められる。[高砂]

性暴力
sexual violence
9

望まない性的な行為は**性暴力**に当たる。年齢や性別にかかわらず起きることがあり、家族など身近な関係においてもありうる。その被害者支援においては、医療機関の受診や警察への相談に関する支援、法的な支援、心理的支援などが提供されている。[田中]

性ホルモン
sex hormone

アンドロゲン、**エストロゲン**、**プロゲステロン**等は性分化、性成熟にかかわり身体的・心理的**性差**の発現に影響を与えることから、総称して**性ホルモン**と呼ばれる。性ホルモンは視床下部にネガティブ・フィードバックすることで、その分泌量が調節される。[高瀬]

生来性犯罪者説
theory of "born criminal"
10

犯罪学の父ともいわれる**ロンブローゾ, C.** が提唱した古典的な犯罪原因論。犯罪者は人類よりもむしろ類人猿に近い身体的・精神的特徴を持っており、**隔世遺伝**によってこれらの特徴が再現したものであると考える。[越智]

生理的早産
physiological premature delivery
3

人間は進化の過程で脳が大きくなったことから、難産のリスクを回避するために他の哺乳類に比べ脳や体が小さく未成熟な段階で出産し、生後 1 年間親による保護と養育が必要となった。**ポルト**

マン, A. は、このような人の特徴を**生理的早産**と呼んだ。［小泉］

脊髄（せきずい）
spinal cord
6

脊髄は知覚、運動を担う**体性神経**が出ており、運動反射等を制御している。**頸髄**（けいずい）、**胸髄**（きょうずい）、**腰髄**（ようずい）、**仙髄**（せんずい）の区分に分けられ、胸髄、腰髄からは自律神経の**交感神経**が出ている。また、仙髄からは**副交感神経**が出ている。［髙瀬］

セクシャリティ
sexuality
4 公

性に関連する個人の性質を総称した概念。**ジェンダー**自認や**性的指向**をはじめとした「個人の性のあり方」に関する生物・心理・社会・文化的側面を幅広く内包する。一方、より狭義には、性行為を通じて快楽を得る能力をさす場合もある。［岩佐］

セクシャル・ハラスメント
sexual harassment
8 公

職場での性的な言動により働く人が不利益を受けたり就業環境が害されたりすることで、被害者が、その対応を巡って解雇、降格、減給等の不利益を受ける**対価型セクシャル・ハラスメント**と、就業環境が不快なものとなり能力の発揮に重大な悪影響が生じる**環境型セクシャル・ハラスメント**がある。［小野］

摂食障害
eating disorder
5

DSM–5 では**食行動異常**を主症状とする異食症、反芻（はんすう）症、過食症などが含まれる包括的な概念である。狭義には、発症が 10〜20 歳代をピークとした女性に多く見られ、その精神病理や症状の特異性から、**神経性やせ症**、**神経性過食症**をさすことが多い。［沼］

絶対評価／相対評価
absolute evaluation / relative evaluation
3 7

絶対評価とは、**目標準拠評価**あるいは**到達度評価**とも呼ばれ、学習目標などあらかじめ用意していた目標に到達できたかを評価する方法である。努力や成長といった変化を評価することが可能だが、客観的な評価が難しいなどの欠点がある。一方、**相対評価**とは、**集団準拠評価**とも呼ばれ、個人のテストの結果などが集団のどの位置にいるかを評価する方法である。**偏差値**や**偏差 IQ**、5 段階評価などが相対評価に該当する。客観的評価が可能だが、偏差値などは得点分布の正規性が前提となるため、母集団が小さいと正確な評価が行えないなどの欠点がある。［小泉］

説得
persuasion
4

自分が期待する方向に他者の態度や行動を変容させることをさす。**説得**に影響する要因として、コミュニケーションの伝達モデルに沿って、送り手の権威や信憑（しんぴょう）性、受け手の態度の一貫性などの認知的要因、メッセージの内容や順序などの情報伝達の過程という要因に分けられて、研究がなされている。説得の研究自体は第二次世界大戦中の兵士を対象とした、**ホヴランド, C. I.** らの研究がもとになったものであり、態度や行動を変容させる要因の特定だけでなく、**精緻化見込みモデル**など、情報の伝達過程における認知的影響などの研究へと発展している。［村上］

説得的コミュニケーション
persuasive communication
8

送り手の言語的手段などによって、受け手の態度や行動を特定の方向に変容させようと意図的に行われるコミュニケーション活動のこと。説得効果を高める要因や**態度変容**の過程が研究され、広告などの現場活用の範囲は広い。［山浦］

セルフコントロール法
self-control method
5

自己の感情や行動を適応的に統制することは、クライエントへの支援において、学派横断的にめざされることである。**行動療法**では望ましい行動は何かを明確にし、その行動を即時強化して定着させる。**認知療法**や**認知行動療法**では、たとえばワークシートを用いたセルフモニタリングによって自己理解と非適応的な認知の気づきが目標になる。**セルフコントロール法**はある目的に沿って、誰もが取り組める心理学的、心理生理学的技法といえる。［村松］

セルフネグレクト
self neglect
9

一人の人が通常の生活において当然行うべき行為を行わない、あるいは行う能力がないことから、自己の心身の安全や健康が脅かされる状態に陥ること。特徴として不潔で悪臭のある身体、不衛生な住環境、生命を脅かす治療やケアの放置、奇異に見える生活状況、不適当な金銭・財産管理、地域での孤立などが挙げられる。危険因子として精神障害や身体機能の低下などの心身問題、**ライフイベント**や天災などによる人的・物的な喪失、経済的困難、人の世話になることや人間関係への忌避などがあり、本人の意思の有無にかかわらず支援の必要な場合が多い。［藤田］

セルフヘルプ・グループ（自助グループ）
self-help group
5 9 公

厚生労働省は、同じ問題を抱える人たちが集まって相互理解や支援をし合うグループとしている。アルコールや薬物の**依存症**に悩む人、同じ疾患の患者や家族、犯罪や交通事故の被害者などのグループがある。世界に広まる**アルコホーリクス・アノニマス（AA）**や、わが国の**断酒会**はその例である。同じ問題を抱える人たちが集まり等しい立場で語り合うことで、さまざまな心理的機能が期待できる。悩みや感情を安心して表現でき、気持ちの分かち合いが進み、孤立が和らぐ。気持ちの整理が促され、支え合い、他者の回復や復帰の過程に励まされ、問題を乗り越える力になる。［田中］

セロトニン
serotonin
4 6 公

セロトニンはアセチルコリン、ドーパミン、ノルアドレナリン（ノルエピネフリン）と同じくアミンの**神経伝達物質**である。中脳の**縫線(ほうせん)核**にセロトニンを分泌(ぶんぴつ)する神経細胞がある。中脳の縫線核は大脳皮質、視床、視床下部(ししょうかぶ)に対して上行性に投射するが、延髄(えんずい)にある縫線核は脊髄(せきずい)に対して下行性に投射する。セロトニンは感情の制御に重要な役割を果たす神経伝達物質で、セロトニンレベルの低下は**抑うつ**感情の生起と関連している。シナプスにおけるセロトニンの再取り込みを阻害することで脳内のセロトニンレベルが上がり、抗うつ効果を示すことがある。［髙瀬］

ゼロ・トレランス政策
zero-tolerance policing
10

些細(ささい)な違法行為を見逃すことで全体的な治安水準が悪化してしまうという**割れ窓理論**に基づいてアメリカで提唱され、実践された学校の管理ポリシー。詳細な禁止事項をあらかじめ定めておき、違反した場合には速やかに例外なく罰を与えるという方式。［越智］

世論(せろん)形成
conformation of public opinion
4

社会問題に対して個人的な意見や態度を集約した一般的な傾向は**世論**と呼ばれている。世論は社会調査などにより測定されるが、マスメディアによる報道の影響を受けやすいともいわれている。代表的なものに、選挙における優勢や劣勢の報道が、実際の投票傾向を変えること（アナウンス効果）が知られており、優勢なほうに票が集まることを**バンドワゴン効果**、劣勢なほうに集まることを**アンダードッグ効果**と呼ぶ。また世論の勢力差から、少数派は多数派よりも意見表明をしにくく、そのために多数派がさらに多数派に見えるという**沈黙の螺旋(らせん)効果**も知られている。これらは

一種の**同調行動**として説明できるかもしれない。[村上]

線遠近法／透視図法
linear perspective / perspective drawing

網膜像では、線路のように奥行き方向に延びた平行線は遠方に行くほど収束し、やがては消失点で一点に交わる。このような特性を**奥行視**の手がかりとして利用したもの、あるいは絵画技法に利用した場合を**線遠近法**または**透視図法**という。[行場]

全か無かの法則
all-or-none law

ナトリウムイオン（Na^+）チャネルが開口すると脱分極が生じ、カリウムイオン（K^+）チャネルはNa^+チャネルよりも遅れて開口してK^+の流出によって再分極が生じる。このように**神経細胞**は興奮するかしないかのデジタル処理を行い、この神経細胞の活動の法則性を**全か無かの法則**と呼ぶ。[高瀬]

全件送致主義
system under which judicial police officers or public prosecutors refer all juvenile cases to the family court

少年事件では、一定の嫌疑がある限り、捜査機関は原則全件を**家庭裁判所**に送致する。これは、事件の大小にかかわらず、事件に至った少年の背景や問題を理解するためには、人間科学の専門家である**家庭裁判所調査官**の調査が必要とされるためである。[荒井]

宣言的記憶／手続き的記憶
declarative memory / procedural memory

宣言的記憶とは**陳述記憶**とも呼ばれ、言葉で言い表すことができる事柄や出来事についての**記憶**をさす。宣言的記憶には**意味記憶**や**エピソード記憶**が含まれる。一方、**手続き的記憶**は**非宣言的記憶**とも呼ばれ、繰り返し訓練することによって自動化や無自覚化が進んだ記憶（いわば身体が覚えている記憶）に相当し、知覚・運動・認知技能や条件づけなどが含まれる。宣言的記憶と手続き的記憶では脳内基盤が異なっており、前者には側頭葉（そくとうよう）を中心とした部位が、後者には大脳基底核や小脳が関与するとされる。認知症でも手続き的記憶は比較的失われにくい。[行場]

先行オーガナイザー
advance organizer

オーズベル, D. P. の提唱した概念で、**有意味受容学習**で新しい知識の学習を促進するために事前に提示される情報のこと。新しい知識の概要についての情報（説明オーガナイザー）と、既有知識との相違や類似の情報（比較オーガナイザー）がある。[小泉]

選好注視法
preferential looking method
3 公

好みの対象を見つめるという**乳児**の行動特性を利用して、注視時間の差から乳児の好みや視覚刺激の弁別力を調べる実験方法。言語を使用できない乳児を対象に**ファンツ, R. L.** が考案し、同心円や縞模様などの複雑な図形と人の顔に似せた顔図形の注視時間が長いことが示された。［小泉］

潜在学習
latent learning
2 公

統制群では通常の離散試行型の迷路学習の手続き（1 セッションは迷路に被験体を入れてその脱出後に報酬を与えることで終える）が行われるのに対し、**実験群**では初めの何回かのセッション期間中は報酬を与えずに迷路を単に探索させて終える。統制群では迷路脱出までの時間がセッション回数を追うごとに次第に短くなっていく**学習曲線**が得られるが、実験群では報酬がない期間中には時間が短くなっていかない。しかし、途中のセッションから報酬を与え出すと、短期間で実験群の成績が統制群に追いつくことが見いだされた。この事実から**トールマン, E. C.** は、**学習**と**遂行**を区別し、報酬が与えられなくとも学習が潜在的に進行していると考えた。［坂上］

潜在変数
latent variable
1 7

直接測定していないが測定した別の変数に基づいて存在が推定される変数のこと。対して実際に測定したデータを**観測変数**と呼ぶ。研究で想定する**構成概念**を反映するものであり、測定変数の共通性から推定される**因子**は潜在変数の代表例である。［矢口］

潜在連合テスト（IAT）
Implicit Association Test
4

グリーンワルド, A. G. らが開発した潜在的な**態度**や**偏見**を測定するプログラム。要素間の連合の結びつきの強さに着目し、処理が早いものを潜在的に持ち合わせている態度の傾向とみなしている。従来の顕在的な態度との関連性も検討されている。［村上］

染色体
chromosome
6

染色体は核酸とタンパク質からなり、遺伝情報の発現と伝達を担う。塩基性の色素でよく染色されることから染色体と名づけられた。正常なヒトの染色体数は 22 対の常染色体と 1 対の性染色体であり計 46 本である。性染色体は正常男性では X 染色体と Y 染色体各 1 個からなり、正常女性では X 染色体 2 個からなる。［高瀬］

全人的苦痛
total pain
9

身体的苦痛、精神的苦痛、社会的苦痛、スピリチュアルな苦痛の4つを総体としてとらえた苦痛。各苦痛は密接に関連し、相互に影響している。その理解には患者の病気のみを見ず、病気を持つ人間としてとらえる視点が求められる。［藤田］

漸進(ぜんしん)的弛緩(しかん)法
progressive relaxation
5 9

医師、生理学者の**ジェイコブソン, E.** によって提唱された、筋肉の緊張と弛緩を繰り返すことによって心身のリラクセーションを導く技法である。**漸進的筋弛緩法**（PMR）と呼ばれることもある。実施に際しては、リラックスした環境と姿勢で呼吸を整える。まず手を握って緊張させ、ゆっくりと緩める動作を２回程度行う。その後身体の各所から全身まで、手順に従って緊張と弛緩を繰り返していく。**ウォルピ, J.** の身体の10部位を60%ほどの力で6秒間緊張させ、25秒弛緩させせることを２回繰り返す簡略版などがあり、**ストレス**へのセルフコントロールが目標となる。［村松］

全数調査／標本調査
complete survey / sampling survey
7

調査対象全体（**母集団**全体）に対して調査を行うのが**全数調査**、母集団の一部を抽出した**標本**に対して調査を行うのが**標本調査**である。前者の例としては国勢調査、後者の例としてはテレビの視聴率調査などがある。［山田］

漸成(ぜんせい)的発達理論
epigenetic chart
3 4 5

エリクソン, E. H. は、人の**パーソナリティ**について乳児期から老年期を８つの段階に区分し、それぞれの段階に克服しなければならない**発達課題**を設定した。そして人は予定された発達段階を、各段階に特有の人的環境の中で、心理・社会的危機を乗り越えながら段々と（漸成的）進んでいき、最終的に統合された人格を獲得すると考え、**漸成的発達理論**と名づけた。たとえば**青年期**では、仲間関係といった青年期特有の人的環境の中で、**自我同一性**の拡散という心理・社会的危機を乗り越えながら、最終的には**アイデンティティ**の獲得という発達課題を克服するとしている。［小泉］

前操作期
preoperational stage
3

ピアジェ, J. の**認知発達理論**の第３段階。年齢的には、2～7歳頃。この段階は、さらに２つの段階に分けられる。前半の**象徴的思考の段階**（2～4歳頃）では、目の前の事物から離れたイメージ、すなわち**表象**を用いることができるようになり、延滞模倣、見立て遊びが可能となる。後半の**直感的思考の段階**（4〜7歳頃）では、表象を用いた思考が可能になるものの、自分の視点から物事をとらえる傾向（**自己中心性**）がある。また、無生物にも心があるととらえる**アニミズム**や自然現象もすべて人間がつくったととらえる**人工論**もこの段階の思考の特徴である。［本郷］

全体処理／部分処理
global processing / local processing
2

全体と部分の認知に関して、古くから**要素主義**と**ゲシュタルト心理学**の対立的議論がなされた。**失認症**の研究では、全体と部分の認知の一方が、あるいは両者の統合が障害を受ける症例の報告がある。健常人でも、同じ漢字を見続けていると、おかしな形状に見える**ゲシュタルト崩壊**現象が起きる。**ナヴォン, D.** は、小さな文字を配置して大きな文字を構成した複合パターンを短時間提示すると、大きな文字の認知が素早くなされると報告した（**「木より森が先」仮説**）。**全体処理**あるいは**部分処理**の優位性については**認知スタイル**や文化の違いも取り上げられている。［行場］

選択的セロトニン再取り込み阻害薬（SSRI）
selective serotonin reuptake inhibitor
6

うつ病の原因として、セロトニン作動性神経とノルアドレナリン作動性神経の活動の低下が考えられており、治療に**選択的セロトニン再取り込み阻害薬**（**SSRI**）、**選択的ノルアドレナリン再取り込み阻害薬**（**SNRI**）が処方される可能性がある。［高瀬］

選択ヒューリスティックス
choice heuristics
8

消費者が複数の商品の中から速度と効率をもって評価、判断、選択しようとするときに用いられる**意思決定方略**。簡便である一方で、高額な商品ほど質が良いと評価するなど必ずしも合理的な判断にならないこともある。［山浦］

前頭前野（ぜんとうぜんや）
prefrontal cortex
4 6

大脳新皮質のうち正面にあり、理性や道徳の判断などをつかさどると考えられている。**フィニアス・ゲージ**という人物が事故でこの部位に損傷を負ったことで、感情の抑制が利かなくなったことから、脳のこの部位の持つ機能が問われるようになった。［村上］

前頭側頭型認知症
frontotemporal neurocognitive disorder
5 公

前頭葉と側頭葉前方部に病変がある**変性性認知症**。初老期発症が多く、特有の人格・行動障害（脱抑制、無気力、共感の欠如、**常同行動**、食行動異常）または**言語障害**（**失語**や保続）が前景に立ち、記憶障害や知覚障害は目立たない。中核群に**ピック病**。［沼］

前頭葉
frontal lobe

大脳皮質は大きな溝を目安に**前頭葉**、**頭頂葉**、**側頭葉**、**後頭葉**の4つの部分に分けられる。頭頂から左右に走る溝を**中心溝**と呼び、それより前方を前頭葉と呼ぶ。前頭葉については情動の制御に関する役割が報告されている。1848年当時、アメリカの鉄道会社の建設主任であった**フィニアス・ゲージ**は事故に巻き込まれて、鉄材が左前頭葉の大部分を貫くけがを負った。彼は一命を取り留めたが事故後に人格が変容した。事故以前は責任感があり、聡明で協調性を備え、友人や同僚からも非常に好かれていたが、事故後は不敬な態度で衝動的な行動を多くとるようになった。［髙瀬］

セントラル・エイト
central eight risk / need factors
10

ボンタ, J. と**アンドリュース, D. A.** が示した、科学的根拠に基づいた8つの中核的な再犯リスク要因。これには、①犯罪歴、②犯罪指向的態度、③犯罪指向的交友、④反社会的パーソナリティ・パターン、⑤家族／夫婦、⑥学校／仕事、⑦物質乱用、⑧レジャー／レクリエーションが含まれる。また、犯罪を予測する研究知見から、特に再犯と関連の強い①～④を**ビッグ・フォー**と呼び、これより関連がやや緩やかな⑤～⑧を**モデレイト・フォー**と呼ぶことがある。**セントラル・エイト**が犯罪と関連することは多くの**メタ分析**で示されているが、一般犯罪者、精神障害犯罪者などを対象とした研究では、ビッグ・フォーとモデレイト・フォーとの間には明確な差異が見られない可能性が指摘されている。［荒井］

相関
correlation
7

2変数間の値の大小に関する共変関係のこと。変数Aの値が大きいほど変数Bの値も大きくなる傾向を**正の相関関係**、変数Aの値が大きいほど変数Bの値が小さくなる傾向を**負の相関関係**という。以上は直線的な関係であるが、U字型・逆U字型のように**曲線相関**が見られることもある。2変数間になんら関係がない場合は**無相関**という。**相関**の様相を視覚的に把握するために**散布図**が用いられ、相関関係を**数値要約**した指標として**相関係数**が用い

られる。相関関係があっても**因果関係**があるとは限らないので注意が必要である。[村井]

相関係数の希薄化
attenuation of correlation
7

測定の**信頼性**が低い、すなわち測定誤差の大きいデータほど、観測得点間の**相関係数** r_{xy} が真の得点間の相関係数 ρ_{xy} よりも小さくなること。2 変数 x, y の**信頼性係数**がそれぞれ ρ_x, ρ_y であるとき、$r_{xy}=\sqrt{\rho_x \ \rho_y} \ \rho_{xy}$ という関係が成り立つ。[杉澤]

相関研究
correlational study
1

独立変数を操作したり統制したりする**実験法**とは異なり、独立変数や**剰余変数**を操作せずに複数の変数間の**相関**関係を分析する研究方法。**調査法**でよく用いられる手法であるが、変数間に因果関係を仮定する場合には**妥当性**が求められる。[高砂]

双極性障害
bipolar disorder
5

従来は**躁**(そう)**うつ病**と呼ばれていたが、近年の DSM や ICD で用いられるようになった呼称。抑うつ状態と躁状態を繰り返すことにより社会機能の著しい障害、再発率や自殺率の高さが問題となる。**双極Ⅰ型障害**と**双極Ⅱ型障害**に大別され、**躁病または軽躁病エピソード**の存在で診断する。基本症状は、高揚気分や易怒(いど)的な状態が 1 週間以上（軽躁は 4 日間）持続し、自尊心肥大、睡眠欲求減少、多弁、観念奔逸(ほんいつ)、注意散漫、快楽活動への熱中など。抑うつエピソードで発症した際の**うつ病**との鑑別(かんべつ)困難、軽躁状態が見逃されやすいなど、適切な診断や治療導入に時間を要することがある。[沼]

総合的健康教育プログラム（KYB）
comprehensive health education program / Know Your Body
9

アメリカ発の包括的な健康教育プログラム。**KYB** は、学齢期を中心とした子どもたちの**発達段階**を踏まえ、系統的な構成で幅広い知識やスキルを積み上げる営み。ライフスキルを学び、自身の食事や運動などを振り返り、健康的な生活習慣の育成をめざす。[田中]

相互作用論
interactionism
4 公

一般に、複数の要因による相互作用から現象を理解しようとする立場。発達における**遺伝／環境**でも知られるが、パーソナリティ心理学においては、行動の様相がパーソナリティと状況の相互作用によって決定づけられるとする考え方をさす。**人間－状況論争**を経て確立された。[岩佐]

操作主義
operationalism
1

長さのような基本的な物理的概念であっても、一連の**操作的定義**によって決定できるというもので、アメリカの物理学者**ブリッジマン, P. W.** が1920年代に論じた。心理学も影響を受け、欲求や不安などの理論的用語が多用されるようになった。[高砂]

捜査心理学
investigative psychology
10

心理学やデータ分析の知識を使用して、犯罪捜査を支援する犯罪心理学の一分野。**プロファイリング**や人質交渉、**取調べ**などの分野を対象とする。**カンター, D. V.** によって、英国のリバプール大学を中心として発展した。[越智]

操作的定義
operational definition
1

仮説的構成概念について、それを**測定**したり**観察**したりするための手続きで定義しようとするもの。例として「90%空腹動因とは、標準体重の90%に達したときに個体が感じる動因である」「知能とは知能検査によって測定されるものである」など。[高砂]

捜査面接
investigative interview
10

犯罪捜査において、被害者、目撃者、被疑者等から供述を聴取するためのエビデンスに基づいた方法のこと。被疑者に対する強制的な**尋問**の対極に位置づけられ、多くの情報を正確にかつ自発的に聞き取ることが目的である。[越智]

双生児法
twin study
1 3 4

行動遺伝学において、ある特性の類似度を遺伝子が等しい一卵性双生児と二卵性双生児で比較する方法。二卵性双生児において遺伝子の共有度は50%と仮定されるので、一卵性双生児と比較することでその特性への遺伝の影響を検出することができる。[高砂]

創造性／創造的思考
creativity / creative thinking
2 3

創造性とは新しく価値があり目的にかなうようなアイデア・理論・技術・事物などを生み出すことであり、そのような思考過程を**創造的思考**という。**ギルフォード, J. P.** は**知性の構造モデル**の中で、創造性にかかわる因子として新しい解答を多様に生み出す**拡散的思考**を挙げている。また**フィンケ, R. A.** らは、生成と探索を繰り返して創造的な生産を行う創造の認知過程（**ジェネプロアモデル**）を提唱している。**チクセントミハイ, M.** は科学・芸術・ビジネスなどの専門分野で著明な人物を系統的に研究し、共通点として創造的な人物のパーソナリティ特性を挙げている。[小泉]

相貌失認（そうぼう）
prosopagnosia
2 6

高次視覚野（しかくや）に異常が生じると、人の顔を認知することが難しい**相貌失認**と呼ばれる異常が起こることがある。先行研究から、狭義と広義の相貌失認が記述され、狭義の相貌失認では熟知した人物を相貌によって認知する能力の障害が見られる。一方、熟知相貌の認知障害がなくとも、未知相貌の学習・弁別、表情認知、性別・年齢・人種などの判定、美醜の区別などにいくつかの障害がある病態が広義の相貌失認と診断される。［髙瀬］

ソーシャル・インクルージョン
social inclusion
9 公

すべての人々を孤独や孤立、排除や摩擦から援護し、健康で文化的な生活が実現されるよう社会の構成員として包み支え合う理念。**社会的包摂**（ほうせつ）ともいう。生活問題が複合的に重なり合い、社会の主要な諸活動への参加が阻まれている状態をソーシャル・エクスクルージョン（**社会的排除**）と呼び、その対概念として提唱された。社会から排除された人々の社会参加を促し、より良い生活の実現に必要な社会資源にアクセスできるよう制度や環境を整える。排除された人々が自分の居場所を見つけて社会とつながれるように、排除を生み出す社会構造の変革をめざす概念である。［藤田］

ソーシャル・エモーショナル・ラーニング（SEL）
social emotional learning
3

自分や他者の感情を理解し、感情を表出・制御して思考や行動に活かす**情動的知性**と、対人関係の構築・維持・修復を行い社会に適応する**社会的知性**という、2つの能力やスキルを学び、教育現場や社会等で活用するプログラムの総称をさす。［小泉］

ソーシャル・キャピタル（社会資本）
social capital
9

人のつながりを資源として重視する概念で、社会関係資本、人間関係資本ともいう。集団における信頼や規範、個人間や組織間のネットワーク、メンバー間の**互酬性**などは、個人や集団における資源と見ることができる。健康増進にも役立つとされる。［田中］

ソーシャルサポート
social support
4 5 8 9 公

社会的関係の中でやり取りされる、他者からの有形無形の支援。心理社会的な**ストレス**対処資源として、健康の維持・増進に役立つとされる。悲しいことがあったら慰めてくれる（情緒的サポート）、問題が生じたときに解決法を教えてくれる（情報的サポート）、お金がないときに貸してくれる（道具的サポート）、裏方の苦労を認めてくれる（評価的サポート）などが考えられる。問題解決に役立つほか、ストレスの衝撃に対する心理的な緩衝機能を発揮する、健康行動の維持に役立つ、**ストレッサー**を前向きに受け止めて対処に踏み出す契機となる、などが期待される。［田中］

ソーシャルスキル・トレーニング（SST）
social skills training

他者と良い関係を築き維持するための知識や技能を**ソーシャルスキル**といい、ソーシャルスキルを学習することで不適応的な行動を修正する訓練を**ソーシャルスキル・トレーニング**（SST）という。**行動療法**や**認知行動療法**の技法であり、**社会的スキル訓練**、生活技能訓練とも呼ばれる。ソーシャルスキル・トレーニングは、言語教示による学習内容の説明、**モデリング**（適切な行動の観察）、リハーサル（適切な行動の練習）、フィードバック（適切な行動の強化と修正）、**般化**（はんか）（日常生活での実践）という５つの過程で構成される。［小泉］

ソーシャル・マーケティング
social marketing

企業は、営利の追求だけではなく、社会全体の利益や福祉向上との調和という社会的責任も負うべきだとする考え方で、現在ではそれに加え、行政や非営利組織の活動に**マーケティング**の技術や考え方の適用を拡大しようとする考え方も含んでいる。［小野］

ソーシャルワーク
social work

生活課題を抱える**クライエント**にかかわり、より良い生活の実現に向けて個人と社会の双方に働きかける支援過程の総体。生活課題は、人と環境との交互作用の中でなんらかの摩擦が起きた結果として生じると考える。その解決のため、クライエントの適応能力を高めると同時に環境の調整・改良を行い、人と環境の接点に焦点を当てて両者の適応関係のバランス獲得をめざす。システム論や生態学的視座を共通基盤とし、ミクロな個別の課題解決から社会資源の改善、および制度・政策的変革を視野に入れたマクロな実践活動へ、総合的・包括的な支援展開をめざしていく。［藤田］

ソースモニタリング
source monitoring

ある特定の記憶の内容をどこから、どうやって覚えたのかなど、その情報源（ソース）を特定することを**ソースモニタリング**と呼ぶ。情報源は、自分の周囲などで外的に起こった出来事である場合や、自分の考えや夢などで内的に生成した内容の場合がある。それらの区別には**メタ認知**が重要であるが、その機能が弱い場合、

記憶の情報源が間違って判断される場合が多くなり、**ソースモニタリング・エラー**と呼ばれる。このようなエラーは**統合失調症**で多く起こるが、夢の内容を現実と取り違えたりするなど、幼児や高齢者でも見られる場合がある。［行場］

即時確認の原理
principle of immediate confirmation
3

反応後すぐに学習者に正誤を知らせることが、学習の効果を高めるという原理。反応とそれに対するフィードバックの時間間隔が長くなると強化力が低下したり、**動機づけ**が弱まったりするという考えに基づく。**プログラム学習**で用いられる原理の一つ。［本郷］

側頭葉（そくとうよう）
temporal lobe
6

大脳の側頭の後方上部から前方下方に走る溝（こう）を**外側溝**（がいそくこう）（**シルビウス溝**）と呼び、それより下方を**側頭葉**と呼ぶ。健忘のうち、**順向性記憶障害**は内側（ないそく）側頭葉を含む**海馬**（かいば）の損傷によって起こることが報告されている。**H. M.** と呼ばれた患者の症例報告によると、てんかん治療の試みとして内側側頭葉を含む海馬の切除手術を受けたH. M. は、手術前２年間に起こった出来事に関しては軽度の**逆向性記憶障害**を示したが、さらに以前の記憶はほぼ正常に保たれていた。また、重度の順向性記憶障害を呈し、短期記憶能力は正常であったが、長期記憶の形成は極めて困難だったことが報告されている。［高瀬］

ソシオメーター理論
sociometer theory
4

リアリー, M. R. らが**自尊心**の形成を説明しようとした仮説。他者と集団生活を行う中で、自分が受容されているかどうかに関心が向くようになったため、その触れ幅を内部観測する装置（**ソシオメーター**）として、自尊心を発達させたという説である。［村上］

ソシオメトリック・テスト
sociometric test
3

モレノ, J. L. が開発した、集団の構造や人間関係のネットワークを調査するための方法。対象者に「一緒に活動したいのは誰か」などの複数の質問に回答してもらい、結果からメンバー相互の好悪や孤立といった関係性を図（**ソシオグラム**）で表示する。［小泉］

組織開発（OD）
organizational development
8

組織が環境の変化に適応し、維持発展していくためには、その仕組み・ルール・機能や文化を変化させていく必要がある。そのために、行動科学的な手法で介入していく活動を**組織開発**といい、組織成員の価値観の変容を通じて行われることが多い。［小野］

組織学習
organizational learning
8

組織がどのように学ぶのか、またその学び方のこと。似た用語・概念の**学習する組織**は、目標達成に向けて組織の発展や個人の成長を継続的に伸ばし続ける組織のことであり、どうすれば学習する組織を構築できるのかが議論される。**組織学習**には、既有の発想や前提に基づいた改善・問題解決の方法論を錬磨する**シングルループ学習**、他方、前提となる考え方そのものを問い直し更新・開発を図る**ダブルループ学習**がある。組織の成長や競争優位を保ち続けるには、これらの学習の双方を意図的に実践することが必要である。［山浦］

組織コミットメント
organizational commitment
8

組織成員と組織を結びつけ、成員で居続けようとする心理的状態や態度のこと。組織への**帰属意識**や組織との一体感とも呼ばれる。**アレン, N. J.** と**メイヤー, J. P.** は、**組織コミットメント**の強さは、**情緒的コミットメント**、**存続的コミットメント**、**規範的コミットメント**の３つの要素の組合せとその程度によるとした。組織コミットメントが高いほど、**モチベーション**は高く、欠勤や離職率は少ない。ただし、成果主義の経営体制の導入を契機に、個人と組織のかかわり方は今後も変化していくと考えられる。［山浦］

組織事故
organizational accident
8

個人が引き起こす事故とは異なり、組織的な活動によって引き起こされ、一度起こると組織全体や社会に重大な影響を及ぼす事故のこと。**組織事故**が起きる原因は、組織的活動の構造や機能の不全によるところが大きい。［山浦］

組織市民行動
organizational citizenship behavior
8

組織に対する**向**（こう）**社会的行動**の一種で、**オーガン, D. W.** は、従業員の正式な職務ではなく任意で行われ、かつそれによって組織の効果が促進される行動と定義し、利他主義、誠実さ、スポーツマンシップ、礼儀正しさ、市民の美徳の５つの側面から構成されるとした。その後も**組織市民行動**に**役割内行動**を含むかどうかの議論を含めて、さまざまな尺度が開発されている。類似概念の一つである**文脈的業績**とは、任意の**役割外行動**であること、当該行動に対する報酬対価を求めない（自発的な）ものであるという２点で区別される。［山浦］

組織社会化
organizational socialization
8

組織の外部にいる者が新たにある組織に参加し、その**組織の価値観・文化**、そこにおける自分の役割を理解し、身につけることを通して組織の成員となっていくことである。企業の新入社員研修は、それを一斉に効率よく進める初期の手段である。［小野］

組織風土
organizational climate
8 公

組織という生活環境の全体を特徴づける性質で、その組織にいなければ感じ取ることができない独特の雰囲気のこと。この**組織風土**の認知をもとに意図的につくり出された価値観や行動パターンを、成員間で共有したものが**組織文化**である。［山浦］

組織文化
organizational culture
8 公

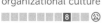

組織の成員に共有された一連の価値の体系で、成員に意味づけを与えたり、その組織での適切な行動のルールを提供したりする。組織図や規程、理念や目標に反映された価値観など、見えるものや直接見えないもので構成される。これらがその組織での価値観や行動パターンであると認識され、成員間で共有されることで**組織文化**が醸成される。**『エクセレント・カンパニー』**によれば、好業績企業では価値観を誘導する目標が明確で、組織成員ほとんどに共有されており、**組織文化**に基づいた実践がなされていることが導き出された。［山浦］

組織変革
organizational change
8

組織成員の発想のあり方、慣行、風土・文化やそれにかかわる事柄を、より良い状態に変えようとする実践的取組み、**組織開発**のこと。**レヴィン, K.** によれば、組織の変化は**溶解－移行－凍結**の３段階を経て生じるとし、**シャイン, E. H.** は**溶解－変化－再凍結**と呼んだ。また、**センゲ, P. M.** らは、組織が進化し続けるには組織の根本からの変化が必要であるとし、システム思考に基づいた**学習する組織**の考え方を提唱した。［山浦］

素朴理論
naive theory

体系的な学習過程で獲得される科学的理論とは異なり、子どもが生まれてから日常的な経験をもとに形成する知識の枠組みのこと。物理的な事象に関する素朴物理学、生物学的な事象に関する素朴生物学、人の心の理解に関する**素朴心理学**がある。［小泉］

ソマティック・マーカー仮説
somatic marker hypothesis

情動の制御に関する前頭葉腹内側(ふくないそく)部の役割についての**ソマティック・マーカー仮説**は神経学者**ダマシオ, A. R.** が主張する説で、感情喚起に伴う心拍数上昇、口渇(こうかつ)感等の身体的反応が前頭葉の腹内側部に影響を与えて情動の価値づけ（良い／悪い）を行い、その後の意思決定を効率的にすると説明している。ソマティック・マーカー仮説は**フィニアス・ゲージ**のような前頭葉損傷患者の症例を通じて得られた仮説である。この説によれば、彼の一連の不適切な行動は情動の価値づけ機能が破綻したことによって引き起こされたと考えられる。［髙瀬］

た

ダークトライアド
dark triad

4 10

サイコパシー傾向、ナルシシズム傾向、マキャベリアニズム傾向の総称。これらは反社会的行為と親和性の高い社会的に嫌悪されるパーソナリティであり、共通の核を持ちつつ独立した特徴を示す。サイコパシーの特徴は、過度の衝動性や刺激希求性、道徳心や共感性欠如、冷淡さ、恐怖心の欠如などにある。ナルシシズムは、自分の壮大さの誇示、虚栄心、肥大化した権利意識などに特徴づけられる。そして、マキャベリアニズムの特徴は、あらゆる手段で目的を達成しようとする極端な自己中心性や他者操作性にある。［荒井］

第1種の誤り／第2種の誤り
type Ⅰ error / type Ⅱ error

7

統計的検定における2種類の誤りで、**第1種の誤り**（第1種の過誤）は**帰無仮説**（きむ）が正しいときにこれを棄却してしまう誤り、**第2種の誤り**（第2種の過誤）は帰無仮説が間違っているときにこれを棄却しない誤りである。第1種の誤りの確率 α は**有意水準**に等しい。第2種の誤りの確率 β は、有意水準、**サンプルサイズ**、母集団における**効果量**で決まる。［山田］

事実＼検定における判断	帰無仮説を保持	帰無仮説を棄却
帰無仮説が真	正しい判断 確率 $1-\alpha$	第1種の誤り 確率 α
帰無仮説が偽	第2種の誤り 確率 β	正しい判断 確率 $1-\beta$（**検定力**）

対応の有無
paired data / unpaired data (independent data)

7

実験参加者内計画で得られるデータのように、相関の想定される測定値の一対一のペアを条件間に作ることのできるデータを**対応のあるデータ**（独立でないデータ）という。一方、そうしたペアを作れないものを**対応のないデータ**（独立なデータ）という。［村井］

対応バイアス
correspondence bias

4

対人認知において、行動に見合った他者の個人特性がその原因として結びつけられやすい傾向をさす。**ジョーンズ, E. E.** と**ハリス, V. A.** は、エッセイを書かせて発表させるという実験で、実験者の側から内容を強制的に指定したと説明しても、観察者はそのエッセイの意見を、発表者があらかじめ持ち合わせていると判断する傾向を示した。観察者が状況による外的要因の影響を割り引いて、行為者の特徴などの内的要因を過大に見積もりやすいバイアスとして、**根本的な帰属の誤り**とも呼ばれている。[村上]

体験過程／体験過程理論
experiencing / theory of experiencing
5

ジェンドリン, E. T. が提唱した**フォーカシング**指向**カウンセリング**において、パーソナリティが変化するときに生じるプロセスを説明する理論である。**体験過程理論**では、個人が何を体験するかを体験内容、どう体験するかを体験様式と呼ぶ。体験内容の意味づけが変わらず、反復する構造拘束では、体験の変化は起こらない。自己の内部に生じる**フェルトセンス**との相互作用などから新たな行動を生み出そうとする過程進行中の体験様式が重要であり、後にクライエントの**体験過程**への関与を評定する体験過程スケールが開発された。[村松]

退行
regression
5

防衛機制の一つ。**退行**には、病的退行、創造的退行、治療的退行があるとされる。**心理治療**ではクライエントに治療的退行が生じることがあるが、退行には良性の退行と治療者への過度な願望（衝動）などによって治療関係を困難にする悪性の退行がある。[村松]

第三者効果
the third-person effect
4

デイヴィソン, W. P. が提唱した、**マスメディア**の影響に関する認識のバイアスであり、第三者である他者はマスメディアから大きな影響を受けているが、自分だけは影響を受けていないと考える傾向をさす。**楽観性バイアス**との関連も指摘されている。[村上]

胎児期
fetal period

3 公

受精から２週間を**卵体期**、妊娠約３週から８週までを**胎芽期**（たいが）、約９週から臨月までを**胎児期**という。胎芽期は心臓などの主要な器官の形成時期、胎児期はこれらの器官の機能が成長していく時期のため、母親の罹患（りかん）や薬物摂取の影響を受けやすい。[小泉]

対象の永続性
object permanence
3

対象が見えなくなっても、なくなったわけではなく存在し続けるという概念。**ピアジェ, J.** は**感覚運動期**の９か月頃から獲得されるとしたが、近年では**乳児**を対象とした実験により、生後４~６

か月頃から**対象の永続性**の理解が始まるとされている。［小泉］

対人認知
interpersonal perception
4 公

他者の容姿や行動などから、他者がどのような人物なのかを判断する過程、またその機能のことである。初期は**印象形成**の研究が中心であったが、近年は**情報処理**の側面から研究が進められている。処理の効率性の観点から、正確な処理よりも早くて簡便な処理が優先してなされているとされており、既存知識を利用した**ステレオタイプ**的な判断や、**二重過程モデル**のような関与の程度による処理の違い、特性に関して自動的な推論が行われる**自発的特性推論**のようなアプローチが知られている。［村上］

対人魅力
interpersonal attraction
4 公

他者に対して持つ好意や関心の総称。身体的な魅力などの対象に付与される要因と、態度の類似性など判断する側や相手との関係で生じる要因の両方をさす。**対人魅力**は認知的な一貫性が高まる方向へ変容するという**認知的斉合**（せいごう）**性理論**と、報酬や罰によって好意が左右されるという**強化理論**による説明が代表的である。対人魅力の研究対象は幅広く、当初は未知の他者に対する**印象形成**の過程が扱われていたが、その後は友人や恋愛、夫婦などの関係の継続性についても関心が向けられるようになった。［村上］

体性神経系
somatic nervous system
6

神経系は**中枢神経系**と**末梢神経系**に分けられる。末梢神経系は、さらに**体性神経系**と**自律神経系**に分類される。体性神経系は知覚や運動を担うが、自律神経系は内分泌（ないぶんぴつ）腺および心臓、血管、胃や腸などを構成する平滑筋を制御する。［高瀬］

態度
attitude
4 8 9 公

もともとの**オルポート, G. W.** の定義では、対象に対して特定の方法で反応する傾向性や行動の準備状態という、人々があらかじめ持ち合わせる状態や傾向をさしていた。現在は**ローゼンバーグ, M.** が**態度**を**感情**・**認知**・**行動**の成分に分けたように、各要因がどのように関連し、とりわけ**行動変容**に結びつくのかに関心が向けられている。**バランス理論**や**認知的不協和理論**など、個人内の認知的な一貫性を求める方向への態度形成を予測する**認知的斉合**（せいごう）**性理論**や、態度変容に結びつく要因を検討する**説得**の研究などが知られている。［村上］

態度変容
attitude change
4

ローゼンバーグ, M. などの研究から、**態度**は**感情**・**認知**・**行動**の３成分に分けられることが提案されてきた。これらの成分は互いに関連しているため、感情や認知を変化させることで相手の**行動変容**を促す説得の研究として位置づけられてきている。［村上］

大脳基底核
basal ganglia
6

大脳基底核は、大脳新皮質からの出力を受け、視床や脳幹を中継する細胞が集まる領域である。運動調節、認知機能、感情、動機づけや学習等のさまざまな機能を担っている。一般に**尾状核**と**被殻**を合わせた**線条体**、そして**淡蒼球**、**マイネルト基底核**、**視床下核**、**黒質**等を含む領域を大脳基底核と呼ぶ。黒質はドーパミン作動性神経を豊富に含み、淡蒼球や視床下核のニューロンに投射する。このドーパミン作動性投射を**黒質－線条体路**と呼び、この系の機能が低下することが**パーキンソン病**の主たる病因と考えられている。［髙瀬］

大脳半球
cerebral hemisphere
6

大脳縦裂を境に大脳皮質を正中で左右に分けた際に、その片側を**大脳半球**と呼ぶ。**失語症**や**分離脳**の患者を対象とした研究から、左の大脳半球は主に言語機能にかかわることがわかり、左右大脳半球の機能差が注目されるようになった。［髙瀬］

大脳皮質
cerebral cortex
4 6 公

ヒトの大脳は**大脳皮質**、特に新皮質と呼ばれる構造体で覆われている。大脳皮質は層構造を持ち、層を貫く直径約 0.5mm の**カラム構造**から構成される。層構造は６層から構成され、上から第１層は分子層、第２層は外顆粒層、第３層は外錐体層、第４層は内顆粒層、第５層は内錐体層、第６層が多形細胞層と呼ばれる。それぞれ特徴的な細胞構築と線維連絡を有している。大脳皮質はひだ状に折れ曲がって面積を確保し、複雑な処理を可能にしている。このようにしてできたしわを**溝**、溝と溝の間の盛り上がりを**回**と呼ぶ。［髙瀬］

大脳辺縁系
limbic system
6 公

大脳辺縁系は、**海馬**、**扁桃体**、**帯状回**、**脳弓**、中隔、**乳頭体**等からなる。いずれも大脳皮質全体から見ると中心部から外れた辺縁に当たる領域であるため，この名称がつけられた。大脳辺縁系は情動の表出、意欲、そして記憶や自律神経の活動に関与している。歴史的には**パペッツ, J.** により提唱された帯状回皮質－海馬－乳頭体－視床前核からなる情動回路がもとになっており、これは**パペッツの回路**と呼ばれた。この領域と関係が深い皮質下の中隔や視床下部、視床前核などを含め、1952年に**マクリーン, P. D.** によって大脳辺縁系と名づけられた。［高瀬］

ダイバーシティ
diversity

多様性を意味する言葉であるが、近年の企業場面では、グローバル化が進む中で、性別、年代、人種、文化・宗教やそれらを背景とした**価値観の多様化**が経営課題になっている。また、**多様な雇用形態**の人が一つの職場で混在して働いており（働き方の**ダイバーシティ**）、それらの人々のニーズも輻輳している。現在は、単にマイノリティを雇用し登用することで格差是正を装うのではなく、構成員個々の特性を尊重し、差別を行わずに公正に評価・処遇することが、社会的責任や**コンプライアンス**の視点からも求められている。さらに近年は、人材の多様性を活かして、企業に利益をもたらすような展開を志向する**ダイバーシティ&インクルージョン**が重要な課題になっている。［小野］

代表値／散布度
representative value / dispersion
7 公

要約統計量には**代表値**と**散布度**がある。代表値はデータの中心的傾向を示す指標であり、**平均値**がよく用いられる。散布度はデータの分布の広がり具合を示す指標であり、**標準偏差**がよく用いられる。データの特徴は、代表値と散布度をもとに記述する。［村井］

タイプA行動パターン
type A behavior pattern
4 5 9 公

フリードマン, M. と**ローゼンマン, R. H.** によって虚血性心疾患の患者に見いだされた特徴的な行動パターン。その特徴は時間的切迫感、性急さ、達成努力、野心、競争、敵意であり、特に「敵意」と「怒りの抑圧」が疾患の発症リスクを高めるとされる。［沼］

代理ミュンヒハウゼン症候群（MSbP）
Munchausen syndrome by proxy
10

児童虐待の一種で、自分の子どもを故意に病気にして、その子どもを看護する一連の**虐待**行動。原因の一つは「病気の子どもを献身的に介護している素晴らしい母親」を演じることによって他者からの注目を集めることにある。偽の症状の申告（偽装てんかん）や検査結果のごまかし（尿への血液混入）などから始まるが、注目を集め続けるために次第に病状を重くせざるをえず、薬物の過剰投与や異物の点滴混入などの方法をとり始める。最終的には子どもが死亡することも少なくない。子どもが死亡した場合には、別のきょうだいが次の犠牲者として選ばれる可能性が高い。［越智］

多感覚統合
multisensory integration
2 公

感覚受容器は異なった適刺激により活動するが、与えられた多種類の感覚情報が時間的・空間的に接近して生起し、さらに経験的に結びつきやすい場合には、それらは最も優位な感覚情報を中心にまとめられ、一体化した事象として認知される。これを**多感覚統合**という。たとえば、**腹話術効果**では、人形の口の動きを見ていると、腹話術師ではなく人形が話すように知覚する。また、反対方向に運動する２つの視覚物体が交差する際に音を提示すると、衝突して反発する事象が知覚される（**通過・反発現象**）。食べ物の**風味**は、味覚や嗅覚、視覚などの多感覚統合の所産である。［行場］

多義図形
ambiguous figure
2

同じ図形なのに、２つ以上の知覚的解釈をもたらす図形のことで、**反転図形**や**曖昧**（あいまい）**図形**とも呼ばれる。**ルビン図形**のような**図地反転**、**ネッカーの立方体**のような奥行き反転図形などがある。**妻と義母**のような意味的反転図形は、隠し絵やだまし絵などのトロンプ・ルイユ（トリック・アート）で多用されている。［行場］

ネッカーの立方体

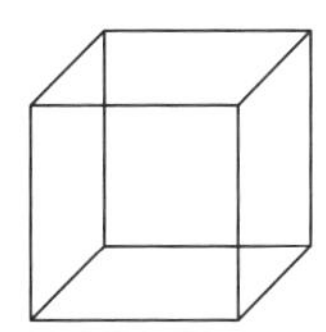

妻と義母

多元的無知
pluralistic ignorance
4

集合的無知とも呼ばれる。**オルポート, G. W.** は、自分以外の他者が**集団規範**を受容していると推測することがあり、その推測自体の誤りを**多元的無知**とした。結果的に、誰もが受容していない規範への**同調行動**に結びついたり、「裸の王様」の寓話（ぐうわ）のように、声を上げないサイレント・マジョリティを生み出したりすることが指摘されている。［村上］

多重共線性
multi-collineality
7

一般線形モデルにおいて、**独立変数**間に強い**相関**関係があること。同じ変数からなるモデルでもデータの値が少し変わるだけで**偏回帰係数**の推定値が大きく変わりうるという問題を引き起こす。分散拡大要因（**VIF**）による検出法などが提案されている。［杉澤］

多重知能理論
multiple intelligences theory
3 4 公

ガードナー, H. が提唱した理論。ガードナーは、**知能**を「情報を処理する生物心理学的な潜在能力」「文化的な場面で活性化されることができるもの」と考えた。そして生物科学・論理学・心理学など学問的背景を持つ８つの知能を提案した。すなわち、言語的知能、論理－数学的知能、音楽的知能、身体－運動的知能、空間的知能、対人的知能（他人とうまくやっていく能力）、内省的知能（自分自身を理解する能力）、博物的知能（自然を観察・発見・分類できる能力）である。人によってどの知能が強いかは異なると考えられる。［小泉］

多重比較
multiple comparison
7

一般には**分散分析**で３水準以上の要因の**主効果**が有意だった場合、どの水準間の平均値差が有意であるか確認する方法であり、**テューキー法**や**ボンフェローニ法**が知られている。**検定の多重性**に伴って**第１種の誤り**の確率が上昇することを回避できる。［村井］

多職種連携
interprofessional work
9 公

共有化された目的を持つ複数の専門職が、主体的に協力関係を構築して目標達成に取り組む相互関係のプロセス。医療従事者の連携から始まったが、その他の専門職、事務管理者、ボランティア、地域住民との連携も含まれるようになった。円滑な実践には、①患者・利用者・家族・コミュニティを中心に置く、②職種間コミュニケーションを行う、③職種としての役割を全うする、④関係性に働きかける、⑤自職種を省みる、⑥他職種を理解する、の６つの**コンピテンシー**が求められる。**多職種連携**に向けて専門職がお互いに学び合うことを専門職連携教育（IPE）という。［藤田］

達成動機
achievement motive
3

他者と競争したり困難を乗り越えたりして、高い目標を達成しようとする意欲や動機のこと。近年では、目標の設定に知能感が影響しているとする**ドベック, C. S.** の達成目標理論や達成目標を「接近－回避、学習－遂行」という２次元に分類した**エリオット,**

A. J. らの階層モデルがある。［小泉］

脱分極
depolarization
6

細胞外のナトリウムイオン（Na^{+}）濃度は細胞内よりも約 10 倍も高いため、**電位依存性 Na^{+}チャネル**が開口すると Na^{+}の急激な流入が生じ、マイナスに偏っていた電位が解消に向かう。これにより活動電位が生じ、この現象を**脱分極**と呼ぶ。［高瀬］

田中ビネー知能検査
Tanaka-Binet Intelligence Scale
3 5 7

1937 年版スタンフォード・ビネー知能検査をもとに、**田中寛一**（かんいち）によってわが国で開発された個別式知能検査。1947 年に初版が、1954 年に改訂版が発行された。1970 年版より財団法人田中教育研究所が発行し、1987 年の全改訂版ではわが国の子どもに合わせてすべての問題の見直しが行われた。最新版の 2003 年版**田中ビネー知能検査**Ⅴでは、合格基準の見直しが行われた。また、ビネー式を受け継ぎ 2〜13 歳の子どもは**知能指数**（**IQ**）と**精神年齢**（**MA**）を算出し、14 歳以上は**偏差知能指数**（**DIQ**）を算出する方式になっている。適用年齢は 2 歳 0 か月〜成人。［小泉］

多母集団同時分析
multigroup analysis
7

構造方程式モデリングにおいて、複数の集団が混在するデータを同時に分析する手法。集団間で同じ**パス図**が成立する配置不変に加えて、**因子**から**観測変数**への係数が群間で等しい（たとえば $a_1 = b_1$）、観測変数の**残差分散**が群間で等しい（たとえば e_1 と e'_1 の分散が等しい）等の制約を置く測定不変、群間ですべての母数が等しいという制約を置いたモデルなどについて検討する。［杉澤］

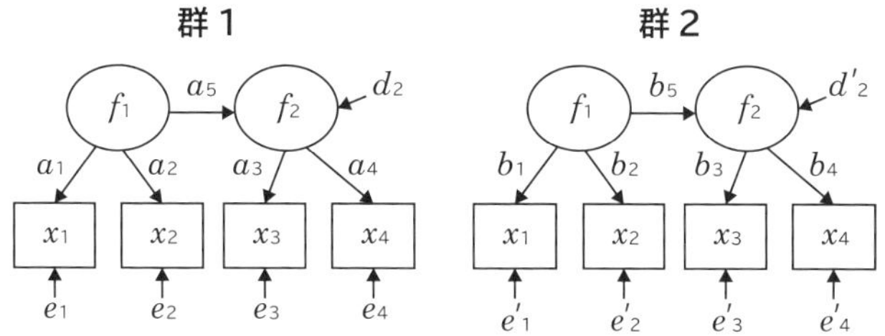

多面考課
（多面評価、360 度評価）
360-degree appraisal
8

人事評価に際して、より客観性を確保し、多面的に被評価者を評価するために、上司やその上の上司からだけでなく、同期入社の人、職場の先輩・後輩、仕事で関連がある社内の関係者、時には顧客や取引先の人などから評価を受ける仕組みである。［小野］

多様性の尊重
respect for diversity
9

高齢者や障害者、外国にルーツを持つ人、**性的マイノリティ**など、多様な人がいることを認め尊重すること。多様な人々の参加と協働を実現する地域共生社会の形成や、多様な人材が活躍できる職場環境の**ダイバーシティ**推進などに必要な考え方とされる。[田中]

単一事例（シングルケース）実験
single case experiment
1

研究参加者を一人だけ使う**実験計画**で、多数の他者を**統制群**として使う代わりに、参加者自身が統制群の役割を果たすもの。行動のベースラインを測定し比較することにより、実践場面における介入の効果を予測・分析するのに用いられる。[高砂]

単回帰分析／重回帰分析
simple regression analysis / multiple regression analysis
7

量的な**従属変数** y の値を予測する、**独立変数** x（または $x_1,\cdots,x_p$）を使った**回帰式**（$\hat{y}=b_0+b_1\,x_1+\cdots+\,b_p\,x_p$）から変数間の関係を分析する方法。独立変数が１つのとき**単回帰分析**、２つ以上のとき**重回帰分析**と呼ぶ。単回帰分析の**回帰係数**は独立変数と従属変数の**相関**関係として解釈できるが、重回帰分析では独立変数間の相関関係も結果に影響するため、さまざまな注意が必要である。たとえば、各独立変数の**偏回帰係数**は他の独立変数の影響を取り除いた成分と従属変数との関係を表し、必ずしももとの独立変数そのものと従属変数の関係を表さない。また、**多重共線性**への配慮も必要である。[杉澤]

探索質問法（SCIT）
searching concealed information test
10

ポリグラフ検査における質問法の一つで、検査する側もまだ知らない事実について、いくつかの想定される選択肢を用意し、生理的な反応をモニターしながら質問していき、相手の認識を調査する方法。遺体の隠匿（いんとく）場所、テロの実施場所などを探索する場合に用いられる。[越智]

探索的因子分析／確認的因子分析
exploratory factor analysis / confirmatory factor analysis
7

因子分析において、**因子**と**観測変数**間の関係について、あらかじめ仮説を置かないものを**探索的因子分析**、分析者の仮説に基づくものを**確認的因子分析**という。探索的因子分析では、すべての観測変数がすべての因子から影響を受けるというモデルのもとで、因子数の決定、**共通性**や**因子負荷**の推定、２因子以上の場合には因子の回転が行われる。確認的因子分析では、各観測変数がどの因子から影響を受けるかをモデルとして設定し、場合によっては

複数の母数が等値であるなどの制約を課したうえで、母数の推定やモデルの**適合度**評価などを行う。[杉澤]

探索非対称性
search asymmetry
2

複数の妨害刺激が存在する中に、特定の目標刺激を探す**視覚的探索**課題において、目標刺激と妨害刺激を入れ換えた場合に、探索時間が大きく異なる現象。たとえば、垂直線分を妨害刺激とし、斜め線分を目標刺激とした場合には、斜め線分が**ポップアウト**し、探索は並列的に迅速になされるのに対し、両者を入れ換えた場合には垂直線分はポップアウトせず、探索は逐次的になり遅くなる。この原因を**トリーズマン, A. M.** は、視覚系にはデフォルトとなる基準特徴があり、基準からずれた特徴（逸脱特徴）が存在するときに活性化が強く起こるためとしている。[行場]

単純主効果
simple main effect

2 要因以上の**分散分析**において、ある要因の水準ごとに他の要因の**主効果**について検討すること。**交互作用**が有意であった場合に行われる。指導法と教材の交互作用が有意だった場合、たとえば指導法ごとに教材の効果について見ていくことに相当する。[村井]

単純接触効果
mere exposure effect
4

接触回数の増加により、対象に対する好意度が増す現象をさす。反復して接触した対象を処理する際における、知覚的流暢性の**誤帰属**が原因とされている。**ザイアンス, R. B.** は人物の顔写真を提示する回数を変化させることで、この効果を検証した。この現象は顕在的な刺激を用いた場合だけではなく、潜在的な刺激に対しても生じることが示されている。また人物だけでなく、図形や単語、絵画など視覚的な対象から、香りなどの嗅覚、音楽などの聴覚のように幅広い対象に生じることが示されている。[村上]

男女雇用機会均等法
Equal Employment Opportunity Act
8 公

1985 年に制定された法律で、正式名称は「雇用の分野における男女の均等な機会及び待遇の確保等に関する法律」である。当初は**努力義務規定**も少なくなかったが、数次の改正を経て、現在は、募集・採用、配置・昇進・降格・教育訓練、一部の福利厚生、職種・雇用形態の変更、退職の勧奨・定年・解雇・労働契約の更新など性別を理由とする差別や、婚姻・妊娠・出産等を理由とする不利益取扱い、男性に対する差別、**セクシャル・ハラスメント**、

マタニティ・ハラスメント、実質的に性別を理由とする差別となるおそれがある**間接差別**の禁止がうたわれている。［小野］

地域生活支援事業
community life support service
9

障害者の自立生活に向けて市町村が柔軟な形態で実施する事業。必須事業として相談支援、**成年後見制度**利用支援、意思疎通支援、日常生活用具給付等がある。任意事業として障害者の日常生活や社会参加、就労等の支援事業がある。［藤田］

地域包括支援センター
community comprehensive support center
9 公

地域住民の心身の健康の保持および生活の安定のために必要な援助を行うことにより、その保健医療の向上及び福祉の増進を包括的に支援することを目的とする施設。市町村が設置主体となり、保健師・**社会福祉士**・主任**介護支援専門員**等が配置される。各専門職が連携して、総合相談、権利擁護、包括的・継続的**ケアマネジメント**、介護予防マネジメント等の業務を行う。また、地域ケア会議や認知症施策と在宅医療・介護連携の推進、生活支援サービスの体制整備に係る事業を実施し、地域包括ケアの実現に向けた中核的機関としての役割を担っている。［藤田］

チーム学校
school as a team
3 公

校長のリーダーシップのもと、カリキュラム、教育活動、学校の資源等が組織的にマネジメントされ、教職員や学校内の多様な人材が専門性を発揮し、学校と地域が連携しつつ、生徒指導や教育活動を充実させることができる学校の体制をさす。［小泉］

チームワーク
teamwork
8

メンバー間でコミュニケーションをとりながら、他メンバーの動向を観察し合って、気づいたことを報告・指摘し、相互支援、相互調整していくチーム活動。またそのプロセスのこと。［山浦］

知覚的補完
perceptual completion
2

刺激情報の一部欠損にもかかわらず、刺激布置全体の情報によって欠損が補われた知覚内容がもたらされる現象のこと。補われた領域が実際に感覚される場合と、感覚は生じないが、それが実在していると知覚される場合がある。前者は**感覚的補完**と呼ばれ、**主観的輪郭**や**仮現**（かげん）**運動**、**盲点の補充**などが含まれる。後者は**非感覚的補完**と呼ばれ、**重なり**や**遮蔽**（しゃへい）の知覚や、地が図の背後まで連続するように知覚される例などが挙げられる。感覚的補完は迅速

になされるが、非感覚的補完はより長い時間を要することが報告されている。［行場］

知覚の恒常性
perceptual constancy

感覚器でとらえられる刺激（**近刺激**）は、観察者の状態や周囲の環境状況によりさまざまに変化するが、知覚される内容や属性は比較的一定に保たれ、外界の実際の対象（**遠刺激**）の性質に近いものになるという知覚の基本特性をさす。たとえば、人が遠くに立つほどその網膜像は小さくなるが、小人としては知覚されることはない（**大きさの恒常性**）。このほかにも**形・色・明るさの恒常性**、**音の大きさの恒常性**、**速さの恒常性**などがある。恒常性が働くことにより、混沌とした変化に戸惑うことなく、一貫性を持つ安定した知覚世界がもたらされる。［行場］

逐次処理／並列処理
serial processing / parallel processing

情報処理には大きく 2 つの処理方式がある。一方は現在の**ノイマン型コンピュータ**のように、一つの処理が終わると次の処理に進む**逐次処理**方式で、**直列処理**とも呼ばれる。他方は、脳内の**神経回路網**や**コネクショニズム**に見られる**並列処理**方式で、複数の処理が同時に分散的になされる。知覚や認知の過程をモデル化する際にもこのような考え方が広く適用されている。一般に、**前注意的処理**などの低次の段階では素早い概略的な並列処理が行われるとされ、**集中的注意処理**などの高次の段階では時間をかけた分析的な逐次処理がなされることを想定する場合が多い。［行場］

知性の構造モデル
structure of intellect model

ギルフォード, J. P. は、5 つの知的操作、4 つの知的操作の内容、6 つの知的活動の所産という 3 次元から構成される知的能力のモデルを考え、これらを掛け合わせた 120 の因子の知能構造モデルを提唱した。その後因子は 150 因子へ拡大された。［小泉］

知的能力障害
intellectual disability (DSM-5)

DSM-5 では**精神遅滞**をこの用語に置き換えた（ICD-11 は知的発達障害）。先天的／早期後天性における障害により精神発達の遅れや発達不全が生じ、知的機能の欠陥、身辺処理や社会生活適応困難が持続する状態。適応機能障害を基準に重症度を決定する。［沼］

知能
intelligence
3 4 10

知能については、**知能検査**の開発とともにさまざまな定義がされている。**スピアマン, C. E.** の **2 因子説**や、因子分析法の開発により**サーストン, L. L.** の**多因子説**、**ギルフォード, J. P.** の**知性の構造モデル**、**キャッテル, R. B.** の**流動性知能**と**結晶性知能**（**Gf-Gc 理論**）、キャッテル、**ホーン, J. L.** 、**キャロル, J. B.** の **CHC 理論**などが登場した。さらに「知能は社会の中で自己の目標を達成したり適応したりするための能力」という視点から**スタンバーグ, R. J.** の**知能の鼎立（ていりつ）理論**、**ガードナー, H.** の**多重知能理論**などが登場した。［小泉］

知能検査
intelligence test
1 3 5 7 公

複数の領域から**知能**の程度を測定する検査。大人数の集団に対して同時に行うことができる集団式検査と、対面で行う個別式検査がある。個別式検査は 1905 年に**ビネー, A.** らが**ビネー・シモン検査**を世界で初めて発表し、1916 年に発表された**ターマン, L. M.** による**スタンフォード・ビネー知能検査**によって世界に広まり、多くの検査が開発された。一方、集団式検査は第一次世界大戦時に志願兵の選別のためにアメリカで標準化された**陸軍式検査**などが戦後に一般公開されたことにより、開発が進んだ。［小泉］

知能指数（IQ）
intelligence quotient
1 3 5 7 公

子どもの知的水準を年齢で表す**精神年齢**（**MA**）に対し、子どもの暦年齢を**生活年齢**（**CA**）という。**知能指数**（**IQ**）とは、生活年齢を基準に知能の発達の遅速を表す尺度であり、「知能指数＝精神年齢(MA)÷生活年齢(CA)×100」という計算式で算出される。**シュテルン, W.** が精神年齢を生活年齢で割ることを提案し、**ターマン, L. M.** が 1916 年に**スタンフォード・ビネー知能検査**で知能指数を採用したのが始まりである。現在では同年齢集団の中での知能の相対的位置を示す**偏差知能指数**（**DIQ**）がよく使用される。［小泉］

チャンク
chunk
2

一かたまりの情報を**チャンク**と呼ぶ。たとえば電話番号を市外局番－市内局番－加入者番号のかたまりに**チャンク化**すると、記憶が容易になり、**記憶術**でもチャンク化がよく使われる。**ミラー, G. A.** が**短期記憶**の容量を 7±2 チャンクとしたことは有名。［行場］

注意欠如・多動症／注意欠如・多動性障害（ADHD）
attention-deficit/hyperactivity disorder

攻撃的で落ち着きのない子どもに関する1902年の**スティル, G. F.** の論文を嚆矢（こうし）とし、多くの研究や概念の変遷後、DSM-IVでADHDとされた診断名である。DSM-5での基本特徴は、**不注意かつ／または多動・衝動性**の持続的な様式で、不注意の9項目6つ以上、多動・衝動性の9項目6つ以上が12歳以前に出現し、2つ以上の場面で存在し、6か月以上続く。社会生活や学業・仕事で支障をきたすため、詳細な生育歴の聴取、家庭や学校・職場での**行動評価**（心理尺度活用）が重視され、心理社会的対応と薬物療法の包括的治療が推奨されている。［沼］

注意障害
attention deficits

高次脳機能障害の一つである。高次脳機能障害は、主に、**失語**、**失行**、**失認**をさすが、広くは記憶障害、**注意障害**、意欲の障害、動作の持続の障害も含まれる。病気や、脳外傷等の事故によって脳が損傷されたために障害が引き起こされることが多い。［高瀬］

注意の瞬き（またたき）
attentional blink

高速連続提示される視覚刺激（**RSVP**）の中に特定の標的を検出して報告すると、後続の標的が0.5秒より短い間隔で出現した場合に検出が阻害され、見落としが起こる現象。**注意**の停留、記憶レベルの処理不全など、さまざまな原因が挙げられている。［行場］

注意バイアス
attentional bias

認知や感情の個人特性により、特定の刺激群に偏って**注意**を向けやすくなっている状態。たとえば、不安傾向が強い人は、怖い対象やネガティブな単語などに注意を向けやすくなる。強すぎる**注意バイアス**を緩和する種々の**心理療法**が試みられている。［行場］

中央値（メジアン／メディアン）
median

データの値を大きさの順に並べた場合に真ん中に位置する値であり、**代表値**の一つである。データ数が偶数個の場合は真ん中の2つの値の平均とする。**外れ値**がある場合や分布の歪（ゆが）みがある場合に、**平均値**と値が大きく異なる場合がある。［村井］

中心極限定理
central limit theorem

母集団分布の種類によらず、サンプルサイズ n が大きくなれば（実用的には $n=20$ 程度あれば）、標本平均 $\bar{X}$ の標本分布は平均 μ、分散 $\frac{\sigma^2}{n}$ の正規分布 $N\left(\mu, \frac{\sigma^2}{n}\right)$ に近づくという定理。ここで、

μとσ^2はそれぞれ母集団分布の平均と分散である。［山田］

中枢神経系
central nervous system
4 6 9 公

神経系は大きく**中枢神経系**と**末梢神経系**に分けることができる。このうち、中枢神経系は**脳**と**脊髄**から構成されている。脳は上から**大脳**、視床や視床下部がある**間脳**、そして、**脳幹**と呼ばれる**中脳**、**橋**、**延髄**へと続き、脳幹背側部を**小脳**が覆う構造となっている。脳を構成する神経細胞の**樹状突起**、**軸索**の構造的変化は発生期に顕著であるが、成体期でも起こる。一方、同一の神経細胞が実質的に蘇る現象、すなわち神経細胞そのものの再生は、哺乳類の中枢神経系では存在しないと考えられている。これは、再生を阻害する因子の存在が原因であると考えられている。［髙瀬］

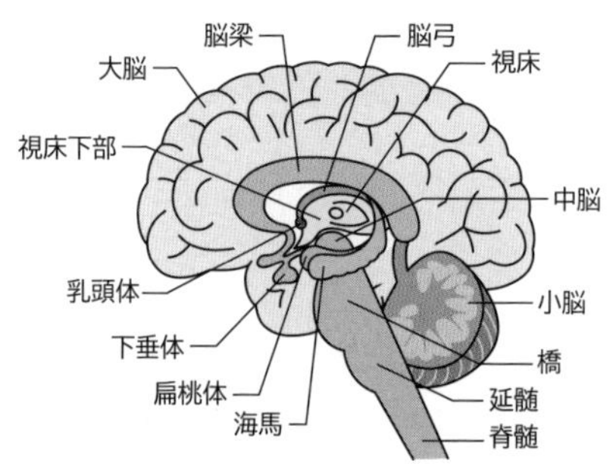

中性刺激
neutral stimulus
2

ある生物個体にとって、生得的に誘発・強化・弁別機能を有していないすべての刺激。刺激と刺激の随伴性（たとえば**レスポンデント条件づけ**）を通して、**中性刺激**は新たに誘発・強化・弁別機能を有するようになる。［坂上］

中年期危機
midlife crisis
3 公

成人期の後半である**中年期**に、体力の衰えといった生物的変化や、子の自立・夫婦関係の変化・職業上の限界感といった社会的変化を体験することで、自己の有限性を自覚し、自分の生き方を見直すといった**アイデンティティ**の再構築化の過程のこと。［小泉］

中和の技術
techniques of neutralization
10

漂流理論（**ドリフト理論**）の基礎をなす考えが、**サイクス, G. M.** と**マッツァ, D.** の**中和の技術**である。漂流理論では、非行少年たちは常に非合法的文化に没入しているわけではなく、非合法的文化と合法的文化を行き来しながら（漂流しながら）生活していると考える。非合法的文化と合法的文化の間を漂流しているがゆえに、非行少年たちといえども合法的文化の中で犯罪や非行を行ったことを弁解（**合理化**）する必要が生じる。このときに用いられる弁解の方法が、中和の技術である。中和の技術には、自己責任の否定（進んでではなく、しかたなくやった）、損害の否定（誰にも迷惑をかけていない）、被害者の否定（悪いのは被害者のほうだ）、非難者への非難（自分を非難する資格があるのか）、高度な忠誠心への訴え（仲間のためにやった）がある。［荒井］

聴覚情景分析
auditory scene analysis

耳に入る一次元の複雑な音波から、音源や音脈を分離したり、**体制化**したりして、音環境の空間配置を再構成し、どのような場面で何が起こっているのかを認識する聴覚系の高次の働きを**聴覚情景分析**という。［行場］

長期増強
long-term potentiation

カナダの心理学者**ヘッブ, D. O.** は、1949 年の著書の中で、神経細胞と神経細胞が連絡を取り合う**シナプス**の構造的・機能的変化が学習・記憶の神経機構であるという、後の神経科学の基盤的知識となる仮説を提唱した。これは後に**ヘッブ則**と呼ばれた。1966 年、**レモ, T.** は、特定の神経細胞に高頻度で電気刺激を加えると、その神経細胞が情報を伝えるシナプスの伝達効率が上昇することを明らかにし、ヘッブの仮説を裏づけた。この現象は**長期増強**と呼ばれる。海馬（かいば）で長期増強が起きないマウスでは、空間学習能力が低下していることが報告されている。［高瀬］

長期抑圧
long-term depression

特定の神経細胞に高頻度で電気刺激を加えると、その神経細胞が情報を伝える**シナプス**の伝達効率が上昇する**長期増強**という現象が発見された。その後、電気刺激が低頻度であると、シナプスの伝達効率が低下する**長期抑圧**という現象も発見された。［高瀬］

調査法
survey research

心理学の**調査法**は**質問紙**を用いた**質問紙法**が主流であるが、電話調査や**ウェブ調査**も含まれる。長期にわたる追跡が可能である反面、回答のしかたが画一的であったり、回答者の反応を客観的にとらえることができない点があったりする。［高砂］

超自我
super-ego
5

フロイト, S. の心的構造論では、**超自我**は主に両親の言動を取り入れた価値観（道徳心）を示している。超自我があまりに強力だと融通が利かなくなり、**イド**（**エス**、無意識的衝動）に従えば放縦な行動になってしまう。この調整を担うのが**自我**である。［村松］

跳躍伝導
saltatory conduction
6

有髄神経繊維における興奮が絶縁性の高い髄鞘に達すると逃げ場を失った局所電流は一気に**ランビエ絞輪**にまで流れるため、ランビエ絞輪において活動電位を引き起こし、結果として伝導速度は速くなる。これを**跳躍伝導**と呼ぶ。［髙瀨］

調和性
agreeableness
4

パーソナリティの**特性 5 因子モデル／ビッグ・ファイブ**における特性次元の一つ。他者への信頼、寛大さ、協力的態度といった特徴を有する、友好的・利他的なパーソナリティ特性。**共感性**が高く、温かく調和的な対人関係を志向するとされる。［岩佐］

直観像
eidetic image
3

過去に知覚した事物が、目の前にあるかのように明瞭に再現される心的な視覚イメージ。数分や数時間後にも見えることから**残像**と区別される。また、外界に存在するのではなく自分がイメージしていると意識していることから**幻覚**と区別される。［小泉］

直交解／斜交解
orthogonal solution / oblique solution
7

2 因子以上含まれる**因子分析**において、すべての**共通因子**は**無相関**であると仮定して求められた結果を**直交解**、共通因子間に相関を認めた場合の解を**斜交解**という。因子の回転法によってどちらになるかが決まる。直交解は**因子負荷**の値が共通因子と観測変数の**相関係数**（**因子構造**）と等しく、因子負荷の二乗を観測変数ごとに合計したものが**共通性**となり、**因子寄与率**を一意に定めることができるなど、数理的にシンプルである。斜交解はこれらの性質を持たないが、より自然な仮定で、解釈が容易な**単純構造**に近づけやすいため、近年では多くの研究で採用されている。［杉澤］

地理的プロファイリング
geographic profiling
10

プロファイリングの一種で、入力情報あるいは出力情報の一部または全部が地理的な変数になる手法。最初の実証的な研究は**カンター, D. V.** によって行われた連続放火犯人の居住地を推定する**サークル仮説**の研究と、**キム・ロスモ, D.** によって行われた連続犯罪の居住地推定ソフトウェアの開発研究である。現在では犯人の居住地推定だけでなく、次の犯行地点の予測などの研究も行われている。放火や性犯罪の犯人は自宅の周りでは犯罪を行わない（**バッファーゾーン**）が、そこから一定の距離のドーナツ状の範囲で犯行を行うなどの法則が発見されている。［越智］

通過儀礼
rite of passage

ある状態から別の状態への移行や、ある場所から別の場所への移動の際に行われる儀式のこと。成人式、結婚式、入社式などのライフイベントも該当する。**ファン・ヘネップ, A.** が体系化した概念で**通過儀礼**は分離期、過渡期、統合期という３つに分類される。［小泉］

強み（ストレングス）
strength

人の能力を最大限に発揮させ、最善を尽くすことを可能にさせる特性。人は自然に容易に発揮できる特徴的な強みを持つ。**強み**を認識し、活用するときにこれが本当の自分だという本来感が生じ、ポジティブ感情・活力・達成感を得られるようになる。また、人生の目標へ向かう自律的な動機づけとなり、効果的なセルフコントロールを可能にする。強みを生かすことで自らの行動レパートリーを拡張し、さまざまな活動を通じて将来に役に立つ資源を形成する。その結果、強みは良好な人間関係の構築や精神的健康の保持、**ウェルビーイング**に対して良い影響をもたらす。［藤田］

ディーセント・ワーク
decent work

働く人々の仕事の場における心身両面や経済的・社会的な**ウェルビーイング**を示す言葉で、わが国では「働きがいのある人間らしい仕事」と訳されている。1999 年の ILO 総会で最初に用いられ、社会の変化に伴い変化した労働の態様に対応して **QWL** や**労働の人間化**という言葉に置き換わったものという主張も少なくない。先進工業国では、この言葉は自己実現や自律性などの**成長要求**の充足を可能にする仕事を意味することが多いが、発展途上にある国々では、衣食住が安定的に充足され健康で安全な生活を維持できる仕事やその環境を意味することもある。［小野］

抵抗
resistance

抵抗は、**精神分析**や**心理治療**において、クライエントが変化に向かおうとしない言動を示す。抵抗を、治療関係におけるクライエントと治療者の相互理解の素材ととらえられると、治療関係の展

た

開に資する可能性がある。[村松]

デイサービス
day service
9

日常生活に支障がある高齢者や障害者に入浴・排泄・食事等の介護、機能訓練、相談・助言その他日常生活上の支援を行うサービス。施設には主に昼間に通所する。在宅福祉三本柱の一つで、孤立感の解消、心身機能の維持などの効果が想定されている。[藤田]

提示型（正の）強化子／除去型（負の）強化子
positive reinforcer / negative reinforcer
2

環境に新たに何かが付け加わることで、それに先行する反応が増加した場合、その付け加えられた刺激を**提示型（正の）強化子**、逆に新たに何かが取り去られることで増加した場合、その刺激を**除去型（負の）強化子**と呼ぶ。提示型強化子の典型なものは食物や水、除去型強化子は電気ショックである。除去型強化子は逃避や回避の学習場面でよく用いられる。提示型弱化子、除去型弱化子についても、先行反応が増加ではなく減少する場合として置き換えることで同様に考えることができるが、情動反応を形成し、学習を阻害することが指摘されている。[坂上]

低自己統制
low self-control
10

パーソナリティと犯罪との関係を指摘した研究はいくつかあるが、その中で**低自己統制**を犯罪原因と位置づけたのは、**ゴットフレッドソン, M. R.** と**ハーシ, T. W.** である。彼らは、著書**『犯罪の一般理論』**の中で、犯罪文化や犯罪機会などのそれまで重視されてきた犯罪原因を否定し、犯罪を最もうまく予測するのは**低自己統制**であるとする。ここでいう低自己統制は、長期的コストを考慮せず、一時的な利益を即座に得ようとする傾向である。低自己統制者は衝動的で、即時的、近視眼的な特徴を持つため、短絡的に犯罪を行う可能性が高くなる。低自己統制を測定する測度としては、**グラスミック, H. G.** らの作成した**刹那(せつな)主義**と**利己主義**の2次元からなる低自己統制尺度が知られている。[荒井]

ディスレクシア
dyslexia
3 公

「流暢(りゅうちょう)に文章を読めない」「音読に時間がかかる」「文章の読解ができない」など、言葉の音韻に関する障害のこと。また音を文字に変換することも難しいため、「文字が書けない」「綴りが正確でない」などの書字の困難さもあることから、読みと書きの障害といわれている。知的発達が正常であっても、読みと書きの困難さにより語彙(ごい)や知識が獲得できないため、学習に困難さを抱えることがある。**ディスレクシア**は、後天的な脳障害ではなく、脳の機能に関する先天的な障害であることから、**発達性ディスレクシア**とも表現される。[小泉]

デイリーハッスルズ
daily hassles
9

人間関係の悪化、長時間労働、騒音、睡眠不足など、日常で起きるわずらわしい出来事のこと。災害や転勤などの大きな出来事だけが**ストレッサー**になるのではなく、日常的な環境や日々の出来事も慢性的に続けば**ストレス**となり、心身に影響をもたらす。[田中]

デートバイオレンス（デート暴力）
dating violence
9 10

恋愛関係において、日常的、反復的に身体的暴力、心理的攻撃、性的強要、社会的制限などの加害行為を行うことやほのめかすこと。このうち、恋人間、友人間など既知の人間関係の中で起こる**レイプ**を**デートレイプ**ともいう。なお一般には**デート DV** と表現されることもある。これらは男性から女性への暴力と考えられがちだが、必ずしも男性から女性への暴力とは限らない。婚姻関係、恋愛関係のような親密な人間関係で生じる暴力という共通点から、**ドメスティック・バイオレンス（DV）**と**デートバイオレンス**とを併せて、**親密関係での暴力（IPV）**ということもある。[荒井]

デオキシリボ核酸（DNA）
deoxyribonucleic acid
6

遺伝情報の継承と発現を担う**デオキシリボ核酸（DNA）**は、デオキシリボース、リン酸、核酸塩基から構成され、デオキシリボースの部分から核酸塩基が飛び出した形をしている。核酸塩基には**アデニン**（A）、**グアニン**（G）、**シトシン**（C）、**チミン**（T）の 4 種類があり、それぞれ略称で A、G、C、T と記される。生体では DNA は二本鎖(にほんさ)で存在し、さらにその二本鎖はらせん構造をとる。これは**二重らせん構造**と呼ばれている。DNA が二本鎖になる場合、核酸塩基どうしが水素結合し、A は T と、G は C と組合せを作ることが DNA の構造上の法則となっている。[髙瀬]

敵意帰属バイアス
hostile attribution bias
10

対人認知に関するバイアスの一つで、他人の言動に対して、相手が自分に対して悪意を持っているとか、攻撃をしている、嫌みや皮肉を言っているなどと考えてしまいやすい傾向のことをさす。**敵意帰属バイアス**を持って人と接すると対応が攻撃的になりやすく、その結果として相手が実際に敵意を感じてしまい、**自己成就予言**が成立することが少なくない。敵意帰属バイアスの背景には、病理的なものでは**被害妄想**があるが、それ以外にも低い**自尊心**と高いプライドの共存などが関係している。［越智］

適応障害
adjustment disorder
5 8

基本特徴は、重大な生活上の変化や明確に特定できる**ストレッサー**（**ストレス因**）への反応として、情動面や行動面の症状が出現し、ストレッサーにつりあわない著しい苦痛を伴う状態のため、社会的機能や行動が妨げられる。**ストレス**から3か月以内に起こり、ストレッサーが終結すれば持続は6か月を超えない。**抑うつ**気分を伴う、**不安**を伴う、素行の異常を伴うなど症状は多彩である。ストレッサーは広範にあり、発症に個人的素質や脆弱(ぜいじゃく)性も影響するが、ストレッサーがなければこの状態は起きなかったと考えられる。症状が6か月以上持続すると慢性の適応障害となる。［沼］

適合度指標
fit index
7

ある統計モデルが実際のデータに当てはまる程度を評価するための指標。**共分散構造分析**では**CFI**、**GFI**、**RMSEA**などが用いられる。ここでいう**適合度**とは、**残差**項も含めたモデル全体が、データの共分散行列をどの程度再現できるかを示したものといえる。［杉澤］

テキストマイニング
text mining
7

テキストをデータとして知見を「掘り出す（mining）」量的手法のこと。大量データを用いることが多い。ウェブからテキストを収集するスクレイピング、自然言語処理、機械学習（統計解析を含む）を実行するツールが整備され、急速に普及した。［寺尾］

適性検査
aptitude test
1 8

職業適性検査や**進学適性検査**のように、特定の分野における能力や特性を調べる心理検査。アメリカでは大学進学適性検査を当初Scholastic Aptitude Test（SAT）と表記していたが、近年は適性をやめて**アセスメント**（Assessment）に変更している。［高砂］

適性処遇交互作用（ATI）
aptitude treatment interaction
3 7 公

個人の特徴（**適性**）によって、教育・学習の方法（**処遇**）の効果が異なることを示したもの。**クロンバック, L. J.** によって示された用語。適性とは、学習者の性格、知能、学力、興味などの内的要因のことをさす。処遇とは、教授法、学習法、教室環境などの外的要因のことをさす。学習者の個人差に着目し、それに合わせた教授法・学習方法が採用されることにより、学習の成果が得られることを示している。たとえば、外交的な性格の人にはディスカッション、内向的な性格の人には映像提示が効果的であることを示した研究がある。［本郷］

テクスチャーの勾配（肌理の勾配）
texture gradient
2

ギブソン, J. J. が**生態学的視覚論**の観点から重要性を強調した奥行きの手がかりの一つ。外界に広がる面には、地面や水面、家並みなどのように、無数の構成要素が分布している。一般に、遠方にある面の要素の密度は細かく、近くにある面の密度は粗い。このような視環境の特性を**テクスチャーの勾配**（**肌理の勾配**）と呼ぶ。対象がテクスチャー面上に位置する場合、観察距離が変化しても対象とテクスチャー構成要素のサイズ比は一定となるので、このような**光学的不変項**を生体がとらえれば**大きさの恒常性**を直接的に説明できる。［行場］

テスト効果
testing effect
2

読んだり書いたりするだけでなく、テストを受けるときなどにしている情報を探索する行為によって、その情報の記憶が強められる現象。連想記憶のメカニズムから説明されている。［坂上］

テストの標準化
standardization of a test
7

テストの結果を、**準拠集団**（テストが想定する対象者全体）における**標準得点**を用いて相対的に解釈できるようにするための手続きのこと。準拠集団の設定、テストの実施方法の明確化、**項目分析**、**信頼性**と**妥当性**の検討、得点分布の推定などを含む。［寺尾］

テストバッテリー
test battery
1 5 公

検査を組み合わせること。**心理検査**、なかでも**パーソナリティ検査**においては手法ごとに一長一短があり、単独で万能な検査は不可能であることから、複数の異なる種類の検査を組み合わせたり、異なる時期の検査を行ったりすることが求められる。［高砂］

デフォルト・モード・ネットワーク（DMN）
default mode network
2

特定の課題に取り組んでいないとき、あるいはとりとめのないことを考えているときや、ぼおっとしているときなどに、むしろ活性化が強くなる脳内の内側前頭前野、後部帯状回、下頭頂小葉などを中心としたネットワーク（**DMN** と呼ばれる）のこと。安静時の脳活動とはいえ、脳全体のエネルギー代謝の60%以上を占めるとされる。DMNの機能としては、脳活動を準備状態（アイドリング）に保つこと、離散した脳内情報を整理することなどが挙げられている。近年、DMNと**創造的思考**や、**マインドワンダリング**などとの関係が盛んに研究されている。［行場］

デブリーフィング
debriefing
1

本来は「事後報告」という意味の軍隊用語。心理学の研究においてデブリーフィングが求められるのは**インフォームド・コンセント**の実施が十分とはみなされない場合であり、実験や調査が終わった時点で参加者に十分な説明を行わなければならない。［高砂］

デルタ波（δ波）
delta wave
6

脳波計で記録される**デルタ波（δ波）**は周波数が4Hz（ヘルツ）以下の波であり、中等度睡眠に当たる睡眠段階3では、デルタ波は20〜50%未満見られる。また、深睡眠に当たる睡眠段階4では、デルタ波が50%以上を占める。［高瀬］

テレワーク／リモートワーク
teleworking / remote work
8

在宅・モバイル・サテライト勤務などオフィスから離れた所で、主として情報通信技術を用いて行う働き方である。人々の多様な働き方のニーズへの対応、優秀な人材の獲得・定着、コスト削減、伝染病や災害時の勤務継続などのメリットもあるが、情報セキュリティや勤怠・タスク管理が大きな課題である。［小野］

転移
transference
5 公

精神分析における**転移**とは、クライエントにとって重要な人（それは乳幼児期の両親である場合が多い）との関係が、治療者との間に移し変えられることを示している。転移には主に陽性転移と陰性転移があり、治療場面で再現される関係性の由来を治療者は患者とともに探求していくことになる。［村松］

電気刺激法
electric stimulation
6

脳のある部位を電気的に刺激すると、その部位が担う機能が発現する。たとえば、四肢を動かす機能を担っている運動野（うんどうや）を電気刺激すると、その刺激によって四肢が動く。このように脳の各部位が担う機能を調べる方法は**電気刺激法**と呼ばれる。［高瀬］

伝記的方法
biographical research

質的研究法の一つで、日記、手紙、自伝、語られた回想、その他関連する資料に基づいて、人々の人生を再構成し、解釈しようとする方法。単一の事例からどこまで一般化できるか、あるいは体験と語られたものの相違をどう扱うかという問題を伴う。［高砂］

転写
transcription

タンパク質を合成する際、二本鎖の **DNA** は一本鎖となり、露出した AT もしくは GC の組合せを作っていない核酸塩基に **RNA** が結合して、**メッセンジャーRNA（mRNA）**が作られる。この DNA から mRNA が作られる過程を**転写**と呼ぶ。［高瀬］

点推定／区間推定
point estimation / interval estimation

統計的推測には検定と推定がある。**標本統計量**を用いて**母数**を推定する場合、推定結果を単一の値で表すことを**点推定**と呼び、ある程度の幅で表すことを**区間推定**と呼ぶ。区間推定では、点推定値の周りに構成した区間、すなわち、**信頼区間**を算出する。［山田］

伝導失語
conduction aphasia

表出性失語や**受容性失語**と同じ**失語症**の一種である。**伝導失語**では、脳の弓状束が損傷を受けた際に、言語の理解と自発的な会話は障害されないが、言語を聞いてすぐにそれを反復することが困難になる症状を呈す。［高瀬］

店頭マーケティング
in-store marketing

インストアマーケティングとも呼ばれる。実店舗で消費者に向けて特定のブランドの購買を促し、その実店舗での売上効果の向上を図るマーケティング活動。その促進策として、大きくは価格主導型と非価格主導型の 2 つがある。［山浦］

展望記憶／回想記憶
prospective memory / retrospective memory

自分が今後、何をするべきかを覚えておくような、将来の事柄に関する記憶を**展望記憶**という。社会生活を円滑に営むには展望記憶は極めて重要であり、認知症などでその機能が低下すると、日常のスケジュールなどをこなせなくなる。一方、**回想記憶**は過去の出来事の記憶であり、特に自己の発達にかかわる記憶は**自伝的記憶**と呼ばれる。高齢者では、10 歳から 30 歳頃付近で想起される事柄の数が多くなる**レミニッセンスバンプ**現象が見られ、**自我同一性**の確立期に当たることと関連づけられている。［行場］

店舗内購買行動
in-store consumer purchase behavior

店舗内での購買行動は、**非計画購買**の割合が高いといわれる。そのため購買行動の促進には、購買時点の店舗内で商品の存在、その価値や魅力を伝え消費者の購買意欲を喚起させるPOP（point of purchase）広告の掲示、関連商品がすぐに手に取れるような商品棚の陳列などの工夫が望まれる。［山浦］

投影法（投映法）
projective technique

投影法は構造自体が緩やかであるため、検査の信頼性・妥当性については十分留意する必要がある。しかし、被検者への刺激が多様であるために、被検者の知的能力、パーソナリティの傾向（自我機能の水準など）や行動の特徴などを把握することができ臨床場面では有用性が高い。投影法には、**ロールシャッハテスト**、**主題統覚検査**（**TAT**）、**人物画テスト**、**文章完成法**（**SCT**）などがあるが、どういった検査から被検者の課題が読み取れるかを事前に評価して**テストバッテリー**を組むことが望ましい。これらのことから、検査者の熟達度が求められる検査法といえる。［村松］

同化／対比
assimilation / contrast

刺激の特性の差異を小さく感覚してしまう現象を**同化**という。たとえば、ある色が他の色に囲まれているとき、その色は周囲の色に近づいた色合いに感じられる。一方、刺激の特性の違いを強調して感覚する現象を**対比**と呼ぶ。たとえば、塩味がするものを食べた後に甘いものを食べると、甘みがより強く感じられる。大きさ知覚に関する**幾何学的錯視**（さくし）では、**デルブーフ錯視**が同化、**エビングハウス錯視**が対比現象として有名である。一般に刺激の特性の差異が小さいときには同化現象が、大きいときには対比現象が生じやすいとされる。［行場］

デルブーフ錯視

左の図形の外円と右の図形の内円は中央の円と同じ大きさであるが、近傍の円との同化により、左の外円はより小さく、右の内円はより大きく見える。

エビングハウス錯視

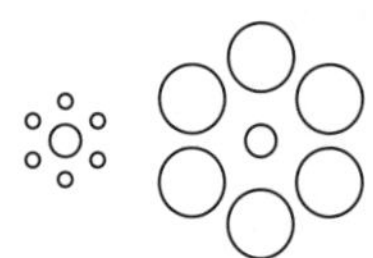

左と右の図形の中心の円は同じ大きさであるが、対比により右側の円が小さく見える。

同化／調節
assimilation / accommodation

同化とは自分の持っている**シェマ**（認知や行動の枠組み）と合う経験を、行動レパートリーとして取り入れることをさす。**調節**とは自分の持っているシェマに合わない経験をしたとき、経験に合わせて自分のシェマを変えていくことである。［小泉］

動機づけ（モチベーション）
motivation

行動に目的や方向性を与える推進要因をさし、生存上重要な一次的な**動機づけ**、発達過程もしくは社会化の過程で獲得された二次的な動機づけや、有形な「報酬」（**強化子**）に代表される**外発的動機づけ**、無形な「興味」「選好」に代表される**内発的動機づけ**という分類がある。［坂上］

動機づけ－衛生要因理論
motivation-hygiene theory

ハーズバーグ, F. による**職務満足**のモデル。仕事に関する満足－不満足は１次元の連続体上にあるのではなく、満足と不満足をもたらす条件はそれぞれ異なるという２次元的なものであるとした。この理論では、達成、承認、責任などの仕事内容に関することは、経験すれば仕事への動機づけを誘発し高い満足をもたらすことから、**動機づけ要因**と呼んだ。他方、給与、対人関係、労働条件などの仕事環境は、仕事への満足を高めるというよりも、不満の発生を抑制・予防するものであるとして、**衛生要因**と呼んだ。［山浦］

動機づけ面接
motivational interviewing

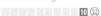

ロルニック, S. の提唱した**カウンセリング**手法で、**クライエント**がこうありたいと望む生き方と、現実の生き方の間にある矛盾を自ら発見させ、行動を変えることの動機づけを生み出させる方法。嗜癖（しへき）や非行などのケースで使いやすい。［越智］

統計的検定
statistical test
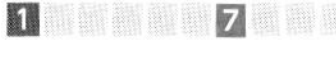

帰無（きむ）仮説検定、統計的仮説検定、有意性検定ともいう。**母数**の値に関する仮説（**帰無仮説**と**対立仮説**）を立てて、データ（**標本**）に基づいてその仮説を棄却するかどうかの判断をすることをさす。心理学研究でよく用いられる検定には、**独立な２群の t 検定**、**対応のある t 検定**、**相関係数の検定**、**χ^2 検定**、**分散分析**などがある。統計的検定は以下の５つの手順で行われる。①帰無仮説と対立仮説を設定する。②**検定統計量**を選択する。③**有意水準**を定める。④標本から検定統計量の実現値を求める。⑤帰無仮説を棄却するかどうかの判断をする。［山田］

統計的プロファイリング
profiling based on statistics
10

事件の犯人はどのような属性を持った人物なのか、あるいはどこに居住しているのかなどの情報を推定する場合に、多数の過去のデータをもとにして、統計的な手法を用いて推定する方法。**多次元尺度構成法**、**ロジスティック回帰分析**などが用いられる。[越智]

統合失調症
schizophrenia / [独] Schizophrenie
4 5 公

クレペリン, E. が独立した疾患単位として提唱し、**ブロイラー, E.** が**統合失調症**（スキツォフレニー）と名づけて以来、躁(そう)うつ病と並ぶ代表的な**内因性**精神疾患。**シュナイダー, K.** は鑑別(かんべつ)に役立つ**一級症状**（異常体験）を提唱。DSM-5 では**妄想**、**幻覚**、まとまりのない発語、**緊張病性行動**、**陰性症状**のうち 2 つ以上が 1 か月間存在し、仕事、対人関係、自己管理の水準が病前より著しく低下、その状態は 6 か月以上持続するとしている。成因はドーパミン仮説、神経発達障害仮説など多岐に渡る。薬物療法を主体とし病期に応じ精神療法、リハビリテーション、社会復帰を導入。[沼]

洞察
insight
5

治療者との対話などを通じて、自己理解や自分の状況（問題）に対する認識が深まると、自己や他者について新しい視点が得られてくる。**洞察**はこの過程において体験されるものであり、多くは心理面接過程の深まりの中で見られる。[村松]

洞察学習
insight learning
2 公

ゲシュタルト心理学者の**ケーラー, W.** によるチンパンジーの「知恵試験」では、高い天井につるされたバナナを取るために、床に置いてある箱をバナナの下に移動させて積み上げ、最終的にはそれに上ってバナナを手に入れる。このようにこれまで明示的に訓練されてはいない**問題解決**場面で、個別の反応を新しく組み合わせることでこれまでになかったまったく新しい一連の反応を作り出し、それによって問題が解決することを**洞察**と呼び、その反応の獲得過程を**洞察学習**と呼ぶ。しかし個別の反応は既学習であることから、**反応連鎖**の可能性を否定できない。[坂上]

洞察的問題解決
insight problem solving
2

洞察学習に基づいた**問題解決**（方法）。現状と目標との間に差があり、現状を改変して差を縮めていくことを問題解決というが、そこで使われる一連の反応が、**反応形成**や**反応連鎖**では説明されにくい方法で生成された場合をさしている。[坂上]

当事者研究
tojisha-kenkyu / self-directed studies
3 5

当事者研究は自助グループの一つであり、浦河べてるの家（北海道）で始まった。**精神障害**や**依存症**の人が感じる困難をグループで話し合い、支援者からではなく、当事者どうしがその困難を「研究」し、弱さや失敗などの経験から気づきを共有する活動である。［村松］

糖質コルチコイド
glucocorticoid
6

糖質コルチコイドは副腎皮質から分泌されるホルモンである。ヒトでは**コルチゾール**の分泌が最も多く、そのほかにコルチコステロン、コルチゾンが少量分泌される。糖質、タンパク質、脂質、電解質等の代謝や免疫反応、ストレス応答の制御にかかわる等、生体の恒常性の維持に重要な役割を果たしている。**副腎皮質刺激ホルモン**によって分泌が調節される。糖質コルチコイドの受容体は核内にあり、ホルモンが結合すると受容体はDNAに結合して遺伝子の転写を制御し、これによって作用する。副腎皮質ホルモンの分泌異常としては**クッシング症候群**と**アジソン症**がある。［髙瀬］

同時弁別／継時弁別
simultaneous discrimination / successive discrimination
2

複数の**弁別刺激**から1つに反応し、正しく選択されれば**強化子**を得ることができる手続きや過程を**同時弁別**、一時点では弁別刺激1つしか出されず、その下での反応が強化子によって随伴されたりされなかったりする手続きや過程を**継時弁別**という。［坂上］

統制群法
research with control group
1

統制された条件下である操作を加えられた**実験群**と、操作を加えていない**統制群**のデータを比較する心理学実験の一般的方法。その際、統制群に対しても、偽薬（**プラシーボ**）のような形で見かけ上は実験群と区別がつかないようにするのが一般的である。［高砂］

統制の所在（ローカス・オブ・コントロール）
locus of control
4 9

自己の行動や環境を統制している感覚の違いによる区分。**ロッター, J. B.** は、自己の能力や努力が結果に影響を及ぼすという期待である内的統制と、自己の統制が及ばない状況である外的統制への帰属は、同一次元上にある個人特性の差異とみなした。［村上］

統制理論
control theory
10

社会的コントロール理論とも呼ばれる。犯罪や非行の原因を社会的心理的な統制力が弱まることに求める。つまり、「その人はなぜ犯罪をしたのか」ではなく、「なぜ多くの人は普段犯罪をしないのか」を説明しようとする点で、従来の非行・犯罪理論と一線を画す。代表的な理論は、**ハーシ, T. W.** の**社会的絆理論**である。**統制理論**は、実証が他の理論に比べて比較的容易であるという特徴を持ち多くの実証研究が行われた。ただし、非行についての自己申告調査ではエビデンスが得られやすいものの、他の罪種、他の調査方法では支持されないケースも少なくない。[越智]

闘争－逃走反応
fight-or-flight response

4 6 9

アドレナリンは肝臓に蓄えられたエネルギーを血液中に放出し、脅威的な状況に立ち向かうか、それともその状況から逃げ去るかという**キャノン, W. B.** が提唱した**闘争－逃走反応**と呼ばれる身体的状態を生み出し、その状態の時に消費されるエネルギー源を確保する。[髙瀬]

同調
conformity

4

行動を含めた他者の態度を基準として、それに同一の行動や類似した行動をとることを**同調行動**と呼ぶ。同調行動は内面からの態度から同調する私的受容と、表面的な行動をまねした追従に分けられる。その動機として、他者の意見や判断に同意することによる情報的影響と、他者からの承認や罰の回避から生じる規範的影響などが挙げられている。情報的影響は私的受容と、規範的影響は追従と関連している。規範的影響の代表例として、多数派が示す明確に誤りである長さの線分の判断に関する実験を行った**アッシュ, S. E.** の研究が知られている。[村上]

頭頂葉
temporal lobe

6

大脳皮質は大きな溝を目安に**前頭葉**、**頭頂葉**、**側頭葉**、**後頭葉**の4つに分けられる。側頭の後方上部から前方下方に走る溝を**外側溝**（**シルビウス溝**）と呼び、それより下方を側頭葉と呼ぶ。頭頂葉には最前部の中心後回に一次体性感覚野があり、腹側前方に二次体性感覚野、後部に**頭頂連合野**がある。二次体性感覚野は一次体性感覚野からの入力を受け、頭頂連合野は空間認知、運動視、高次の体性感覚という入力情報の処理だけでなく、手や腕等の運動制御等の情報の出力にもかかわる。頭頂連合野は言語機能等にもかかわることが明らかにされている。[髙瀬]

疼痛（とうつう）
pain
9

痛みのこと。体に損傷やその可能性が生じて、人が感じる不快な感覚をさす。発生のパターンや場所はさまざま。原因は多岐にわたるが、けが、筋骨格系の病気、神経障害、心因性などが考えられる。慢性**疼痛**には精神疾患が合併する場合がしばしばある。［田中］

動的リスク要因
dynamic risk factor
10

RNR 原則に含まれる**ニード原則**では、将来の犯罪と関連が強く、介入で変容可能な再犯リスク要因をターゲットにすることを原則とする。これに関連して、後から介入によって変容させることが可能な要因を**動的リスク要因**、またはニーズという。受刑者の再犯防止処遇で対象となるのはこれらの動的リスク要因である必要がある。なお、**ボンタ, J.** と**アンドリュース, D. A.** の示す**セントラル・エイト**では、犯罪指向的態度、犯罪指向的交友、反社会的パーソナリティ・パターン、家族／夫婦、学校／仕事、物質乱用、レジャー／レクリエーションが動的リスク要因となる。［荒井］

道徳性／道徳感情
morality / moral emotions
3 4 公

道徳性とは、善悪や公正さ、社会的規範に対する個人のかかわり方のことである。**ピアジェ, J.** は子どもの善悪判断や規則に対する認識に着目し、子どもの規則に対する認識が他律的から自律的へと発達する過程をとらえている。**コールバーグ, L.** は道徳性判断の過程を 3 水準 6 段階に定義している。一方、**道徳感情**とは、恥、誇り、罪悪感などといった他者との関係の中で自己を評価した際に生じる感情のことであり、文化的価値観や社会的規範などから逸脱しないようコントロールする働きがある。社会的感情、または自己意識的感情とも呼ばれる。［小泉］

動物虐待
cruelty to animals
9

動物に肉体的・精神的な苦痛を与えること。**動物愛護管理法**には、適正な飼育保管基準や違反した場合の罰則が定められている。動物を科学的に利用する場合は、**3R の原則**（動物の苦痛の軽減、使用数の減少、代替法の活用）に配慮しなければならない。［藤田］

等分散性（分散の等質性）
homogeneity of variances
7

複数の母集団の分散が等しいこと。**分散の等質性**は、独立な 2 群の t **検定**や**分散分析**の前提条件の一つになっている。**等分散性**を検討する方法として、2 群の場合の F **検定**、3 群以上でも適用できる、**バートレットの検定**、**ルビーンの検定**などがある。［山田］

透明視
perceptual transparency

2

面どうしの重なりが、主観的には透明な面の重なりに見える知覚現象のこと。**同時的前後視**とも呼ばれる。**透明視**が成立する要件として、重なり領域と他の領域の間の輝度、色度、面積、形態、接点形状、視差、運動情報などさまざまな要因が挙げられている。［行場］

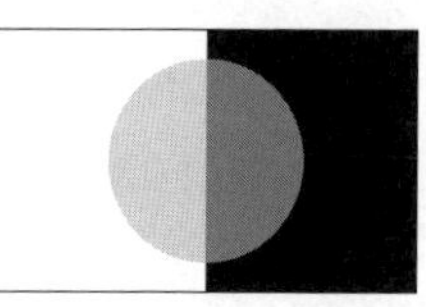

円の領域が透明な灰色のシートのように見える。

倒立顔効果／サッチャー錯視
inverted face effect / Thatcher illusion

2

顔の認知は、方位情報に依存して顔のパーツを統合的に知覚する全体処理に依存する特性が強い。倒立顔ではそのような処理が損なわれ、個人識別や表情認知が困難になることが知られている（**倒立顔効果**）。このような特性を利用して、**トンプソン, P.** は、英国の元首相のサッチャーの顔写真の目や口を逆さにして貼り付けた正立顔は鬼のような表情に見えるのに、倒立顔にするとそのような奇怪な表情は感じられなくなる実証例（**サッチャー錯視**）を考案した。**相貌失認**の患者ではサッチャー錯視の効果が生じないことも報告されている。［行場］

トークン・エコノミー（トークン経済）
token economy

2 5

ヒトの社会における代表的な**条件強化子**に貨幣があるが、この強化子は多様な**無条件強化子**によって支持されているので特に**般性強化子**と呼ばれる。シール、ポイント、ポーカーチップなどもその仲間であり、**トークン**と呼ばれる。**トークン・エコノミー**とはある閉じられた環境の中でこうした般性強化子を利用して望ましい行動を増加させ、望ましくない行動を減少させる、人工的な経済環境をさす。病院などの施設内での適切な行動の形成、非行の矯正、隔離された場所から実社会への橋渡しなど、広い応用範囲を持つ一方、臨床における倫理的問題も指摘されてきた。［坂上］

ドーパミン（ドパミン）
dopamine

4 6 公

ドーパミン（**ドパミン**）はアミンの**神経伝達物質**である。脳内自己刺激の研究から、**腹側被蓋野**から海馬、扁桃体、側坐核、前頭前野などへ投射するドーパミン作動性神経が、学習の成立に必要な強化と、その背景にある**動機づけ**において重要な役割を果たすことが報告されている。ドーパミン受容体の阻害剤を利用した実験から、ドーパミン作動性神経は長期にわたり持続する**長期増強**

の惹起にも必要であることが報告されている。**黒質**もまたドーパミン作動性神経を豊富に含み、淡蒼球や視床下核に投射するドーパミン作動性投射を**黒質－線条体路**と呼ぶ。［髙瀬］

特殊神経エネルギー説
doctrine of specific nerve energy
1

ドイツの生理学者**ミュラー, J. P.** が提唱した、人の感覚はそれぞれ特有の**感覚神経**を持っておりどんな刺激を与えたとしても得られる感覚は同じであるという説。まぶたの上から目を押すと光がなくても**視覚**が生じる現象を説明できる。［矢口］

特性 5 因子モデル／ビッグ・ファイブ
5-factor model of personality traits / Big-5

パーソナリティ特性の基本的次元を、**神経症傾向**、外向性（**外向性／内向性**）、**調和性**、**誠実性**、**開放性**の 5 因子としたモデル。20 世紀半ば以降、**語彙アプローチ**や**因子分析**によって、重要なパーソナリティ特性の数を特定しようとする研究が盛んに行われた。そして上述の 5 因子構造を支持する知見が繰り返し確認されたことにより、1990 年頃にはこのモデルが確立された。この 5 因子構造はさまざまな言語・文化圏でも確認されており、パーソナリティの一般的なモデルとして広く受け入れられている。［岩佐］

特徴検出器
feature detector
2

知覚や認知の成立に有効な局所的あるいは次元的情報を抽出する処理の担い手を**特徴検出器**と呼ぶ。視覚系の初期段階のニューロン群には、特定の色や、線分の傾きや端点、視差、運動方向などに関するさまざまな特徴検出器が存在する。［行場］

特徴統合理論
feature integration theory
2

トリーズマン, A. M. により提唱された**視覚的探索**と**注意**のモデル。視覚系の初期の処理段階（**前注意的処理**）では、個々の特徴（色、輝度、傾き、端点など）は互いに独立に、しかも並列的に抽出され、それぞれの特徴マップに書き込まれる。次に**集中的注意過程**において位置の情報が記されているマスターマップが走査され、特徴間の結合処理が行われるとされる。そのため、単一特徴の探索は迅速に並列的になされるのに対し、特徴の結合で定義されたターゲットの探索は注意の走査によって逐次的に時間をかけてなされる。［行場］

特定少年
specified juvenile
10

2022年4月施行の改正**少年法**から、社会的な責任の重さを考慮して18、19歳で罪を犯した少年は**特定少年**とされ、17歳以下の少年とは異なる特例を適用することが定められた（少年法62～68条参照）。たとえば、特定少年は**原則逆送対象事件**が拡大され、原則逆送対象事件に関して、特定少年の時に犯した死刑、無期または短期（法定刑の下限）1年以上の懲役・禁錮（きんこ）に当たる罪の事件が追加された（現住建造物等放火罪、強盗罪、強制性交等罪などが該当する）。ただし、特定少年に特例が定められたとはいえ、引き続き少年法が適用され、全件が**家庭裁判所**に送られること（**全件送致主義**）や、家庭裁判所が処分を決定する点では17歳以下の者と同様である。［荒井］

特別改善指導
special guidance for reform
10

個々の事情で改善更生、円滑な社会復帰に支障ある受刑者に行う、その事情の改善に資するよう配慮した指導。これには薬物依存離脱指導、暴力団離脱指導、性犯罪再犯防止指導、被害者の視点を取り入れた教育、交通安全指導、就労支援指導がある。［荒井］

特別支援教育
special needs education
3 5 公

2006年に**学校教育法**の改正（学校教育法等の一部を改正する法律、2006年6月成立、2007年4月施行）により、それまでの特殊教育から、一人ひとりの教育的ニーズに応じた適切な指導・必要な支援を行う**特別支援教育**に転換した。特別支援教育の対象は、従来の知的障害、肢体不自由等だけでなく、2005年に施行された**発達障害者支援法**に定義されている**発達障害**も含まれる。特別支援教育は、障害の有無にかかわらず同じ場でともに学ぶことを通して、子どもが自らの能力を高め生きる力を身につけ、地域社会の一員として積極的に社会参加できることをめざしている。［小泉］

独立変数／従属変数（説明変数／目的変数）
independent variable / dependent variable (explanatory variable / objective variable)
1 7

心理学研究において想定される因果関係のうち原因に該当し、研究者が操作する変数を**独立変数**という。因果関係の結果に該当し、独立変数の操作によって変化する変数を**従属変数**という。**ミュラー＝リヤー錯視**（さくし）実験を例に挙げると、提示される複数の矢羽の角度が独立変数、測定される**錯視量**が従属変数となる。因果関係を探ることを目的とした**量的研究**では仮説段階で設定され、適切な設定が**信頼性**や**妥当性**の担保につながる。予測を目的とした**回帰**

分析や**共分散構造分析**では、独立変数は**説明変数**、従属変数は**目的変数**と呼ばれる。［矢口］

度数分布
frequency distribution
7 公

データを構成する各値の個数のことを**度数**といい、ある選択肢を選んだ人が何人いるかというように、データの値と度数を対応させたものを**度数分布**という。度数分布を表にしたものが**度数分布表**である。分析の初期段階で確認しておく必要がある。［村井］

トップダウン処理／ボトムアップ処理
top-down processing / bottom-up processing
2

情報処理や認知処理には一般に2通りの考え方がある。**トップダウン処理**は**概念駆動型処理**とも呼ばれ、知識や**スキーマ**に基づいてあらかじめ特定の候補を想定し、それに見合う特徴が入力情報に実際に存在するかどうか演繹（えんえき）的に検証を行い、適合すればその候補を処理結果とする方式である。反対に、**ボトムアップ処理**は**データ駆動型処理**とも呼ばれ、入力情報の特徴分析から出発し、抽出された特徴を統合して帰納的に特定候補を割り出し、処理結果とする方式である。それぞれ長所と短所があるので、両処理方式は相補的に働くことを想定する場合が多い。［行場］

ドメスティック・バイオレンス（DV）
domestic violence
5 9 10

2001年に、配偶者からの暴力（生活の本拠をともにする交際相手からの暴力**IPV**も後に適用対象となる）は犯罪となる行為をも含む重大な人権侵害として**DV防止法**が成立。暴力とは身体に対する暴力、これに準ずる心身に有害な影響を及ぼす言動であり、都道府県が設置する婦人相談所その他の適切な施設が**配偶者暴力支援センター**としてカウンセリング、緊急時の安全確保と一時保護、自立生活促進や**保護命令制度**の情報提供などを行う。被害者は**PTSD**や**うつ病**の発症、**依存症**、自殺傾向など精神健康問題を抱え、子どもにとって両親間の暴力の目撃は**児童虐待**でもある。［沼］

トラウマ／心的外傷
trauma
5

危うく死ぬか重傷を負うような破局的体験（間接的体験を含む）による傷つきをさし、異常な状況において誰にも生じうる反応。自然災害、事故など単回性から、**虐待**のように日常的に反復される複雑性まであり、人為的なもの（虐待、強姦）ほど根深い病理を形成する。［沼］

トランジション
transition
8

キャリア形成における節目、転機。これに関する研究では、**ブリッジズ, W.** のトランジション論や**金井壽宏**(としひろ)の一皮むけた経験などがある。人生の節目をどう乗り越えるか、その術(すべ)を身につけることの重要性が強調される。[山浦]

トランスアクショナルモデル
transactional model
9 公

ストレスは個人と環境の相互作用によって生じるとする見方。**ストレッサー**や**コーピング**を、個別に見るのではなく、一連の反応としてとらえる。一方向の流れを想定せず、双方向的で流動的な円環的関係と考える。個人の能動的なかかわりで環境が変わっていき、それでまた個人も変わると見ることから、**ストレスマネジメント**における重要な考え方とされる。本人がストレスをどうとらえるかという認知的評価を変えたり、本人がその事態に対して何をするかという対処法を代えたりすれば状況は変化し、**ストレス反応**を大きくしたり小さくしたりできることになる。[田中]

トランスセオレティカル・モデル（TTM）
transtheoretical model
9

生活習慣を変えて、健康行動を意図的に開始し維持する場合は、5つのステージを通るとする見方。**禁煙**研究から提案され、他の健康行動にも適用が広まった。判別のための問いとともに挙げると、①無関心期（6か月以内に行動を変えようと思っていない）、②関心期（6か月位以内に行動を変えようと思っている）、③準備期（1か月以内に行動を変えようと思っている）、④実行期（行動を変えて6か月未満である）、⑤維持期（行動を変えて6か月以上である）が想定される。ステージを進めるには、どの状態にあるかを把握したうえで、ステージに合った働きかけが望まれる。[田中]

取調べ
interrogation
10

訴訟法上、**取調べ**という言葉はいくつかの意味を持っているが、犯罪心理学的には、**犯罪捜査**において、事件の被疑者から情報を得るための**尋問**をさすのが普通である。捜査員は被疑者から、人定事項や犯行に至るまでの流れ、動機、犯行に対する認識（故意があるかどうかなど）について聴取し、それを書面化することが必要である。この手続きが取調べである。過去には拷問や強制などが行われたことも少なくなかったが、もちろん現在ではそれは違法である。これ以外にも目撃者や被害者、関係者からの聴取があり、これは**参考人調べ**といわれる取調べである。[越智]

トロクスラー効果
Troxler effect

知覚的消失現象の一つで、一点を持続的に注視していると、特にぼやけた画像や周辺視野に位置する画像が見えなくなる現象で、発見者**トロクスラー, D.** にちなんで名づけられたもの。**静止網膜像**と似た状況になり、網膜神経系の順応に起因すると考えられている。［行場］

な

内因性オピオイド
endogenous opioid
6

内因性オピオイドは、生理的状況あるいは生体に危機が迫ったときに、体内で作られて放出される鎮痛・陶酔作用のある物質をさし、エンドルフィン、エンケファリン、ダイノルフィン、エンドモルフィン等が含まれる。［高瀬］

内観療法
naikan therapy
5

内観療法はわが国独自の**心理療法**の一つであり、浄土真宗の「身調べ」を**吉本伊信**（いしん）が脱宗教化、簡略化して**内観**（法）が確立された。内観は泊まり込みで行う集中内観と、日常でも内観を継続する日常内観を基本とするが、外来などで実施される場合もある。内観は症状や行動問題を問わず（症状不問）、認知の修正や新たな自己発見をめざす。そのために、集中内観では自分に関係の深い相手に対し、内観３項目を振り返り、一定時間ごとに面接者に報告することを繰り返す。この過程を通じて深い自己変容が起こるとされている。疾患の治療の場合には内観療法と呼ばれる。［村松］

内集団びいき
in-group favoritism
4

外集団より**内集団**成員に対して多く利益を与えたり高い評価を下したりする傾向。**タジフェル, H.** らは**最小集団パラダイム**を用いて、参加者自身と同一集団と判断した成員に対して利益を多く、または外集団と差をつけて配分することからこれを示した。［村上］

内的作業モデル
internal working model
3 公

ボウルビィ, E. J. M. が提唱した、養育者などの**愛着**対象となる人物や子ども自身についての表象モデル。子どもは養育経験や愛着関係をもとに「**安全基地**である愛着対象と、その愛着対象から守られ大切にされている自分」という表象モデルをつくる。［小泉］

内的整合性
internal consistency
1 7

信頼性の指標の一つで、尺度を構成する複数の項目が相互に一貫している程度を表す。**内的整合性**の代表的な指標としては、項目全体の分散と項目ごとの分散の総和との比によって検討する**クロンバック, L. J.** の**α係数**が知られている。［高砂］

内発的動機づけ／外発的動機づけ
intrinsic motivation / extrinsic motivation

その活動に興味や好奇心を持ち、活動自体を目的として自発的に取り組むことを**内発的動機づけ**という。一方、賞罰などの報酬や罰を回避するという目的のために、手段として活動に取り組むことを**外発的動機づけ**という。自発的な活動に対し金銭などの物的報酬を与えると、「報酬によって自分の行動がコントロールされている」と感じて内発的動機づけが低下することを**アンダーマイニング効果**という。逆に、自発的な活動に対し褒（ほ）めのような言語的報酬を与えると、「自分の活動が評価された」と感じて内発的動機づけが高まることを**エンハンシング効果**という。［小泉］

内分泌（ないぶんぴつ）／内分泌系
endocrine / endocrine system
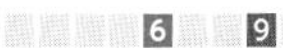

分泌には**外分泌**（がいぶんぴつ）と**内分泌**の 2 種類がある。外分泌は分泌物を、導管を介して皮膚の外や消化管の中に分泌することであり、汗、母乳、消化液等がこれに当たる。一方、内分泌は分泌物を、導管を介さずに分泌腺（分泌細胞）から放出する。このとき細胞が産生（さんせい）し、血中に放出して遠隔の細胞に信号を送る物質を**ホルモン**と呼ぶ。そして、ホルモンを介した情報伝達システムを**内分泌系**と呼ぶ。ホルモンを産生する細胞を持つ器官を**内分泌腺**、ホルモン受容体を持つ器官を**標的器官**と呼び、脳の視床下部（ししょうかぶ）には，ホルモンを産生する神経細胞（**神経内分泌細胞**）が分布している。［高瀬］

内容的妥当性
content validity
1 4 7

検査や尺度の内容が測定したいものに対して、どの程度適切に代表しているといえるかを表すもの。検査項目の範囲や尺度の名称、さらにその検査や尺度が開発されるまでの手続き、実施の状況の適切さなどが含まれる場合もある。［高砂］

ナショナルミニマム
national minimum
9

国家が国民に対して保障する最低限度の生活水準のこと。絶対的な基準ではなく、国家の発展段階や文化、社会状況によって規定される。わが国では憲法 25 条で「健康で文化的な最低限度の生活」が掲げられ、**生活保護制度**によって具現化している。［藤田］

7 つの着眼点（精神鑑定における）
seven points in psychiatric evaluation
10

精神鑑定は鑑定医ごとの流儀で行われてきており、標準化された方法論や鑑定書の書式はなかった。そこで、近年、**国立精神・神経医療研究センター**などが中心となって統一された方法論の開発を進めている。その中で提唱されたのが、**7 つの着眼点**である。

これは、以下の7つの観点をもとに鑑定していくという方法である。①動機の了解可能性、②犯行の計画性、③行為の意味・性質、反道徳性、違法性の認識、④**精神障害**による免責可能性の認識、⑤元来ないし平素の人格の異質性、⑥犯行の一貫性・合目的性、⑦犯行後の自己防御・危機回避的行動。［越智］

ナラティブ・アプローチ
narrative approach
1 4 公

ナラティブとは言語による語りを意味する。**法則定立的アプローチ**の心理学が現象の因果関係を追究するのに対して、**個性記述的アプローチ**である**ナラティブ・アプローチ**の場合は人々が語りの中から自分の感情や行動の意味を考え、了解することを目的とする。特に臨床領域における心理学においては、研究参加者が自身の体験を語ることで心理的な満足感を得るという側面があり、**社会構成主義**を唱える**ガーゲン, K. J.** は研究に参加する人々との関係を大事にしつつ、参加者自身の対話の中から意味を見いだすことが原因究明よりも実践的に重要であると論じた。［高砂］

ナルコレプシー
narcolepsy
6

ナルコレプシーは**睡眠過剰症**とも呼ばれ、**オレキシン**（**ヒポクレチン**）を作り出す神経細胞が働かなくなるために起こる**睡眠障害**である。ナルコレプシーは古くから知られていた睡眠障害の一つで、突然強い眠気が出現して眠り込んでしまう病気である。［髙瀬］

難病／難病患者
intractable disease / intractable disease patient
9 公

難病とは発病の機構が明らかでなく、治療方法が確立していない希少な疾患。難病であるか否かは、その時代の医療水準や社会事情によって変化する。2015年に施行された**難病法**において、難病の中でも患者数が一定数を超えず客観的な診断基準がそろっている場合には、指定難病として医療費助成の対象となっている。長期の療養を必要とするため、**難病患者**や家族の経済的・身体的・精神的負担が大きい。状態像はさまざまで、外見上病気であることがわかりにくく、周囲から理解されないことも多い。難病患者が療養生活を送りながらも社会参加への機会を保障することが重要である。［藤田］

におい／香り
smell / fragrance
2

においや香りは鼻腔の奥にある数千万個の**嗅細胞**により感知され、その神経興奮は嗅神経を通して**嗅球**に伝わる。さらに眼窩前頭皮質領域にある**嗅覚野**に、また大脳辺縁系や視床下部にも伝達される。においの大分類として、薬味臭、花香、果実香、樹脂臭、焦臭、腐敗臭の 6 グループに分け、それらを各頂点に置いた三角柱を仮定する**ヘニング, H.** の**においのプリズム**説が古くから知られている。現在では、嗅細胞上の受容体の種類は約 300 あり、その活性化の組合せによって、1 兆種類ものにおいの違いを弁別できるとする報告がある。［行場］

二項分布
binomial distribution
7

成功か失敗かのように 2 つの結果のみを取る試行を**ベルヌーイ試行**という。成功確率が π であるベルヌーイ試行を独立に n 回繰り返したとき、成功回数 X が従う**確率分布**を**二項分布**という。成功回数 $X=k$ となる確率は、$P(X=k)={}_nC_k\pi^k(1-\pi)^{n-k}$ で求められる。$n=10$, $\pi=0.5$ のときの二項分布は図のようになる。［山田］

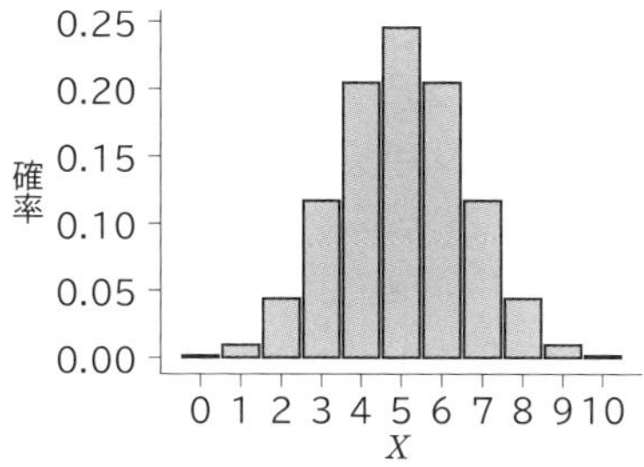

二次被害
secondary damage
10

犯罪による一次的な被害に加え、周囲の人々の無責任な言動、情報拡散、マスメディアによる執拗な取材、捜査、裁判手続きにおける繰り返しの聴取、反対尋問などによって、さらなる心理的な被害を受けてしまう現象。一次被害より深刻な場合も多い。［越智］

二重過程モデル
dual process theory
2 4

ブリューワー, M. B. による、他者判断の際の情報処理過程のモデル。対象人物が属するカテゴリーの情報と、個人特有の情報のモードが切り替えて用いられ、関与が低い相手には自動的に**ステレオタイプ**的なカテゴリー判断が行われるとしている。［村上］

二重システムアプローチ
dual-system approach
2

動物とヒトとの違いに由来する哲学的な議論や、**フロイト, S.** による**意識**と**無意識**に代表される多様な心理学的システムが、二分法をとってきた。最近では、システム 1（直感）とシステム 2（推論）の**二重過程説**をさしてこう呼ぶことが多い。［坂上］

日常活動理論
routine activity theory
10

潜在的加害者はどこで犯罪をするのか。犯行が行われる状況や場所に焦点を当てた犯罪理論が**コーエン, L. E.** と**フェルソン, M.** の**日常活動理論**である。日常活動理論は、人々の行う日々の営みの中で、どのような条件が満たされれば犯罪が発生するかを説明する。具体的には、**動機づけられた犯罪企図者**、**格好の標的**、**有能な監視者の不在**という 3 つの条件が時間的、空間的に同時に存在する場合に、犯罪が起こる（あるいは起こりやすくなる）と考える。逆に、これらの条件が時空間的に同時に存在しないように対策を講じることが犯罪予防につながる。［荒井］

日常生活動作（ADL）
activity of daily living
9 公

一人の人間が独立して生活するために行う基本的な、しかも各人において共通に毎日繰り返される一連の身体動作群。日常生活で必要な動作を自分の力でどの程度できるかを表し、治療・**リハビリテーション**の目標設定や効果測定のための基準となる。**ADL** は、食事・入浴・排泄などの基本的な動作をさす基本的 ADL（BADL）と、より複雑な動作を必要とする家事や金銭・服薬管理、交通機関の利用などをさす手段的 ADL（IADL）に大別される。ADL は身体機能に加え認知機能や精神面、社会環境と相互に関連しており、ADL に応じた生活環境の整備が重要である。［藤田］

乳児院
infant home
9

さまざまな事情により家庭で暮らせなくなった**乳児**を入院させて養育し、退所した者に対して相談等の援助を行う施設。医師、看護師が必置され、乳幼児の基本的な養育機能に加え、被虐待児・病児・障害児などに対応できる専門的養育機能を有する。［藤田］

乳児期
infancy
3 公

出生から 1 歳未満の時期。この時期の子どもは、養育者との日常的で相互的なかかわりを通して養育者との間に**愛着**関係を形成する。また相互的なやり取りを通して運動・**認知**・言語・社会性・情緒が、相互に影響し合いながら発達していく。［小泉］

ニューロン（神経細胞）
neuron
2 6 公

樹状突起、細胞体、**軸索**、**シナプス**終末などから構成される神経単位のことで、人間の大脳皮質だけでも約140億個にも及ぶ**ニューロン**があるといわれる。樹状突起が他のニューロンのシナプス終末から放出された**神経伝達物質**を多量に受け取ると、細胞体内に約100mVに及ぶ電位変化（インパルス、神経発火）が生じる。その電位変化が軸索を伝わってシナプス終末に達すると、シナプス小胞から神経伝達物質が放出され、次のニューロンを刺激することになる。このような神経信号伝達が並列的に大規模に起こることにより、行動や精神活動が制御されている。［行場］

人間工学
ergonomics / human factors
8

人間と機械の接点にあって、人間の生理的・心理的特性と仕事環境や使用する機器などの科学技術との適合性を高めるための学問ということができ、作業能率や安全性の確保・向上に不可欠の領域である。ヨーロッパに源を置く**エルゴノミクス**（労働形態の変化に伴う身体的負荷や精神的負荷についての研究）と、アメリカに源を置く**ヒューマンファクターズ**（応用心理学を背景として人と機械の関係性を追求し、安全かつ効率よく操作運用することをめざした研究）という2つの流れがあるとされている。［小野］

人間－状況論争
person-situation controversy
4 公

1960～80年代頃に展開された行動の決定因に関する論争。行動を決定するのは**パーソナリティ**という人間側の変数か、環境や外部刺激といった状況側の変数かが議論された。行動の**通状況的一貫性**が争点となったため、**一貫性論争**とも呼ばれる。［岩佐］

人間性アプローチ
humanistic approach
 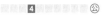

精神分析と**行動療法**では**クライエント**は受け身的で無力な存在であったが、**人間性アプローチ**（**人間性心理学**）では、環境が整えば、クライエントは自ら成長し、自己実現の欲求を持っているというまったく異なる立場に立つ。第三の心理学とも呼ばれる。**マズロー, A. H.** の**欲求階層説**、クライエントの主体的な意思決定や選択を重視する**メイ, R.** の**実存主義心理療法**、クライエントの成長を「今、ここ」での体験とカウンセラーの受容と共感などによって援助する**ロジャーズ, C. R.** の**クライエント（人間）中心療法**、**パールズ, F. S.** の**ゲシュタルト療法**などがある。［村松］

人間性心理学
humanistic psychology
1 4 5 公

第二次世界大戦後に誕生した心理学の一派で、**ヒューマニスティック心理学**ともいう。当初**マズロー, A. H.** は**人間性心理学**を第三勢力と呼んだが、それは動物研究が多かった**行動主義**と患者を念頭に置いた**精神分析**という勢力に対して、自分たちの勢力が健康な人間を対象とすることを宣言したためである。人間は欠乏欲求を超えて**自己実現**の欲求に至る存在であると考えるマズロー、世界とのずれを感じる普通の人間に対して**カウンセリング**を提供する**ロジャーズ, C. R.**、戦争体験の中で人間の存在の意義について考える**フランクル, V. E.** などが知られる。[高砂]

認知インタビュー（認知面接）
cognitive interview
10

フィッシャー, R. P. と**ガイゼルマン, R. E.** によって開発された**目撃者**や**被害者**からの供述聴取のための方法である。記憶心理学の研究成果をもとに開発されており、より効率的により多くの事件の記憶を引き出すことを目的としている。具体的には以下の４つのテクニックが用いられる。①コンテクスト復元：できるだけ詳細に事件現場をイメージ化させて質問する。②悉皆（しっかい）報告：思い出したり思い浮かんだことは全部報告させる。③逆行再生：逆向きの順序で思い出させる。④複数視点からの想起：他人や他の場所からどう見えたかについて報告させる。[越智]

認知行動療法
cognitive behavior therapy / cognitive-behavioral therapy
5 公

不適応状態や症状を持つクライエントに対して、行動の変容を目標とする行動療法に対して、長期的な認知の変更と行動の変容をめざす技法が**認知療法・認知行動療法**である。認知療法は精神科医の**ベック, A. T.** によって考案され、うつ病の治療として、マイナスで不快な気分をもたらす自動思考の修正と、その背景にある**スキーマ**の変更からなる認知再構成法が用いられた。認知行動療法は、適切でない思考とともに行動活性化や問題解決技法などを用いて行動のパターンの変容もめざしていく。[村松]

認知症／神経認知障害群
dementia / neurocognitive disorders
5 6 公

脳の器質的障害などにより、元来の**認知機能**（記憶、思考、見当識（けんとうしき）、理解・判断力、言語、実行機能）に障害が起きる**中核症状**に加え、周辺症状として多くの**行動・心理症状**（**BPSD**）を示す、進行性で慢性疾患の総称。変性性認知症として**アルツハイマー型認知症**、**レビー小体型認知症**、**前頭側頭型（そくとう）認知症**、脳梗塞（こうそく）など脳実質障害による**血管性認知症**などがある。早期発見や診断のため、画像診断や**HDS-R**、**MMSE**、ADAS、FAB など多くの**神経心理検査**が開発されている。支援には、**日常生活動作（ADL）**の評価や家族・介護の機能レベルなど環境を含めた包括的アセスメントが必要である。［沼］

認知症ケアパス
dementia care path
9

認知症の進行状況に応じ、いつ、どこで、どのような医療・介護サービスを受ければよいのかをあらかじめ標準的に示したもの。認知症の状態に応じたケアやサービスへのアクセス方法が明確になり、認知症の早期発見・対応を促進するツールとなる。［藤田］

認知症施策推進大綱
Framework for Promotion of Policy Measures against Dementia
9

政府が 2019 年に決定した、2025 年までの認知症施策の指針。**認知症**になっても希望を持って日常生活を過ごせる社会をめざし、共生と予防を車の両輪に、①本人発信支援、②予防、③介護者支援、④社会参加支援、⑤研究開発等の施策を推進する。［藤田］

な

認知症の行動・心理症状（BPSD）
behavioral and psychological symptoms of dementia

認知症の中核症状に伴い、**幻覚**・**妄想**、**不安**・焦燥・**抑うつ**、徘徊、暴言、物集などさまざまな問題行動や心理症状（周辺症状）が出現する。これら症状は患者の**日常生活動作（ADL）**や家族の介護負担に大きく影響するため、支援の重要な課題である。［沼］

認知症の中核症状
core feature of dementia

認知症の原因疾患により脳機能が低下し直接的に起こる症状。**記憶障害**、**見当識（けんとうしき）障害**、理解・判断力の低下、実行機能障害、言語障害、**失行**・**失認**などがある。中核症状を背景に本人の性格や環境を誘因とした認知症の行動・心理症状とは区別される。［藤田］

認知神経科学
cognitive neuroscience

認知神経科学はヒトの認知、広くは認識について、その生物学的メカニズムを研究する学問である。特に、認知における情報処理過程と、その過程に続く行動の表出の神経基盤に焦点を当てて研究活動が行われている。［髙瀬］

認知スタイル
cognitive style

知覚・思考・記憶などの認知過程や外部情報の処理のしかたやそのプロセスで生起する、個人の好みや価値観といった一貫した個人差のこと。**ウィトキン, H. A.** らの**場依存型**・**場独立型**や、**ケ**

ーガン, J. の**熟慮性・衝動性**など多くの種類が存在する。［小泉］

認知的処理容量
cognitive processing capacity
2

認知的処理の初期段階における**感覚記憶**の容量は比較的大きいが、その後の段階における認知処理の容量は小さく、限界がある。**短期記憶**の容量は 7±2 **チャンク**、**作業記憶**の容量は 4±2 項目程度であるといわれている。このような限界は認知処理のボトルネックとなり、多重課題などの実行時には大きな**認知的負荷**やストレスをもたらし、**ヒューマンエラー**にもつながる。**認知的処理容量**は訓練によってある程度、増加させることはできるが、個人差がある。一方、ネガティブな感情状態では容量が低下し、**マインドフルネス**訓練を行うと増加するという報告もある。［行場］

認知的評価理論
cognitive appraisal theory
4 公

感情の発生に先立って、引き金となる出来事に対する認知的評価が下されるとした理論。これに従えば、感情は刺激に対する認知的評価の結果である。この分野の代表的な研究者である**ラザラス, R. S.** が、特に心理的ストレス反応として感情をとらえる立場をとったことから、**心理的ストレス理論**とも呼ばれる。この理論において認知的評価は**一次評価**と**二次評価**に区別され、刺激の脅威性や対処可能性が評価されると考えられている。感情の生起に認知的要素は不要であるとした**ザイアンス, R. B.** との間で、**ラザラス−ザイアンス論争**と呼ばれる議論が展開された。［岩佐］

認知的不協和／認知的不協和理論
cognitive dissonance / cognitive dissonance theory
4

フェスティンガー, L. による**態度変容**に関する理論。**認知的不協和**とは、特定の対象に対する葛藤（矛盾）状態であり、人はこの不快な状態を低減または解消する方向に態度変容しやすいとした。認知的不協和は強制的承諾や重要な意思決定後などのいくつかの条件により生じ、認知的不協和が大きいほどそれを低減するための態度変容も大きくなるとされている。個人内での認知的な一貫性を求める方向への態度形成を予測する**認知的斉合(せいごう)性理論**の一つであり、数多くの追試がなされるなど大きな影響を及ぼした。［村上］

認知的複雑性
cognitive complexity
4

他者を判断する際に、多次元的に解釈する程度をさす。**ビエリ, J.** が**パーソナル・コンストラクト理論**をもとにして提唱した。個人があらかじめ持つ認知的枠組みから**認知的複雑性**の程度は異な

り、複雑なほど他者の行動が正確に予測できるとしている。［村上］

認知バイアス
cognitive bias
2

心理学で用いられるバイアスは、一般的な意味での「偏り」や「偏見」から来ており、「正常な」「論理的」「理性的」「望ましい」判断や**意思決定**、**選択**から逸脱している場合をさすことが多い。時にそうしたバイアスは「誤り」「誤謬（ごびゅう）」ととらえられる。心理学の方法論で取り上げられる**実験者効果**および**観察者効果**や、社会心理学での**誤帰属**、後知恵バイアス、正常性バイアス、**確証バイアス**、記憶における**虚偽記憶**なども含む場合があるが、**トゥヴェルスキー, A.** と**カーネマン, D.** による**ヒューリスティックス**とバイアスの研究業績以降の意思決定理論の研究対象として取り上げられているものを特にさしている。［坂上］

認定心理士
certified psychologist
1

1990 年から**日本心理学会**（公益財団法人）が認定業務を行っている心理学の民間資格。大学における心理学関係の学科名に心理の文字が使われていない場合が多いことから、心理学の専門家として仕事をするために必要な最小限の標準的基礎学力と技能を修得していると認定した人のことである。原則として学部学科は問わず、学部に開講されている科目を受講し、認定団体が指定している基礎科目 12 単位以上、選択科目 16 単位以上、単位の総計として 36 単位以上取得していることが条件であり、大学卒業時の成績を基準に審査を経て資格が与えられる。［高砂］

ネガティブ・フィードバック（負のフィードバック）
negative feedback
6

視床下部（ししょうかぶ）、下垂体から分泌（ぶんぴつ）を促された、副腎皮質、性腺、甲状腺由来のホルモンは、今度は逆に視床下部に作用し、視床下部からのホルモン分泌を抑制する。これは**ネガティブ・フィードバック**（**負のフィードバック**）と呼ばれる。［高瀬］

妬み／嫉妬
envy / jealous
4

妬みは、他者が自分よりも優れている、または他者が自分にない良いものを持っている際に生じる二者関係的な感情である。一方**嫉妬**は、自身と特定の他者との間にある既存の関係性が、第三者によって脅かされる際に生じる三者関係的な感情である。［岩佐］

捏造・改ざん・盗用（FFP）
fabrication, falsification, plagiarism

研究不正を構成する行為。存在しないデータや研究結果の作成（**捏造**）、測定データや研究結果等を真正でないものに加工（**改ざん**）、他の研究者のアイディアやデータ、研究結果等を了承もしくは適切な表示なく流用（**盗用**）といった行為が該当する。［矢口］

脳脊髄液
cerebrospinal fluid
 公

脳脊髄液は、頭蓋内では脳室内とくも膜下腔に、脊柱管内では脊髄くも膜下腔に存在する液体である。脳脊髄液は、衝撃から脳を保護する役割がある。また、脳脊髄液の圧の上昇、脳脊髄液の組成の変化は疾患の貴重な検査所見となる。［高瀬］

脳定位固定装置
stereotaxic instrument

刺激用または記録用の電極等を脳のある場所に正確に刺す手術は**脳定位固定装置**を用いて行うことにより実現する。この装置に固定された動物の脳部位の解剖学的位置は、すべて3次元座標で指示することができる。［高瀬］

脳内自己刺激
intracranial self-stimulation
6

電極を動物の脳の特定部位に刺入して留置し、その動物がレバーを押すと電極の先端に微弱な電流が流れるようにする。この状況を**脳内自己刺激**と呼び、脳の**報酬系**に電流が流れると、その動物は自らレバーを押し続け、刺激を得続けようとする。［高瀬］

脳波
brain wave

ヒトの脳は300億～千数百億個の**神経細胞**からなり、この神経細胞の集団が示す電気活動が**脳波**となって現れる。脳波研究では、自発的に出現する**自発脳波**と、特定の事象に関連して一過性に生じる**事象関連電位**を解析する。［高瀬］

脳梁
corpus callosum

脳梁は右脳と左脳をつなぐ推定2億の軸索から構成される交連線維の太い束である。1930～40年代には何も機能していないと考えられていたが、**マイヤーズ, R. E.** と**スペリー, R. W.** がネコを対象に行った脳梁切断実験から、半球間の情報共有に役割を果たしていることが明らかとなった。［高瀬］

能力開発
training and development
8

従業員の現在の職務遂行能力を伸張させ、生産性の向上を図るとともに、将来の事業展開を考慮した**人的資源**のストックの向上を図るという意義を持つ。さらに、従業員の**成長要求**に応え、その**キャリア発達**を支援することで企業の魅力を高め、人材の確保や保持を図り、一体感・忠誠心を高めるという効果を期待する側面もある。**OJT** と **off-JT** が能力開発の主なものであるが、**自己啓発**を重要視し、それを支援することに重点を置く企業も多い。さらには**メンタリング**のように個人的な人間関係の中でのキャリア発達支援の関係づくりを支援する企業もある。［小野］

ノーマライゼーション
normalization

障害の有無にかかわらず、すべての人が人格を尊重され、他の人々と同じ権利を享受し、主体的な生活と参加が保証される社会を実現する理念。1950 年代の北欧の**知的障害者**の福祉向上運動の中で生まれ、**バンク＝ミケルセン, N. E.** により理論化された。障害者をノーマルにすることが目的ではなく、障害者を受け入れ、障害者がノーマルな生活条件を享受できる権利を保障する責任が社会の側にあるとした。その後、**ニィリエ, B.** により 8 つの原理として体系化された。この理念は世界中の障害者施策に影響を与え、今日の福祉の基本的な概念の一つになっている。［藤田］

ノスタルジア（懐かしさ）
nostalgia

過去の個人的経験の記憶（**自伝的記憶**）を想起したときや、実際に経験しなくとも歴史的郷愁を感じさせる風景や対象に出会ったときなどに生起する感情のこと。懐かしさを中心としたポジティブな感情が主で、自己意識を保全する機能もあるとされる。［行場］

ノックアウト（KO）
knockout

ゲノム上の特定の**遺伝子**の必須部分、すなわち遺伝子産物を作るために必要な部分を外来遺伝子と置換し、その遺伝子がタンパク質合成機能を持たないようにすることを**ノックアウト**（**KO**）と呼ぶ。また、その遺伝子工学的技法を**ノックアウト法**と呼ぶ。［高瀬］

ノルアドレナリン
noradrenaline

ノルアドレナリンはアミンの**神経伝達物質**である。生体の**ストレス反応**には、**HPA 軸**（**視床下部－下垂体－副腎軸**）が必須であるが、ストレス刺激は脳幹のノルアドレナリン作動性神経細胞を活性化し、副腎皮質刺激ホルモン放出ホルモンの分泌を刺激する。

また、自律神経である交感神経では、神経支配する内臓器官に対してノルアドレナリンやアドレナリンが分泌される。精神神経疾患とノルアドレナリンとの関係について、**うつ病**や**双極性障害**の患者では、特に脳の視床下部でセロトニン受容体やノルアドレナリン受容体の発現量に異常が認められるという報告がある。［高瀬］

ノルエピネフリン
norepinephrine

ノルエピネフリンは**ノルアドレナリン**の別名である。わが国の化学者である**高峰譲吉**（じょうきち）が**上中啓三**（うえなか）と 1900 年にシカゴでウシの副腎から**アドレナリン**を世界で初めて結晶化することに成功したが、1927 年にアメリカの**エイベル, J. J.** が高峰らのアドレナリンの発見は自分の**エピネフリン**の研究を盗んだものだとし、このような歴史的経緯からアドレナリン、エピネフリンという 2 つの名称が生まれた。高峰らの主張が正しかったことがわかり、2006 年に高峰の名誉が回復され、日本薬事法でもノルアドレナリンと呼ぶようになった。［高瀬］

ノンレム睡眠（non-REM 睡眠）
non-REM sleep

睡眠段階は**レクトシャッフェン, A.** と**ケイルズ, A.** が考案したものが国際基準となっている。それによると睡眠は脳波によって全部で 5 段階に分けられ、段階 1 から 4 をまとめて**ノンレム睡眠**と呼ぶ。脳波によって睡眠の深さが測れるようになったので、睡眠が始まると 1 から 4 にかけて深まり、4 から 1 へと戻り、**段階レム**を経て再び深まることがわかった。この一連の流れは 1 時間半ほどで繰り返し、人の平均睡眠時間は 8 時間ほどであるため、通常の睡眠時間では、4〜5 回ほど段階レムを経験する。つまり、4〜5 回ほど夢を見る機会がある。［高瀬］

は

パーソナリティ
personality
1 4 公

認知・感情・行動的な傾向性と、その背景となる心理学的構造およびプロセスに、一定の理論的なまとまりを持たせたもの。行動的な個人差や、そうした個人差の一貫性・安定性を、個人が持つ**パーソナリティ**の反映ととらえるのが、この概念の基本的前提である。パーソナリティの構造とプロセスは、神経生理学的な要因を含めた複雑な体制と仮定されており、個別のパーソナリティ理論がその詳細をさまざまにモデル化している。パーソナリティ概念は、**人間－状況論争**をはじめとした議論の的となることがしばしばであり、そのとらえ方は立場によっても異なる。［岩佐］

パーソナリティ・アセスメント
personality assessment
1

性格検査、**パーソナリティ検査**と同義で用いられる。個人の**パーソナリティ**や**気質**のほか、興味や欲求、葛藤や態度といった特性も評価するもので、手続きの違いから、**質問紙法**、**作業検査法**、**投影法**の３つに分けられる。この中では質問紙法が最も種類が多いが、被検査者が自分をよく見せようと反応を操作できる点が問題である。その点、作業検査法や投影法では被検査者は反応を操作しにくいのが特徴だが、その分時間がかかったり、専門的経験が要求されたりする。いずれの方法を使うにせよ、**パーソナリティ・アセスメント**には**テストバッテリー**が必須である。［高砂］

パーソナリティ障害
personality disorder
4 5 10 公

従来人格や行動の異常として症候論で扱われていたが、1950年代以降の**境界例**研究の経緯を背景に、**パーソナリティ障害**の研究と治療が精神医学に位置づけられた。DSM-Ⅲでは新しい診断基準「その人の属する文化で期待されるより著しく偏った内的体験や行動の持続様式が、認知・感情・対人関係機能・衝動の制御の２つ以上の領域で現れ、青年期、成人期早期に遡（さかのぼ）って始まり、社会的機能の障害を引き起こす」を提案。Ａ群（猜疑（さいぎ）性／妄想性、シゾイド／スキゾイド、統合失調型）、Ｂ群（反社会性、境界性、演技性、自己愛性）、Ｃ群（回避性、依存性、強迫性）に分類。［沼］

パーソナル・コンストラクト理論
personal construct theory
4

環境や事象の解釈に用いられる、個人が持つ判断の枠組みを**パーソナル・コンストラクト**（個人的構成体）と呼ぶ。この理論を立てた**ケリー, G. A.** は、これらの枠組みは過去の経験によって獲得され、個人の内部では階層構造になっていると仮定した。［村上］

パーソナル・スペース
personal space
4

ソマー, R. によると、個人の身体を取り巻く見えない領域であり、この領域に侵入する者があると強い情動反応が引き起こされる。もともとは動物のなわばり行動の概念に由来しており、人の移動により見えない領域も移動するのが特徴である。動物のなわばりでは個体や集団の防御などが主目的とされるが、加えて人間では地位の違いなど文化的な価値も反映されている。また**非言語的コミュニケーション**の一つとしてとらえられており、使用するコミュニケーションチャネルの限定や**親密度**の調整弁としても意図的に用いられている。この研究分野を**プロクセミックス**という。［村上］

バーチャルリアリティ（VR）
virtual reality
2

コンピュータや情報通信技術によって作り出された空間環境や事物について現実感を伴って疑似体験できるようにしたシステムのこと。**仮想現実**と訳されるが、仮のものというより、本質的あるいは現実感をより強めたものという意味が含まれている。［行場］

ハーディネス
hardiness
4 9

高ストレス状況でも健康を保てる人々が持っているパーソナリティの特性。主にチャレンジ、コントロール、コミットメントの要因からなるとされる。**ストレッサー**があっても、ストレスフルとみなさない人なら、**ストレス反応**は生じないと考える。［田中］

ハームリダクション
harm reduction
10

嗜好や依存などの治療において、**クライエント**が悪習慣をすぐにやめることができない場合、とりあえず、その行動による害や危険をできるだけ少なくしていくことを試みる方法論。たとえば、違法薬物中毒者に対しては、より害の少ない別の薬物で代替するなどの方法がとられる。［越智］

パールマンの４つのP
4Ps of Perlman
9

福祉領域において、個別援助を成立させる際に共通する４つの構成要素。人（person)、問題（problem)、場所（place)、過程（process）をさす。後に、専門職（professional）と制度

(provisions) が追加され、6つのPとなった。[藤田]

バーンアウト
burnout
5 8 9 公

仕事に対して人一倍熱心に献身した結果、心身が極度に疲労しエネルギーが枯渇した状態のこと。この概念を最初に学術論文で取り上げたのは**フロイデンバーガー, H. J.**。教員、看護師、ソーシャルワーカーなどのヒューマン・サービス従事者などに多く見られ、**燃え尽き症候群**とも呼ばれる。マスラック・バーンアウト・インベントリー (MBI) が開発され、**情緒的消耗感**、**脱人格化**、**個人的達成感**の低下の3つを特徴的な症状とする。個人の対応だけでなく社会・組織における対策の両方が求められている。[山浦]

バイオフィードバック
biofeedback
2 6

バイオフィードバックとは普段は知覚しえない個人の生理的反応を電子機器やコンピュータを媒介して知覚可能な刺激に変換し、本人に呈示（フィードバック）することによって心理的、生理的状態の自己調整を促進する手続きである。また、訓練の後、調整レベルや調整方法があらかじめわかっている場合は本人に呈示することなしに心理的、生理的状態が制御可能となる。これは前者が**フィードバック制御**であるのに対して**フィードフォワード制御**と呼ばれる。制御できる反応は心拍、皮膚温度、皮膚電気反応などの自律神経系の活動ばかりでなく、筋電位活動、脳波などの体性神経系、中枢神経系の活動もその対象となる。[高瀬]

バイオロジカル・モーション
biological motion
2

身体の関節部に付けた少数の光点の動きだけでも、人や動物の動作を知覚できる現象のこと。**ヨハンソン, G.** の研究が先駆けとなった。**生物性特徴**（アニマシー）の一部であるが、**統合失調症**や自閉症傾向者は、このような知覚が低下するとされる。[行場]

媒介効果／調整効果
mediating effect / moderating effect
1 7

独立変数Xと**従属変数**Yの間になんらかの**媒介変数**Zが介在しているとき、XからYへの効果がZによって変わることを**媒介効果**と呼ぶ。一方、Xの外部にあってXに影響を及ぼすことで結果的にYに変化が及ぶ場合、これを**調整効果**と呼ぶ。[高砂]

媒介分析
mediation analysis
7

変数間の関係において他の変数が媒介する効果について分析する手法。図で示した x と y の間を m が媒介するモデルでは、**媒介変数** m を経由した x から y への**間接効果**の大きさは $a \times b$ となり、この間接効果が統計的に有意であるか、**直接効果** c が有意であるか、などが検討され、直接効果がなく間接効果のみがある場合を完全媒介モデルと呼ぶ。a, b, c の各**パス係数**は**構造方程式モデリング**の枠組みで推定できる。［杉澤］

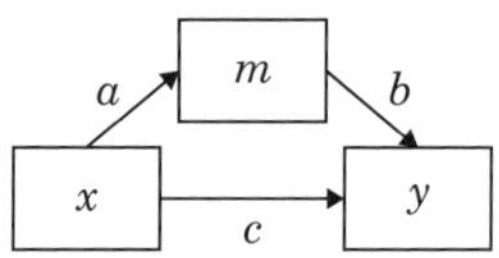

媒介変数
intervening (mediating) variable
1

独立変数と**従属変数**の間にあって、それらの因果関係を仲介すると考えられる変数のこと。**仲介変数**ともいう。独立変数が媒介変数に影響を与え、その媒介変数が従属変数に影響を及ぼすので、**媒介分析**によって媒介変数の効果を調べることができる。［高砂］

配偶者からの暴力の防止及び被害者の保護等に関する法律（DV 防止法）
Act on the Prevention of Spousal Violence and the Protection of Victims
5 9 10 公

配偶者からの暴力（**ドメスティック・バイオレンス**）に係る通報、相談、保護、自立支援等の体制を整備し、配偶者からの暴力の防止及び被害者の保護を図ることを目的とする法律（2014 年改正法）。配偶者の範囲は、法律上・事実上の婚姻関係にある者に加えて生活の本拠をともにする交際相手も含み、男女の別は問わない。都道府県に設置された配偶者暴力相談支援センターが被害者の相談、一時保護を行う。被害者の申立てにより、裁判所から配偶者に対し保護命令を発令することができる。保護命令の種類には、被害者とその子または親族等への 6 か月間の接近禁止命令と電話等禁止命令、2 か月間の退去命令がある。［藤田］

配偶者選好
mate preference
4

進化的アプローチによる**性淘汰**(とうた)プロセスに見られる配偶者の選好メカニズム。男女の繁殖度のポテンシャルの違いによる異性へのアプローチの性差や、**ライフ・ヒストリー**戦略の差によるパートナーや家族に対する投資傾向の違いなどを説明する。［村上］

バイスティックの7原則
Biestek seven
9

バイスティック, F. P. による対人援助職とクライエントとの間に結ばれる援助関係を構築するための倫理的な実践原則。①個別化、②意図的な感情表出、③統制された情緒的関与、④受容、⑤非審判的態度、⑥自己決定、⑦秘密保持の7つの原則をさす。[藤田]

背側経路／腹側経路
dorsal pathway / ventral pathway
6

視覚野に送られた情報は、大まかには**背側経路**、**腹側経路**を通じて、それぞれ頭頂葉、側頭葉へと送られる。背側経路は物の位置に関する情報を処理し、腹側経路はその物が何であるかの情報を処理する。[高瀬]

ハインリッヒの法則
Heinrich's law
8

ハインリッヒ, H. W. は、同じ種類の災害が330件あれば、300件は無傷害災害、29件が軽微な傷害、1件は重い傷害となることを見いだした。さらには300件の背後に無数の不安全な行動や状況があるという。この不安全行動・状況についてはコントロール可能であるため、未然防止に向けた対策や実践活動が重要視される。[山浦]

バウムテスト
Baum Test / Tree Drawing Test
4 5 7

「実のなる木を一本書く」という簡単な教示で実施される**投影法**テストで、スイスの心理学者**コッホ, K.** が体系化したとされる。言語を用いないので子どもにも施行しやすい。**テストバッテリー**を組んで、発達と病理的側面が解釈されることが多い。[村松]

破壊法
lesion method
6

脳のある部位が破壊されたため、その動物の行動レパートリーから特定の行動能力が失われたならば、脳のその部位がその能力を担っている可能性は強い。これが**破壊法**または**損傷法**と呼ばれる脳機能の最もシンプルな研究法である。[高瀬]

箱庭療法
sand play technique
5

英国の小児科医**ローエンフェルト, M.** は子どもの内的世界の自己表現としてミニチュアを用いた**世界技法**を創始した。ユング派の分析家である**カルフ, D.** は、世界技法を発展させ、クライエントの深い心的イメージ表現のための安全な枠組み（箱庭の箱や作品を見守る治療者）を重視し治療に用いた。この**箱庭療法**をスイス留学から戻った臨床心理学者**河合隼雄**がわが国に広めた。わが国にはすでに盆石や盆景といった遊びがあり、箱庭療法が盛んに行われる土台

になったとされる。子どもだけでなく、成人にも用いられる。[村松]

箱ひげ図
box and whisker plot / boxplot
7

最小値、**第１四分位数**、**中央値**、**第３四分位数**、**最大値**の５つの統計量を用い、データの分布を視覚的に表現した図。箱から伸びるひげの両端が最小値・最大値、箱の両端が第１四分位数、第３四分位数、箱の中央の線が中央値である。なお、図によってはひげの両端が最小値・最大値ではなく、ひげの外側に外れ値が描かれていることもある。[村井]

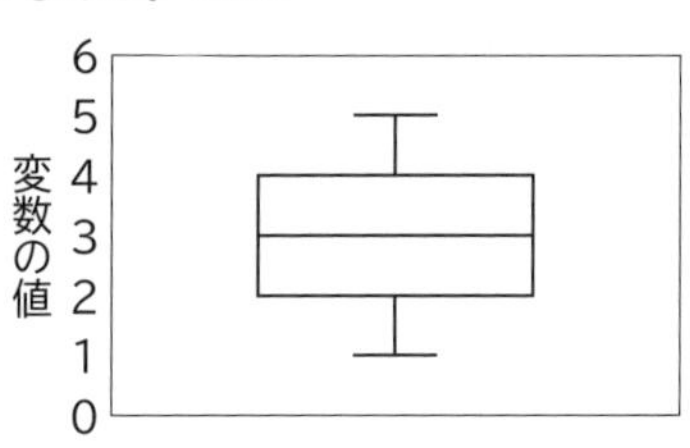

恥／罪悪感
shame / guilt
4

道徳的な**逸脱行為**を抑制する**社会的感情**。**恥**は全体的な自己を対象とし、しばしば無力感や逃避行動を伴う強い痛みの感覚である。**罪悪感**は個別の行為を対象とし、罪に関する反芻を伴うが、恥よりも強度は弱く、道徳的に望ましい行動を動機づける。[岩佐]

場所細胞
place cell
6

迷路内を自由に走り回るラットの**海馬**の神経細胞の個々の活動を記録すると、特定の細胞は迷路の特定の場所を走り抜けるときに活動することがわかる。これは**場所細胞**と呼ばれる海馬の細胞で、外の世界を認知する地図の形成に役立つと推測されている。[高瀬]

場所説／時間説
place theory of hearing / temporal theory of hearing
2

場所説では、音の高さ（ピッチ）の分析はその周波数に対応した蝸牛の基底膜上の場所における興奮に基づくとされる。**ヘルムホルツ, H. L. F. von** の**共鳴説**や、**ベケシー, G. von** の**進行波説**がこの立場に含まれる。一方、**時間説**では、周波数分析は中枢における神経発火の時間パターンに基づくとされる。場所説では、基本周波数を取り去った複合音でも基本周波数に相当するピッチが知覚される現象を説明できず、時間説では神経は発火頻度が追いつかない高周波領域での知覚が説明できない。現在では、両説は相補的なものとしてとらえられている。[行場]

端数価格
odd pricing
8

2千円や1万円ではなく1,980円や9,800円というように、少しだけ安い価格をつけることにより割安感を感じさせる価格設定のことである。消費者は最初の数字に目が行き、実際の差額よりも大幅な違いがあると認知して大きな値引き感を持つ。［小野］

パス解析
path analysis
7

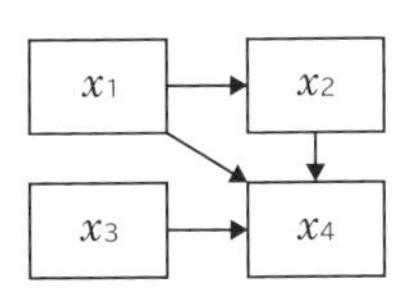

変数どうしを矢印（**パス**）で結んだ**パス図**に基づいて、**媒介効果**を含む複数の変数間の関係性を分析する方法。潜在変数は含めないことが多い。変数間の関係の強さを表す**パス係数**やモデル全体の**適合度**を求める。モデル上は変数間の因果関係を想定しているが、変数間の**相関**関係に基づいた分析を行っている場合はモデルの適合度が高いことが変数間の因果関係の証拠とはならない。［杉澤］

パス・ゴール理論
path-goal theory
8

ハウス, R. J. が提唱した、**リーダーシップ**の**状況即応アプローチ**。リーダーは、メンバーたちが活動途中で直面する障害物に対して、どのような道筋（パス）を通っていけばそれらを克服し**目標**（ゴール）達成できるかを示す役割を担っている、という考えに基づく理論である。［山浦］

外れ値
outlier
7

データにおいて、全体的な分布から極端に離れた少数の値のこと。**散布図**や**ヒストグラム**などで発見可能である。**平均値**や**相関係数**は**外れ値**の影響を比較的受けやすい。**異常値**といわれることもあるが、正常に測定されても外れ値になる場合もある。［村井］

バソプレシン（バソプレッシン）
vasopressin
6

バソプレシン（**バソプレッシン**）は、腎臓での水の再吸収を増加させることによって利尿を妨げる。また血管を収縮させて血圧を上げる効果がある。バソプレシンの抗利尿作用は体液の喪失を防ぐことになり、脱水やショックなどの循環血漿（けっしょう）量が減少したときに体液を保持する目的がある。さらに、口渇（こうかつ）感などを引き起こし、飲水行動の惹起（じゃっき）にもかかわっている。2004年に一夫一婦制ハタネズミのつがい形成において脳内のバソプレシン受容体が重要な役割を果たしていることがわかった。この研究以降、さまざまな社会行動にも重要な役割を果たしていることがわかってきた。［高瀬］

働き方改革
work-style reforms
8 公

近年、わが国が直面している少子高齢化などによる労働力の不足や**労働生産性**の低さという大きな課題に対処するために提唱されている。そこでは、①**長時間労働**の是正（労働時間制度の見直しや多様で柔軟な働き方の実現等）、②雇用形態にかかわらない公正な待遇の確保（**同一労働同一賃金**）を主要課題として、多くの関連法の改正や整備が行われている。長時間労働の是正は、**ワーク・ライフ・バランス**を保ちながら高齢者や女性の能力発揮をめざすためにも重要視されているが、長時間労働によって引き起こされる**精神障害**による長期欠勤者や**労働災害**の増加を食い止めるためにも重要な視点である。［小野］

発見学習
discovery learning

学習者自身が主体的に仮説を検証し、科学的な概念や法則などの知識を発見し、知識の獲得のしかたを学習する方法。教員は学習者に学習内容を与えるのではなく、課題提示や質問などにより学習の支援を行う。**ブルーナー, J. S.** によって提唱された。［小泉］

発生的認識論
genetic epistemology
3

ピアジェ, J. は、当初、生物学領域で発生学（軟体動物の発生）について研究をしていたが、その後哲学や心理学に興味を持ち、心理学領域で人の知覚・判断・理解・思考などの認知過程やその発達といった認識の発生について研究した。これらを踏まえ、認識を歴史や社会的発生に基づいて説明しようとした。これは伝統的な哲学的認識論に対して、**発生的認識論**と呼ばれる。発生的認識論では、認知機能は有機体の環境への適応形態として位置づけられる。その点で、人は、**同化**と**調節**を繰り返しながら環境に適応し、認知を発達させると考える。［小泉］

発生率
crime rate
10

人口の異なる地域の犯罪を比較する場合、**認知件数**で単純に比べると人口の影響が生じてしまうため、一定の人口当たりの認知件数に換算する必要がある。このような指標として犯罪白書では**発生率**（人口 10 万人当たりの認知件数）が報告されている。［荒井］

発達加速現象
acceleration of growth
3

世代差や地域差によって身体成長や性成熟などの発達速度が異なる現象のこと。**発達加速現象**には、異なる世代間で発達速度が異なる現象をさす**年間加速**と、同一世代間で発達速度が異なる現象をさす**発達勾配**(こうばい)の2つがある。[小泉]

発達課題
developmental task
3 9

アメリカの教育学者である**ハヴィガースト, R. J.** は、**生涯発達**の視点から、発達段階を6つの段階に分け、人間が健全で幸福な発達を遂げるために各発達段階で達成しておかなければならない課題があるとした。6つの発達段階とは、**幼児期**(乳幼児期)、**児童期**、**青年期**、壮年初期(成人初期)、**中年期**、**老年期**であり、それぞれの段階には6〜10項目の**発達課題**が挙げられている。また、**エリクソン, E. H.** は、人の**パーソナリティ**の発達過程を**乳児期**から老年期の8つの段階に区分し、それぞれの段階に克服しなければならない発達課題を設定した。[小泉]

発達検査
developmental test
3 公

子どもを対象に運動、認知、社会、言語などさまざまな領域の発達の程度を測定する検査のこと。**発達検査**の対象年齢は0歳から青年期までと広いため、乳幼児用、児童用、青年期用など年齢によって異なる検査が用意されている。検査の方法も、養育者などから子どもの様子を聞き取るものや、子どもに対面で検査道具を用いて検査を行うものなどがある。使用場面についても、乳幼児健康診査などで発達の程度を確認するスクリーニング用として実施する場合や、いくつかの検査を組み合わせることで多面的に子どもの発達をとらえ支援策の手がかりとする場合などがある。[小泉]

発達勾配(こうばい)
developmental gradient
3

発達加速現象の一つであり、発達速度が異なる現象を**発達勾配**という。例として都市部の子どもや社会経済的に豊かな層の子どもは、地方部の子どもや貧困層の子どもに比べて身体の成長の増加が高く、性成熟が早いことなどが挙げられる。[小泉]

発達指数(DQ)
developmental quotient
3

発達検査で測定した**発達年齢**を**生活年齢**で割り、100をかけた数値のことであり、発達年齢と生活年齢が一致すると**発達指数**は100となる。子どもの発達をとらえるためには、発達指数だけでなく、各領域のプロフィールも参考にする必要がある。[小泉]

発達障害
developmental disorders
3 5 9 公

幼児期から**青年期**にかけての精神・神経発達にかかわる障害や異常は明らかになっていないことが多く、**発達障害**の厳密な医学的定義は見当たらないが、発達期に生じそれ以降も社会生活に不適応をもたらす可能性のあるものの総称としてとらえられる。一方教育や福祉分野における行政用語として、2005 年施行の**発達障害者支援法**では「自閉症、アスペルガー症候群その他の広汎性発達障害、学習障害、注意欠陥多動性障害その他これに類する脳機能の障害であり、その症状が通常低年齢において発現するもの」と定義し、発達障害の早期発見・早期支援をめざしている。[沼]

発達段階
developmental stage
3 5

人間発達の過程について、心身の発達の特徴や機能の質的な違いに着目して、時間軸に基づいた連続的な変化ではなく非連続的な段階的変化の過程としてとらえた区分のことを**発達段階**という。発達のどのような側面に着目するのかによって発達段階は異なり、乳児期、幼児期、児童期など主に年齢区分に着目した発達段階だけでなく、認知の発達について説明した**ピアジェ, J.** の**認知発達理論**、パーソナリティの発達について説明した**エリクソン, E. H.** の**漸成的発達理論**（ぜんせい）、**フロイト, S.** の性発達理論、**コールバーグ, L.** の**道徳性**の発達段階などが挙げられる。[小泉]

発達の最近接領域
zone of proximal development
3

ヴィゴツキー, L. S. は、「子どもが自力で解決できる水準（現在の発達水準）」と「養育者や年長者などの援助があって解決できる水準（明日にはできるようになる、成熟しつつある水準）」との 2 つの水準の差を**発達の最近接領域**とした。またヴィゴツキーは、教育現場で発達の最近接領域をつくり出すような課題を設定し、最初は大人からの援助を受けながら課題を解決するが、そのうち子どもは自分の考えや知識を自覚するようになり、最終的には大人の手を借りずに自らの知識を使って自力で課題を解決できるようになることが、教育の目的だと考えた。[小泉]

パニック症／パニック障害
panic disorder
5

DSM-Ⅲ以降、不安を前景とする**不安症群**に分類される。基本症状は、**予期しないパニック発作**が繰り返し起き、また発作が起きるのではないかという**予期不安**や、発作と関連した不適応的な行動変化（**回避行動**）が 1 か月以上続く。**パニック症**にはパニック発作が必須であり、パニック発作とは、強い不安や恐怖が突然始まり、数分以内にピークに達するほど急激に目前に迫る感じを伴い、はっきり他と区別できる症状（動悸、呼吸困難感、胸痛・腹痛や不快感、窒息感、めまいなど）に加え、死ぬのではないか、抑制力を失うのではないかという恐怖感が起こる。［沼］

パフォーマンス評価
performance assessment
7

表出された成果物や行為（パフォーマンス）に基づく評価のこと。論文やプレゼンテーションなど、実際的な文脈での課題（**真正性**の高い課題）を用いることが重視される。**ルーブリック**を用いた**目標準拠評価**とされる場合がある。［寺尾］

パラメトリック検定／ノンパラメトリック検定
parametric test / nonparametric test
7 公

検定する仮説が**母集団分布**のパラメータ（母平均など、母集団分布を決める特性値）に関するものであるのが**パラメトリック検定**、そうでないのが**ノンパラメトリック検定**である。2群の分布の位置を比較する場合、前者は t **検定**、後者は**マン＝ホイットニーの** U **検定**を用いることができる。［山田］

バランス理論
balance theory
4

ハイダー, F. による態度予測に関する理論。自分（P）と他者（O）と対象（X）の３つの要素（**P–O–X モデル**）を仮定し、要素間の関係を掛け合わせてプラスになる均衡状態を良好とし、マイナスになる不均衡状態では、要素間の関係が変化することにより均衡状態に向かうと仮定した。［村上］

バリアフリー
barrier free
8 9

社会生活に参加するうえでのバリア（障壁）を取り除くこと。もともとは建築物などに存在する物理的なバリアの除去をさした。今日では、あらゆる人の社会参加を困難にしている物理的・心理的・制度的・情報的バリアの除去の意味で用いられている。［藤田］

バリデーション
validation
9

認知症の人の言動・行為には意味があるととらえ、奥底にある思いを探るコミュニケーション技法。正負両面の感情表出を促し、傾聴・受容する。感情への共感を示すことで、認知症の人の不安を軽減し、自らの価値を再確認する一助となる。［藤田］

バリマックス回転／プロマックス回転
varimax rotation / promax rotation
7

因子分析における**共通因子**の回転方法。因子分析は、共通因子を座標軸、**因子負荷**の値を座標として**観測変数**を配置することで、変数間の関係を表す手法であるとみなすことができる。共通因子の軸は自由に設定できるので、結果の解釈が容易になるように計算して回転する。**バリマックス回転**は**直交解**を得る回転法の一つで、各共通因子における因子負荷の**分散**が最大となるようにしたものである。**プロマックス回転**は**斜交解**を得る回転法の一つで、バリマックス回転で得られた因子負荷を３乗または４乗した値を目標値として、それに近くなるようにしたものである。［杉澤］

パワー・ハラスメント（パワハラ）
power harassment
8 公

地位や力を背景にした職場での**いじめ**や嫌がらせ、指導に名を借りた対人的攻撃。厚生労働省は、「同じ職場で働く者に対して、職制上の地位や人間関係などの職場内の優位性を背景に、業務の適正な範囲を超えて、精神的・身体的に苦痛を与える又は職場環境を悪化させる行為」と定義し、身体的な攻撃、精神的な攻撃、人間関係からの切り離し、過大な要求、過小な要求、個の侵害に分類している。これらは人権侵害といっても過言ではない。**抑うつ**を招いたり休職や離・退職につながったりするなど個人に不利益を与えるだけでなく、人間関係を悪化させモラールダウンを招くなど組織への悪影響も大きく、その放置は、**安全配慮義務**や**職場環境配慮義務**の違反などに問われる危険性もはらんでいる。［小野］

範囲（レンジ）
range
7

最大値と**最小値**の差で定義される**散布度**の指標の一つ。計算には両端の２つの値しか用いず、他のデータの値は直接的には反映されないので、**外れ値**の影響を受けやすい。あくまで散布度のおおざっぱな指標にすぎない。［村井］

般化（はんか）
generalization
2 公

レスポンデント条件づけ・オペラント条件づけにおいて、新たに反応を誘発するようになった**条件刺激**、もしくは**刺激性制御**を及ぼすようになった弁別刺激の近傍となる類似した刺激が、特別な条件づけを経ることなく、原刺激よりもその制御力は弱いものの同様な機能を有するようになること。弁別の対概念として、現象やその過程についての検討がなされており、特に原刺激を中心としてそこから離れるに従ってなだらかにその機能が順次弱くなっていく関数は、**般化勾配**（こうばい）と呼ばれる曲線を描くことが知られ、**刺激性制御**の基本的な研究を促した。［坂上］

半球優位性
cerebral dominance
6

大脳の左半球は言語と随意運動の両方に特別な役割を持つことが示唆されたので、優位半球と呼ばれるようになった。一方、右半球は劣位半球と呼ばれるようになった。このとき、どちらが優位半球であるかという性質を**半球優位性**と呼ぶ。［高瀬］

反抗期
negativistic period
3 5

子どもの自律性が高まることで、親や教師など周囲の大人に対して反抗的な態度を表す時期のこと。**第一次反抗期**は2～4歳の**幼児期**に見られ、他者とのかかわりの中で自己と他者の区別が理解されるようになると、親に対して自分の意志を通そうとするなど自己主張を行うようになる。**第二次反抗期**は12～15歳の**青年期**前期に見られ、自律性や自己決定の意欲が高まることで、周囲の大人と意見が対立し反抗的な態度を示すようになる。しかし近年は**反抗期**を経験する子どもの割合が減少しており、反抗期は発達過程に必然的なものではないとする意見もある。［小泉］

半構造化面接
semi-structured interview
1 公

面接法の手法の一つ。**構造化面接**と同様に、あらかじめ定められた順序や内容で質問が行われるが、さらに枝分かれした質問をする、回答の意味を明確にするために質問を加える、質問の順序を入れ替える、など構造化の程度が少し緩いものをさす。［高砂］

犯罪者プロファイリング
criminal profiling
10

犯行現場の状況、犯行現場における犯人の行動、被害者の被害状況、犯罪発生日時や場所などの情報をもとにして、犯人の属性、具体的には、年齢、職業、外見、家族構成、経済社会的階層、**精神疾患**の有無などについて推定していく捜査技法の一つ。［越智］

犯罪少年
juvenile offender
10

少年法3条における「罪を犯した少年」に該当し、年齢は14歳以上となる。この場合の犯罪行為は刑法犯に限られず、特別法犯も含んでいる。なお、2022年の少年法の改正で、18、19歳で罪を犯した少年は**特定少年**とされることとなった。［荒井］

犯罪統計
crime statistics
10

犯罪に関して体系的かつ定量的に収集された統計を表す。**犯罪統計**には、警察庁や法務省が報告する公式統計（犯罪白書や警察白書など）のほか、犯罪被害者調査や加害の自己申告調査など科学的研究によって収集される統計もある。近年では、デジタル庁の発足とともに**オープンデータ**が浸透しつつあり、犯罪に関する統計データも公表されるようになりつつある。[荒井]

犯罪の転移
crime displacement
10

犯罪予防行動や活動に反応して、犯罪が時間的、空間的、あるいは内容的に変化する現象のことである。**犯罪の転移**として、地理的転移、時間的転移、戦術的転移、犯行対象の転移、機能的転移、加害者の転移が生じることが知られている。犯罪の転移とは逆に、犯罪予防行動や活動の良い効果が、直接的に対象となった場所、個人、罪種、あるいは介入を行った期間以外にまで及ぶ場合があり、これを**利益の拡散**という。これらの現象は、犯罪予防の効果を考える場合、対策の副次効果を考える必要があるということを意味する。[荒井]

犯罪パターン理論
crime pattern theory
10

ブランティンガム, P. J. と**ブランティンガム, P. L.** の示した理論。犯罪は時間、空間または社会の中でランダムに起こるわけでも、一様に起こるのでもない。この理論は、犯罪が起こりやすい**ホットスポット**や被害に遭いやすい人（**反復被害**）が存在することを説明する。われわれは何気なく日常生活を送っているが、そこには誰でも一定の時空間的な移動パターンや活動パターンがある（つまり、活動空間や意識空間を持つ）。このとき、日常生活において高頻度で訪れる場を**ノード**、ノードを結ぶ線を**パス**という。これは犯罪者も同じであり、犯罪者もパターン化された活動空間や意識空間を持つ。犯罪が起こるのは、被害者や標的の活動空間や意識空間と犯行者の活動空間や意識空間が重なる所であり、これは特にノードを結ぶパスの付近（外周）であると考える。[荒井]

犯罪被害者等基本法
Basic Act on Crime Victims
10 公

犯罪被害者等の権利や利益を守ることを目的に、2004 年に成立した法律。被害者の支援や保護を国や地方公共団体の責務と位置づけ、相談および情報提供、損害賠償請求の援助、犯罪被害者等の**二次被害**防止・安全確保などが明文化されている。[荒井]

犯罪予防
crime prevention
10 公

実際の犯罪水準と知覚された**犯罪不安**を減少させるために企図されたすべての方策である。わが国では**防犯**とされることが多く、**犯罪予防**と防犯は同義と考えてよい。犯罪予防には多様な行動や活動が含まれるが、大きく分けると３つに分類できる。**一次予防**は、犯罪を誘発する一般社会の物理的・社会的環境を改善することに向けられた活動である。**二次予防**は、犯罪を行う可能性の高い個人や集団を早期に把握し、それらに早期に介入することに向けられた活動である。**三次予防**は、罪を犯してしまった者への再犯防止に向けられた活動である。［荒井］

反射
reflex
2

通常、生存にとって重要な刺激によって誘発される、身体の一部の変化を伴う生得性行動の一つである**無条件反射**をさす。一方、**条件反射**は**レスポンデント条件づけ**を経て獲得された学習性行動である。脊髄（せきずい）の**反射弓**（はんしゃきゅう）と呼ばれる回路が関係している。［坂上］

反社会性パーソナリティ障害（ASPD）
antisocial personality disorder
10 公

DSM–5 では、**反社会性パーソナリティ障害**は**パーソナリティ障害群**のＢ群パーソナリティ障害に含まれる。パーソナリティ障害の中で最も犯罪と親和性が高いとされる。診断基準には、他人の権利を無視し侵害する広範な様式で、法にかなった行動という点で社会的規範に適合しないこと、虚偽性、衝動性または将来の計画を立てられないこと、いらだたしさおよび攻撃性、自分または他人の安全を考えない無謀さ、一貫して無責任であること、良心の呵責（かしゃく）の欠如などの特徴を示すことが含まれている。なお、反社会性パーソナリティ障害と**サイコパシー**とは重なりはあるが、必ずしも同一の概念あるいは状態を表しているわけではない。［荒井］

半側（はんそく）空間無視
unilateral spatial neglect
6

右脳半球の損傷によって引き起こされる症状として、左側の空間が意識にのぼらなくなる**半側空間無視**がある。半側空間無視の患者は鏡を見て顔の右半分だけに化粧を施したりする。半側空間無視は、右頭頂葉の損傷によって起きるケースが多い。［髙瀬］

汎適応症候群
general adaptation syndrome
9

ストレッサーによって引き起こされる、身体的な非特異的反応。最初は警告期で、生体にショックによる異変と回復が生じる。次いで抵抗期が訪れ、心身の活動性が高まる。その状態が持続すると疲弊期（疲憊期）となり、心身症状の発生に至ると見る。［田中］

反応形成（シェイピング）
shaping
2

反応型（たとえば反応の強度や形態）の分布の特定部分を**分化強化**し、その部分の出現頻度を増加させることで分布をある方向に移動させ、最終的な標的行動に次第に近似させていく方法で、これまでなかった新奇な行動の形成に用いられる。［坂上］

反応時間／反応潜時
reaction time / response latency
2

ある**刺激**もしくは**反応**の出現から、次の反応までの経過時間。**反応時間**は主に知覚・認知分野、**反応潜時**は学習分野で使われ、その短縮は習熟や学習の進行の指標と考えられてきた。また歴史的には、時間に応じた心理的処理過程が想定されてきた。［坂上］

反応連鎖／反応連鎖法
chain / chaining
2

三項強化随伴性では弁別刺激と無条件強化子が随伴するために、「刺激：刺激」随伴性によって**弁別刺激**は**条件強化子**としての機能も有するようになる。その結果、この刺激は先行する別の三項強化随伴性における条件強化子として、また同時に次の三項強化随伴性の弁別刺激としても働くことになって、両随伴性をつなげることになる。このようにつなげられた随伴性もしくは反応をつなげていくことを**反応連鎖（法）**と呼び、さらにこれを続けることで、より複雑な行動を作り上げることができる。ヒトを含めた動物の複雑な行動の生成機序の一つ。［坂上］

判別分析
discriminant analysis
7

ある個体が複数の集団のうちどれに属するかを判別することを目的とした、**多変量解析**の一手法である。線形判別では、複数の変数 $X_1, \cdots, X_p$ から合成される変数 $Y=w_1X_1+\cdots+w_pX_p$ の値に基づいて判別を行う。この合成式を**判別関数**と呼ぶ。集団内では関数の値が類似し、集団間では異なるように、**相関比**（**全体平方和**に対する級間平方和の割合）を最大化する重み w を定める。判別関数の推定に用いるデータでは個体が属する集団は既知なので、判別の精度を誤判別率で評価できる。ひとたび判別関数が得られれば、所属集団が未知の個体を判別することができる。［寺尾］

ピアソンの積率相関係数(せきりつ)
Pearson's product-moment correlation coefficient

2つの**量的変数**間の関係を示す指標で最もよく使われる。通常、単に**相関係数**と呼ばれる。**共分散**を2変数の**標準偏差**の積で割った値であり、測定単位に依存しない。rと表記される。符号の正負は共分散と一致し、−1から+1までの実数値を取りうる。［村井］

非可逆性
irreversibility

子どもの心身の発達において、一度ある状態に変化したら、もとの状態には戻らないこと。**胎児期**の母親からの垂直感染、喫煙や薬物摂取などにより、胎児の脳の発達や身体器官の形成などに非可逆的な影響を及ぼすことが知られている。［小泉］

比較心理学
comparative psychology

人間以外の動物を用いて、動物種間の行動の比較を行う心理学の一分野。**動物心理学**とほぼ同義で、人間と他の動物の比較も含む。19世紀の**進化論**の進展を背景に、さまざまな動物種における知覚、反射、発達、学習などの相違を研究することで、人間の行動の特殊性を理解しようとするものである。研究の初期には日常的な観察に依拠した**逸話法**が主として用いられていたが、やがて**モーガン, C. L.** が著書**『比較心理学入門』**において推論能力といった高次な心的活動の分析には注意を要することを指摘し（**モーガンの公準**）、次第に実験的な研究が増えていった。［高砂］

ひきこもり
hikikomori / social withdrawal

ひきこもりは厚生労働省の定義によれば、少なくとも6か月以上、就学、就労、家庭以外での対人関係など社会活動への参加を回避し、おおむね家庭にとどまり続けている状態とされる。**青年期**に特有の現象とみなされてきたが、近年中高年からのひきこもりの状況が指摘されている。親の高齢化とともにいわゆる「8050問題」など社会問題にもなっている。ひきこもりは家族関係や病気（精神病を含む）、失業、人間関係など複雑な背景があるため、支援には包括的アセスメントが必要である。なお、ネット社会の影響などから、欧米でもひきこもり事例が報告されている。［村松］

ピグマリオン効果
Pygmalion effect

教師が学習者の能力について期待し、期待が実現するよう行動することで、学習者の成績が向上すること。**教師期待効果**ともいう。キプロス王ピグマリオンが作った女性像に恋をし女神に祈ったところ、生きた人間の美女となったというギリシア神話に由来する

名称である。実験場面では**実験者期待効果**、社会学では**自己成就予言**、社会心理学では行動的確証の過程とも呼ばれる。[小泉]

非系統的誤差
non-systematic error
1

測定における誤差のうち、統制ができずに偶発的（ランダム）に起こる誤差のこと。測定手続きに伴う誤差は訓練することである程度最小化できるが、非系統的誤差そのものは測定に伴うのが常であり、データの変動の原因となっている。[高砂]

非言語的コミュニケーション（NVC）
non-verbal communication
4

対人コミュニケーションの情報伝達手段のうち、主として非言語によるものをさす。具体的には身ぶり（**ジェスチャー**など）の身体動作や表情やアイコンタクト、空間の利用（**プロクセミックス**）など環境要因をも含めた幅広い要因が考慮されている。[村上]

非行／少年非行
juvenile delinquency
3 5 10 公

少年非行の定義はさまざまであるが、法律的には**少年法**3条において**家庭裁判所**の審判に付すべき少年が規定されている。これに従うと、法律的な意味での少年非行とは、その者が**犯罪少年**、**触法少年**、**ぐ犯少年**のいずれかに該当した場合をさす。また、2022年4月施行の改正少年法からは、18、19歳で罪を犯した者は**特定少年**とされ、17歳以下の少年とは区別されている。[荒井]

非行下位文化理論
theory of delinquent subculture
10

コーエン, A. K. によって提唱された非行理論。ある文化に属する人たちは、基本的にその文化で標準的だと考えられている規範を学習し、それに沿って行動するようになる。低い社会階層に生まれた人々は、もちろん家族や周囲の人々からそのような行動規範を学ぶ。しかし、そもそもこの文化は支配階層や中流階級の価値観に対して反動形成的な産物となっており、そのような階級の価値観を否定するものになっていることが多い。それゆえ、低社会階層の人々の行動は、反社会的なものになってしまう。[越智]

ヒストグラム
histogram
7

1つの**量的変数**について**度数分布**の様子を視覚的に把握するための図。横軸は量的変数の数直線であり、これをいくつかの**階級**に分ける（下図では10個の階級）。縦軸は各階級に含まれる**度数**である。階級の取り方により図の印象が変わるので注意が必要である。似た図として**棒グラフ**があり、**質的変数**の場合に用いる。［村井］

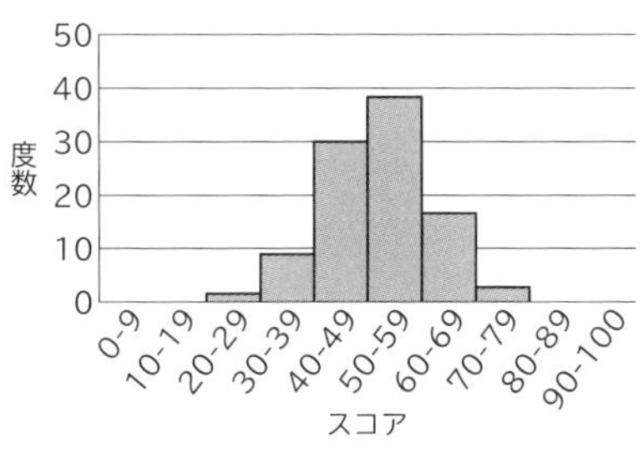

非定型発達
atypical developing
3 公

定型発達（典型発達）とは、発達の順序や時期が同年齢集団に比べて標準的で適応的なことをさす。**非定型発達**は、発達の順序や時期が同年齢集団に比べて非標準的なことをさす。非定型発達の子どもは疾病や障害により社会活動や社会参加が制限されることで、困り感を感じている場合がある。そこで、他児との関係性といった人的環境や、生活環境や授業内容といった物理的環境を見直し工夫することで、困り感を解消する必要がある。また、定型か非定型かといった視点からのみではなく、日常の子どもの姿から子どもの発達を理解することが重要である。［小泉］

ひとり親家庭
single-parent family
9 公

母親または父親の片方いずれかとその子からなる家庭。母親と子どもからなる母子家庭と、父親と子どもからなる父子家庭がある。母子家庭には経済的貧困の傾向が、父子家庭には家事・育児の困窮傾向が認められ、おのおのの支援が必要とされている。［藤田］

避妊教育
contraception education
9

避妊とは、妊娠の時期や回数をコントロールする方法の一つで、妊娠を防ぐために受精や受精卵の着床を阻止すること。コンドーム、経口避妊薬、リズム法などがあるが、それぞれに利点と欠点がある。避妊に関する教育が**避妊教育**で、性の健康教育の一つに位置づけられる。10代の望まない妊娠は、中絶による心身の健康障害や出産後の生活難などが懸念される。発達段階に応じた教育の中で、最初の性交以前に科学的で正確な避妊の知識を身につけ、**性の自己決定**ができるようになることが望まれる。性犯罪など緊急用に、緊急避妊薬の存在も知らせておく必要がある。［田中］

ビネー式知能検査
Binet's intelligence scale
3 5 7

フランスの心理学者**ビネー, A.** と精神科医の**シモン, T.** が世界で初めて開発した個別式知能検査のこと。学校教育制度の開始により、授業についていけない児童の個性に合ったクラス編成を行うための基準が必要となった。そこでパリの文部当局の依頼を受け、1905 年に 30 項目を難易度順に配置した知能検査を発表した。1908 年には子どもが合格できる数個の問題を年齢水準として各年齢に配置した 57 項目の改訂版を発表し、子どもが通過した年齢水準から子どもの知的水準を年齢で表す「精神水準」（現在の**精神年齢**に当たる）の概念を初めて採用した。［小泉］

批判的思考
critical thinking
2 3

意見を聞く、文章を読む、議論をするなどの場面で、「どの証拠に基づいて、何を主張し、どう行動するか」という自分の思考過程を内省・精査するような、根拠に基づいた合理的な思考のこと。**批判的思考**には、4 つの認知プロセス（情報の明確化、情報源の検討、推論、行動決定）とプロセスをモニターし修正する**メタ認知**という認知的側面がある。また、思考過程を自覚し、偏りなく多様な情報に関心を持ち、証拠に基づいて熟考するという態度的側面もある。批判的思考は、メディアリテラシーなどの基盤となることから、教育現場で批判的思考の育成が行われている。［小泉］

皮膚温度
skin temperature
6

感情を反映する有力な生理的指標として、長時間にわたる測定が可能で信頼性が高い血行力学的反応がある。血行力学的反応は、その背後に自律神経活動の支配を認めるという事実から、緊張状態と**皮膚温度**の関連を検討した研究が進んでいる。［高瀬］

皮膚電気活動
electrodermal activity
6 10

皮膚電気活動は、皮膚上の 2 点間に電流を流して、その通電量を測定することで調べる。場合によっては電位差を測定することもある。情動的混乱、興奮の場合に**交感神経系**の働きによって汗腺の活動が盛んになり、これが皮膚電気活動を変化させる。［高瀬］

秘密保持義務
confidentiality
1 公

守秘義務ともいう。公務員や心理職など、ある種の職業の人々において職務上知りえた秘密や個人情報などを開示しないようにする義務のこと。**公認心理師法**では「公認心理師は、正当な理由がなく、その義務に関して知り得た人の秘密を漏らしてはならない。公認心理師でなくなった後においても、同様とする」（同法41条）と定められており、違反した場合には罰則が適用される。**スクールカウンセラー**が子どもの情報を教員と共有する場合や、**臨床心理士**が医療チームの人々と患者の情報を共有する場合のように、個人とは別に集団守秘義務も考慮することがある。［高砂］

ヒヤリハット
minor incident
8

日常の作業で危ないことが起こりヒヤリ、ハッとしたが幸い災害には至らなかった事象。**ハインリッヒの法則**の無障害災害300件に相当する。作業現場ではこの経験の抽出、**潜在的リスク**への対応を通して事故の未然防止に努めている。［山浦］

ヒューマン・アセスメント
human assessment
8

昇進などの適否を事前に体系的に評価する**人事アセスメント**の手法で、**教育訓練プログラム**としても用いられる。シミュレーション演習やグループ討議、適性検査などを通して、第三者の専門家が対象者の実践的能力やスキルを多面的、客観的に観察評価し、総合的に診断する。［山浦］

ヒューマンエラー
human error
8

事故やトラブルを引き起こす人間の失敗のこと。**リーズン, J.** による分類によれば、行為の実施段階や記憶の段階で生じる失敗（それぞれ**スリップ**、**記憶のラプス**と呼ぶ）、計画段階で生じる失敗（**ミステイク**）がある。［山浦］

ヒューマンファクター
human factor
8

組織、環境、規則、設備、人間といった総合的なシステムにおける人的要因のこと。人間は間違いを犯す動物であるため、潜在的な危険性を有するシステムが安全かつ効率的に継続運用されることは、組織の重要な経営課題である。［山浦］

描画法
drawing test
7 公

紙に絵を描くことによって性格あるいは知能を測定する方法のこと。描かれた絵にはその人の性格や知能が反映されるという理論的仮定のもとで絵の解釈を行う、**投影法**の一手法である。**人物描**

画投影テスト、バウムテスト、HTPテストなどがある。［寺尾］

表示規則
display rule
3 4

特定の社会的状況、またはその状況における各人の役割のもとで、**感情表出**をどのように制御するかは、その個人が属する国や集団等の文化に依存する。**表示規則**とは、そうした感情表出の制御に関する社会的・文化的規範や慣習をさす。［岩佐］

表出性失語症／受容性失語症
expressive aphasia / receptive aphasia
6

失語症にはいくつか種類があり、大脳の左前頭葉にある**ブローカ野**(や)が損傷を受けると単語を正しく発音することが難しく、ゆっくりたどたどしく話すようになる**ブローカ失語症**を呈す。これは**表出性失語症**とも呼ばれる。表出性失語症では、その発話の内容の意味は保持されている。また、大脳の左側頭葉(ひだりそくとうよう)にある**ウェルニッケ野**が損傷を受けると、言葉は聞けるが、その言葉の意味を理解することができなくなる**ウェルニッケ失語症**を呈す。これは**受容性失語症**とも呼ばれる。受容性失語症患者が発する無意味な言語は**言葉のサラダ**と呼ばれている。［髙瀬］

標準誤差
standard error
7

推定量の**標本分布**の**標準偏差**で、推定の精度の指標ととらえられる。標本平均 $\bar{X}$ の**標準誤差**は、母集団の標準偏差 σ と**サンプルサイズ** n を用いて、$\frac{\sigma}{\sqrt{n}}$ と表される。つまり、σ が小さいほど、あるいは、n が大きいほど**標準誤差**が小さく、推定の精度が高い。［山田］

標準正規分布
standard normal distribution
7

平均 0、分散 1 の**正規分布**のこと。平均 μ、分散 σ^2 の正規分布に従う**確率変数** X は**標準化**することで、**標準正規分布**に従う確率変数 Z に変換できる。**標準正規分布表**を用いることで、標準正規分布における任意の範囲の確率を求めることができる。［山田］

標準得点
standard score
7

平均値・**標準偏差**がある特定の値になるよう素点を変換した得点。データ全体の中での相対的位置を示す。平均値が 0、標準偏差が 1 になるように変換された z **得点**（素点から平均値を引き標準偏差で割ったもの）が代表的。一般に平均値 50、標準偏差 10 に変換された**偏差値**も**標準得点**の例である。［村井］

標準偏回帰係数
standardized partial regression coefficient

重回帰分析において、**独立変数**と**従属変数**をすべて**標準化**したときの**偏回帰係数**。標準化しない場合、分散の大きい独立変数ほど偏回帰係数の絶対値が小さくなりやすいため、独立変数間で**予測値**への影響を比較したい場合に用いられる。［杉澤］

標準偏差（SD）
standard deviation

散布度の指標である**分散**の正の平方根を取ったもの。分散とは違い、**標準偏差**は素点と測定単位が同じである。散布度の代表的な指標であり、論文などでは**平均値**とともに呈示されることが多く、しばしば **SD** と表記される。数式では s などと表記される。［村井］

評定尺度法
rating scale method

調査法で用いられるもので、価値観や性格特性など客観的に判断しにくい事象について主観的に該当する段階を評定させる方法。**リッカート尺度法**のように「1：全然当てはまらない」から「5：よく当てはまる」まで 5 段階で回答させるものが代表的。［高砂］

標本（サンプル）／標本抽出（サンプリング）
sample / sampling

心理学研究では**推測統計学**に基づく**統計的仮説検定**を行うために研究対象とする大きな集団の中から一部の集団を抽出する。この場合の大きな集団を**母集団**、一部の集団を**標本（サンプル）**という。そして母集団から標本を取り出す行為を**標本抽出（サンプリング）**といい、標本抽出された集団の測定値をもとに母集団の特徴を推測するのが推測統計学の目的である。推測の精度を高めるために母集団の特徴が反映された抽出が望ましく、不自然な偏りが発生しないよう**無作為抽出（ランダム・サンプリング）**が行われることが多い。［矢口］

標本統計量
sample statistic

標本から求められる値。たとえば、標本から求められた平均を**標本平均**という。**標本統計量**は**確率変数**である。特定の標本から求められた値を標本統計量の実現値と呼ぶ。推測統計では、無作為標本での標本統計量の**実現値**から**母数**に関する推測を行う。［山田］

標本分散／不偏分散
sample variance / unbiased variance

偏差の二乗和 $\sum_{i=1}^{n}(x_i-\bar{x})^2$ を**サンプルサイズ** n で割ったものが**標本分散**、$n-1$ で割ったものが**不偏分散**である（文献によっては、この不偏分散を標本分散と呼んでいる場合もある）。不偏分散は

不偏性を持つ、すなわち、**期待値**が母分散σ^2に一致する。[山田]

標本分布
sampling distribution
7 公

標本統計量の理論的な**確率分布**のこと。特定の**標本**のデータから求められる**度数分布**ではなく、標本統計量がどんな確率でどんな値を取るかを表す。たとえば、ある確率変数Xの**母集団分布**が平均μ、分散σ^2の**正規分布**であるとき、**母集団**から**サンプルサイズ**nの標本を抽出すると、標本平均$\bar{X}$の**標本分布**は、平均μ、分散$\frac{\sigma^2}{n}$の正規分布となる。この標本分布における任意の範囲に対応する確率を求めることができる。こうして求めた確率を、**区間推定**や**統計的検定**に利用することができる。また、母平均の**点推定**における、標本平均の性質を知ることができる。[山田]

比率強化スケジュール
ratio schedule of reinforcement
2

強化子提示のために必要な反応数が設定されているスケジュールであり、必要反応数が固定された**固定比率**、変動する**変動比率強化スケジュール**がある。前者では強化子提示後の**反応休止**期とその後の強化子提示直前までの一定の反応率からなる反応停止－走行パターンが、後者では一定の高反応率が特徴的である。必要反応数が1の場合、**連続強化スケジュール**ともいう。この場合は他の比率、時隔(じかく)スケジュールは**部分強化スケジュール**と呼ばれる。一般に、前者よりも後者のほうが**消去スケジュール**において反応が消去しにくい高い**消去抵抗**を示す。[坂上]

比率尺度
(比尺度、比例尺度)
ratio scale
7

スティーヴンス, S. S. による4つの**尺度水準**のうち、最上位の水準の尺度である。測定対象の量的特性を数値として測定する点で**間隔尺度**と同一であるが、原点は絶対的で動かすことができない。したがって、測定値の変換として許されるのは定数倍だけである。物理量は一般に**比率尺度**であるが、心理学的概念の測定が比率尺度でなされることは少ない。絶対原点を持つため、測定値間の比、つまり、一方が他方の何倍かということに意味がある。間隔尺度以下では用いることができず、比率尺度でのみ用いることができる統計量として、**幾何平均**と**変動係数**がある。[寺尾]

疲労
fatigue
8

過度な作業負担は、パフォーマンスや注意力の低下などの心的変化をもたらす。活動を継続したとき、そのまま放置すれば活動の継続が不能になるが、**休息**を取れば回復可能であるような状態のことをさす。[山浦]

ファシリテーター
facilitator
5

ベーシック**エンカウンターグループ**における**ファシリテーター**は、メンバーが安心してグループに参加し、自己理解や、必要に応じて相互交流を促進する役割を担う。コ・ファシリテーターとして、複数のファシリテーターが個人とグループを見守る場合もある。[村松]

ファミリーホーム
family home
9

養育者の住居において、家庭的な環境のもと、5～6 人の**要保護児童**を養育する事業。家庭養護の一環として、児童間の相互作用を活かしつつ基本的な生活習慣を確立し、豊かな人間性および社会性を養い、児童の自立を支援することを目的とする。[藤田]

不安症群／不安障害群
anxiety disorders
5 公

従来は**不安神経症**や**恐怖症**と呼ばれていた神経症の一群を、DSM-Ⅲは「神経症」という用語を廃止し、病的不安を中心症状とする**不安障害群**にまとめた。さらに DSM-5 では**ストレス関連症**と**強迫症**を別カテゴリーに独立させ、**不安症群**には**分離不安症**、**選択性緘黙**（かんもく）、限局性恐怖症、**社交不安症**、**パニック症**、**広場恐怖症**、全般性不安症、物質誘発性不安障害が含まれた。なお ICD-10 では神経症概念に関連する疾患を大きく F4 コードにまとめていたが、ICD-11 では DSM-5 と足並みをそろえ、不安または恐怖関連症群として独立させた。[沼]

フィードバック制御
feedback control
6

バイオフィードバックにおいて、普段は知覚しえない個人の生理的反応を電子機器やコンピュータを媒介して知覚可能な刺激に変換し、本人に呈示することによって心理的、生理的状態の自己調整を促進する手続きを**フィードバック制御**と呼ぶ。[高瀬]

フィードフォワード制御
feedforward control
6

バイオフィードバックにおいて、訓練の後、調整レベルや調整方法があらかじめわかっている場合は本人に呈示することなしに心理的、生理的状態が制御可能となる。これは**フィードフォワード制御**と呼ばれる。[高瀬]

フィールドワーク
field work
1

研究の対象となる人々の生活あるいは仕事の現場（フィールド）に赴いてデータを収集する方法。現場において**参与観察**や**面接**、**実験**、**質問紙**その他資料収集が行われることもある。対象者の現場にかかわる文脈を情報として得られることが特徴である。[高砂]

フィッシャーの正確確率検定（直接確率検定）
Fisher's exact test
7

クロス集計表の２変数の**独立性の検定**のために利用される。**周辺度数**を固定して、可能な**観測度数**の組合せをすべて考える。このクロス集計表では、数学と統計の好き嫌いが独立であるとき、実際の観測度数の状況（数学好き・統計好き８人）が生じる確率は$({}_{10}C_8 \times {}_{10}C_3) \div {}_{20}C_{11} = 0.0322$と求められる。他の可能な組合せについてもそれぞれ確率を求め、実際の状況の確率よりも小さなものをすべて足すことで***p*** **値**を求める。この場合p値は0.0698となる。[山田]

	統計好き	統計嫌い	合計
数学好き	8	2	10
数学嫌い	3	7	10
合計	11	9	20

風景構成法
the landscape montage technique
5

風景構成法は、精神医学者**中井久夫**によって考案された。中井は**河合隼雄**（はやお）が広めた**箱庭療法**にヒントを得て、三次元の箱庭療法を二次元の紙の上で実施するために、以下の手順を着想した。「枠づけ法」で枠を施した画用紙に、川、山、田、道、家、木、人、花、動物、石の10アイテムと、最後に付け加えたいものを尋ね、彩色されて作品が完成する。描かれるアイテムは順番が決まっている。中井は統合失調症者の空間構成についての研究を行ったが、風景構成法は精神病者とのかかわりのために編み出された治療技法であり、今日では精神疾患だけでなく絵画療法の一つとして、さまざまなクライエントに用いられている。[村松]

フェヒナーの法則
Fechner's law
1 7

人間の**丁度可知差異**（ちょうどかちさい）の強度を法則化した**ウェーバーの法則**をもとに、**フェヒナー, G. T.** が考案した**精神物理学**（**心理物理学**）の法則。感覚の強さを刺激強度との対数関係と想定し、$S=k \log R$（S：感覚強度、k：定数、R：刺激量）の公式で示す。[矢口]

フォーカシング
focusing
5

ロジャーズ, C. R. のもとで**カウンセリング**を学んだ**ジェンドリン, E. T.** はうまくいくカウンセリングでは、話の内容よりもどのように話すかが重要であるとし、**フォーカシング**のプロセスを提唱した。クライエントが話したいこと、思い浮かんだことは最初の段階でははっきりとしていないことがある。それを身体の意味感覚である**フェルトセンス**を通してゆっくりと確かめることを繰り返していくと、問題を言語化、概念化することができる。フォーカシングによって、クライエントは主体的、創造的に気づきを得ることが可能となる。［村松］

フォルマント
formant
2

主に音声を区別する重要な音響的特徴のこと。音声の周波数スペクトラム上では、特定の周波数帯域で強度が強いパターンが現れ、周波数の低いほうから第 1、第 2、第 3 **フォルマント**（それぞれ F_1, F_2, F_3）と呼ばれている。母音のほとんどはこれらのフォルマント周波数の違いで区別できる。［行場］

複雑性悲嘆／遷延(せんえん)性悲嘆症
complicated grief / prolonged grief disorder
9 10

通常の**グリーフ**（悲嘆）よりも症状の強度と持続時間が過度であり、メンタルヘルスや社会生活等に重大な機能障害をきたしている状態。大切な人を喪失した後、故人への強い嘆きととらわれを中心とした持続的で広範なグリーフと情動的苦痛を示す。**ICD-11** および **DSM-5-TR** では、**遷延性悲嘆症**として新たに**精神疾患**に位置づけられた。［藤田］

福祉事務所
municipal welfare office
9 公

福祉六法に関する現業事務を掌る行政機関。都道府県および市は必置、町村は任意設置である。福祉事務所には、所長、査察指導員、現業員、事務員の設置が義務づけられ、査察指導員および現業員は社会福祉主事でなければならない。［藤田］

服従
obedience
4

自分の意思に沿わない形であれ、他者の指示や命令に従うことをさす。**ミルグラム, S.** は通称**アイヒマン実験**を行い、電気ショックによる罰を与え続けるという残酷な内容でも、権威者の指示であれば、ごく普通の人々も従順に従うことを示した。［村上］

福祉六法
six welfare laws
9

福祉に関する基本的な法律の総称で、**生活保護法**、**児童福祉法**、**身体障害者福祉法**、**知的障害者福祉法**、**老人福祉法**、**母子及び父子並びに寡婦福祉法**の6つの法律をさす。これらに**社会福祉法**と**高齢者医療確保法**を加えて**福祉八法**という。［藤田］

副腎皮質刺激ホルモン（ACTH）
adrenocorticotropic hormone
6

副腎皮質刺激ホルモン（**ACTH**）は、ストレス応答にかかわる**HPA軸**（**視床下部**(ししょうかぶ)**－下垂体－副腎軸**）を担う重要なホルモンである。39個のアミノ酸から作られ、ACTHの1から13番目までのアミノ酸までは切断されて**α-メラニン細胞刺激ホルモン**（**α-MSH**）となる。ACTHは、視床下部からの**副腎皮質刺激ホルモン放出ホルモン**（**CRH**）により分泌(ぶんぴつ)を刺激される。また、副腎皮質に作用し、**糖質コルチコイド**等の副腎皮質ホルモンの分泌を促進する。CRHとACTHは、糖質コルチコイドによる**ネガティブ・フィードバック**を通じて分泌が抑制される。［高瀬］

副腎皮質刺激ホルモン放出ホルモン（CRH）
corticotropin-releasing hormone
6

副腎皮質刺激ホルモン放出ホルモン（**CRH**）は、**副腎皮質刺激ホルモン**（**ACTH**）の分泌(ぶんぴつ)を刺激し、最終的に**糖質コルチコイド**等の副腎皮質ホルモンの分泌を促進する。CRHとACTHは**ネガティブ・フィードバック**を通じて分泌が抑制される。［高瀬］

複数記憶システム
multi-memory systems
2

タルヴィング, E. が提唱した**長期記憶**のモデルで、**エピソード記憶**と**意味記憶**に、**プライミング効果**を生じさせる**知覚表象システム**（**PRS**）と、認知的・身体的なスキルを司る**手続き的記憶**を加えて、階層化したもの。前者の2つは**顕在記憶**に、後者の2つは**潜在記憶**に当たるとされる。［行場］

腹話術効果
ventriloquism effect
2

視聴覚相互作用を示す**多感覚統合**現象であり、腹話術師が操る人形の口の動きを見ていると、実際の音源は腹話術師の口元であるのに、人形が話をするように知覚する効果。**音源定位**が視覚情報に捕捉される**視覚優位現象**の一例としても取り上げられる。［行場］

不登校
non-attendance at school / school refusal
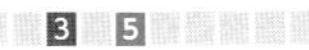

わが国で「学校に行かない」子どもたちに注目が集まるようになったのは、1970年代後半から1980年代にかけてである。当時は、「学校ぎらい」（欧米では「学校恐怖症」）「**登校拒否**」などと呼称され、治療の対象とする意見もあった。1992年には、当時の文部省が「登校拒否はどの子にも起こりうるものである」と発表し、1998年からは学校基本調査の「学校ぎらい」が**不登校**に変更された。不登校は「学校に行きたくても行けない」状態が多く、その受け皿としてフリースクール、適応指導教室、不登校特例校などがある。［村松］

不妊・不育
infertility / recurrent pregnancy loss

妊娠を望む健康な男女が避妊せずに性交していても、一定期間妊娠することが難しい状態を**不妊**という。原因はさまざまで、男性側に造精機能や精路通過の障害など、女性側に排卵や卵管の因子などが考えられる。両方に原因がある、原因が不明という場合も少なくない。治療では、排卵や受精の補助が行われる。妊娠してもその維持が難しい状態を**不育**という。不育症は、2回以上の流死産がある場合を総称する。リスク因子には血液中の凝固因子、甲状腺機能、子宮形態の異常などがあるが、最多はリスク因子不明の流産とされる。［田中］

部分相関係数
part correlation coefficient

2変数間の関係において、一方の変数のみから**第3の変数**の影響を取り除いた場合の**相関係数**。**回帰分析**により変数xを第3の変数zで予測した**残差**はxからzの影響を取り除いた要素と考えることができ、その残差とyとの相関係数が**部分相関係数**となる。［杉澤］

不眠
sleeplessness

心身の病気やストレス、薬の副作用などさまざまな原因で起きる睡眠の問題をさす。寝付けない、夜中に起きてしまう、早朝に目が覚める、熟睡できないなどが1か月以上続くと、**不眠症**といわれる。日中の心身の不調や、**QOL**の低下などにつながる。［田中］

不眠症
insomnia

睡眠障害には、**ナルコレプシー**のような睡眠過剰症のほかに**不眠症**がある。不眠症には医師が起こしたもの（**医原性**）があり、睡眠薬を多く処方したことによって耐性ができた結果、そのような状態に至る。［髙瀬］

プライミング
priming
2 公

先行刺激（プライム）を提示すると、後続刺激（ターゲット）の認知が無自覚的に影響を受ける効果のこと。多くは促進効果をもたらすが、抑制的に影響する場合もある（ネガティブ・プライミング）。先行刺激が後続刺激としても反復提示されたり、後続刺激の一部として出現したりする場合に生じる効果を**直接プライミング**と呼ぶ。一方、先行刺激と意味的あるいは音韻的に関連性の高い後続刺激を用いた場合に生じる効果を**間接プライミング**と呼ぶ。前者には**潜在記憶**、特に知覚表象システムの関与が、後者には概念ネットワークにおける**活性化拡散**の関与が考えられている。［行場］

フラッシュバルブ記憶
flashbulb memory
2

驚きや身の危険にかかわる重大で情動を強く伴う出来事が、あたかもフラッシュをたいて撮影した写真のように鮮明に想起される記憶のこと。**閃光記憶**（せんこう）ともいう。特殊な記憶ではなく、何度も反復して想起されたために鮮明度が高いとする考え方もある。［行場］

ブランド志向／ブランド選好
brand orientation / brand preference
8

消費者が商品を購買する際、特定のブランドやブランド名がついていることにこだわり選択することをいう。これにより消費者は、情報処理能力の限界を補い情報探索にかける時間、試用のコストの低減やリスク回避が可能になるだけでなく、それらの所持や使用を通して自己表現を行うことができる。また、企業が自社のブランドの重要性に注目し、**ブランドエクイティ**（ブランドの持つ資産価値。ブランドロイヤルティやブランドの認知度、商標や特許などの知的所有権のあるものなど）の形成・向上を図るときも、**ブランド志向**という言葉を使う。［小野］

ブリーフサイコセラピー
brief psychotherapy
5

ブリーフサイコセラピーは、短期で効率的、効果的な実践を目標とした**心理療法**の総称である。したがって特定の流派や理論、技法に基づくものではない。代表的なものに、問題そのものではなく問題解決のためのクライエントのリソース（経験や能力、可能性）の活用を重視する解決指向アプローチと、相互に影響を与え合いながらまとまりを形成しているシステムに着目し、システム全体の動きと関係性から問題解決を図ろうとするシステムズアプローチがある。このほかオープンダイアローグ、**認知行動療法**、ナラティブアプローチなどがある。「ブリーフセラピー」は**エリクソ**

ン, M. H. の実践に端を発する心理療法という違いがある。[村松]

プリシード・プロシードモデル
precede-proceed model
9

ヘルスプロモーション活動の戦略モデル。教育や環境を診断し評価する準備・強化・実現要因（プリシード）と、教育と開発の政策的・法規的・組織的要因（プロシード）からなる。前者は第1段階（社会的アセスメント）、第2段階（疫学・行動・環境アセスメント）、第3段階（教育・エコロジカルアセスメント）、第4段階（運営・政策アセスメント）、後者は第5段階（実施）、第6段階（プロセス評価）、第7段階（影響評価）、第8段階（結果評価）からなる。健康を **QOL** の資源と見て、社会的要因を視野に入れながら計画、実施、評価のマネジメントサイクルを回す。[田中]

フリン効果
Flynn effect
3

知能指数が年々上昇している現象のことであり、発見者の**フリン, J. R.** の名前から**フリン効果**と命名された。フリンは、**ウェクスラー式知能検査**や**レーヴン漸進的マトリックス検査**の標準化のデータを比較した結果、知能指数が年々上昇していること、**流動性知能**に該当する項目で上昇が顕著であることを発見した。フリンはその理由について、現代の学校教育で抽象的・仮説的・論理的な思考が行われること、知的能力を必要とする仕事が増えたこと、情報化社会により日常生活や余暇活動でも認知的能力が高まる活動が増えたことなどを挙げている。[小泉]

プレイセラピー（遊戯療法）
play therapy

5 9 公

子どもの**精神分析**に遊びを用いることを着想したのは、**フーク＝ヘルムート, H.** である。**フロイト, A.** は子どもの夢と自由連想を行うための**ラポール**づくりに**プレイセラピー**を用い、遊びの象徴性に重きを置かなかったが、**クライン, M.** は子どもの遊びを大人の言語と同じものとして、精神分析の対象とみなした。**ロジャーズ, C. R.** による**来談者中心療法**に連なる**アクスライン, V. M.** の非指示的遊戯療法では、遊びを通した自己表現が子どもの自己を成長させると考えた。このほかにも、**自閉スペクトラム症**への集団プレイセラピー、**トラウマ**へのポストトラウマティックプレイなどの展開がある。[村松]

フレーミング効果
flaming effect
4

選択肢の言語表現が、損得のある不確実な選択に及ぼす影響をさす。**カーネマン, D.** と**トヴェルスキー, A.** は、同確率の事象であっても、ポジティブ表現ではリスク回避、ネガティブ表現ではリスク志向になることを**プロスペクト理論**から示した。[村上]

プレグナンツの法則
law of Prägnanz
2

ゲシュタルト心理学の代表的研究者の**ウェルトハイマー, M.** が提唱したもので、刺激対象や事象は、全体として最も簡潔で秩序あるまとまりをなすように知覚されるとする法則。**知覚的体制化**における種々の**ゲシュタルト要因**の根底にある傾向といえる。[行場]

プレマックの原理／反応遮断化理論
Premack's principle / response deprivation theory
2

プレマック, D. はサルを用いた行動実験において出現頻度の異なる３つの反応間での随伴関係を変えることで「低頻度反応に高頻度反応を随伴させると前者が増加（強化)、それらの反応を逆に随伴させると前者が減少（弱化）する」という**プレマックの原理**を見いだした。その後、**ティンバーレイク, W.** と**アリソン, J.** はこの原理を拡張し、「自由接近事態での２つの反応の出現比よりも、設定されたスケジュールが一方をより制約し他方をより緩和すると、制約された（遮断化された）反応はそうでない反応に対して強化子として働き、制約のない反応の出現を増加させる」という**反応遮断化理論**を提唱した。[坂上]

ブローカ失語
Broca's aphasia
6 公

大脳の左前頭葉にある**ブローカ野**(や)が損傷を受けると単語を正しく発音することが難しく、ゆっくりたどたどしく話すようになる**ブローカ失語（表出性失語）**を呈す。ただし、その発話の内容には意味が保持されている場合がある。[髙瀬]

ブローカ野(や)
Broca's area
6

フランスの医師**ブローカ, P. P.** は２例の**失語症**患者の病理解剖結果を報告し、1864 年までに７例の失語症患者の病理解剖を行い、最初の２例と同様に、すべての左半球の下前頭前野に損傷があることを発見した。この領域は**ブローカ野**と呼ばれるようになった。[髙瀬]

は

プログラム学習
programmed learning
3

スキナー, B. F. が**オペラント条件づけ**に基づいて提唱した学習法。**スモールステップの原理**に基づいて細分化された課題を段階的に習得し、**即時確認の原理**に基づいて着実に習得できたかを確認し学習者は自らのペースで学習を進めていく方法である。［小泉］

プロスペクト理論
prospect theory
8

カーネマン, D. と**トヴェルスキー, A.** が提案した**不確実性**下での**意思決定**モデル。参照点からの損得の感じ方（**価値関数**）と確率に対する感じ方（**確率加重関数**）に基づいて選択肢に対する評価関数が定義される特徴がある。たとえば、利益の獲得よりも同額の損失のほうが心理的インパクトは大きいことや、飛行機事故での死亡確率は自動車事故のそれよりも大幅に低いにもかかわらず、人はその確率を過大評価すること、逆に高い確率のものは過小評価する傾向にあることなどが説明できるモデルである。［山浦］

ブロッキング（阻止）
blocking
2

レスポンデント条件づけで、**条件刺激** A に**無条件刺激**を随伴させた先行訓練後、その条件刺激 A と別の条件刺激 B の複合刺激を無条件刺激と随伴させると、先行訓練がない場合と比較して、後者 B での**条件反応**が著しく弱まる現象。［坂上］

プロトコル法
protocol method

プロトコルとは、その人の頭に浮かんだことやその過程を言語化してもらった報告内容や具体的な行動のことである。これらの観察可能な言語や行動情報を分析対象として、人間の**意思決定**の認知的処理過程を理解する研究方法を**プロトコル法**という。［山浦］

文化葛藤理論
culture conflict theory
10

セリン, T. によって提唱された理論で、異なる文化が接触したとき、文化的な規範に混乱が生じて逸脱行動が生じやすくなるというもの。植民地住民や移民などとの接触で生じる**第一次的文化葛藤**と、異なる社会文化階層の接触で生じる**第二次的文化葛藤**がある。［越智］

分化強化／分化強化スケジュール
differential reinforcement / differential reinforcement schedule

特定の**反応型**に**強化子**を随伴させること、もしくはその**強化スケジュール**。前者は特に、新しい反応の形成において必須の手続きである。一方後者の場合の反応型は、通常、反応と反応の間の時間（反応間時間）が用いられ、当該反応が出現しない、定められた反応間時間の経過で、強化子が与えられる**他行動（無行動）分化強化スケジュール**、経過後の最初の反応が強化される低反応率分化強化スケジュールが有名であり、いずれも**消去**以外に反応減少をもたらす有用な手続きである。［坂上］

文化心理学
cultural psychology

ある特定の**文化**のパターンを身につけたり、文化に影響を受けたりしたと呼べるような幅広い人間の行動や考え方に注目する研究のアプローチである。**ヴント, W. M.** が認識や思考の高次元の過程を探るために、歴史、文化、社会、言語的な要因を扱う分野として**民族心理学**を提唱したことがその嚆矢（こうし）とされている。文化間の対比を行い、集団の間にある際立った特徴の違いを強調する**比較文化心理学**と、特定の文化の特徴を探るため、その集団に属する者が文化をどのようにつくり出したり身につけたりしていくかの過程を探る**文化心理学**に区別される。［村上］

分化的機会構造理論
theory of differential opportunities

クラワード, R. A. と**オーリン, L. E.** によって提唱された理論。**アノミー**理論、分化的接触、**非行下位文化理論**を統合したもの。アノミー下での行動はその人物が属している社会集団内で最も接触しやすく利用しやすいものになる。［越智］

文化的自己観
cultural construal of self

マーカス, H. R. と**北山忍**による自己観の位置づけの違いから、文化差を説明しようとする考え方。西洋人の自己（相互独立的自己）は他者にかかわらず変化しないのに対して、東洋人の自己（**相互依存的自己**）は他者との関係によって変化するとした。［村上］

分化的接触理論
differential association theory

サザランド, E. H. が提唱した非行・犯罪理論である。彼は非行、犯罪行動は、友人関係などの地域文化の中の私的な集団において、他者とのコミュニケーションを通じて学習されたものであり、これは他の行動における学習と同じメカニズムによるものであるとした。つまり、「朱に交われば赤くなる」という理論である。ただし、問題点もあった。実際には多くの少年が非行文化の中で育っても非行少年にならないからである。この点に関して、その後、**グレイザー, D.** は、**分化的同一視理論**（**分化的期待理論**）を提唱して理論を修正した。［越智］

分散
variance

散布度の指標であり、各測定値について**平均からの偏差**の二乗を計算し、その平均を求めたもの。この正の平方根が**標準偏差**である。分布の広がりが大きいほど大きな値を取る。統計ソフトで分散として出力される値は**不偏分散**であることが多い。［村井］

分散分析
analysis of variance

複数の**平均値**、一般には３つ以上の平均値に有意差があるか検討する方法。**質的変数**である**独立変数**（**要因**）の値（**水準**）の違いにより、**量的変数**である**従属変数**の平均値が異なるかについて分析する。たとえば、条件の異なる３群を設定し、群間でなんらかの遂行成績が異なるか検討する場合、群の違いが独立変数、遂行成績が従属変数である。遂行成績全体のばらつき（＝**分散**）を、群の違いで説明できる部分と、**誤差**によって生じる部分に分けることで３群の平均値の比較を行う。データの分散を分解することで平均値差を検討するので、**分散分析**と呼ばれる。［村井］

分習法／全習法
part method / whole method

学習課題をいくつかに分割して学習する方法を**分習法**、学習課題全体をひとまとまりとして学習する方法を**全習法**という。分習法と全習法の有効性については、学習者の年齢、能力や意欲、学習課題の内容、学習課題の進度などにより異なる。［小泉］

文章完成法（SCT）
sentence completion test

単語や未完成の短文を刺激として、それに続く文章を記述させる**パーソナリティ検査**。**投影法**（**投映法**）に分類される。記述内容からパーソナリティの全体像を査定する。**文章完成法**には複数のバージョンがあり、数量化の手続きを含むものもある。［岩佐］

分析心理学
analytical psychology

スイスの精神科医**ユング, C. G.** は、**フロイト, S.** の**無意識**へのとらえ方などの違いから**精神分析**を離れ、**分析心理学**を構築した。分析心理学では、無意識は個人的無意識と普遍的（集合的）無意識からなり、後者には人類共通の行動様式である**元型**（げんけい）を仮定した。

また、精神分析は無意識に抑圧された内容の意識化をめざすが、分析心理学では意識と無意識は相補的な関係であり、意識と無意識を含む心の全体性を「心理学的タイプ」としてまとめ、意識と無意識のバランスを取ることを主張した。無意識を克服すべきものではなく、その創造性を重視し、個別化の過程という心の成熟をめざしたところに分析心理学の独自性がある。［村松］

分離脳
split-brain
6

左右の脳半球をつなぐ**脳梁**(のうりょう)を切断する手術は**分離脳手術**と呼ばれ、この手術を受けた脳を**分離脳**、また、その手術を受けた患者を**分離脳患者**と呼ぶ。分離脳患者の神経心理学的評価を行った研究から、脳半球の機能的左右差が明らかにされた。［髙瀬］

ペアレント・トレーニング
parent training
9 公

親は自分の子どもに対する最良の治療者になれるという考えに基づき、親に子どもの養育技術を獲得させる訓練。1960 年代にアメリカで開発された。**学習理論**を背景として、子どもの適切な行動の促進と不適切な行動の改善をめざす。障害のある子どもを持つ親を対象に開発され、一般に広まった。講義やグループワーク、ホームワークを行い、子どもへの肯定的な働きかけや環境調整の方法を学ぶ。子どもの発達促進や行動改善とともに、育児ストレスの解消や良好な親子関係を促進する効果がある。現在では厚生労働省の**発達障害**者支援施策の一つに位置づけられている。［藤田］

平均寿命（平均余命）
life expectancy
9 公

平均余命とは、ある年齢の人があと何年生きるかについての期待値。0 歳の平均余命を**平均寿命**という。これらの数字は、保健福祉の水準として活用される。日本人の平均寿命は戦後伸びており、世界的にも有数の高さである。［田中］

平均値
mean
7

代表値の指標として最もよく使われる。データに含まれるすべての測定値を合計して測定値の数で除したもので、**算術平均**とも呼ばれる。広義には、**幾何平均**、**調和平均**などの平均値もある。平均値には、**外れ値**の影響を受けやすいという性質がある。［村井］

ベイズ統計
Bayesian statistics
7

ベイズの定理を基礎とする統計学の体系である。**ベイズ統計**では、**事前分布**と**尤度**(ゆうど)を使って**事後分布**を求める。つまり、**母数**についての事前の情報をデータにより更新する。事前分布は、データが得られる前の、母数θについての**確率分布**である。尤度は、得られたデータに基づく母数に関する評価である。事後分布は、データが得られた後の、母数θについての確率分布であり、事前分布と尤度をもとに計算される。ベイズ統計の特徴は、統一的な原理でさまざまなモデルに対応できる柔軟さにある。事後分布を用いることで、母数の推測に関するさまざまな問題を扱うことができる。[山田]

併存的妥当性／予測的妥当性
concurrent validity / predictive validity
1 7

いずれも**基準関連妥当性**に含まれるもので、**併存的妥当性**とは既存の尺度の短縮版のように類似概念を測定する他の尺度との関連性を意味し、**予測的妥当性**とはその測定結果がその後に起こる行動の予測や病気の診断などにおいて示す有効性を表す。[高砂]

平方和／平均平方
sum of squares / mean square
7

平方和とはデータの各値から**平均値**を引いたものの二乗和である。**分散分析**における**全体平方和**とはデータの**分散**に観測値の個数をかけたものに一致し、これをたとえば**群間平方和**と**群内平方和**とに分割する。平方和を**自由度**で除した値が**平均平方**である。[村井]

ベータ波（β波）
beta wave
6

ベータ波（**β波**）は脳波における14Hz（ヘルツ）以上の律動であり、**速波**とも呼ばれる。前頭部から中心部に記録されることが多く、開眼により覚醒(かくせい)度が上がると出現する。β波の発生は、扁桃体(へんとうたい)や海馬(かいば)の関与が考えられているが、その詳細は明らかになっていない。[髙瀬]

ベクション
vection
2

大画面に放射状に拡大運動する多数の光点を投影すると、観察者は自分が前に進むような体験を感じる。このような視覚誘発性の身体運動感覚を**ベクション**と呼ぶ。**視覚優位**現象の一つで、各種シミュレーターやアトラクションとしても利用されている。[行場]

は

ベック抑うつ質問票（BDI）
Beck's Depression Inventory
5

ベック, A. T. が考案した、うつ病患者の自覚症状を測る**質問紙**。改訂版 BDI-Ⅱは、DSM-Ⅳの**うつ病診断基準**を反映した項目内容となっている。24 の質問に 4 段階で回答し、14～19 点は軽症、20～28 点は中等症、29 点以上は重症のうつ病と評価。［沼］

ヘテロスタシス
heterostasis
6

生体の内部や生体を取り囲む外部の環境因子が変化しても、神経系、内分泌（ないぶんぴつ）系等の生理機能が一定に保たれる性質を**キャノン, W. B.** は**ホメオスタシス**（**恒常性**）と呼んだ。変化した機能が、その変化した状態のまま保たれる性質を**ヘテロスタシス**と呼ぶ。［高瀬］

ベビースキーマ
baby schema
3

体に比べ頭部が大きく手足が短い、額（ひたい）や眼が大きく頬（ほお）がふっくらしているなど、人を含めたさまざまな種の幼体に特有の形態的な特徴のこと。成体の注意を引きつけ養育行動を促すと考えられている。**ローレンツ, K. Z.** が提唱した。［小泉］

ヘルスコミュニケーション
health communication
9

対象者が健康度を高める決心ができるように、適切な情報を提供したり影響を与えたりすることを目的としたコミュニケーションと定義される。医療者と医療消費者間、医療従事者間など、医療・公衆衛生分野でのコミュニケーションをさすこともある。［田中］

ヘルスプロモーション
health promotion
9

健康増進とも訳す。**オタワ憲章**（1986 年）では、人が自らの健康をコントロールし、改善できるようにするプロセス。バンコク憲章（2005 年）では、コントロール対象に健康の社会的決定要因が追加された。個人の健康教育と社会の政策・環境づくりがともに重視される。病気の予防に加え、身体的、精神的、社会的な健康を維持し強化する活動が含まれる。活動の柱に健康政策、健康な環境、地域活動の強化、個人の生活技術の開発、健康増進に向けたヘルスサービスへの方向転換が挙げられる。喫煙、アルコール、薬物、栄養、運動、ストレス管理などに焦点が当てられる。［田中］

ヘルスリテラシー
health literacy
9

健康情報に関するリテラシー。自分が必要とする適切な情報を探し出し、適切に理解して、適切に評価し活用する能力のこと。健康に関する判断と意思決定に役立ち、病気を予防したり健康寿命を伸ばしたりすることにつながり、**QOL** の向上を促す。［田中］

変革型リーダーシップ
transformation leadership
8

1970 年代後半以降ビジネス環境の変化に伴い、従来のパラダイムから脱することが求められた。この状況やニーズに応えるものとして注目された**リーダーシップ**論。**バス, B. M.** は、組織の構造変革、およびそれに伴うフォロワーの態度や価値観の質的変化を促したり、潜在能力を引き出したりする働きかけと定義した。**変革型リーダーシップ**は、理想的影響、モチベーションの鼓舞、知的刺激、個別的配慮の 4 要素から構成され、**交流型リーダーシップ**に加えて発揮することで期待以上の成果をあげるという。［山浦］

変化盲（変化の見落とし）
change blindness

注意機能の限界を示す例の一つで、視野内の一部の対象が間を置いて別のものに換わったり、出現や消失したりする場合に、それらの変化に気づかない現象。たとえば道を聞かれた人が地図を見ているすきに尋ねた人が別の人に置き換わっても気づかない。［行場］

偏見
prejudice
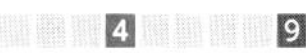

主として他者や人種などに対するあらかじめ持ち合わせている**ステレオタイプ**的な**態度**をさし、中でもネガティブなものをさす。顕在的な**偏見**の表出は社会的望ましさと関連するため、**IAT** のような潜在的指標による研究も進められている。［村上］

偏差 IQ／偏差知能指数（DIQ）
deviation intelligence quotient

偏差知能指数（DIQ）とは、知能発達を同じ年齢集団の中での相対的位置で表す尺度であり、**偏差 IQ** と同義である。知能得点が**正規分布**であると仮定し、各歴年齢集団を母集団として、平均値や標準偏差が特定の値になるよう**標準化**しており、各歴年齢集団の平均からどの程度離れた位置にいるかを表している。**ウェクスラー式知能検査**では、各歴年齢集団で平均 100、標準偏差 15 の正規分布となるよう標準化しており、「DIQ＝(15×(個人得点−同じ暦年齢集団の平均得点)÷同じ暦年齢の標準偏差)＋100」という式で計算する。［小泉］

偏差値
deviation score（*Z* score）
3 7

平均値 50、**標準偏差** 10 になるよう変換した**標準得点**であり、大文字の *Z* で表すことがある。***z* 得点**（小文字の *z*）を 10 倍して 50 を加えて求める。**偏差値**を用いることで、異なる尺度で測定された得点の比較が可能になる。［村井］

変性性認知症
degenerative dementia
9

脳の神経細胞が変性、消失し機能低下していく神経変性疾患。**アルツハイマー型認知症**がその代表疾患で最も多い。他の例として、前頭葉と側頭葉が特に萎縮する**前頭側頭型認知症**や、レビー小体の異常蓄積が原因とされる**レビー小体型認知症**がある。［藤田］

偏相関係数
partial correlation coefficient
7

2 変数 x, y から**第 3 の変数** z の影響を取り除いたうえで求めた**相関係数**。**疑似相関**への対策となる。x, y をそれぞれ z で予測した**残差**間の相関係数となるが、3 変数間の相関係数 r_{xy}, r_{yz}, r_{xz} から $\frac{r_{xy}-r_{yz}r_{xz}}{\sqrt{(1-r_{xz}^2)(1-r_{yz}^2)}}$ で求めることができる。［杉澤］

扁桃体
amygdala
4 6

扁桃体は**大脳辺縁系**に含まれ、特に**情動**の制御に対して果たす役割が大きいことから、情動の研究に際して注目される。扁桃体を含む両側側頭葉除去をアカゲザルで試みたところ、恐怖反応や攻撃性が劇的に低下すること、目新しいものをすぐに口に入れたり、相手がサルでなくてもマウントしたりするといった性行動の亢進が見られることを、**クリューバー, H.** と**ビューシー, P. C.** が報告した。これは**クリューバー＝ビューシー症候群**と呼ばれている。さらに扁桃体は、古典的条件づけの神経基盤、とりわけ嫌悪刺激を用いる**恐怖条件づけ**の神経基盤として注目されている。［髙瀬］

ペンフィールドの小人（ホムンクルス）
Penfield's homunculus
6

体性感覚（触覚）の一次感覚野は中心後回にあり、**体性感覚野**と呼ばれている。また、体性感覚野は**ペンフィールド, W. G.** の提唱した脳の中の小人、または**ペンフィールドの小人**（**ホムンクルス**）として知られる。体性感覚野には体の各部位に対応するマップ、すなわち体の位置関係がそのまま維持されている。しかし、触受容器の分布は体の部位によって均一でないために、ホムンクルスはかなりいびつな形となる。一次運動野においても、同様にホムンクルスは存在し、細かな運動が可能な体部位の面積が広いことから、運動のホムンクルスの形もいびつである。［髙瀬］

弁別刺激
discriminative stimulus
2

弁別オペラント条件づけの結果、強化随伴性に先行する**中性刺激**が、後続する**オペラント**の出現機会を設定する**刺激性制御**機能（弁別機能）を獲得した場合、これを**弁別刺激**と呼ぶ。日常的に

は「手がかり」に相当する。［坂上］

防衛機制
defense mechanism
5

自我は**イド**（**エス**）や**超自我**、あるいは現実的な状況からさまざまな葛藤を体験するが、**無意識**的なこころの働きを使って自らを守ろうとする。**フロイト, S.** は**抑圧**を強調したが、**フロイト, A.** は**児童分析**の経験から**フロイト, S.** が提唱した抑圧、退行、反動形成、隔離（分離）、打ち消し、投影、取り入れ、自己への向け換え、転倒（逆転）に昇華を加え 10 の**防衛機制**を整理した。防衛機制には適応的なものから精神病水準のものまであるが、**クライン, M.** は後者を原始的防衛機制として整理し、分裂、投影同一視、躁的（そうてき）防衛などを提唱した。［村松］

放課後等デイサービス
after-school daycare
9

主に 6 歳から 18 歳の障害のある児童を、放課後や長期休暇中に施設に通所させ、生活能力向上のための訓練および社会との交流促進等を継続的に提供するサービス。**障害者手帳**は必須ではなく、自治体から必要性を認められれば利用することができる。［藤田］

忘却曲線
forgetting curve
2

無意味綴りを記銘させ、節約率（再学習に必要な時間や試行数の減少を比で表したもの）を計ると、最初の 1 時間程度で節約率は急激に下がるが、その後はなだらかに下降し、1 か月後でも約 20%の節約率が得られ、長期間後も**記憶痕跡**は残っていることが示された。**エビングハウス, H.** が 1885 年に発表したもの。［行場］

紡錘状回（ぼうすいじょうかい）
fusiform gyrus

紡錘状回は側頭葉（そくとうよう）にある脳回であり、**後頭側頭回**と呼ばれることもある。**心の理論**を調べる**誤信念課題**において、右紡錘状回での賦活（ふかつ）が見られたとの報告もあり、この領域は他者の意図の推測にかかわる可能性がある。［髙瀬］

傍分泌（ぼうぶんぴつ）
paracrine
6

分泌には**外分泌**（がいぶんぴつ）、**内分泌**（ないぶんぴつ）、**傍分泌**等がある。外分泌は分泌物を、皮膚の外や消化管の中に分泌することであり、内分泌では分泌物を、血中に放出する。傍分泌は細胞が生産する生理活性物質が血流に乗ることなくその周囲の細胞に作用する方式の分泌である。［髙瀬］

法務教官／法務技官（心理技官）
instructor of the ministry of justice / technical official of the ministry of justice
10

人間科学の知識を有した法務省専門職員。少年院、少年鑑別所（かんべつしょ）などに勤務する。**法務教官**は広い視野と専門知識を持ち、少年たちの個性や能力を伸ばし、健全な社会人として社会復帰させるために指導や教育を行う。**法務技官（心理技官）**は心理学の専門知識・技術を生かし、科学的で冷静な視点と人間的な温かい視点を持ちながら、非行や犯罪の原因を分析し、対象者の立ち直りに向けた**処遇指針**の提示や**改善指導プログラム**の実施に携わる。［荒井］

法務省式ケースアセスメントツール（MJCA）
Ministry of Justice Case Assessment Tool
10

法務省矯正局が開発している非行少年向けのリスク・ニーズ・アセスメント・ツールであり、全国の少年鑑別所（かんべつしょ）および少年院で使用されている。**MJCA**は、**静的リスク要因**の生育環境、学校適応、問題行動歴、非行・保護歴、本件態様の5領域24項目、**動的リスク要因**の保護者との関係性、社会適応力、自己統制力、逸脱親和性の4領域28項目などの査定から構成される。これらの領域の各項目をチェックリスト形式で定量的に測定することが可能であり、再犯リスクの客観的な指標として、少年鑑別所や少年院のみならず、刑務所、保護観察所などでも広く活用されている。［荒井］

法務少年支援センター
juvenile support center
10

少年鑑別所（かんべつしょ）は、**法務少年支援センター**の名称で子どもの問題行動に悩む保護者や学校関係者、若者自身の悩み、福祉機関からの相談などに応じている。ほかにも子どもの能力・性格の調査、研修・講演など非行・犯罪の防止、健全育成に関する活動を行う。［荒井］

訪問支援／地域支援
visiting support / regional support
5

社会的不利にある人や障害者など、支援制度にアクセスしにくい人たちへの**アウトリーチ（訪問支援）**と、**ひきこもり**、**認知症**などの**地域支援**は、誰もが地域で安心して暮らせる社会を構築するための取組みである。疾病予防の観点からもコミュニティを見据えた心理支援（心理教育）が求められている。［村松］

ホーソン研究（ホーソン実験）
Hawthorne research (Hawthorne experiment)
8

シカゴ郊外のホーソン工場で1924～32年に行われた実験と大規模な面接調査を通して、働く人の**ワーク・モチベーション**を左右するのは物理的環境や経済的対価に対する欲求だけでなく、むしろ人間関係にかかわる**社会的欲求**によることを明らかにした。連帯感や忠誠心などの情緒的要素、**公式集団**よりも**非公式集団**とそこにある**集団規範**の影響力が注目される契機となった。この発見は、**科学的管理法**の経済的側面を重視した労働観から人間性重視の労働観への転換をもたらし、1930年代以降、**人間関係論**とそれに基づく管理が経営管理の主流となった。［山浦］

ホームヘルプ
home help
9

日常生活に支障のある高齢者や障害者の居宅にホームヘルパー（訪問介護員）が訪問し、身体介護や掃除・洗濯・調理・見守りなどの日常生活の援助、生活に関する相談や助言などを行うサービス。在宅福祉三本柱の一つである。［藤田］

ホームレス
homeless
9

ホームレス自立支援法において、**ホームレス**とは都市公園、河川、道路、駅舎その他の施設を故なく起居の場所とし、日常生活を営んでいる者と定義される。わが国では路上生活者に限定して用いられるが、欧米では不安定な居住の状態にある人、住宅喪失リスクのある人もホームレス支援の対象とされる。ホームレスになる経緯はさまざまだが、仕事や住宅を失う問題が発生したときに頼ったり相談できたりする先がなく孤立している点が共通している。実家を離れて、定まった住居を持たず友人の家やネットカフェ等を転々とする若者ホームレス問題も注視する必要がある。［藤田］

保護観察
probation
10

保護観察対象者の改善更生を図ることを目的に、保護観察官と保護司の協働のもと、指導（**指導監督**）と支援（**補導援護**）が行われる。指導は、対象者の行状を把握し、必要な指示や措置、専門的処遇を提供する。支援は、対象者が自立した生活を送るための援助や助言である。なお、保護観察期間には**遵守事項**が定められており、保護観察対象者はこれを遵守することが求められる。遵守事項には、対象者全員に付されるルールである一般遵守事項と、事件内容や事件に至った経緯等を踏まえ、個々の対象者の問題性に合わせて付されるルールである特別遵守事項に分けられる。［荒井］

保護観察所
probation office
10 公

法務省保護局が所管の機関。更生保護の業務を行う**保護観察官**と、**医療観察制度**の業務を行う**社会復帰調整官**が配置されている。一部の**保護観察所**には、親族や民間の更生保護施設を利用できない者のために、**自立更生促進センター**が附設されている。［荒井］

保護司
volunteer probation officer (*hogoshi*)
10

保護司法に基づき、法務大臣から委嘱された非常勤の国家公務員とされ、犯罪や非行をした人の立ち直りを地域で支える民間のボランティアである。**保護司**は、**保護観察官**と協働して保護観察に当たるほか、出所・出院後の相談活動などに従事する。［荒井］

保護処分
rehabilitation measures
10

家庭裁判所に送致された少年を更生させるために行われる**少年法**上の処分（少年法 24 条）。**保護観察、少年院送致、児童自立支援施設等送致**の 3 種類があり、保護処分決定時には一つが選択される。ただし、**特定少年**に関しては扱いがやや異なる。［荒井］

ポジティブ・イリュージョン
positive illusion
4

自己高揚動機に基づく、自分自身を過度に優れていると認識する**自己評価**の傾向。集団内での自己評価の歪みから、認知的なバイアスであることが示されているが、自己に関する非現実的な肯定感や楽観的な思考は適応に必要とも指摘されている。［村上］

ポジティブ心理学
positive psychology
4 5 9

心理学的な問題や精神医学的な病理ではなく、個人やその個人が属する社会の強み、さらにはそれらの望ましいあり方を研究する心理学分野。ポジティブな状態を生む要因を検討し、実際の介入技法を発展させるなど、臨床的・応用的な分野でもある。［岩佐］

ポジティブ・フィードバック（正のフィードバック）
positive feedback
6

ホルモンの分泌制御システムでは**ネガティブ・フィードバック**が一般的であるが、**エストロゲン**は視床下部あるいは下垂体前葉に作用し、放出ホルモンあるいは刺激ホルモンの分泌を促進する**ポジティブ・フィードバック**による調節を行うことがある。［髙瀬］

母集団／標本（サンプル）
population / sample
1 7

研究対象とする集団全体を**母集団**、その特徴を推測するために**標本抽出**によって取り出される小集団を**標本（サンプル）**という。推測精度を上げるために母集団の特徴が反映された標本を求めて**無作為抽出**が行われることが多い。［矢口］

補償を伴う選択的最適化
selective optimization with compensation
3 公

高齢期の適応方略。自分の行動や目標を選択し（selection）、時間や労力をうまく分配し（optimization）、道具や新しい方法を用いることによって（compensation）適応すること。**SOC 理論**とも呼ばれる。**バルテス, P. B.** によって提唱された考え。［本郷］

補色
complementary color

色相環や**色度図**上で、反対側に位置する関係にある色のこと。たとえば、赤と青緑、黄色と青紫などが**補色**関係にあり、同時に提示すると色コントラストが強い配色となる。また一方の色を持続的に注視した後には他方の色が見える（**補色残像**）。［行場］

母数（母集団のパラメータ）
parameter

母集団の性質を表す統計的指標の総称。標本平均や標本分散といった**標本統計量**と区別するために、頭に「母」を付けて呼ばれることがある。**推測統計**で興味の対象となるものとして、たとえば、母平均、母分散、母比率、母相関係数などがある。［山田］

保存性
conservation

数量・重さなどの物質量は、見た目の配置や状態が変化しても、加えたり減じたりしない限り変化しないという認識や概念のこと。**保存性**は、数量や長さの保存は6～7歳頃、面積は9～10歳頃、容積は9～12歳頃に獲得される。**ピアジェ, J.** の用語。［小泉］

ポップアウト
pop-out

複数の視覚対象の中から、特定のものが目に飛び込むように目立って見える現象のこと。**視覚的探索**の研究知見では、単一の特徴（色、方位、運動方向など）で定義されたターゲットは**ポップアウト**するが、特徴どうしの結合で定義されたものでは起こらない。［行場］

ホメオスタシス
homeostasis
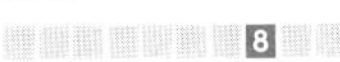

生体の内部や生体を取り囲む外部の環境因子が変化しても、神経系、内分泌（ないぶんぴつ）系等の生理機能が一定に保たれる性質を**キャノン, W. B.** は**ホメオスタシス**（**恒常性**）と呼んだ。恒常性の保たれる範囲は生体機能全般に及ぶ。［髙瀬］

ホランドの6角形モデル
Holland's RIASEC model

個人の**キャリア選択**は**パーソナリティ**と環境の相互作用によって決まるとしたモデル。このモデルでは、パーソナリティを6タイプ（現実型、研究型、芸術型、社会型、企業型、慣習型）に分けた。また、人は自分のタイプを支える価値観や能力が活かせる環境を求めるため、環境の特徴も6つでとらえた。わが国では職業興味を測定する**VPI職業興味検査**が開発されている。このモデルは、キャリア・職業の選択とパーソナリティとの関連を積極的に取り上げた点に特徴がある。［山浦］

ポリグラフ検査
polygraph test
10

心理学を利用した犯罪捜査手法の一つ。脈波（心拍数、血圧、指尖脈波）、呼吸、**皮膚電気活動**などの生理的な指標を測定しながら、一定の質問をしていくことによって被検査者の犯罪についての認識の有無を調査し、それをもとに犯人であるか否かを識別する手法である。識別には、質問方法の構成が重要であり、導入初期は**コントロール質問法**（CQT）などが用いられていたが、現在ではより精度が高い**隠匿情報検査**（CIT）が用いられている。適切な条件のもとで実施すれば極めて精度は高く、裁判で証拠として採用される場合もある。わが国の技術が世界で最も進んでいる。[越智]

ホルモン
hormone
6

分泌物を、導管を介さずに分泌腺（分泌細胞）から放出する現象を**内分泌**と呼ぶ。このとき、細胞が産生し、血中に放出して遠隔の細胞に信号を送る物質を**ホルモン**と呼ぶ。そして、ホルモンを介した情報伝達システムを**内分泌系**と呼ぶ。ホルモンは化学構造によって、ペプチドホルモン、ステロイドホルモン、アミノ酸誘導体ホルモンの３種類に分類できる。また、これらのホルモンは、物質の血中濃度変化、神経系、視床下部－下垂体前葉系による調節を受け、視床下部－下垂体前葉系による調節では**ネガティブ・フィードバック**と呼ばれる調節機構が認められる。[高瀬]

ま

マーケティング
marketing
8

基本的には、市場における顧客のニーズ（需要）を創造・開拓し拡大するための仕組み（製品、価格、流通経路、販売促進の組合せ）づくりということができる。近年は単に企業利益の拡大のためだけでなく、社会のニーズとの両立も志向されている。［小野］

マイクロダイアリシス法
microdialysis method
6

脳の化学的な情報のやり取り、すなわち神経細胞間を遊離する神経伝達物質を、動物の脳から連続的に測定する方法に**マイクロダイアリシス法**がある。この研究法の実施には神経伝達物質を回収するプローブ（透析膜が先端にある筒）が脳に正確に刺されることが重要である。［髙瀬］

マインド・コントロール
mind control
10

社会心理学的、臨床心理学的なテクニックを使用して、他人の信念システムや意思決定過程に介入して、支配者の思いどおりの行動に導くこと。かつては共産主義国家などで、現在はカルト宗教や自己啓発セミナーなどによって組織的に用いられている。［越智］

マインドフルネス
mindfulness
5 8

仏教瞑想（めいそう）から宗教色を取り除いた実践であり、分子生物学を専攻した**カバット＝ジン, J.** によって、治療技法としての**マインドフルネス**ストレス低減法が開発された。マインドフルネス（十分な注意）は瞑想によって注意を集中し、徐々に意識を広げていくプロセスであり、意識に浮かんだことを評価せず、現在に注意を向け続けることで得られた経験を重視する。このことを通じて、その人の苦痛・苦しみそのものは変えられなくても、そのことへの反応や対処法にアプローチすることによって困難の軽減を図る。第三世代の**認知行動療法**であるアクセプタンス&コミットメント・セラピー（ACT）に含まれる。［村松］

マインドワンダリング
mind wandering
2

心のさまよい状態のことで、直面している課題に意識を集中している状態から逸（そ）れて、課題とは関連のないとりとめのないことにあれこれ思いを巡らしてしまうこと。起きている間でも 30~50

%もの時間をこの状態に費やしているといわれ、脳の**デフォルト・モード・ネットワーク**との関連が議論されている。ポジティブな側面として、**創造性**を高める、散乱した情報を整理する、リラックスする効果などが挙げられるが、ネガティブな側面では、課題遂行を妨げる、事故につながる、**ADHD** や**うつ**傾向を高めるなどの可能性が指摘されている。［行場］

マガーク効果
McGurk effect
2

マガーク, H. が見いだした視聴覚相互作用を示す現象であり、音韻知覚に口唇（こうしん）の形や動きに関する視覚情報が大きく影響を及ぼす効果。たとえば、音声では「バ」と発声しているのに、口唇の動きが「ガ」に当たる動画を視聴すると、「ダ」と聞こえる。［行場］

マキャベリアニズム
Machiavellianism
4 10

対人関係において他者操作的な戦略を用い、どんな手段も目標によって正当化されるという態度を特徴とする**パーソナリティ**特性。イタリア・ルネサンスの文人政治家**マキャベリ, N.** の思想に由来する。目標達成のために他者をあざむき利用するが罪悪感は抱きにくい。否定的なパーソナリティをまとめた**ダークトライアド**の一つとされる。［岩佐］

マグショットバイアス
mugshot's bias
10

事件の目撃者に対しての捜査において、被疑者の写真（マグショット）を見せてその人物が犯人かを判断させる手法が用いられることがある。しかし、この方法は目撃者に「警察官が持ってきたものだから犯人に違いない」などのバイアスが生じやすい。［越智］

マグニチュード推定法
method of magnitude estimation
7

精神物理学において、人は刺激に対する感覚量を直接に把握できると仮定し、それを報告させる**尺度構成法**である。標準刺激と比較刺激が提示され、標準刺激を特定の数量（たとえば、100）としたとき、比較刺激がいくつと感じられるかを報告させる。［寺尾］

マスキング
masking
2

強い刺激が、弱い刺激の感覚効果を覆い隠してしまう現象。芳香剤で嫌な匂いを消す、騒音で話し声が聴こえない例などがある。視覚では、マスク刺激を先に提示して標的刺激を遮蔽（しゃへい）する順向**マスキング**と、後に提示して遮蔽する逆向マスキングがある。［行場］

マターナル・デプリベーション
maternal deprivation

乳幼児期に養育者からの十分な養育を受けられない状態のことであり、**母性剥奪**（はくだつ）ともいわれる。近年では、乳幼児期の集団的で長期的な施設養育、虐待や戦争体験などにより、身体発育、脳や認知・情動機能、社会性などへの影響が報告されている。［小泉］

マタニティ・ハラスメント
maternity harassment

働く女性が妊娠したり出産・育児休業の制度を利用（希望）したりしたことを機に、職場で、精神的・肉体的な嫌がらせを受けたり退職を迫られたりするなどの不利益を被ることである。それに対して防止措置を講じることは、事業主の義務である。［小野］

末梢神経系
peripheral nervous system

神経系は**中枢神経系**と**末梢神経系**に分けられる。末梢神経系は、さらに**体性神経系**と**自律神経系**に分類される。体性神経系は知覚や運動を担うが、自律神経系は内分泌（ないぶんぴつ）腺および心臓、血管、胃や腸などを構成する平滑筋を制御し、その活動の多くが消化や循環のように自律的あるいは自己制御的である。体性神経のうち、**感覚神経**（**感覚ニューロン**）は末梢から中枢に向かうので**求心性神経**とも呼ばれる。一方、**運動神経**（**運動ニューロン**）は中枢から末梢に向かうので**遠心性神経**とも呼ばれる。末梢神経系では**シュワン細胞**が髄鞘（ずいしょう）を形成する。［高瀬］

マッチング法則
matching law

複数（通常は２つ）の**オペランダム**（レバーやキーといったそれへの反応が環境に効果を与える接点）に、独立に、異なる**強化スケジュール**が作動している**並立強化スケジュール**で、一方には**変動時隔**（じかく）**強化スケジュール**xが、他方には同じスケジュールyが配置されているとき、xとyで獲得した強化子数をRx、Ryとした場合、この２つの比$\frac{Rx}{Ry}$に、それぞれでの反応数の比$\frac{Bx}{By}$が一致するという法則。たとえばテニスのボレー（Bx）とショット（By）という２つのプレーにおいて、各プレーの回数の比は、それらによって得られた成功数の比$\left(\frac{Rx}{Ry}\right)$に一致する。対応法則とも呼ばれる。より汎用性のある**一般化マッチング法則**を用いることで、完全なマッチングからの逸脱を軽量化することができ、多くの実験結果の解釈に利用されてきた。［坂上］

まばたき（瞬目）
blink

6

まばたき（瞬目）には心的過程が関与していると推測され、人格特性等も反映する生理反応として注目されている。生理反応と精神活動の関連性を検討する研究が活発になる中で、脳波や皮膚電気活動とともに、瞬目も指標として測定されることがある。［髙瀬］

守りやすい空間
defensible space

10

守りやすい空間の基本的考えは、環境の物理的改善を通して住民と犯行企図者の双方に働きかけ、犯罪を抑止しようとするものである。アメリカの建築家**ニューマン, O.** は、ミズーリ州セントルイスのプルイット・アイゴー団地の失敗から、守りやすい空間の要素として**領域性の確保**、**自然監視性の強化**、**イメージの向上**、**周辺環境への配慮**の４つを挙げている。所有空間の物理的環境がこれらの要素を持つことで、住民がその空間に愛着を感じ自衛的行動をとることを容易にするのと同時に、犯行企図者に対して逮捕のリスクを高く見積もらせることにつながり、結果的にその空間における犯罪が抑止されると考えられている。［荒井］

マルチ商法
multi-level marketing

8

連鎖販売取引のこと。販売組織の会員となり購入した商品やサービスを、次は自らが勧誘・販売することでピラミッド式に会員を拡大させていく商法。**特定商取引法**などの法整備により、強引な販売の規制や契約後の解約が可能になった。［山浦］

マルチレベル分析
multilevel analysis

7

階層構造をなすデータに適用される分析手法。下図で示すような構造を持つデータでは、同一の生徒や学級の中で得られる観測値は同じ背景を共有して互いに影響を及ぼし合い、独立とはいえない場合がある。階層のレベルごとに変数の関係性を示す統計モデルを設定したものを統合したうえで分析を行う。**階層線形モデリング**や**マルチレベル構造方程式モデリング**などが含まれる。［杉澤］

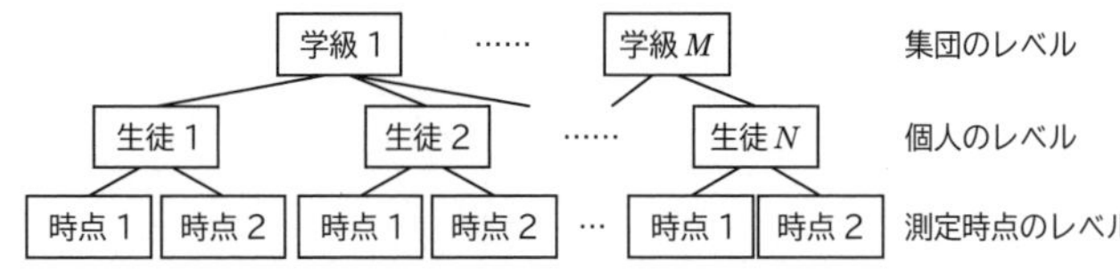

マルマ・タケテ効果／ブーバ・キキ効果
maluma/takete effect, bouba/kiki effect

音象徴に関する効果で、「マルマ」や「ブーバ」という音韻は丸みのある図形と、「タケテ」や「キキ」は角張った図形と連合しやすい。調音の際の口唇やのどの形状や筋運動との関連が指摘されている。**オノマトペ**（擬態語・擬音語）の多感覚的な連想現象とも関連している。［行場］

満足の遅延
delay of gratification

将来得られるより大きな報酬（遅延報酬）のために、目の前の小さな報酬（即時報酬）を我慢すること。**幼児期**の**満足の遅延**と将来の成功との関連性を調べたものに、**ミシェル, W.** の**マシュマロテスト**を用いた研究がある。［本郷］

味覚嫌悪学習
taste aversion learning

中性刺激に特定の味覚のする水、**無条件刺激**として塩化リチウム等の腹腔注射による嘔吐感を用いた**レスポンデント条件づけ**を施すことで、この味覚の水を嫌悪する反応が長期にわたって形成される。この学習は追提示が1回でも、また両刺激間の時間間隔が大きく空いても成立し、さらに味覚以外の視聴覚刺激では嫌悪反応が生成されないことから、生物学的な制約の問題などの条件づけについての新たな吟味がなされる契機となった。発見者の**ガルシア, J.** の名から**ガルシア効果**とも呼ばれる。［坂上］

ミニメンタルステート検査（MMSE）
Mini-Mental State Examination

フォルスタイン, M. により精神疾患の認知障害を測定する目的で考案され、有用性の高さから神経疾患や認知症の**認知機能検査**として広く用いられている。30点満点、20点以下は認知障害の可能性がある。日本版は研究者によりカットオフ値が異なる。［沼］

ミネソタ多面人格目録（MMPI）
Minnesota Multiphasic Personality Inventory
1 4 5 7

ミネソタ大学病院の**ハサウェイ, S. R.** らのグループが開発した、精神医学的診断の補助を目的とした**質問紙検査**。種々の精神科診断を持つ臨床群とそれを持たない対照群との間で、反応に有意差があったものが臨床尺度として採用されている。臨床尺度には心気症（Hs）、抑うつ（D）、ヒステリー（Hy）、精神病質（Pd）、男性性・女性性（Mf）、パラノイア（Pa）、神経衰弱（Pt）、統合失調症（Sc）、軽躁病（Ma）、社会的内向性（Si）が含まれる。ほかにも虚偽尺度（L）や修正尺度（K）といった妥当性尺度を有する。2020年には改訂版であるMMPI-3が公刊された。［岩佐］

見本合わせ課題
matching-to-sample task
2

ある見本刺激の提示を手がかりとして、それに対応する刺激を複数（最も単純なケースでは２つ）の比較刺激から選択する課題をいう。先行する**弁別刺激**が後続する弁別刺激への選択反応を制御することから**条件性弁別**課題の一つと考えられている。見本刺激と同一の比較刺激を選択する**同一見本合わせ課題**や、任意の対応関係を持つ比較刺激を選択する**恣意的見本合わせ課題**（広義には**条件性見本合わせ課題**）、見本刺激の提示から比較刺激の提示に遅延がある**遅延見本合わせ課題**などがある。恣意的見本合わせ課題は、**刺激等価性**の成立を調べるのに用いられている。［坂上］

脈波伝播時間（みゃくはでんぱ）
pulse transit time
6

心収縮によって血液が大動脈へ送られると、その血管の弾性から縦波が発生し、それが脈波となって末梢方向へすべての動脈へと伝播する。その速度は10m/s程度であり、脈波が測定部位に伝わるまでの時間を**脈波伝播時間**と呼ぶ。［高瀬］

ミュラー＝リヤー錯視（さくし）
Müller–Lyer illusion
2

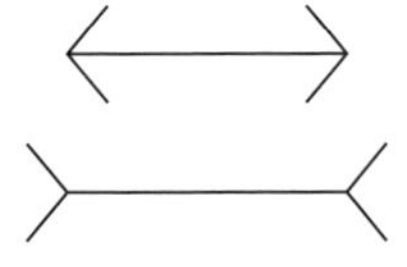

19世紀末に**ミュラー＝リヤー, F. C.** が発見したもので、**幾何学的錯視**の代表としてよく取り上げられる。主線の両端に内向き、あるいは外向きの矢羽根状の線分を付加したもの。内向図形の主線の長さは外向図形のそれよりも20～30%ほど短く見える。［行場］

ミラーニューロン
mirror neuron
6

ミラーニューロンは、サルの腹側（ふくそく）運動前野（ぜんや）および下頭頂（かとうちょう）小葉で見つかった**神経細胞**である。この神経細胞では、サル自身が実行する行為と、サル自身が観察する行為が対応するときに活動することが分かった。具体的には、サルが手で物をつかむといった行為の実行中に活動し、さらに研究者が手で物を拾うといった行為をサルが観察する際にも活動した。ヒトを対象とした研究でも、手の動作を観察するときに、ヒトにおいてサルの腹側運動前野の相同領域とされる下前頭回（かぜんとうかい）が活動することが示されており、ミラーニューロンの活動ではないかという解釈がなされている。［高瀬］

民生委員
commissioned welfare volunteer
9

担当区域の住民の状況把握、生活の困りごとに関する相談支援、社会福祉施設などに関係する機関への連絡などを行うボランティア。都道府県知事の推薦に基づき厚生労働大臣が委嘱する。任期は3年で無報酬。民生委員は**児童委員**を兼務する。［藤田］

民族心理学
［独］Völkerpsychologie
1

19世紀初頭にドイツの学者**フンボルト, W.** が命名し、言語の比較から民族の世界観の違いを探究する学問として構想されたもの。1860年に『民族心理学・言語学雑誌』が発刊されたがやがて休刊し、20世紀になるとドイツの心理学者**ヴント, W. M.** が『**民族心理学**』全10巻を執筆し、言語や神話、慣習などに基づく社会文化的な分析を行った。以前はドイツ語をそのまま直訳したようなfolk psychologyという英訳が使われていたが、これは**素朴心理学**というまったく別の意味になるので注意が必要である。現在の英訳はethnopsychologyかcultural psychologyが近い。［高砂］

無意識
unconsciousness
1 5

一般的に**意識**を欠いた状態、すなわち知覚、思考、感情などに気づいていない状態。19世紀半ばに**ヘルムホルツ, H. L. F. von**が無意識的推論と表現したように、私たちは網膜に映るとおりに見ているのではなく（**知覚の恒常性**）、過去の経験から知覚を無意識的に再構築する。**精神分析**学者の**フロイト, S.** は**無意識**と呼ばれるものをさらに**前意識**と無意識に分けた。前意識とは現在は意識されていないが思い出そうとすれば思い出せる状態で、**ジャネー, P. M. F.** などが**下意識**（かいしき）と呼ぶものに該当する。一方の無意識には精神分析を行わなければアクセスできないと考えた。［高砂］

無意味綴り
nonsense syllable
2

エビングハウス, H. が考案した記憶材料。知識や連想などの個人差の介入を防ぐために、2個の子音の間に1個の母音を入れて、意味の無い、連想が起こりにくい人工的な綴り字のこと。日本語ではカタカナ2文字で作成された**無意味綴り**などもある。［行場］

無誤弁別学習
errorless discrimination learning
2

弁別学習では**強化子**が提示される**正刺激**とそうでない**負刺激**の間での弁別を学習させるが、個体が負刺激に対しても反応し、その結果、強化されないことで学習が阻害される場合がある。**テラス, H. S.** は、①訓練初期から正刺激と負刺激の弁別を開始する、②

この際に負刺激の提示時間を最初は短く次第に長くしていくことで、負刺激への反応機会を減らす、という**無誤弁別学習**の手続きを考案し、負刺激への反応を減少させ、弁別学習を促進することができた。特に②の手続きは**溶化**（ようか）と呼ばれ、教育などの応用場面で幅広く用いられている。［坂上］

無作為化（ランダム化）
randomization
1

複数の水準を設けてデータを測定する際に各群への参加者割り振りをランダムにし、偏りが発生しないようにする処理。たとえば100名の参加者を「指導あり群」と「指導なし群」に分ける場合、乱数表などを用いてランダムに2群のどちらかに割り振る。［矢口］

無作為抽出（ランダム・サンプリング）
random sampling
1

母集団から**標本**を抽出する方法の一つ。乱数による**単純無作為抽出**以外の方法として、母集団全員に番号を割り振り一定間隔の番号に従って抽出する**系統抽出法**、母集団を多層化し各層からランダムに標本を抽出する**層化抽出法**などがある。［矢口］

無条件刺激／条件刺激
unconditioned stimulus / conditioned stimulus
2

レスポンデント条件づけの経験なしに誘発機能を有する生得性の刺激を**無条件刺激**、条件づけの経験を経て**中性刺激**が誘発機能を有するようになった学習性の刺激を**条件刺激**という。［坂上］

無条件の肯定的関心
unconditional positive regard
5

来談者中心療法（後に**パーソンセンタードアプローチ**）を提唱した**ロジャーズ, C. R.** は、**カウンセラー**に求められる「態度」として、クライエントの話を評価することなく受け止めようとすることが必要であり、評価的でない態度がクライエント自身の自己理解を促進する要因の一つであるとした。［村松］

無条件反応／条件反応
unconditioned response / conditioned response
2

無条件刺激によって誘発される生得性反応を**無条件反応**、無条件レスポンデント、もしくは無条件反射といい、**条件刺激**によって誘発される学習性反応を**条件反応**、条件レスポンデント、もしくは条件反射という。［坂上］

名義尺度
nominal scale
7

スティーヴンス, S. S. による4つの**尺度水準**のうち、最下位の水準の尺度である。測定対象の質的特性をカテゴリーとして測定する点で**順序尺度**と同一であるが、賛否や出身地など、カテゴリ一間に順序関係がない。カテゴリーに数値を割り当てるときは、賛成は0、反対は1のように、異なったカテゴリーに異なった数値が割り当てられている限り、どのような割り当てを行ってもよい。この尺度で利用できる統計量は、それぞれのカテゴリーに属する対象の数を数えること、すなわち計数に基づく。たとえば、度数、比率、**最頻値**、**クロス集計表**の**連関係数**である。［寺尾］

メタ認知
meta-cognition
2

自己の**実行機能**や認知活動自体をより高次の観点から認知する働き。気づきや確認点検、評価や予測を行う**メタ認知的モニタリング**と、目標を的確に設定したり、計画や行動を柔軟に変更修正したりする**メタ認知的コントロール**の両側面の機能がある。前者は「いつもと違う」「うまくいっていないような気がする」などと認知作業中の自分を監視することであり、後者は、「別の方法を試そうか」「自分には難しいから他者に相談する」などと自制や切替えによる自己調整を表す。**問題解決**や**批判的思考**、**ヒューマンエラー**の防止などにおいて極めて重要な機能である。［行場］

メタ分析
meta-analysis
1 5 7 公

研究結果を統合するために、個別の研究を多数集めて統計的に分析する手法のこと。個々の研究結果がいわば一つのまとまったデータとして分析にかけられるものである。アメリカの心理学者**グラス, G. V.** によって命名され、1970年代に導入された。［高砂］

メタボリックシンドローム
metabolic syndrome
9

内臓脂肪症候群。わが国では、へその高さの腹囲が男性85cm、女性90cm以上（内臓脂肪面積が100cm^{2}以上となる目安)、血糖・血圧・脂質から2つ以上が基準値を外れた場合に診断。重篤な疾病を予防するために生活習慣を改善することが勧められる。［田中］

メッセンジャーRNA（mRNA）
messenger RNA
6

メッセンジャーRNAは、タンパク質合成を担うリボ核酸（**RNA**）の一つであり、**mRNA**、伝令RNAとも呼ばれる。mRNAは細胞中のタンパク質合成部位であるリボソームに**DNA**の情報を伝え、そこに**tRNA**（**運搬RNA**）がタンパク質合成に必要な特定のアミノ酸を運び、タンパク質を合成する。DNAから転写された遺伝情報は、特定のアミノ酸に対応するコドンと呼ばれる3塩基配列の形になっている。真核生物では、転写されたmRNA前駆体が**スプライシング**と呼ばれる過程で切断される。そして、最終的にタンパク質合成のひな形になるための修飾を受け、成熟mRNAとなる。［高瀬］

メラトニン
melatonin
6

睡眠の調節機構は複雑であるが、代表的な**神経伝達物質**として**メラトニン**や**オレキシン**がある。このうち、メラトニンのサプリメントは日中に服用すると睡眠誘導効果が高いが、就寝時に服用すると効果は不安定である。［高瀬］

メランコリー親和型性格
typus melancholicus / melancholic type
5

内因性うつ病への親和性を持つ人間の本質として、**テレンバッハ, H.** が提唱。本質は秩序への固着と高い自己要求で、性格特性は几帳面、勤勉、強い責任感、対他配慮。引っ越し、昇進、転職など安定した秩序から新たな秩序への移行が発症の危機になる。［沼］

免疫系
immune system
6 9

感染や病気から人体を守る総合的なシステム。さまざまな細胞、組織、器官がかかわる。ウイルス、細菌、真菌などの病原微生物や異物、体内の異常な細胞を認識して排除する。免疫系細胞は骨髄で生産され、血液とリンパ液で運ばれる。自然免疫は生体が備える非特異的な防衛戦で、獲得免疫は外来の抗原を見分けて記憶し特異的に排除する働き。**免疫系**は複雑なネットワークからなり、脳、自律神経系、内分泌（ないぶんぴつ）系と密接な相互作用を持つ。免疫系の機能は**ストレス**などの心理的要因の影響を受けており、心身の健康状態と深い関係にある。［田中］

免疫組織化学法
immunohistochemistry
6

脳機能を調べるために、神経解剖学的方法もしばしば用いられる。**免疫組織化学法**と呼ばれる方法は抗原抗体反応を利用して解剖した脳の組織切片を染め分け、組織中の抗原の存在および局在を顕微鏡下で観察して、脳の構造を調べる方法である。抗原に直接反応する抗体（一次抗体）を標識して抗原を観察する方法を**直接法**と呼び、一次抗体に反応する抗体（二次抗体）を標識して抗原を観察する方法を**間接法**と呼ぶ。**Fos（フォス）タンパク**と呼ばれるタンパク質は、神経細胞の活動時に発現するもので、免疫組織化学法で脳のさまざまな領域の活動を調べるのに利用されている。［高瀬］

面会交流
visitation or contact with child
10 公

離婚後に子どもを養育・監護していないほうの親と子どもが定期的、継続的に、会って話をしたり、一緒に遊んだり、電話や手紙などの方法で交流することをいう。理想的には父親と母親が話し合ってルールを決めて実施すべきだが、それが困難な場合は**調停**または**審判**も可能である。［越智］

面接法
interview
1 3 5 公

心理学の**面接法**には、特定の人々からデータを収集するような調査的面接法のほかに、教育場面での指導的面接、臨床場面での診断的面接、心理相談における面接などがある。いずれもその構造化の程度に応じて、**構造化面接**や**半構造化面接**に分かれる。［高砂］

メンター／メンタリング
mentor / mentoring
8

メンタリングとは、知識・能力、地位、経済力などで優位にある**メンター**が、それらを十分に持たない**プロトジー**（**メンティー**）の**キャリア発達**を、私的な人間関係に基づいて支援することである。この人間関係は、性や文化、価値観などの共有や共感（シンパシー）などによって形成されるので、支援は多様な形をとる。［小野］

メンタライゼーション
mentalization
5 公

英国の臨床心理学者**フォナギー, P.** らは、養育者によるメンタライジング機能、つまり子どもの言動と養育者の心の動きとの相互作用が「こころでこころを想う」能力を内在化させ、情動の調節や注意の統制によって行動の統制も可能になるという**アタッチメント**理論と**精神分析**理論を統合した理論と治療技法を提唱した。メンタライジング機能の不十分さや未発達な状態がクライエントの社会的不適応や**精神疾患**に影響している場合、**メンタライゼーション**に基づく治療が行われる。象徴としての他者の現実を内側からとらえようとするとき、その理解には誤解が不可避なことから「誤解を理解すること」も欠くことができない。［村松］

メンタルヘルス・マネジメント
mental health management
8 公

メンタルヘルス不調者の早期発見・治療など問題を抱えた人のケアだけではなく、メンタルヘルスを促進する快適な仕事の設計や運用と人間関係も含む環境づくり、メンタルヘルスを阻害する要因の予防、研修などにおける教育や啓蒙活動、そして、回復者の**復職プログラム**づくりのような**職場復帰支援**に至る一連のプロセスを管理することである。その担い手としては、産業医やカウンセラー等の専門家だけではなく、本人や身近にいる家族・同僚などが挙げられるが、とりわけ上司の気づきが重要視され、第一線の担い手とされている。[小野]

メンタルモデル
mental model
2

外的な事象を認知理解するために、自己の中に形成した模型的表現（表象）のこと。**ジョンソン=レアード, P. N.** は言語理解や推論は、メンタルモデルを実際に動かして行われるとした。昔の人は地震を説明するのに大なまずが地中で暴れると考えていたことも**メンタルモデル**の一例といえよう。**ノーマン, D. A.** によれば、身の回りにある機器に対してもユーザーは固有のメンタルモデルを持っているので、それとのずれを最小化することがユーザビリティの高いヒューマンインタフェースをデザインする際に重要であるとされている。[行場]

メンタルローテーション（心的回転）
mental rotation
2

シェパード, R. N. と**メッツラー, J.** が心的イメージの操作性を調べるのに用いた課題。回転角度が違う同じ立体のペアと、鏡映変換を施した異なる立体を含むペアをランダム提示し、異同判断を行うと、ペアの回転角度の差に比例して反応時間が増加し、一方の立体の心的イメージを一定の速度で回転させて照合を行うことが示唆された。心的イメージを準知覚的なものとするアナログ派と、記号的な表現であるとする命題派の間で対立（**イメージ論争**）があったが、前者の立場に有利な知見といえる。ただし、**心的回転**課題の成績は個人差も大きい。[行場]

面通し
showups
10

事件の目撃者に対して、一名の人物を直接あるいは写真などを用いて見せ、その人物が犯人であるかを確認する手続きである。この方法は、見せる人物が一名であり、しかも警察が疑いを持っている人物だということが容易に目撃者に伝わるため、誤った判断がなされる危険性が大きい。[越智]

面割り
[米] police lineup
[英] identity parade
10

事件の目撃者に対して、数人の人物を直接あるいは（特にわが国では）写真などを用いて見せ、その中に犯人がいるかを確認させる手続きである。犯人が含まれていない場合もあること、必ずしも選ぶ必要はないことを教示することによって正確性が増すこと

がわかっている。[越智]

モーガンの公準
Morgan's canon
1

英国の心理学者**モーガン, C. L.** が動物の行動と心的能力の関係性について提唱した説。低次の心的能力で解釈できる行動を高次の心的能力の結果とみなすべきではないと考え、解釈の慎重さを求めた。[矢口]

モーズレイ性格検査(MPI)
Maudsley Personality Inventory
4 5

アイゼンク, H. J. が開発した**質問紙法**の**パーソナリティ検査**。アイゼンクのパーソナリティ次元論における**外向性－内向性**（E尺度）、**神経症傾向**（N尺度）の2特性を測定する。回答の意図的な歪曲（わいきょく）を検出する虚偽発見尺度（L尺度）を有する。[岩佐]

目撃証言
eyewitness testimony
2 10

犯罪を目撃した人物や被害者等による供述、あるいは証言のこと。従来、**目撃証言**は確実で有力な証拠だとみなされてきた。しかしながら、実際には事件後に見聞きした情報や聴取時のやり取りなどによって容易に**記憶**が変容したり、場合によっては見ていなかったことが記憶に埋め込まれたりすることがあることがわかり、近年では捜査や裁判における取り扱いが慎重になっている。たとえば、アメリカではDNA鑑定によって後に無罪が証明された受刑者の多くが、目撃証言の誤りがもとで有罪判決を受けていた。また、子どもや高齢者からの目撃証言の聴取は難しく専門家の支援が必要である。[越智]

目標管理
management by objectives
8

1950年代に**ドラッカー, P. F.** が提唱した、人は目標が明示されたほうが課題達成に高く動機づけられるという管理方式。当初、目標は上から一方的に割り当てられ成果は上がらなかったが、**目標設定理論**の研究成果である目標設定への参加や進捗情報のフィードバックなどが導入され**動機づけ**向上につながった。[小野]

目標準拠評価
criterion-referenced evaluation
7

教科や単元での教育目標（学習目標）を規準とした**教育評価**（**学習評価**）のこと。目標達成の程度を評価するので、**到達度評価**とほぼ同じ意味で用いられる。**集団準拠評価**（**相対評価**）の問題点を補う評価であり、**絶対評価**とも意味が重なる。[寺尾]

目標設定理論
goal-setting theory
8

人は適切な目標を設定することによって動機づけられることに着目し、**ロック, E. A.** と**レイザム, G. P.** が提唱した理論。意義のある、明確な目標が設定されれば、人は難しい課題にも**動機づけ**高く取り組むことができる。また、目標設定の効果は、目標と結果の差に関する情報について適時適切に**フィードバック**を受けることで促進される。このことは高い**自己効力感**やさらなる挑戦的な目標設定を導いて高業績の循環を生み出す。ロックとレイザムは、後にこれを**高業績サイクルモデル**として提示した。［山浦］

モデリング
modeling
2 3 5 公

モデリングとは、訓練や経験を通した直接的な学習ではなく、他者の行動を観察することで、新しい行動を習得することであり、**観察学習**ともいう。**バンデューラ, A.** は、モデリングによって新しい行動を獲得したり（観察学習効果）、それまで行っていた行動が抑制されたり（行動抑制効果）、それまで抑制されていた行動が抑制されなくなったり（脱抑止効果）、ある行動が促進されたり（反応促進効果）といった行動変容を指摘している。またモデリングは、注意過程、保持過程、運動再生過程、強化と動機づけ過程という 4 つの認知過程により成立するとしている。［小泉］

喪の作業
mourning work
5

喪の作業（喪の仕事）はその人にとって重要な対象との死別体験（対象喪失）において、その苦しみを受け入れて対象への想いをあきらめていくプロセスである。一方、対象への想いが滞留したままだと、うつなどの病理が出現することがある。この**フロイト, S.** の研究の後に提唱された**グリーフワーク**（悲嘆の仕事）は、生き別れなど必ずしも死別を前提としない広い用語である。［村松］

模倣
imitation
2

他の個体、個体群、もしくは物体の振る舞いとよく似た振る舞いをする事態や過程をさす。特にヒトでの技能、社会的行動、言語使用行動などの学習の基本となっていると考えられている。**観察学習**や**モデリング**が関係している。［坂上］

モラトリアム
moratorium
3

もともとは債務などの「支払い猶予（ゆうよ）」を意味する経済学の用語だった。**青年期**が、労働などの社会的責任や義務を猶予された、**アイデンティティ**確立のための猶予期間であることをたとえて、**エ**

リクソン, E. H. が命名した。〔小泉〕

森田療法
Morita therapy
5

森田正馬（まさたけ）によって創始されたわが国独自の**精神療法**。森田は戦前のわが国の近代化に伴って出現した**神経衰弱**は特定の気質（神経質）を持つ人に現れると考え、この神経質（森田神経質）の特徴を４つに分類した。そのうち、自身の心身の不調や対人関係に過敏な傾向はヒポコンドリー性基調と命名されている。森田は、神経質者にはとらわれとその悪循環（精神交互作用と思考の矛盾）が顕著なため、「あるがまま」「目的本位」に生活することを治療の主眼とした。**森田療法**は入院治療から始まり、外来、自助グループ（生活の発見会）などの展開を見せている。〔村松〕

問題解決
problem solving
2 公

現在状態から目標状態に移行するため、両状態の差を縮めるための計画を立てたり、推論や思考を用いたりして、より良い中間状態に移動する過程。行動的にいえば、新しい**随伴性**にかかわる状況内で、適切な**弁別刺激**を産出する行動過程。〔坂上〕

や

薬物依存症／薬物依存離脱指導
drug addiction / guidance for overcoming drug addiction
10 公

薬物乱用の繰り返しによって生じた脳の慢性的な異常状態であり、その薬物の使用を止めようとしても、渇望をコントロールできずに乱用してしまう状態を**薬物依存**という。DSM-5では、**物質関連障害および嗜癖性障害群**に該当する。この場合の物質にはアルコールやカフェインだけではなく、大麻、覚醒剤（アンフェタミン、メタンフェタミンなど）、オピオイド、鎮静剤や睡眠薬なども含まれる。刑事施設では、大麻や覚醒剤などの薬物への依存がある受刑者の処遇として、**薬物依存離脱指導**が行われる。これは特別改善指導の一つであり、グループワークや民間自助団体によるミーティング、講義や討議、**リラプス・プリベンション・モデル**に基づいた学習、個別面接などが行われる。［荒井］

矢田部ギルフォード性格検査（YG性格検査）
YG Personality Test
1 4 5 7

ギルフォード, J. P. が作成した3種の**性格検査**をモデルにして、**矢田部達郎**らがわが国で作成した**質問紙法**による性格検査の一つである。ギルフォードの項目から、日本人の気質測定に適当な項目が選択され、**内的整合性**が検討されている。多次元的な性格特性を測定する検査であり、12種類の特性をそれぞれ持ち合わせる程度を測定し、特性のプロフィールを作成するだけでなく、これらの組合せから、5つの性格のタイプに分類するという**特性論**と**類型論**の両方の特徴を持つ性格検査である。［村上］

ヤングケアラー
young carer
9

本来大人が担うと想定されている家族のケアを日常的に行っている子ども。ケアの内容は家事、きょうだいの世話、家族の介助や通院の付添い、投薬・金銭管理、感情面での寄り添いなど多岐にわたる。ケアの負担が過剰なときには、子どもの心身の発達や人間関係、学校生活、進路や就職など、人生に大きな影響を及ぼす。家庭内の問題のため外部の目が届きにくく、本人や家族に問題であることの自覚がなく表面化しにくい。子どもの負担を軽減できるよう、学校や周囲が子ども自身の生活状況やニーズを確認し、家族のケアを託せる福祉サービスにつなぐ必要がある。［藤田］

有意水準（有意確率）
level of significance
1 7

統計的仮説検定において**帰無仮説**を偽と判断し棄却する基準となる確率。心理学研究では5%に設定されることが多い。分析によって算出された**検定統計量**の生起確率が5%未満の場合、帰無仮説が棄却され**対立仮説**が採択される。それと同時に、**有意水準**は帰無仮説が真であるのに誤って棄却してしまう**第1種の誤り（タイプⅠエラー）**の発生確率とみなすことができる。これを防ぐため、分野によっては有意水準を1%あるいはそれ以下にする場合もある。ただしその場合、帰無仮説が偽であるのに採択してしまう**第2種の誤り（タイプⅡエラー）**の発生確率が高まる。［矢口］

有意味受容学習
meaningful reception learning
3

教員が学習内容を与える受容学習において、新しい知識を学習する際に教員から**先行オーガナイザー**を提示されることで、新しい知識を既有知識と結びつけ新しい知識の意味を理解することができるという学習方法。**オーズベル, D. P.** が提唱した。［小泉］

有罪知識検査（GKT）
guilty knowledge test
10

ポリグラフ検査における質問法の一つで、**隠匿情報検査（CIT）**と同じものである。犯人ならば記憶しているはずの凶器や盗難金額、侵入口などの情報について生理学的な指標を用いて再認検査を行い、裁決項目に反応が見られるかで判断を行う。［越智］

尤度／最尤推定法（最尤法）
likelihood / maximum likelihood estimation method
7

ある統計モデルのもとで**母数**を変数として扱い、所与のデータの得られやすさを母数の関数として表したものを**尤度関数**、母数の特定の値に対する尤度関数の値を**尤度**と呼ぶ。尤度が最大となる母数の値を推定値とする方法を**最尤推定法（最尤法）**と呼ぶ。［山田］

有病率
prevalence
9

集団のある一時点において疾病を有する者の数を、集団の調査対象者全員の数で割った数字。疾病を有している人の割合を示すため、健康問題の大きさの目安となる。有病期間の長い慢性疾患の指標に適し、人口10万人当たりの値がよく用いられる。［田中］

床効果／天井効果
floor effect / ceiling effect
7

尺度で測定可能な範囲外にある特性値は正しく測定できず、その測定値は尺度の下限あるいは上限で閊える。これらをそれぞれ**床効果**、**天井効果**と呼ぶ。たとえば、極端に簡単なテストでは天井効果が生じて、満点を取った学生の学力を弁別できない。［寺尾］

ユニバーサルデザイン
universal design
89

年齢、性別、能力、障害の有無にかかわらず、多様な人々が利用しやすい製品、建物、空間の創出をめざすデザイン。**メイス, R. L.** が、1985年に提唱した。**バリアフリー**が障害者などの特定の人に対するバリアを事後的に除去することに対し、**ユニバーサルデザイン**は最初から誰にとっても使いやすいデザインでバリアを解消するという点で異なる。その実現に向けた7原則は次のとおりである。①公平な利用、②利用における柔軟性、③単純で直感的、④必要な情報を知覚できる、⑤ミスへの許容、⑥少ない身体的な努力、⑦アクセスしやすいサイズと空間。［藤田］

夢
dream
5

フロイト, S. は、**無意識**に**抑圧**された心的現実の現れが**夢**であるとして治療に用いた。**精神分析**学派によって研究の対象となった夢は、近年認知神経科学や脳科学領域での大きな展開のほか、悪夢への**認知行動療法**的アプローチなどの広がりがある。［村松］

要因計画／要因配置
factorial design
1

2つ以上の**独立変数**（要因 factor）の操作の影響を調べる実験計画を**要因計画**といい、たとえば2つの要因を配置する計画を二元配置計画という。要因の分析に当たっては**分散分析**が用いられ、要因計画では1つの要因における条件（水準 level）の数を決めるほか、それぞれの要因が**実験参加者間要因**と**実験参加者内要因**のどちらかであるかを決めなければならない。2つ以上の**要因配置**を行う研究では、たとえば学習法の効果が年齢の違いによって異なる、など複数の要因の水準間に特殊な組合せ効果である**交互作用**が生じることがある。［高砂］

溶化（ようか）
（フェイディング）
fading
2

ある刺激から別の刺激へと**刺激性制御**を移行していく手続き。**無誤弁別学習**などで用いられる。次第にある刺激の強度を上げていく溶明（ようめい）（フェイド・イン）と下げていく溶暗（ようあん）（フェイド・アウト）がある。［坂上］

幼形成熟
neoteny
3

動物が、幼生形のまま生殖巣が成熟し、繁殖することを表す現象。また、オランウータンなどと比べ、ヒトは大人になっても赤ん坊の当時と比較的似ていることから、より進化した生物のほうがより幼児的形態をとどめるという考えをさす。［小泉］

幼児期
early childhood
3 公

1 歳半から小学校就学前の時期。この時期には食事、排泄、着衣などの基本的生活習慣を身につけ、遊びを通して基本的運動能力を養う。また集団生活では、他児とのかかわりを通して行動調整や感情調整を学び、自他の心の理解を深めていく。［小泉］

要請技法
request technique
8

他者に依頼するときに用いる手段で、単発あるいは複数回試みられる。複数回の働きかけが事前に計画されている技法に、小さなお願いから大きなお願いをする**フット・イン・ザ・ドア法**、大きなお願いから小さなお願いをする**ドア・イン・ザ・フェイス法**、魅力的な状況で応諾を引き出し、その後その特典を取り去る**ロー・ボール法**などがある。これらの働きかけによって承諾する受け手の心理的原則について、**チャルディーニ, R. B.** は、返報性、一貫性、社会的証明、好意、権威、希少性の 6 つに整理した。［山浦］

容積脈波（みゃくは）
plethysmogram
6

心収縮によって血液が大動脈へ送られると、その血管の弾性から縦波が発生し、それが脈波となって末梢方向へすべての動脈へと伝播する。この脈波を、指尖（しせん）や手首等の特定の身体部位で生じる容積の変化として測定した時に**容積脈波**と呼ぶ。［髙瀬］

要素主義
elementism
1 公

心理学で**要素主義**という場合は、心あるいは意識という複合体を構成要素に分解してとらえるという要素還元主義という意味で使われることが多い。アメリカの**ティチナー, E. B.** の**構成心理学**は要素主義的心理学の代表である。［高砂］

要保護児童
aid-requiring child
9 公

保護者のない児童または保護者に監護させることが不適当であると認められる児童。孤児、保護者が長期拘禁中の児童、家出した児童、被虐待児、非行児童、障害児などが該当する。**要保護児童**を発見した者は、市町村もしくは**児童相談所**へ通告しなければならない。要保護児童に当たらないが保護者の養育を支援することが特に必要と認められる児童を**要支援児童**という。要保護児童等を早期に発見し適切な保護や支援を行うために、保健医療、教育、司法等の関係機関が協議を行う機関として、要保護児童対策地域協議会がある。［藤田］

要約統計量（記述統計量）
summary statistics (descriptive statistics)
7

データの特徴を一つの値に集約することを**数値要約**といい、要約された指標を**要約統計量**あるいは**記述統計量**という。要約統計量には**代表値**と**散布度**などがある。一般にデータ分析の最初の段階は図表化であり、その後に要約統計量の算出が続く。[村井]

抑圧
repression
1 5

自分が受け入れたくない衝動、思考や空想などを**無意識**の世界に放擲（ほうてき）し、蓋（ふた）をする**精神分析**の**防衛機制**。この過程は無意識のうちに行われるが、この蓋は完全ではないことが多いので、それが症状となって現れる。類似用語である「抑制」は二次過程において、意識と自我が関与するものである。[村松]

欲求階層説
hierarchy of needs
4 5 8

マズロー, A. H. による**欲求**に関する説。欲求は下層から順に①衣食住などの生理的欲求、②安全や防御などの安全欲求、③**親密性**などの所属と愛情の欲求、④承認などの自尊の欲求、⑤**自己実現**の欲求という階層構造をなしており、下位の欲求が満たされた段階で、上位の欲求が現れるとした。[村上]

4P
4Ps of marketing
8

マッカーシー, E. J. は、企業・売り手側の視点で、マーケティングを製品（product）、価格（price）、流通経路（place）、販売促進（promotion）の４つの戦略要素に整理した。**4P** の効果的な組合せを**マーケティング・ミックス**と呼ぶ。[山浦]

４枚カード問題／ウェイソン選択課題
four-card problem / Wason selection task
2

たとえば表にアルファベット、裏に数字が書いてあるカードを４枚使い、どちらか一方の側がE、K、４、７と見えているときに、「もし表が母音ならば、裏は偶数である」という規則が真か偽かを確かめるには、どのカードの裏を調べればよいかを問われる、**ウェイソン, P. C.** によって作成された、条件文の真偽の検証方法を問う課題。論理的にはＥと７の裏によって検証されるが、後者を４とする間違いが頻発する。しかし日常的な文脈が課題で使われると、こうした間違いが減少することが見いだされたことから、**推論**を巡る研究に刺激を与えた。[坂上]

ら

ライフイベント
life event
9

結婚や離婚、誕生や死別、就職や転職、入学や昇進など、人生で経験する大きな出来事。良いことも悪いことも**ストレッサー**となりうる。短期間にいくつも経験すると、新環境への適応が負担となって、心身のバランスを崩す可能性があるとされる。［田中］

ライフサイクル／ライフサイクル論
life cycle / life-cycle theory
3 公

ライフスパンとは、生まれてから死ぬまでの生存期間をさす。これに対し**ライフサイクル**とは、人の一生に見られる、誕生・成長・成熟・老衰・死亡という規則的な変化のことをさす。**エリクソン, E. H.** の**ライフサイクル論**が代表的である。また**ライフコース**とは、年齢や就職・結婚・出産などの出来事によって分岐する一生涯を通じてたどる人生行路のことをさし、寿命の延長や**ライフスタイル**の多様化により標準的なライフサイクルを描くのが難しくなったことから、1960 年代に提唱された概念である。［小泉］

ライフスタイル
life style
8

人々の生活様式とそれを規定する価値意識、態度・要求を含む概念であり、生活行動や物事への関心に反映され、仕事観やそれに基づく働き方だけでなく、消費の性向の差異を根本から規定するものである。そのため、**市場細分化**の重要な基準になる。［小野］

楽観主義／悲観主義
optimism / pessimism
9

楽観主義は**ポジティブ心理学**で注目される概念で、物事がうまく進み良いことが起こると見る信念。ストレスを減らし適応を高めるとされる。対比される**悲観主義**は、将来を否定的にとらえる信念。パフォーマンスの低さやうつ状態にかかわるとされる。［田中］

ラバーハンド錯覚
rubber hand illusion
2

自分の手を見えないようにしたうえでそれとよく似たゴム製の手（ラバーハンド）を離して並べ、これを見ている際に 2 つをほぼ同期させて触れたりなでたりすると、ゴム製の手のほうを自分の手と感じてしまう錯覚。複数の感覚の統合によるとされる。［坂上］

ラベリング／ラベリング理論
labeling / labeling theory
10

ベッカー, H. S. らによって提唱された**逸脱行動**に関する理論。彼は逸脱を逸脱者の内的な属性によって引き起こされるものとしてでなく、社会がその行為者に「逸脱者」であるというラベルを貼るという側面に注目して理論を提唱した。たとえば、今ちょっとした非行で検挙された少年がいたとする。警察や道徳事業家たちは彼に「非行少年」というレッテルを貼る。すると彼は常にそのラベルとともに扱われるようになり、最終的に彼は非行少年として振る舞うようになっていくだろう。このように鍵を握っているのは、ラベルを貼られる側でなく、貼る側である。［越智］

ラポール
rapport
1 5

関係という意味のフランス語から来た用語で、もともとは**ジャネー, P. M. F.** などフランスで**催眠療法**にかかわっていた研究者に由来する。心理学においては、特に面接者と非面接者、カウンセラーとクライエントのような二者間の友好的関係をさす。［高砂］

リアリティ・オリエンテーション
reality orientation
9

現実**見当識**（けんとうしき）訓練。見当識の障害を解消するための、**認知症**の非薬物療法。スタッフの日常的な声かけや、少人数のグループ活動の形などで実施される。日付を尋ねる、天気に触れるなど自然な形で現実認識を深める、他者に関心を促すなどが行われる。［田中］

リアリティショック
reality shock
8

就業前に描いていた仕事や職場の状況と、入職後に遭遇する現実の違いから受けるショックのことである。しばしば、早期離職の原因になるとされ、入職前の企業側の誤った情報提供や、入職者自身の情報収集の不足が、主な原因とされている。［小野］

リーダーシップ
leadership
4 8 公

集団や組織が目標を達成しようとする際に、リーダーの働きが成員やパフォーマンスに影響を与える過程をさす。**リーダーシップ**の研究は、リーダーの優れた特質を探す特性説、専制型や民主型などリーダーのタイプを分類する類型説、**三隅二不二**（みすみじゅうじ）の **PM 理論**やオハイオ研究など、リーダーの役割に焦点を当てた機能説、さらには**フィードラー, F. E.** による**条件即応モデル**など、集団の状態などの状況とリーダーの持つ機能の効果性を組み合わせた状況説が展開されている。［村上］

リーダーシップ状況適合論
contingency theory of leadership
8

リーダーシップの特性論や行動論は、絶対唯一の最適なリーダー特性や行動スタイルがあることを前提にしたアプローチであった。これに対して 1960 年代以降、メンバーの特性や集団の諸条件によって効果的なリーダーシップは異なるとし、状況要因を考慮したアプローチが盛んになった。代表的なものに、**フィードラー, F. E.** の**コンティンジェンシー理論**、**ハーシー, P.** と**ブランチャード, K. H.** の**ライフ・サイクル理論**、**ハウス, R. J.** の**パス・ゴール理論**などがある。[山浦]

リーダーシップ特性論
trait theory of leadership
8

リーダーシップは生来の素質や特性であると考える立場。**ストッグディル, R. M.** は、優れたリーダーの特性の整理を試みた。しかし、リーダーシップとの関連の強さは一貫せずこのアプローチの限界として指摘された。[山浦]

リーダー－メンバー交換理論（LMX 理論）
leader-member exchange theory
8

リーダーとメンバーの関係性の質は、相互作用を通じて、お互いが有する資源のうち、どれをどのくらい交換するか、その役割の形成具合によって決まり、集団はこれら複数の二者関係の総体と考える。リーダーと質の高い関係性を築いたメンバーは**内集団**、質の低い関係性のメンバーは同じ集団でありながら**外集団**として存在するようになる。内集団のメンバーは、外集団のメンバーよりも組織コミットメントや仕事満足感、パフォーマンスは高いことなどが明らかにされている。[山浦]

リガンド
ligand
6

薬物、ホルモン、神経伝達物質等、受容体に結合する分子を総称して**リガンド**と呼ぶ。リガンドのタンパク質への結合は特異的および可逆的であり、結合した受容体を活性化または不活化する。[高瀬]

離散変数
discrete variable
7

「とびとび」の値しか取りえない変数のこと。心理尺度で測定された得点などがその例である。たとえば 5 件法（1 項目）で測定された値は、1, 2, 3, 4, 5 という 5 つの値のいずれかであり、1.54 点といった「間」の値は取りえない。[村井]

リスク／リスク認知
risk / risk perception
8

リスクの定義は分野や対象事象によって異なるが、ISO31000においては、目的に対して不確かさが与える影響（期待されていることから好ましい方向／または好ましくない方向への乖離（かいり））と定義されている。この定義に基づけば、リスクの特定には組織の目的の明確化、および多面的かつ包括的に行うことが必要であることを意味する。リスクをどのようにとらえるかが**リスク認知**である。リスク認知の高さには、個人要因（性別、知識量など）、環境要因（反復事故の発生など）、対象側の要因（事故のタイプ）がある。［山浦］

リスクコミュニケーション
risk communication
8

人や物への被害を未然に防ぎ、また軽減することをめざして、そこにかかわる**リスク**について地域住民、事業者、研究者、行政担当者などの関係者間でとられるコミュニケーション。環境問題、自然災害、原子力、食品安全の分野で特に注目される。リスク発生前から発生後までの全プロセスにかかわる直接的、間接的な問題について情報共有し意見を交わすこと、リスクに対する理解や関心を深め相互信頼を築くこと、また研究知見を有効に活用しながら納得性の高いリスク対策の意思決定やその取組みを継続して行うことが重要である。［山浦］

リスク－ニード－反応性原則（RNR原則）
risk-need-responsivity principle
10

カナダの犯罪心理学者**アンドリュース, D. A.**と**ボンタ, J.**が提案する再犯防止に向けて処遇選択を行う際の重要な3つの基準。**リスク**（risk）**原則**、**ニード**（need）**原則**、**反応性**（responsivity）**原則**の頭文字を取って**RNR原則**ともいわれる。リスク原則は、その個人の再犯リスクの程度と、提供される再犯防止のためのサービスの水準（密度）を一致させる必要があるとする原則である。ニード原則とは、犯罪者や非行少年の処遇において、将来の犯罪と関連性が強く、処遇によって変容可能な再犯リスク要因を処遇のターゲットにする必要があるとする原則である。そして、反応性原則は、処遇を実施する際には、その個人の能力や学習スタイルに合ったやり方で実施する必要があるとする原則である。［荒井］

リスクマネジメント
risk management
8

リスク分析のプロセス3段階のうちの一つ。発生する可能性のあるリスクに対する予防である点で、すでに発生した事柄に対する対処の**危機管理**とは異なる。リスクを認識・精査し判定する**リス**

クアセスメントに続き、ここで判定されたリスクレベルに応じて対策をとるのが**リスクマネジメント**である。この結果については、**リスクコミュニケーション**の中で共有される。なお、リスクマネジメントは広範囲の分野にかかわっており、それぞれに定義や目的などが異なることに留意すべきである。［山浦］

リッカート尺度法
Likert scaling
7

リッカート, R. によって提唱された、性格や、特定の対象への**態度**について記述した短文を複数個用意して、性格測定や態度測定を行う方法である。各項目に対する肯定・否定を5段階程度で評定し、一般に整数値のスコアを付与する。たとえば、5段階の評定では、最も否定的な評定を1点、以下1点刻みで、最も肯定的な評定を5点とすることが多い。各項目のスコアを加算した合計点、あるいは平均値を尺度得点とするため、**評定加算法**とも呼ばれる。こうした加算を行うためには、各項目が同一のものを測定している**内的整合性**が前提となる。［寺尾］

リバプール方式のプロファイリング
criminal profiling using Liverpool method
10

カンター, D. V. が主にリバプール大学の研究チームとともに開発し実践した**プロファイリング**のテクニックである。FBI の開発した方法と異なり、データを収集し、統計的な手法で分析して予測を導き出すところに特徴がある。［越智］

リビドー
libido
1 4 5

精神分析学をつくり上げた**フロイト, S.** は、心のエネルギーとして**リビドー**を想定した。性的本能としてのリビドーは**幼児期**から存在し、人の発達に影響を与える（心理－性的発達論）とともに、**抑圧**、固着（固有の発達段階にとどまること）などによって精神症状に影響を与えるとみなされた。［村松］

リプロダクティブ・ヘルス／ライツ
reproductive health / rights
9

生殖に関する健康と権利。妊娠・出産に本人の意思が尊重されて、身体的・精神的・社会的に健やかに生きることができ、妊娠・出産・中絶を本人が自由に決定する権利があること。女性の健康支援の観点から注目されている。［田中］

リボ核酸（RNA）
ribonucleic acid
6

リボ核酸（RNA）は細胞内でタンパク質合成を担う核酸である。RNAには複数種類あり、タンパク質合成を担うのは**メッセンジャーRNA（mRNA）**と**トランスファーRNA（tRNA）**である。mRNAは細胞中のタンパク質合成部位であるリボソームに**DNA**の情報を伝え、tRNAはタンパク質合成に必要な特定のアミノ酸を運ぶ。アミノ酸は20種類あり、対応するtRNAが運び、タンパク質合成の際にはアミノ酸を適正な順に配列する。RNAにはmRNA、tRNA以外にもリボソームを構成するリボソームRNA（**rRNA**）等があり、rRNAは生体内で最も大量に存在するRNAである。［高瀬］

流行
fashion
8

社会的慣習とは部分的に異なる新奇なものが集団や社会に広がる現象。**流行**の背景には**同調**欲求や差別化欲求などの心理的要因や社会的要因が影響する。**イノベーション普及過程モデル**は、流行現象を説明する基盤となる。［山浦］

流暢性
fluency
2

知覚・認知・言語・運動・技能などが正確なだけでなく、短い**反応潜時**での出現、高反応率（時間当たりの反応出現数）での生起、異なる反応との連携がスムーズで速いことなどの状態をさす。またその主観的感覚をいう場合もある。［坂上］

両側検定／片側検定
two sided test / one sided test
7

検定統計量の標本分布（**帰無分布**）の両裾を用いて**棄却域**を設定する検定が**両側検定**、片裾だけを棄却域とする検定が**片側検定**である。たとえば、**帰無仮説**$\mu=0$に対して、**対立仮説**を$\mu\neq0$とすれば両側検定、$\mu>0$（または$\mu<0$）とすれば片側検定となる。［山田］

両眼視差
binocular disparity
2

左右の眼が6.5cmほど離れて位置していることによる両方の網膜像の間に生じる差異のこと。**両眼立体視**の手がかりで、静止対象でも有効となる。視対象が凝視点より近くにある場合には**交差視差**、遠くにある場合には**非交差視差**となる。［行場］

両眼立体視
stereoscopic vision
2

両眼視差に基づく奥行視で、**ホイートストーン, C.**が考案した**実体鏡**で2枚の平面図形を両眼融合すると、立体的に知覚される。**ユレシュ, B.**の**ランダムドット・ステレオグラム**により、視差の

対応は形態視より前に計算されることが示された。［行場］

量刑判断
sentencing decision
10

量刑判断研究では、法律の専門家ではない一般市民が、裁判員制度のような量刑を判断する場面で行いがちな判断が検討される。古典研究として**シーガル, H.** と**オストローブ, N.** は、加害者の魅力が関与しない犯罪（窃盗）の場合、魅力度の高い被告人は魅力度の低い被告人よりも寛容な量刑判断がなされ、加害者の魅力が関与する犯罪（結婚詐欺）の場合、魅力度の高い被告人は魅力度の低い被告人よりも厳しい量刑判断がなされたという。その後の研究も多数見られ、量刑判断の場面では、一般市民は応報主義的な判断をしがちであることなど、一般市民がどのような量刑判断をする傾向があるのかが明らかにされつつある。［荒井］

両耳(りょうじ)分離聴
dichotic listening
2

右耳と左耳に別々の音やメッセージを同時に提示する手続きのこと。**チェリー, C.** が行った**選択的注意**の実験では、一方の耳に聴こえたメッセージを追唱させると、他方が何であったか意味を答えられないが、声の性別という感覚特徴は報告できた。［行場］

量的変数
quantitative variable
7

データの値が数量で表される変数。心理尺度で測定された尺度得点、身長などがその例であり、量的な大小関係が問題となる変数のことである。**質的変数**に比べ許容可能な演算が増える。すなわち**平均値**を算出するなどさまざまな統計処理が可能になる。［村井］

リラクセーション
relaxation
6 9

筋肉を緩めたり呼吸を整えたりして心身の緊張を緩めること。緊張状態では**交感神経**が優位になり血圧や心拍数が上昇するが、**副交感神経**優位の状態にするとリラックス状態がつくり出せる。心身への体験的理解も増す。**呼吸法**や**自律訓練法**などに活用。［田中］

リラクセーション技法
relaxation technique
5

筋肉の緊張状態を一定の訓練方法に従い体系的に弛緩(しかん)させる技法。**行動療法**の構成要素として広く用いられ、**恐怖症**患者の**系統的脱感作法**(だつかんさほう)で恐怖反応への**拮抗反応**として行う。ストレスコントロールの方法として、**漸進的弛緩法**(ぜんしんてきしかんほう)、**自律訓練法**などで用いる。［沼］

リラプス・プリベンション・モデル
relapse prevention model
10

アルコール・薬物・ギャンブル依存、痴漢、性犯罪などの再発・再犯率が高い**逸脱行動**に対する**認知行動療法**的な介入手法。ターゲットとなる行動に対して、まず第一段階としてハイリスク状況の同定を行う。これは対人ストレスやネガティブ感情、友達からの誘いなどターゲット行動を引き起こすきっかけとなる事象である。次にそれらの状況に遭遇したときの対処スキルを考え、ターゲット行動の代わりにその**代替行動**をとるような訓練を行う。たとえば酒を飲む代わりにスポーツクラブに行くなどである。最終的には成功体験を積み重ね自己肯定感、制御感を向上させる。［越智］

臨界期
critical period
3 公

生物の初期の経験や学習の効果が、他の時期に見られないほど大きく、永続的で非可逆的となる一定期間。関連用語に**刻印づけ**（**刷り込み**）がある。効果の高さや時間的限定を弱めた場合、**敏感期**と呼ばれる。［小泉］

臨床心理士
clinical psychologist
1

医療施設や学校などを中心に、**心理相談**や**心理検査**、**心理療法**に携わる心理職の専門資格。アメリカでは 1949 年のボウルダー会議で**臨床心理士**の資格について博士課程教育を前提（**科学者－実践者モデル**）とすることが決められたのに対して、わが国では 1988 年に臨床心理士認定協会が設立され、認定された修士課程をベースとするカリキュラムが定められた。わが国の臨床心理士資格を取得するためには、定められた科目の単位数を取得し、臨床心理学に関する修士論文を書いて大学院を修了し、筆記試験と面接試験からなる資格試験に合格することが要件である。［高砂］

臨床的プロファイリング
profiling based on clinical psychology
10

リバプール方式のプロファイリングが主に統計的な手法を用いて犯人の属性を推定していくのに対して、**FBI 方式のプロファイリング**では精神医学的な知識と捜査実務上の経験を用いて犯人の行動を推測する。このような方法を**臨床的プロファイリング**という。［越智］

臨床動作法
clinical *dohsa-hou*
5 9

成瀬悟策（ごさく）が開発した脳性麻痺（まひ）児・者の心理的リハビリテーションと動作訓練法。身体の各部位に注意を向け、動かしている各部位の感じを確認し、力を緩めるなど、不適切な緊張を取り除く。自ら主体的に力を緩める方法を身につけるのが目的である。［沼］

類型論／特性論
type theory / trait theory
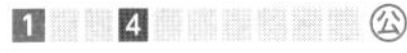

パーソナリティや**気質**の理論における二大分類。**類型論**はパーソナリティを典型例に基づいて類型（タイプ）に分類するもので、**クレッチマー, E.** の体格に基づくものや、**ユング, C. G.** の**外向性**／**内向性**のように心的エネルギーの方向性に基づくものなどがある。一方の**特性論**はパーソナリティの特徴である特性の組合せとしてこれをとらえようとするもので、詳細な比較ができる反面、細かすぎてとらえ切れないところがある。パーソナリティ研究で挙げられてきた数多くの特性を５つの因子に集約したものが**ビッグ・ファイブ**理論として知られる。［高砂］

ルーブリック
rubric

学習目標の達成度を評価するために、達成の度合いを示す数段階の尺度と、それぞれの段階に対応するパフォーマンスの特徴を示した記述からなる質的な評価指標のこと。**真正**（しんせい）**な評価**では**パフォーマンス評価**における評価基準として使用される。［寺尾］

レイプ神話
rape myths

レイプ神話とは、**レイプ**を合理化する複合的な信念、つまりレイプを是とするような歪（ゆが）んだ考え方や認知である。たとえば、「女性は乱暴をされて実は喜んでいる」「レイプするのが男らしさの象徴である」など、事実とはかけ離れた歪んだ考え方である。その核には、「女性が暴力的な性を好む」あるいは「女性は潜在的にレイプされることを望んでいる」という誤った女性性の観念が存在すると考えられている。レイプ神話の形成過程は現在も検討されているが、たとえば、暴力的ポルノグラフィーの視聴、友人や先輩などの身近な他者との性的情報の交換が影響している可能性が指摘される。［荒井］

レキシコン
lexicon

ある言語における語彙（ごい）の総体をいい、語彙目録、語彙辞書、あるいは単に辞書ともいわれる。もともとはギリシア語やヘブライ語など古典語の辞書を意味する。脳内にあるこれらの記憶の集合は、メンタル・レキシコンと呼ばれる。［坂上］

レジリエンス
resilience
3 4 9 公

精神的な回復力。困難な状況にもうまく適応し、逆境に遭遇しても順応し、不利な状況からも再起する心の復元能力。健康の観点からは**ストレス**に対応して回復する特性、ビジネスの文脈では個人や企業に望まれる特性として注目される。[田中]

レジリエンス・エンジニアリング
resilience engineering
8

医療などの複雑系システムで、有害事象が頻度高く発生することはない。これは不安全や不適切な事柄を早期に予見し、柔軟に対応できる**レジリエンス**（弾力性）を有したシステムだからと考えられる。この機序を学び、うまくいくことが増えるシステムに向かわせる安全の実現法のことをさす。[山浦]

レスポンデント条件づけ／オペラント条件づけ
respondent conditioning / operant conditioning
1 2 3 5 公

アメリカの心理学者**スキナー, B. F.** が 1930 年代に命名した、条件づけにおける二大分類。前者は**パヴロフ, I. P.** の**条件反射**に代表されるように**条件刺激**が**条件反応**を生起させるもので、**古典的条件づけ**とも呼ばれる。一方、後者においては、刺激の提示に対して動物がとる反応によって結果が変わり、結果に応じて次の行動が変わる。スキナーは刺激に反応する（レスポンデント）のではなく、能動的に生じる行動のことをオペラントと呼び、反応と結果の随伴性に応じて能動的に成立する条件づけを**オペラント条件づけ**と命名した。別名、**道具的条件づけ**ともいう。[高砂]

レディネス
readiness
3

学習の成立に必要な発達水準や発達的素地のことであり、**学習準備性**ともいう。**ゲゼル, A. L.** は学習の成立に**成熟**が必要であるとしたが、現在では成熟だけでなく予備知識や訓練、内発的動機づけ、**臨界期**などの影響も受けると考えられている。[小泉]

レビー小体型認知症
neurocognitive disorder with Lewy Bodies
5 公

老年期の**変性性認知症**であり、大脳と脳幹の神経細胞脱落と**レビー小体**の出現が病理的特徴。初期はレム睡眠行動障害、注意障害、視空間障害が目立つ。中核症状として認知機能の動揺、繰り返し現れる**幻視**、誘因のない**パーキンソニズム**がある。[沼]

レム睡眠（REM 睡眠）
REM sleep
6

睡眠は段階 1 から 4 の**ノンレム睡眠**と**レム睡眠**の 5 段階から構成される。**レム睡眠**の特徴に**急速眼球運動**（**REM**）と呼ばれる素早い眼球運動と低振幅の脳波がある。レム睡眠中に起こすと夢

を見ていたと報告することが多い。［髙瀬］

恋愛感情
romantic feelings

好意とは区別され、特定の相手に対するロマンティックな感情や、それに結びついた関係をさす。**ルビン, Z.** によれば、**恋愛感情**は相手との物理的・情緒的な結びつき、相手に献身的になりたいという気持ち、相手を独占したいという欲望から構成されている。親密関係のモデルから発展して、**吊り橋効果**などの**情動の２要因理論**からの説明、相手の容姿などとのつりあいを考えるマッチング仮説、関係における報酬とコストを考える投資モデル、乳児期の**愛着**をパートナー選択にも適用した成人の愛着スタイルなどが研究されている。［村上］

連関
association

名義尺度あるいは**順序尺度**で測定された２変数間の関係のこと。**連関**の強さの測度は**連関係数**と呼ばれる。連関係数は**クロス集計表**から計算され、**ファイ係数**、**クラメールの連関係数**、**オッズ比**、**グッドマンとクラスカルのガンマ**などが用いられる。［寺尾］

連合野（れんごうや）
association area

脳の感覚野、運動野以外の領域を**連合野**と呼び、**前頭連合野**、**頭頂連合野**、**側頭**（そくとう）**連合野**がある。このうち、前頭連合野は理性と衝動のバランスを取ることや、将来の計画にかかわるという、極めて高度な意識の働きにかかわることが明らかにされている。［髙瀬］

連続変数
continuous variable

量的変数の中でも、ある範囲のすべての実数値を取りうる変数のこと。身長がその例である。たとえば 160cm から 170cm まで身長が伸びていく場合に、この範囲のあらゆる値を経験する。このように、身長は**離散変数**のように「とびとび」の値ではない。［村井］

老人福祉施設／介護保険施設
welfare facilities for the aged / facility covered by long-term care insurance

老人福祉施設は、社会生活を営むうえでなんらかの支障がある高齢者を、入所または通所させて、心身の健康の保持および生活の安定を図る施設。**介護保険施設**は**介護保険法**に基づく入所型の施設で、介護老人福祉施設、介護老人保健施設、介護医療院をさす。［藤田］

労働安全衛生法
Industrial Safety and Health Act
8 公

1972 年に**労働基準法**から分離した法律で、職場における労働者の安全と健康を確保するとともに、快適な職場環境の形成を促進することを目的としている。快適な職場環境に関しては 1992 年の法改正に伴う指針で、それまでの最低限の作業環境の整備を志向するものから、仕事による疲労と**ストレス**を感じることの少ない職場づくりという側面が積極的に示された。2014 年の改正では、**メンタルヘルス**不調への関心の高まりを受けて、**ストレスチェック**の導入が盛り込まれ、あわせて、長時間労働者の医師による面接指導も規定された。[小野]

労働災害
industrial accident
8 公

労働災害とは「労働者の就業に係る建設物、設備、原材料、ガス、蒸気、粉じん等により、又は作業行動その他業務に起因して、労働者が負傷し、疾病にかかり、又は死亡することをいう」(労働安全衛生法 2 条 1 号)。ただし広義の労働災害には労災保険の対象である**業務災害**と**通勤災害**が含まれ、このうち業務災害の要件として業務遂行性と業務起因性が必要である。いわゆる**過労死**については業務による過重負荷を原因とする脳・心疾患（脳出血等）や心理的負荷による精神障害（うつ病等）が業務災害と認められることがある。[山浦]

労働時間
work hours
8

労働基準法では、雇用主の指揮命令の下で労働者が会社のために働く時間とされ、1 週間 40 時間以内と定められている。**長時間労働**は**メンタルヘルス**不全をはじめとする労働災害との関係が強く指摘され、年間総労働時間の上限も抑えられている。その一方で、近年はフレックスタイムのように、働く人々が自らの生活に合わせてある程度自由に日々の労働時間を変更できる仕組みや、テレワークや**裁量労働**などのような働き方も多く、労働時間管理を複雑にしている。[小野]

老年期
senescence
3

成人期の次に来る、65 歳以上の時期。法律の年齢区分などから、心身の健康が維持され社会活動が可能な 65〜74 歳を前期高齢期、身体疾患や認知症等の罹患（りかん）数が急増する 75〜84 歳を後期高齢期、85 歳以上を超高齢期と区分することもある。[小泉]

ロールシャッハテスト
Rorschach Test
1 4 5 7

ロールシャッハ, H. が『**精神診断学**』で著した代表的**投影法**（**投映法**）心理検査。偶然にできた左右対称のインクのシミ（インクブロット）からなる 10 枚の図版を受検者に見せ、何に見えるか、なぜそう見えたかを答えさせる。分析方法として包括システム、片口法、名大法、阪大法などがある。［沼］

ロジスティック回帰分析
logistic regression analysis
7

2 値のカテゴリーからなる**質的変数**を**従属変数**として、従属変数の値が一方のカテゴリーとなる確率 $p(0 \leqq p \leqq 1)$ を 1 つ以上の**独立変数**から予測や説明をするための**回帰分析**。たとえば、学習時間と競争心の強さを独立変数として、試験に合格する確率の予測に用いることができる。独立変数が 1 つの場合、ロジスティック曲線と呼ばれる S 字曲線を用いる。独立変数が 2 つ以上ある場合は特に多重ロジスティック回帰分析と呼ばれる。従属変数の取りうるカテゴリーが 3 つ以上の場合に拡張した方法として多項ロジスティック回帰分析や順序ロジスティック回帰分析などがある。［杉澤］

論理情動行動療法（REBT）
rational emotive behavior therapy
5

アメリカの臨床心理学者**エリス, A.** によって考案された治療法で、**論理療法**とも呼ばれる。私たちの悩みは出来事それ自体よりもそれをどう受け止めるかによるという前提に立つ。**REBT** ではこの受け止め方を信念と呼び、**非合理的信念**（イラショナルビリーフ）を**合理的信念**（ラショナルビリーフ）に変更していくことが治療と回復の目標となる。REBT は **ABC モデル**または **ABCDE モデル**によって症状（問題）理解と介入モデルが具体化される。［村松］

わ

ワーキングメモリ（作業記憶）
working memory
2 公

課題遂行時における情報の操作など、認知処理を伴う短期記憶のことをさす。計算や音読などの課題や、車の運転や料理などにおける二重課題や多重課題をこなす状況で**作業記憶**は重要な役割を果たす。**バデリー, A. D.** の作業記憶のモデルによると、視覚でとらえた空間情報を一時保持する**視空間スケッチパッド**、言語情報を一時補存する**音韻ループ**、長期記憶から一時的に情報を引き出す**エピソディックバッファ**という3つのコンポーネントがあるとされ、さらにそれらを制御・統括して認知処理を進める**実行機能**として**中央実行系**が仮定されている。［行場］

ワーク・エンゲージメント
work engagement
8 公

組織成員個人と仕事全般との結びつきの程度を示す概念。**組織コミットメント**は個人と組織との結びつきの程度を表す概念である点で異なる。**ワーク・エンゲージメント**の特徴は、仕事に対して、いきいきとし（活力）、誇りややりがいを感じ（熱意）、熱心に取り組んでいる（没頭）状態の3つが充実している心理状態であること、そして持続的で安定的な感情や認知を示す点にある。［山浦］

ワーク・ファミリー・コンフリクト
work-family conflict
8

仕事の要請と家庭の要請を両立できないときに経験する仕事役割と家庭役割の**役割間葛藤**をいう。一方に割く時間が長いために他方の役割遂行のための時間が取れないという時間に基づく葛藤、一方の役割遂行で生じる**ストレス反応**（疲労やイライラ感など）のためにもう一方の役割遂行が阻害されるというストレイン（緊張）に基づく葛藤、一方の役割遂行のために有効な行動が他方では望ましくないものとなる行動に基づく葛藤がある。また仕事生活が家庭生活を阻害する葛藤（**W→F コンフリクト**）と、その逆の家庭生活が仕事生活を阻害する葛藤（**F→W コンフリクト**）がある。［小野］

ワーク・モチベーション
work motivation
8

仕事上の目標に向けて行動を引き起こす心理プロセスで、その方向性、強さ、継続性を決定するもの。行動生起の規定因に着目した**内容理論**（**X–Y 理論**など）、行動生起過程に注目した**過程理論**

（**期待理論**など）に大別される。［山浦］

ワーク・ライフ・バランス
work-life balance

仕事生活と非仕事生活のバランスをさすが、一般的には、時間的な配分に関心が集まっており、精神的なエネルギーの配分には論議が至っていない。本来は、誰もが、仕事のみに時間とエネルギーを費やすことなく、趣味や家族・家庭生活、そしてそれ以外の地域・社会での活動の中で自己の能力を発揮することができることを含意した概念といえよう。当初、この言葉は、**女性の社会進出**と職場における戦力化のために、既婚女性のキャリア継続を可能にする家事・育児負担の軽減を軸に論じられていた。近年は、男性の家事・育児への関与だけでなく、上記の含意へと概念を拡大しつつある。［小野］

割れ窓理論
broken windows theory
10

ウィルソン, J. Q. と**ケリング, G. L.** による犯罪理論。この理論が主張するのは、地域内での軽微な秩序違反を放置することが、犯行企図者にとってその地域が犯罪や秩序違反に無関心であることの象徴になり、一方で住民がその地域をますます忌避することにより、後々、重篤な犯罪が発生するという**社会解体**を理論化したものである。この理論に関して、しばしばニューヨーク市の**ゼロ・トレランス政策**（軽い犯罪や軽微な秩序違反でも厳格に罰する政策）により犯罪が減った事例が挙げられる。確かに、ゼロ・トレランス政策によって犯罪が減ったようにも見えるが、実は、この時期の社会福祉政策や社会全体の犯罪情勢など別の要因が犯罪を減少させた可能性があることも指摘されている。［荒井］

人名編

【凡例】

- 五十音順など、人名も専門用語の凡例に準ずる。
- 姓名の日本語表記は、原則として心理学での慣用表記に従う。
  原語のV音は「ヴ」を用いる場合と用いない場合が混在する。
  「ハーロウ」「ボウルビィ」は、慣例として「ハーロー」「ボウルビー」としない。
  ロシア人については、キリル文字でなくアルファベット表記にした。
  たとえば、「パヴロフ」は Павлов, И. П. でなく Pavlov, I. P. とした。
- 出身国と出身地を最初に示した。現在の国名と主要な地名の表記は、外務省の表記を基本とした。そのため、「イギリス」は「英国」とした。
  歴史上存在した国は、オーストリア＝ハンガリー帝国、ドイツ帝国、ロシア帝国などの旧国名を記載した。
- 学歴は主に最終学歴（特に博士号取得）について、職歴は中心的に活躍した大学などの研究機関名を記載した。
- 著書は、原則として訳本のあるものとし、日本語訳のタイトルを記載した。

アーガイル
Argyle, J. M.
1925–2002
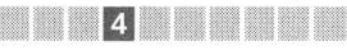

英国のノッティンガム生まれ。第二次世界大戦で英国空軍のパイロットとして活躍後、1950 年にケンブリッジ大学を卒業。オックスフォード大学などに勤務。**非言語的コミュニケーション**、**社会的スキル**、**幸福感**、レジャーなど**社会心理学**を広範に研究した。

アイゼンク
Eysenck, H. J.
1916–1997

ドイツ帝国のベルリン生まれ。1934 年にナチスから逃れ英国に移住。1940 年にユニヴァーシティ・カレッジ・ロンドンで**バート**の指導により博士号取得。モーズレイ病院、精神医学研究所に勤務し、1955 年にキングス・カレッジ・ロンドンに勤務。**パーソナリティ理論**と**臨床心理学**の研究の発展に貢献し、特にパーソナリティを**内向性－外向性**と**神経症傾向**の 2 次元（後に精神病傾向を追加した 3 次元）に分類し、**モーズレイ性格検査（MPI）**を開発した。**精神分析**に対しては、非科学的と厳しく批判した。

アイブル＝アイベスフェルト
Eibl-Eibesfeldt, I.
1928–2018
3

オーストリアのウィーン生まれ。第二次世界大戦後ウィーン大学で動物行動学を学び、その後**ローレンツ**のもとで勤務。1970 年にミュンヘン大学教授。**比較行動学**を人間に応用する**ヒューマン・エソロジー**を提唱した。主著に**『人間行動の生物学』**など。

アスペルガー
Asperger, J. F. K.
1906–1980
5

オーストリア＝ハンガリー帝国のウィーン近郊生まれ。1931 年にウィーン大学で医学士。1944 年に**自閉的精神病質**の症例を報告するが、第二次世界大戦中にドイツ語で書いた論文のため、**アスペルガー症候群**として広く世界に知られるのは戦後となった。

アッシュ
Asch, S. E.
1907–1996
1 4

ポーランドのワルシャワ生まれ。1920 年にアメリカに移住。1932 年にコロンビア大学で博士号取得。スワースモア大学に勤務。**ゲシュタルト心理学**を**社会的行動**の研究に応用し、多人数の誤った判断が個人の判断を歪(ゆが)める**同調性**の実験研究で有名。

アドラー
Adler, A.
1870–1937
1 4 5 9

オーストリア＝ハンガリー帝国のウィーン近郊生まれ。1895 年にウィーン大学医学士を得て、医師として開業。1902 年に**フロイト, S.** に招かれて研究会に参加したが、フロイトとは考え方の違いが鮮明になり、1911 年に自由精神分析協会を設立。第一次世界大戦中は軍医として従軍し、**戦争神経症**などの兵士の治療に当たる。

1935年以後、ファシズム政権から逃れてアメリカに定住。アドラーは、身体の弱い患者たちが共同体の中で自身の強みを見いだして**劣等感**を克服していく過程から学び、自らの学説を**個人心理学**と呼んだが、後には**アドラー心理学**とも呼ばれるようになった。

ウィーゼル
Wiesel, T. N.
1924–

スウェーデンのウプサラ生まれ。1954年にカロリンスカ医科大学で医学士。1955年に研究のためアメリカに渡り、1958年から**ヒューベル**と**大脳皮質視覚野**（しかくや）における情報処理に関する研究を行い、ともに1981年のノーベル生理学・医学賞を受賞した。

ヴィゴツキー
Vygotsky, L. S.
1896–1934

ロシア帝国のオルシャ（現ベラルーシ）生まれ。ソヴィエト連邦の初期の時代に活躍した早世の心理学者。1917年のロシア革命の時期にモスクワ大学法学部を卒業したが、芸術および心理学への関心が強く、後に提出した学位論文は、**情動**の放電である**カタルシス**の概念を軸に芸術活動を心理学的に分析する研究であり、没後に**『芸術心理学』**として刊行された。**発達心理学**における貢献としては、**ピアジェ**の**自己中心性**の理論を批判的に検討し、**外言から内言へ**の発達過程、**発達の最近接領域**の概念の提唱などで知られ、没年の1934年に**『思考と言語』**が刊行された。

ウェーバー
Weber, E. H.
1795–1878
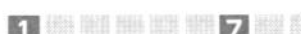

ザクセン選帝侯領のヴィッテンベルク（現ドイツ）生まれ。ヴィッテンベルク大学で医学を修め、1821年にライプツィヒ大学教授。**感覚生理学**の研究を行い、標準刺激（R）と比較刺激の重さの違いがぎりぎり見分けられる**丁度可知差異**（ちょうどかちさい）（$\varDelta R$）は一定の比Cをなすこと（$\varDelta R/R=C$）を発見し、**ウェーバーの法則**と呼ばれる。

ウェクスラー
Wechsler, D.
1896–1981

ルーマニア王国のレスペジ生まれ。6歳の時に一家はアメリカに移住した。1925年にコロンビア大学で博士号取得。ニューヨークのベルビュー精神病院に勤務していた1939年に臨床的使用に適した**ウェクスラー・ベルビュー知能検査**を開発した。この検査は標準化の対象が白人のみであったので、人種の範囲を広げた成人用知能検査として**WAIS**（ウェイス）を1955年に開発した。その間に児童用の**WISC**（ウィスク）を1949年に開発し、主に幼児を対象とする**WPPSI**（ウィプシ）を1967年に開発した。いずれも何度も改訂が重ねられてきた。

ウェルトハイマー
Wertheimer, M.
1880–1943
1 2

オーストリア＝ハンガリー帝国のプラハ（現チェコ）生まれ。1903 年にドイツのヴュルツブルク大学で博士号取得。1910 年にフランクフルト大学において、**コフカ**や**ケーラー**とともに、2 つの光点が交互に点滅する実験装置を用いて**運動視**の研究を行い、**ファイ現象**（**仮現運動**の一種）を発見した。この研究は、刺激の個々の要素よりもその全体的布置が重要とする**ゲシュタルト心理学**の考え方に発展していった。1933 年にナチスから逃れて一家でアメリカに移住し、ニュースクール大学に勤務し、最後の著書**『生産的思考』**が没後の 1945 年に刊行された。

ウェルナー
Werner, H.
1890–1964
3

オーストリア＝ハンガリー帝国のウィーン生まれ。1914 年にウィーン大学で博士号取得。1933 年にアメリカに移住。クラーク大学に勤務。比較発達研究を行い、**発達方向の原理**や**シンボル形成**過程などの研究を行った。主著に**『シンボルの形成』**など。

ウェルニッケ
Wernicke, C.
1848–1905
6

プロイセン王国のタルノヴィッツ（現ポーランド）生まれ。1870 年にブレスラウ大学で医学士取得後、同大学等に勤務。発話が意味不明になりがちで言葉の聞き取りが難しい**感覚性失語症**を大脳左半球の上側頭回後部（**ウェルニッケ野**）の損傷と関連づけた。

ウォルピ
Wolpe, J.
1915–1997
2 5

南アフリカのヨハネスブルグ生まれ。同国のウィットウォーターズランド大学で医学士。1960 年、バージニア大学に職を得てアメリカに移住。**戦争神経症**の治療経験等から**不安階層表**を用いる**系統的脱感作法**を開発した。主著に**『神経症の行動療法』**など。

ヴント
Wundt, W. M.
1832–1920
1 6 8

バーデン大公国のネッカラウ（現ドイツ）生まれ。1857 年にハイデルベルク大学で医学士。同大学で**ヘルムホルツ**の助手を 5 年間務め、チューリッヒ大学哲学教授を経て 1875 年にライプツィヒ大学哲学教授。1879 年に世界初とされる**心理学実験室**を設置し、日本を含む世界中から研究者が集まった。ヴント自身は、生理学の方法を応用した**生理学的心理学**を開拓したが、**内観**という手続きで自己の**意識**を観察し分析する研究法を重視した。他方、**社会心理学**の原形ともいえる**民族心理学**も研究した。現在ヴントの蔵書は、東北大学図書館の「ヴント文庫」に収められている。

エインズワース
Ainsworth, M. D. S.
1913-1999　女性
3

アメリカのオハイオ州生まれ。カナダのトロント大学で心理学を学んだ後、夫とともにロンドンに渡り、**ボウルビィ**のもとで**愛着**の発達を研究、**ストレンジ・シチュエーション法**を開発した。その後アメリカに戻り、1975年からバージニア大学に勤務。

エクマン
Ekman, P.
1934-
4

アメリカのワシントンD. C. 生まれ。1958年にアデルフィ大学で博士号取得。人間の基本**表情**を「幸福、悲しみ、恐怖、嫌悪、怒り、驚き」に分類し、顔の筋肉の動きによって表情の種類などを分析する**FACS**（Facial Action Coding System）を開発した。

エビングハウス
Ebbinghaus, H.
1850-1909
1

プロイセン王国のバルメン（現ドイツ）生まれ。1873年にボン大学博士。ベルリン大学、ブレスラウ大学、ハレ大学に勤務。**記憶**の実験的研究の創始者で、子音－母音－子音の**無意味綴り**を用いた想起実験で**忘却曲線**を導出した。主著に**『記憶について』**など。

エリクソン
Erikson, E. H.
1902-1994
3 5

ドイツ帝国のフランクフルト・アム・マインに父親不明のユダヤ系デンマーク人の子として生まれた。この出自の複雑さが、終生自身が何者かを考えることにつながったとされる。画家として遍歴を重ねた後、ウィーンで**フロイト, A.**の教育分析を受けた。1933年にナチスの迫害を避けてアメリカに移住し1939年に帰化。カリフォルニア大学バークレー校、ハーヴァード大学に勤務。心理社会的発達理論を展開し、**ライフサイクル**、**アイデンティティ危機**、**心理社会的モラトリアム**などの概念を提案した。著書に**『幼児期と社会』『アイデンティティとライフサイクル』**など。

エリス
Ellis, A.
1913-2007
5

アメリカのピッツバーグ生まれ。1947年にコロンビア大学で博士号取得。**精神分析**家として出発したが、出来事－信念－結果を合理的に理解することにより心理的問題を解決する**論理療法**あるいは**論理情動行動療法**（**REBT**）を提唱するに至った。

エンジェル
Angell, J. R.
1869-1949
1

アメリカのバーモント州生まれ。ミシガン大学とハーヴァード大学で修士号を取得。1895年にシカゴ大学に勤務、その時代の弟子に**ワトソン**がいる。その後、イェール大学の学長も歴任。**意識**の内容よりも機能に焦点を当てる**機能主義心理学**を主導した。

オーズベル
Ausubel, D. P.
1918–2008

アメリカのニューヨーク生まれ。3 大学で学び、1950 年にコロンビア大学で博士号取得。イリノイ大学、トロント大学などに勤務後、1972 年に精神科医に転身。**有意味受容学習**とその核となる**先行オーガナイザー**が理解に果たす役割の重要性を主張した。

オキーフ
O'Keefe, J.
1939–

アメリカのニューヨーク生まれ。1967 年にカナダのマギル大学で博士号取得し、同年から英国のユニヴァーシティ・カレッジ・ロンドンに勤務。特定の場所の情報を記憶する**場所細胞**が**海馬**（かいば）にあることを解明した。2014 年にノーベル生理学・医学賞受賞。

オズグッド
Osgood, C. E.
1916–1991
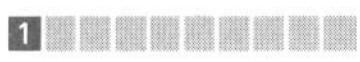

アメリカのマサチューセッツ州生まれ。1945 年にイェール大学で博士号取得。1949 年からイリノイ大学に勤務。言葉の意味の測定法として、「明るい－暗い」などの形容語対を用いて評定させる**セマンティック・ディファレンシャル法**（**SD 法**）を開発した。

オルポート
Allport, F. H.
1890–1978

アメリカのミルウォーキー生まれ。末の弟が G. W. オルポート。1919 年にハーヴァード大学で博士号取得。シラキュース大学などに勤務。**J カーブ仮説**など**集団規範**、**態度**、**パーソナリティ特性**について実証的研究を行い「**実験社会心理学の父**」と呼ばれる。

オルポート
Allport, G. W.
1897–1967

アメリカのインディアナ州生まれ。1922 年にハーヴァード大学で博士号取得。1924 年から主にハーヴァード大学に勤務。**特性論**による**パーソナリティ理論**を確立し、**偏見**、**流言**、**宗教心**など**社会心理学**の研究を幅広く行った。主著に**『偏見の心理』**など。

ガードナー
Gardner. H.
1943–

アメリカのペンシルベニア州生まれ。1971 年にハーヴァード大学で博士号取得し、同大学に勤務。**脳損傷**が引き起こす心理学的障害を研究した後、芸術教育プログラムのハーヴァード・プロジェクト・ゼロを発展させた。**知能**の概念を問題解決能力だけでなく、音楽や美術などの芸術的能力や対人的能力などに拡張する**多重知能理論**を展開し、各地の教育実践に影響を与えてきた。主著**『認知革命』**では、**行動主義**から**認知主義**への大きな転換が 1956 年頃にあり、哲学、心理学、人工知能、言語学、人類学、神経科学の 6 分野が連携して発展していることの意義が示された。

カーネマン
Kahneman, D.
1934–

英国委任統治領パレスチナのテルアビブ（現イスラエル）生まれ。フランスで成長し、1958年にアメリカに移住。1961年にカリフォルニア大学バークレー校で博士号取得。同校やプリンストン大学に勤務。同じくイスラエル出身の**トヴェルスキー**との共同研究により、不確実性下における**意思決定**のモデルとしての**プロスペクト理論**や、**ヒューリスティックス**（発見法）のもたらす**認知バイアス**の問題を発展させ、「不確実な状態での判断と意思決定に関するテーマで心理学と経済学を統合する研究を発展させた功績」により、2002年のノーベル経済学賞を受賞した。

カウフマン
Kaufman, A. S.
1944–
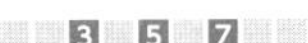

アメリカのニューヨーク生まれ。1970年にコロンビア大学で博士の学位取得。1983年に妻（Kaufman, N. L.）と共同で開発したKaufman Assessment Battery for Childrenは**K–ABC**（ケーエービーシー）と略され、**認知発達**の臨床的診断用具として広く用いられている。

ガザニガ
Gazzaniga, M. S.
1939–

アメリカのロサンゼルス生まれ。**スペリー**の指導を受け1964年にカリフォルニア工科大学の博士号取得。カリフォルニア大学サンタバーバラ校などに勤務。**脳梁**（のうりょう）**離断手術**を受けた患者の**分離脳**を対象に、大脳の左右の半球の情報処理過程を研究した。

カナー
Kanner, L.
1894–1981

オーストリア＝ハンガリー帝国のクレコトフ（現ウクライナ）生まれ。1921年にベルリン大学で医学士を取得。1924年にアメリカに移住。ジョンズ・ホプキンズ病院などに勤務。1943年に論文「感情的交流の自閉的障害」で**自閉症**の最初の症例を報告した。

ガル
Gall, F. J.
1758–1828

バーデン辺境伯領のティーフェンブロン（現ドイツ）生まれ。ウィーン大学で医学士を取得。大脳の神経解剖学の研究を行う中で、頭蓋骨の形状と大きさが態度や**性格**などと密接に関係しているとする**骨相学**（こっそう）を提唱したが、科学的でないと批判された。

カンター
Canter, D. V.
1944–
10

英国のリバプール生まれ。1969年にリバプール大学で博士号取得。同大学、サリー大学などに勤務。科学的なデータの収集・分析により犯罪捜査を行う**捜査心理学**とその具体的な方法としての**リバプール方式のプロファイリング**を提唱した。

人名

ギブソン
Gibson, E. J.
1910–2002　女性
3 4

アメリカのイリノイ州生まれ。進学したスミス・カレッジで指導教授（Gibson, J. J.）と 1932 年に結婚。1938 年にイェール大学で博士号取得。1949 年に夫妻でコーネル大学に移籍。**乳児**が**奥行き知覚**の能力を持つことを**視覚的断崖**の実験で明らかにした。

ギブソン
Gibson, J. J.
1904–1979
2

アメリカのオハイオ州生まれ。1928 年にプリンストン大学で博士号取得。ジェームズは、初任地のスミス・カレッジで妻となるエレナー（Gibson, E. J.）と出会って結婚。1942～46 年にアメリカ陸軍航空部に勤務。1949 年からコーネル大学に勤務。子どもの頃から汽車が好きで移動する物体の見えの変化を体験して育ったことと、第二次世界大戦中にパイロットの選抜と訓練に従事する中で飛行士の見え方の研究を行ったことなどから、**視知覚の生態学的研究**を専門とし、知覚の対象そのものが視覚体験に与える影響を**アフォーダンス**という造語で説明する理論を展開した。

キャッテル
Cattell, R. B.
1905–1998
3 4 7

英国のバーミンガム近郊生まれ。1929 年にキングス・カレッジ・ロンドンで博士号取得。1937 年にアメリカに渡り、イリノイ大学などに勤務。**因子分析**の技法を**知能研究**と**パーソナリティ研究**の両面で発展させた。知能研究では、文化的な影響を減らした**カルチャーフリー知能検査**の開発、**結晶性知能／流動性知能**の区分が重要な業績であり、後者は **CHC 理論**（Cattell–Horn–Carroll theory）として発展していった。パーソナリティ研究では性格などを表す言葉を因子分析により 16 の人格因子（personality factor）にまとめた **16PF 人格検査**の開発を行った。

キャノン
Cannon, W. B.
1871–1945
4 6 9

アメリカのウィスコンシン州生まれ。1900 年にハーヴァード大学医科大学院を修了し、生理学者として同大学に勤務。X 線による胃の消化過程の実験、差し迫った危機的状況下で生じる**交感神経**の作用としての**闘争－逃走反応**の概念提起、第一次世界大戦の傷病兵の外傷性ショック時の生理的反応の研究、体温や血糖値を一定に保つ働きとしての**ホメオスタシス**の概念提起などを行った。**情動の末梢起源説（ジェームズ＝ランゲ説）**を批判する実験を弟子の**バード**（Bard, P.）とともに行い、視床下部の介在を必須とする**情動の中枢起源説（キャノン＝バード説）**を 1927 年に公表。

キャンベル
Campbell, D. T.
1916–1996
7

アメリカのミシガン州生まれ。1947年にカリフォルニア大学バークレー校で博士号取得。ノースウェスタン大学などに勤務。研究法に対する関心が強く、**準実験計画**の概念や、定量的社会指標の導入がかえって世の中を悪くする**キャンベルの法則**を提唱した。

ギルフォード
Guilford, J. P.
1897–1987
3 7

アメリカのネブラスカ州生まれ。1927年にコーネル大学で博士号取得。ネブラスカ大学などに勤務。**精神測定法**の研究を行い、**因子分析**を用いて**知能**が操作次元、内容次元、産物次元の3次元、120の構成要素からなる**知性の構造モデル**を1967年に発表した。

グッドイナフ
Goodenough, F. L.
1886–1959　女性
3

アメリカのペンシルベニア州生まれ。女性の高等教育が整備されていない時代に育ち、長い教師経験の後、1924年にスタンフォード大学で博士号取得。教師時代に収集した**児童画**の資料を活かして1926年に**人物画テスト**(Draw-a-Man Test; DMT)を発表した。

クライン
Klein, M.
1882–1960　女性
5

オーストリア＝ハンガリー帝国のウィーン生まれ。高等教育は受けずに21歳で結婚したが、夫婦仲が悪く後に離婚。精神分析家の**フェレンツィ**（Ferenczi, S.）や**アブラハム**（Abraham, K.）に教育分析を受け、自身は幼児に**精神分析**を行う。1926年に英国のロンドンに移住するが、その前後から**フロイト, A.** から幼児の精神分析などに対して批判を浴び、生涯の論争相手となった。クラインの理論は**対象関係論**と呼ばれるが、「対象」とは乳幼児にとっての母親のことであり、良い対象と悪い対象が分裂した**部分対象**から、両者が統合された**全体対象**に向かう発達を考えた。

グリーン
Green, L. W.
1940–
9

アメリカのカリフォルニア州生まれ。1968年にカリフォルニア大学（UC）バークレー校で博士号取得。ジョンズ・ホプキンズ大学、UCサンフランシスコ校などに勤務。**ヘルスプロモーション**の企画・評価のための**プリシード・プロシードモデル**を提唱。

グレゴリー
Gregory, R. L.
1923–2010
2

英国のロンドン生まれ。ケンブリッジ大学で学び、同大学とブリストル大学に勤務。**視知覚**や**光学錯視**（さくし）の神経心理学的研究を行い、知覚研究専門誌*Perception*の創刊や、心理学中心の科学博物館の創設にかかわった。主著に**『インテリジェント・アイ』**など。

クレッチマー
Kretschmer, E.
1888–1964
4

ドイツ帝国のヴュステンロート生まれ。1906 年から 1913 年までチュービンゲン大学などで医学と哲学を学び、1918 年に大学教授資格を取得。1926 年からマールブルク大学とチュービンゲン大学に勤務。体格と**気質**の関係を調べ、細長型と分裂気質、肥満型と躁うつ気質、闘士型とてんかん気質を関係づけた。このような考え方を**類型論**といい、類型によく合う典型的な人もいるが、性別や年齢の要因があまり考慮されていないこともあり、体格と気質の関係を一般化することは難しく、過去の理論となっている。

クレペリン
Kraepelin, E.
1856–1926
5 7

メクレンブルク゠シュトレーリッツ大公国のノイシュトレーリッツ（現ドイツ）生まれ。1878 年にヴュルツブルク大学で医学士、1882 年にミュンヘン大学で医学博士と大学教授資格を取得。ハイデルベルク大学、ミュンヘン大学などに勤務。1883 年に著した**『精神医学提要』**は教科書**『精神医学』**に発展し、その第 6 版において大別した**早発性痴呆**と**躁うつ病**は、現在の**統合失調症**と**双極性障害**に対応する。**認知症**を研究した**アルツハイマー**（Alzheimer, A.）の研究指導も行った。わが国では、クレペリンの作業曲線の研究に基づいて**内田クレペリン精神作業検査**が開発された。

クロニンジャー
Cloninger, C. R.
1944–
4

アメリカのテキサス州生まれ。1970 年にワシントン大学セントルイス医科大学院を修了し、同大学に勤務。**パーソナリティ**を遺伝規定性の強い 4 気質（刺激探求、罰回避、報酬依存、持続性）と後天的に形成される 3 性格（自己志向、協調性、自己超越）に分類する **7 次元モデル**を提唱し、それを測定する **TCI** を開発した。

クロンバック
Cronbach,L. J.
1916–2001
1 3 7

アメリカのカリフォルニア州生まれ。1940 年にシカゴ大学で博士号取得。イリノイ大学、スタンフォード大学などに勤務。測定・評価の専門家として、**α係数**または**クロンバックのα**と呼ばれる**信頼性係数**を考案し、**適性処遇交互作用**の実証研究を行った。

ケーガン
Kagan, J.
1929–2021
3

アメリカのニュージャージー州生まれ。1954 年にイェール大学で博士号取得。ハーヴァード大学に勤務。見本と同じ図形を発見する検査（**MFFT**）を考案し、答えた問題は少ないが正答率の高い**熟慮型**と答えた問題は多いが正答率の低い**衝動型**を区別した。

ケーラー
Köhler, W.
1887–1967
1

生まれはロシア帝国のレバル（現エストニア・タリン）だが、ドイツ人の一家は6歳の時に故国に帰還。1909年にベルリン大学で博士号取得。フランクフルト大学での**ウェルトハイマー**との研究を契機に**ゲシュタルト心理学**の発展に貢献した。1914年から第一次世界大戦を挟み1920年まで、アフリカ北西沖のテネリフェ島の研究所でチンパンジーの研究を続け、バナナを取らせる実験などにおいて**洞察学習**が可能であることを報告した。ベルリン大学に勤務していた1935年、ナチスに反対してアメリカに移住し、研究と教育を継続。主著に**『類人猿の知恵試験』**など。

ゲゼル
Gesell, A. L.
1880–1961
1 3

アメリカのウィスコンシン州生まれ。1906年クラーク大学で博士号取得。イェール大学に勤務しながら1915年に医師資格を取得。1927年に行った**一卵性双生児**の女児の**階段上り実験**では、生後46週から7週間毎日階段上りをさせたT児よりも練習なしのC児のほうがむしろ上手だったという結果から、**学習**よりも**成熟**の優越性を示した。ワンウェイミラーを備えた行動観察室において当時の最新の映像機器を用いて子どもの発達を体系的に研究し、**発達診断**の基準を作成した。研究の成果は、5歳まで、5～10歳、10～16歳の3期に分けて発達過程を解説する著書に結実した。

ケリー
Kelley, H. H.
1921–2003
4

アメリカのアイダホ州生まれ。1948年にマサチューセッツ工科大学で博士号取得。ミネソタ大学、カリフォルニア大学ロサンゼルス校に勤務。人間の行動の**原因帰属**はその行動とともに存在する要因の影響を受けるとする**共変モデル**を提唱し、その要因は合意性、弁別性、一貫性によって考慮されるとした。このモデルは、**分散分析**に形式が似ているので**ANOVAモデル**といわれる。

ケリー
Kelly, G. A.
1905–1967
4

アメリカのカンザス州生まれ。1931年にアイオワ州立大学で博士号取得。オハイオ州立大学などに勤務。**パーソナリティ**の理論として人は個人ごとにさまざまに異なる**構成概念**（コンストラクト）を持って行動しているとする**パーソナル・コンストラクト理論**と、それを臨床場面に適用する**レパートリー・グリッド法**に基づく**面接**を提唱した。この理論は、**認知療法**にも影響を与えた。主著に**『パーソナル・コンストラクトの心理学』**全2巻など。

ゴールトン
Galton, F.
1822–1911
1

英国のバーミンガム近郊生まれ。**ダーウィン**は、祖父が同じ半いとこ。キングス・カレッジ・ロンドンで医学、ケンブリッジ大学で数学を学ぶが、1844 年からは亡父の莫大な遺産で生活を始め、在野の博識家として気象学、生物学、統計学、心理学、犯罪学などの研究を行う。**個人差**に強い関心があり、1884 年のロンドン国際健康博覧会で**人間測定実験室**を開設して個人差のデータを集め、**天才**の家系の研究を行い、個人差の原因として**遺伝**の研究を行い、**回帰直線**と**相関係数**を考案し、**優生学**を提唱した。

コールバーグ
Kohlberg, L.
1927–1987
3

アメリカのニューヨーク生まれ。1958 年にシカゴ大学で博士号取得。ハーヴァード大学などに勤務。**ピアジェ**の道徳発達研究を受けて、妻のがん治療薬が買えないので盗みに入る**ハインツのジレンマ課題**を考案し、**道徳性**の発達を 3 水準 6 段階に区分した。

ゴセット
Gosset, W. S.
Student
1876–1937
7

英国のカンタベリー生まれ。1899 年にオックスフォード大学を卒業し、アイルランドのビール会社のギネス社に醸造技師として入社。必要な統計知識を**ピアソン**に学び、t **検定**の基礎となる論文を会社の意向で本名でなく筆名のスチューデントで公表した。

コノプカ
Konopka, G.
1910–2003　女性
9

ドイツ帝国のベルリン生まれ。1933 年にハンブルク大学を卒業。ナチスの迫害を受け、アメリカに移住し 1944 年に帰化。ミネソタ大学に勤務後の 1957 年にコロンビア大学で博士号取得。**ソーシャル・グループワーク**の理論と実践に多大な貢献を行った。

コフカ
Koffka, K.
1886–1941
1

ドイツ帝国のベルリン生まれ。1908 年にベルリン大学を卒業。1910 年、フランクフルト大学勤務時に**ウェルトハイマー**の**仮現運動**の実験に協力し、**ゲシュタルト心理学**者となる。自身が赤緑色覚異常のため**色覚**に関心を持つ。1924 年にアメリカに移住。スミス大学などに勤務。主著に**『ゲシュタルト心理学の原理』**など。

サーストン
Thurstone, L. L.
1887–1955
1 7

アメリカのシカゴ生まれ。1917 年にシカゴ大学で博士号取得。シカゴ大学に勤務。コーネル大学で電気工学を専攻するなど数学に強く、**態度尺度**の**等現間隔法**（**サーストン法**）、**精神物理学**における**比較判断の法則**、**知能の多因子説**などの業績に結実した。

ザイアンス
Zajonc, R. B.
1923–2008

ポーランドのウッチ生まれ。1939 年のナチスのポーランド侵攻で両親を殺され、フランス・英国・ドイツを経由して 1948 年にアメリカに移住。1955 年にミシガン大学で博士号取得。ミシガン大学とスタンフォード大学に勤務。ゴキブリの走行における**見物効果**と**社会的促進**の存在、**無意味刺激**でも接触回数とともに好意度が増加する**単純接触効果**、知能水準と家族数や**出生順位**との関係などの研究を行った。単純接触効果は認知以前に感情が成立することを主張するものだが、状況の認知が感情を引き起こすとする**ラザラス**との間に**ラザラス－ザイアンス論争**が起こった。

サイモン
Simon, H. A.
1916–2001
2 8

アメリカのミルウォーキー生まれ。1942 年にシカゴ大学で博士号取得。カーネギーメロン大学などに勤務。政治学から出発し、**組織論**、**意思決定論**、**人工知能論**など幅広い分野で研究を行った。心理学では**無意味綴り**を**記憶**し**学習**する**コンピュータ・プログラム**の開発などを行った。人工知能研究では**ニューウェル**（Newell, A.）とともに汎用的問題解決プログラムの**ジェネラル・プロブレム・ソルヴァー**を開発し、1975 年のチューリング賞を共同で受賞した。意思決定論では、1978 年に「組織における人間の**限定合理性**と意思決定過程の研究」でノーベル経済学賞を受賞した。

サザランド
Sutherland, E. H.
1883–1950
10

アメリカのネブラスカ州生まれ。1913 年にシカゴ大学で社会学の博士号取得。ミネソタ大学、インディアナ大学などに勤務。犯罪行動は親しい**反社会的集団**の中で学習されるとする**分化的接触理論**と、企業エリートなどの**ホワイトカラー犯罪**の研究を行った。

ジェームズ
James, W.
1842–1910

アメリカのニューヨーク生まれ。1868 年にハーヴァード大医学部卒業。ハーヴァード大学において最初は生理学と哲学を教えたが、1875 年に**心理学実験室**を開設し、後世に「**アメリカの心理学の父**」と呼ばれる。1890 年に 1,393 ページの大著『**心理学原理**』を 12 年がかりで完成させ、**意識の流れ**、**意志**、**情動**、**習慣**などの諸原理の心理学的意味を論じた。意識の流れは**ジョイス**（Joyce, J.）の『**ユリシーズ**』などの文学作品に応用され、**情動の末梢起源説**は**ジェームズ＝ランゲ説**と呼ばれる。晩年は**プラグマティズム哲学**に傾倒し、1907 年に『**プラグマティズム**』を著した。

シェリフ
Sherif, M.
1906–1988
4

オスマン帝国のオデミシュ（現トルコ）生まれ。1929年にアメリカに渡り、1935年にコロンビア大学で博士号取得。オクラホマ大学などに勤務。暗室中の光点の移動量（実際は**自動運動**）を報告させる**同調性実験**や少年対象の**集団間葛藤実験**などを行った。

シェリントン
Sherrington, C. S.
1857–1952
6

英国のロンドン生まれ。ケンブリッジ大学で生理学を学ぶ。1913年にオックスフォード大学の生理学教授。**脊髄**（せきずい）**反射**の研究を行い**神経系**の統合性を示した。**神経細胞**（**ニューロン**）間の接合部を**シナプス**と命名した。1932年にノーベル生理学・医学賞受賞。

ジェンセン
Jensen, A. R.
1923–2012
3

アメリカのサンディエゴ生まれ。1952年にコロンビア大学で博士号取得。カリフォルニア大学バークレー校に勤務。**知能**を情報の把持（はじ）と記銘を中心とするレベルⅠと情報の変換と問題解決に重きを置くレベルⅡに分類した。特にレベルⅡの**知能の遺伝性**と人種差の関連性を主張し、激しい批判と論争を巻き起こした。

シャイン
Schein, E. H.
1928–2023
8

スイスのチューリッヒ生まれ。1939年にアメリカ移住。1952年にハーヴァード大学で博士号取得。マサチューセッツ工科大学に勤務。組織の効果性や健全性を高める**組織開発**や企業の経営理念や従業員の思考様式・行動原理などの**組織文化**について研究した。

シャクター
Schachter, S.
1922–1997
1 4 5 6

アメリカのニューヨーク生まれ。1949年にミシガン大学で**フェスティンガー**の指導のもとで博士号取得。ミネソタ大学とコロンビア大学に勤務。**ストレス**時に**食行動**を抑える生理学的メカニズムが肥満者ではうまく機能しないこと、ヘビースモーカーはタバコに含まれるニコチン量に応じて軽いタバコなら吸う本数を増やして調節すること、興奮剤のアドレナリンを注射された実験参加者が生理学的変化だけでなく周りの状況の認知に応じて異なる感情を覚えること（**情動の2要因理論**）などを明らかにした。

ジャニス
Janis, I. L.
1918–1990
4 8

アメリカのニューヨーク州生まれ。コロンビア大学の大学院を経て、イェール大学に勤務。**ホヴランド**と**説得**による**態度変容**の研究をした後、優秀なはずの人間が合議で行った**意思決定**が最悪の結果を生み出す**集団思考**の歴史的事例を研究し、警鐘を鳴らした。

ジャネー
Janet, P. M. F.
1859–1947
5

帝政フランスのパリ生まれ。パリ大学で1889年に哲学博士、1893年に医学博士を取得。パリ大学とコレージュ・ド・フランスに勤務。**下意識**（**無意識**）、**トラウマ**、**解離**などの概念を**フロイト, S.** の**精神分析**とは独立に構想し、**ヒステリー**の治療に結びつけた。

シャルコー
Charcot, J. M.
1825–1893
1 5

フランスのパリ生まれ。1848年にパリ大学で医学士。サルペトリエール病院とパリ大学に勤務。筋萎縮性側索硬化症を報告したほか、**ヒステリー**患者に対して**催眠**を用いた治療を行う。**フロイト, S.** や**ジャネー**も学んだが、それぞれ独自の理論を打ち立てた。

ジョンソン＝レアード
Johnson-Laird, P. N.
1936–
2

英国のリーズ近郊生まれ。1967年にユニヴァーシティ・カレッジ・ロンドンで博士号取得。同大学などに勤務の後、1983年にアメリカに移住し、プリンストン大学に勤務。**4枚カード問題**の共同研究を行い、**問題解決過程**の**メンタルモデル**を研究した。

ジンバルドー
Zimbardo, P. G.
1933–
4

アメリカのニューヨーク生まれ。1959年にイェール大学の博士号を取得。スタンフォード大学などに勤務。ランダムに配置された看守役の参加者が囚人役の参加者を非人間的に扱うことを示した1971年のいわゆる**スタンフォード監獄実験**で有名になった。

スキナー
Skinner, B. F.
1904–1990
1 2 3 5

アメリカのペンシルベニア州生まれ。1931年にハーヴァード大学で博士号取得。ハーヴァード大学などに勤務。**スキナー箱**と呼ばれる装置にネズミかハトを入れ、キー押しかキーつつきなどの自発的反応に餌が与えられるようにして、反応の**強化**が成立する過程を累積記録で調べることにより、いわゆる**オペラント条件づけ**の研究を行った。動物が可能な行動を少しずつ段階的に増やしていき、目標行動に到達させる**反応形成**（**シェイピング**）の研究は、動物調教の理論の基礎となった。人間の学習については、**プログラム学習**の理論と**ティーチングマシン**の開発研究を行った。

スクワイヤ
Squire, L. R.
1941–
2

アメリカのアイオワ州生まれ。1968年にマサチューセッツ工科大学で博士号取得。カリフォルニア大学サンディエゴ校に勤務。**記憶**の神経科学的研究、特に**脳損傷患者**の**前向性健忘**にかかわる脳領域を特定し、対応するサルの脳領域の機能を解明した。

スターン
Stern, J. A.
1966–
6

アルゼンチン生まれ。1996年に同国ブエノスアイレス大学で博士号取得。同年アメリカに移住。ジョージア州立大学などに勤務。**自律神経系**と**内分泌系**（ないぶんぴつ）の観点から**ホメオスタシス**を研究し、その混乱から高血圧、心不全、肥満などが生ずることを明らかにした。

スタンバーグ
Sternberg, R. J.
1949–
2 3 4

アメリカのニュージャージー州生まれ。1975年にスタンフォード大学で博士号取得。イェール大学などに勤務。**アナロジー推理**の解決に要する**反応時間**の分析によって知能情報処理の下位コンポーネントを明らかにする研究からスタートし、**知能**をコンポーネント知能、経験的知能、文脈的知能に分類する**知能の鼎立理論**（ていりつ）を1985年に提唱した。この理論は、その後の**創造性**研究、**実践的知能**と知恵（wisdom）の研究、さらには愛の3要素を親密性、情熱、傾倒とする**愛の三角形理論**などに発展していった。

スティーヴンス
Stevens, S. S.
1906–1973
1 2 7

アメリカのユタ州生まれ。1933年にハーヴァード大学で博士号取得。同大学に勤務。**精神物理学**の研究において刺激の大きさSと感覚量Rの間に$R=KS^n$（Kは定数、nは刺激の種類により変化）という関係式がさまざまな種類の刺激で成り立つという**スティーヴンスの法則**を導いた。データの性質により、**名義尺度**、**順序尺度**、**間隔尺度**、**比率尺度**の4つの**尺度水準**を分類した。

スパーリング
Sperling, G.
1934–
2

アメリカのニューヨーク生まれ。1959年にハーヴァード大学で博士号取得。ニューヨーク大学などに勤務。3行4列の英数字を**瞬間提示**して**自由再生**（全体報告）をさせると4字程度しか再生できないが、直後に音で行を指定する（部分報告）と指定行の4字は再生できるが他の行はできないこと、部分報告の効果は1秒以内に消失することなど、**感覚記憶**の特徴を明らかにした。

スピアマン
Spearman, C. E.
1863–1945
4 7

英国のロンドン生まれ。1883～97年に軍人として勤務後、ライプツィヒ大学の**ヴント**の指導を受け、1906年に博士号取得。ユニヴァーシティ・カレッジ・ロンドンに勤務。6科目の**学力**の**因子分析**によって**一般知能**（**g因子**）と特殊知能からなる**知能の2因子説**を提唱し、**スピアマンの順位相関係数**、**信頼性係数**の推定法の**スピアマン＝ブラウンの公式**などの統計技法を開発した。

スピッツ
Spitz, R. Á.
1887–1974

オーストリア＝ハンガリー帝国のウィーン生まれ。1910 年にブタペスト大学で医学士取得。**精神分析**を学び、フランスを経由して 1938 年アメリカに移住。コロラド大学に勤務。**乳児期の 8 か月不安**、施設の子どもの発達の遅れを**ホスピタリズム**と命名した。

スペリー
Sperry, R. W.
1913–1994

アメリカのコネチカット州生まれ。1941 年にシカゴ大学で博士号取得。カリフォルニア工科大学などに勤務。動物の神経を切断したり左右の神経を付け替えたりすることがその後の行動にどのような影響を及ぼすかの研究を行った後、**てんかん**発作が大脳の左右間で波及しないように手術で**脳梁**(のうりょう)を切断された**分離脳**患者の半球機能の研究を**ガザニガ**とともに行い、左右の半球がそれぞれ独立した情報処理を行うことを明らかにした。1981 年に、**視覚情報処理**研究の**ヒューベル**および**ウィーゼル**のチームと並んで、**大脳半球の機能分化**の研究でノーベル生理学・医学賞を受賞した。

スペンサー
Spencer, H.
1820–1903

英国のダービー生まれ。主に家庭教育で育ち、鉄道技師として勤務した後、1953 年以後はおじの遺産で生活した在野の哲学者。適者生存の考え方を**ダーウィン**の進化論に適用し、**社会的ダーウィニズム**と呼ばれる。ばらばらの**知覚**や**思考**を一般的概念に統合するものとして**知能**という言葉を使い、心理学に影響を与えた。

セリエ
Selye, H. H. B.
1907–1982

オーストリア＝ハンガリー帝国のウィーン生まれ。1931 年にプラハ・カレル大学の前身の大学で博士号を取得。アメリカを経由して 1932 年にカナダに移住し、モントリオール大学に勤務。身体に対する有害物質の悪影響を研究し、**警告反応期**、**抵抗期**、**疲憊期**(ひはいき)の 3 段階で進行する**ストレス学説**を 1936 年に公表した。

セリグマン
Seligman, M. E. P.
1942–
3 4 5 9

アメリカのニューヨーク州生まれ。1967 年にペンシルベニア大学で博士号取得。同大学などに勤務。電気ショックの回避のしかたを学習したイヌが次いで回避できない状態に置かれた後、再び回避できる状態になっても動けずにいる状態を**学習性無力感**と呼んだ。その後、人間の強みを活かす**ポジティブ心理学**を主唱し、英語の頭文字 **PERMA** で表される①ポジティブ感情、②関与、③関係、④意味と目的、⑤達成の 5 つが重要とする説を立てた。

ソーンダイク
Thorndike, E. L.
1874–1949
1 2 4

アメリカのマサチューセッツ州生まれ。1898年にコロンビア大学で博士号取得。翌年から同大学に勤務。ネコが閉じ込められた**問題箱**からもがきながら脱出する様子を**試行錯誤**（トライアル・アンド・エラー）と呼んだ。しかし、やってみて失敗するだけでは**学習**が成立するはずはなく、満足をもたらす結果を生じさせる反応は生起頻度が高まるという**効果の法則**を提唱した。人間を対象とする研究では、各種のテストの開発など**教育測定**に力を入れ、**教育心理学**の開拓者となった。1920年には、他者理解および人間関係の調整能力としての**社会的知能**についても検討している。

ソロモン
Solomon, B. B.
1934–　女性
9

アメリカ生まれの黒人女性。1966年に南カリフォルニア大学で博士号取得。同大学に勤務。1964年に公民権法が成立しても後を絶たない偏見と差別で抑圧される黒人のための**ソーシャルワーク**の本を1976年に出版し、その**エンパワメント**の理論は人権問題のみならず、健康、福祉、教育などさまざまな分野に広がった。

ダーウィン
Darwin, C. R.
1809–1882
1 4

英国のシュルーズベリー生まれ。1831年にケンブリッジ大学を卒業。同年から1836年までの5年近くをかけて、調査船で世界一周の航海を果たしたが、その記録をもとに**『ビーグル号航海記』**を1939年に発表した。**進化論**を提唱して有名になった1859年の**『種の起原』**は、神学者などからは神を否定する所業と批判を受けた。動物と人間のさまざまな表情を絵と写真で図解した1872年の**『人及び動物の表情について』**は**表情認知**の研究の、長男ウィリアムの観察記録をまとめた1877年の論文「乳児の伝記的素描」は**発達心理学**における**日誌法**研究のパイオニア的業績である。

ターマン
Terman, L. M.
1877–1956
1 3

アメリカのインディアナ州生まれ。1905年にクラーク大学で博士号取得。草創期のスタンフォード大学に勤務。1916年にフランス語の**ビネー式知能検査**の英語版を作成したとき、大学名を入れて**スタンフォード・ビネー知能検査**と命名した。**ビネー**の検査では**知能**を**精神年齢**で表したが、ターマンはドイツ出身の心理学者**シュテルン**（Stern, W.）が発案した**知能指数**（**IQ**）をこの検査で実用化した。また、高知能の診断に適用できるようにし、**優秀児**を長期的に追跡する長期の**縦断的研究**を行った。

ダマシオ
Damasio, A. R.
1944–

ポルトガルのリスボン生まれ。1974年にリスボン大学で医学の博士号取得。1977年からアメリカに定住し、アイオワ大学などに勤務。**意思決定**などを行う際、身体的（ソマティック）な**情動反応**が重要な信号になるとする**ソマティック・マーカー仮説**を提唱。大脳の**腹内側前頭前野**（ふくないそくぜんとうぜんや）が重要な役割を果たすと考え、この部位の**脳損傷患者**は、**知能指数**が高くても適切な意思決定が困難であり、4枚のカードから1枚を選択する**アイオワ・ギャンブル課題**においてハイリスク／ハイリターンのカードを選好することを示した。主著に**『デカルトの誤り―情動、理性、人間の脳』**など。

タルヴィング
Tulving, E.
1927–

エストニアのタルトゥ生まれ。ドイツを経て1949年にカナダに移住。1957年にハーヴァード大学で博士号取得。トロント大学に勤務。「いつどこで」付きの**エピソード記憶**と知識としての**意味記憶**を区別し、記銘時の符号化文脈等と想起時の検索文脈の一致度が記憶成績にとって重要とする**符号化特定性原理**を提唱した。

チョムスキー
Chomsky, A. N.
1928–

アメリカのフィラデルフィア生まれ。1955年にペンシルベニア大学で博士号取得。1959年に**スキナー**の**言語行動**の考え方を**認知主義**から批判する論文を発表。1961年にマサチューセッツ工科大学に勤務。文の深層構造から表層構造を生成する規則の体系としての**生成文法**の理論を提唱した。どの言語であれ、子どもが数年間で母語を話せるようになれるのは、各言語に共通した**普遍文法**を生得的に習得する**言語獲得装置**（**LAD**）があるためとした。

ティチナー
Titchener, E. B.
1867–1927

英国のチチェスター生まれ。ライプツィヒ大学の**ヴント**に学び、1892年に博士号取得。同年アメリカに移住し、コーネル大学に勤務。化学者が元素を考えるように**意識**の要素とその結合を考える**構成心理学**を構想した。**心理学実験**の手引きとなる本も刊行。

テイラー
Taylor, F. W.
1856–1915

アメリカのフィラデルフィア生まれ。1874年にハーヴァード大学に入学したが、眼病で中退し、機械工として勤務。1883年にスティーブンス工科大学の通信教育卒業とされる。鉄鋼会社勤務を経てダートマス大学に勤務。工場の作業工程の**時間・動作研究**に基づき、差別出来高払い制度による**科学的管理法**を提唱した。

ティンベルヘン
Tinbergen, N.
1907–1988
3

オランダのハーグ生まれ。1932 年にライデン大学で博士号取得。同年にライデン大学に勤務。第二次世界大戦中のナチス・ドイツの占領時に 2 年間強制収容所に拘束された。戦後ライデン大学に復職。1949 年に英国に移住し、オックスフォード大学に勤務。1955 年に帰化。英語圏では「ティンバーゲン」と呼ばれる。鳥類と魚類を対象に**種に固有の行動**としての**本能**を研究し、行動の**解発（かいはつ）刺激**を特定し、**生得的解発機構**を解明した。1973 年に**エソロジー（比較行動学）**の発展に貢献した功績により、**ローレンツ**らとともにノーベル生理学・医学賞受賞。**自閉症**の研究も行った。

デカルト
Descartes, R.
1596–1650
1 6

フランス王国のアンドル＝エ＝ロワール県生まれ。1616 年にポワティエ大学で法学士。20 代はオランダやバイエルンの軍隊に入る。1637 年の**『方法序説』**は方法的懐疑を述べ**思考心理学**、1649 年の**『情念論』**は**感情心理学**の出発点の一つとなる。

デシ
Deci, E. L.
1942–
3

アメリカのニューヨーク生まれ。1970 年にカーネギーメロン大学で博士号取得。ロチェスター大学に勤務。**内発的動機づけ**の概念を発展させ**自己決定理論**を提唱した。この理論では、自律性、有能性、関係性という 3 つの**心理的欲求**の充足が不可欠とされる。

デューイ
Dewey, J.
1859–1952
3

アメリカのバーモント州生まれ。1884 年にジョンズ・ホプキンズ大学で**ホール**の指導により博士号取得。ホールの師の**ジェームズ**から強い影響を受け、**機能主義心理学**と**プラグマティズム哲学**を発展させた。ミシガン大学、シカゴ大学、コロンビア大学に勤務したが、シカゴ大学時代に実験学校を設置して教育実践を行い、1903 年に**『学校と社会』**を著した。このような業績のため教育哲学者と見られているが、1899 年にアメリカ心理学会会長も務めた。

デュルケーム
Durkheim, D. É.
1858–1917
4 10

フランスのロレーヌ地方生まれ。1882 年にエコール・ノルマル・シュペリウールで教授資格取得。パリ大学ソルボンヌなどに勤務。1897 年の**『自殺論』**は、副題の「社会学の研究」が示すように、**自殺**の原因を個人の心理的条件よりも国・地域・宗教・職業など社会的条件に求め、特に社会的混乱がもたらす道徳的無規範状態である**アノミー**による自殺を取り上げた点が独自の視点である。

トヴェルスキー
Tversky, A.
1937–1996
2 8

英国委任統治領時代のハイファ（現イスラエル）に生まれる。1965 年にミシガン大学で博士号取得。ハーヴァード大学などに勤務。**カーネマン**の緊密な共同研究者だが、2002 年のカーネマンのノーベル経済学賞受賞時には亡くなっており受賞はできなかった。

トールマン
Tolman, E. C.
1886–1959
1 2

アメリカのマサチューセッツ州生まれ。1911 年にマサチューセッツ工科大学の電気化学の学士号を取得後、ドイツで**ゲシュタルト心理学**を学び、1915 年にハーヴァード大学で博士号取得。カリフォルニア大学バークレー校に勤務。主にネズミの**迷路学習**の実験を行ったが、**刺激－反応**（**S–R**）の**行動主義**の立場でなく、**刺激－生体－反応**（**S–O–R**）の枠組みで**学習**をとらえたため、**新行動主義**と位置づけられている。具体的には、報酬なしに迷路を走り回っているネズミが報酬を与えられる条件になるとすぐに好成績を上げる**潜在学習**の実験を行い、**認知地図**の成立を示した。

利根川進
Tonegawa Susumu
1939–
6

名古屋市生まれ。1968 年にカリフォルニア大学サンディエゴ校で博士号取得。スイスのバーゼル免疫学研究所時代の抗体の多様性に関する遺伝的原理の研究で 1987 年にノーベル生理学・医学賞受賞。マサチューセッツ工科大学に移籍し、「最も複雑な器官」である脳の研究を開始。マウスの**海馬**（かいば）のある領域の受容体を阻害すると**空間記憶**の成績が低下することを 1996 年に発見した。

トリーズマン
Treisman, A. M.
1935–2018　女性
2

英国のヨークシャー生まれ。1962 年にオックスフォード大学で博士号取得。同大学、カナダの大学を経て、1986 年からカリフォルニア大学バークレー校などに勤務。**視覚的注意**の研究において対象の特徴の抽出と統合の過程に関する**特徴統合理論**を提唱した。

ナイサー
Neisser, U.
1928–2012
1 2

ドイツのキール生まれ。1933 年に一家はナチス政権から逃れてアメリカに移住。1956 年にハーヴァード大学で博士の学位取得。コーネル大学などに勤務。**記憶**と**知能**を研究したが、狭い実験室実験にとどまらず、**生態学的妥当性**の高い研究をめざし、1986 年のスペースシャトルの打ち上げ直後の爆発事故など、実際の出来事における**記憶の能動的構成過程**を研究した。1967 年の主著**『認知心理学』**は、**認知心理学**そのものの考え方を世に広めた。

ニィリエ
Nirje, B.
1924–2006

スウェーデンのムータラ生まれ。ウプサラ大学とストックホルム大学を卒業。スウェーデン赤十字社、ウプサラ県障害福祉部などに勤務。知的障害者のノーマルな選択権と**自己決定権**、ノーマルな**ライフサイクル**など**ノーマライゼーション**の8原理を提唱。

西周(あまね)
Nishi Amane
1829–1897

現島根県津和野町の生まれ。**森鷗外**は親戚に当たる。津和野藩の藩校で蘭学などを学ぶ。1862年にオランダに留学し、ライデン大学で法学や哲学を学ぶ。沼津兵学校と獨逸(ドイツ)学協会学校の初代校長。**ヘブン**（Haven, J.）の本を訳して文部省から出版した**『奚般(ヘブン)氏著 心理学』**で「**心理学**」の語がわが国で初めて用いられた。

ニューカム
Newcomb, T. M.
1903–1984

アメリカのオハイオ州生まれ。1929年にコロンビア大学で博士の学位取得。ミシガン大学などに勤務。1935～39年のベニントン・カレッジ研究は、女子大生の**政治的態度**の変化や**友人関係**の形成過程について長期的に調査するパイオニア的研究であり、20年ほど後に追跡調査も実施した。コミュニケーション研究では、話題Xについてメッセージの送り手Aと受け手Bの間の好意度により生ずる心理的バランスを**A–B–Xモデル**で表した。

ハーシ
Hirschi, T. W.
1935–2017

アメリカのユタ州生まれ。1968年にカリフォルニア大学バークレー校で博士号取得。アリゾナ大学などに勤務。なぜ多くの人は**非行・犯罪**を起こさないかを個人の内面にある**愛着**などの**社会的絆(きずな)理論**で説明し、社会的絆の弱体化が非行・犯罪につながるとした。

ハーズバーグ
Herzberg, F.
1923–2000

アメリカのマサチューセッツ州生まれ。1950年にピッツバーグ大学で博士の学位取得。ユタ大学などに勤務。1959年に**職務満足度**に関する2要因理論、すなわち、業績、地位、責任、昇進、成長などの**動機づけ要因**と、給与、環境、同僚、上司、規則などの**衛生要因**を合わせて、**動機づけ－衛生要因理論**を提唱した。

バート
Burt, C. L. B.
1883–1971
1 3

英国のロンドン生まれ。1906年にオックスフォード大学を卒業。ユニヴァーシティ・カレッジ・ロンドンなどに勤務。**因子分析法**と**双生児法**による研究で**知能の遺伝性**を実証しようとしたが、没後にデータの改ざん・捏造(ねつぞう)などの疑いに関する論争が生じた。

バートレット
Bartlett, F. C.
1886–1969
1 2

英国のグロスターシャー生まれ。1911 年にロンドン大学系列のカレッジで修士号取得。1922 年からケンブリッジ大学に勤務。神経学者の**ヘッド**（Head, H.）の**スキーマ理論**を援用し、**スキーマ**が**記憶の変容**に及ぼす効果を研究した。「幽霊の戦争」というつじつまの合いにくい物語を示して再生を求めると、自身のスキーマに合うように記憶が変容した。1932 年に主著『**記憶**』を刊行した。1944 年にケンブリッジ大学に応用心理学ユニットを創設した。

パールマン
Perlman, H. H.
1905–2004　女性
9

アメリカのミネソタ州生まれ。学校、児童相談所、病院などでソーシャルケースワーカーとして 18 年間勤務の後、1943 年にコロンビア大学で修士号取得。**ソーシャルワーク理論**を開発し主導した。「人、問題、場所、過程」の**パールマンの 4 つの P** を提唱。

ハーロウ
Harlow, H. F.
1905–1981
2 3

アメリカのアイオワ州生まれ。1930 年にスタンフォード大学で博士号を取得。ウィスコンシン大学に勤務。同大学名を冠する動物学習の実験装置（Wisconsin General Test Apparatus; **WGTA**）の開発と実用化に協力して**学習セット**（**学習の構え**）などの研究を行った。生後すぐのアカゲザルの子を母ザルから隔離し、ワイヤーフレーム製の**代理母**（哺乳瓶あり）とそれに布を巻いた代理母（哺乳瓶なし）を用意し、子ザルが後者のほうにしがみつくことを示した。この研究は、**ボウルビィ**の**愛着**の理論にも影響を与えた。

バイスティック
Biestek, F. P.
1912–1994
9

アメリカのイリノイ州生まれ。1951 年にアメリカ・カトリック大学で博士の学位取得。ロヨラ大学に勤務。**ソーシャルワーク**の指導者として活躍し、対人援助における行動規範として**バイスティックの 7 原則**を提案した。主著に『**ケースワークの原則**』など。

ハイダー
Heider, F.
1896–1988
4

オーストリア＝ハンガリー帝国のウィーン生まれ。1920 年にグラーツ大学で博士号取得。ベルリンの心理学研究所で**コフカ**から**ゲシュタルト心理学**を学ぶ。1930 年にコフカの招きでアメリカに移住し、スミス大学とカンザス大学に勤務。個人 P と他者 O と対象 X の間の感情関係を＋と－の符号の積で考える **P–O–X モデル**で**バランス理論**を説明するとともに、心理面などの内的要因と状況面などの外的要因から行動を考える**帰属理論**を提唱した。

バウアー
Bower, G. H.
1932–2020
2 4

アメリカのオハイオ州生まれ。1959年にイェール大学で博士号取得。スタンフォード大学に勤務。関心が**精神分析**から**行動主義**を経て**認知心理学**へと移り、**連合記憶モデル**、**物語記憶**、**空間記憶**、記憶における**気分一致効果**など、記憶研究の発展に貢献した。

ハヴィガースト
Havighurst, R. J.
1900–1991
3

アメリカのウィスコンシン州生まれ。1924年にオハイオ州立大学で物理化学の博士号を取得。シカゴ大学などに勤務。科学教育から出発した教育学者。子どもから高齢者までの各段階で達成すべき**発達課題**を研究した。主著に『**人間の発達課題と教育**』など。

パヴロフ
Pavlov, I. P.
1849–1936
1 2 6

ロシア帝国リャザンの生まれ。1875年にサンクトペテルブルク大学卒業後、軍医学校に進み1880年修了。ドイツで消化生理学を学び、1890年から軍事医学アカデミーと実験医学研究所に勤務。何百もの実験動物を対象に唾液腺から大腸までの消化生理学の研究を行い、その成果により1904年にノーベル生理学・医学賞を受賞した。1903年から**高次神経系**の研究を開始し、イヌの唾液腺を利用した**条件反射**や、イヌの異常行動を誘発する**実験神経症**の研究を行った。主著に『**大脳半球の働きについて**』など。

バデリー
Baddeley, A. D.
1934–
1 2

英国のリーズ生まれ。1962年にケンブリッジ大学で博士号取得。同大学の応用心理学ユニット（この時期に「CB2 1TN」のように6ケタの英数字で表す英国の郵便番号システムを考案）、ブリストル大学などに勤務。**中央実行系**、**音韻ループ**、**視空間スケッチパッド**からなる**ワーキングメモリ**のモデルを提唱した。

ハル
Hull, C. L.
1884–1952
1 2

アメリカのニューヨーク州生まれ。青年期に腸チフスやポリオとの闘病生活を強いられた後、1918年にウィスコンシン大学で博士の学位取得。ウィスコンシン大学とイェール大学に勤務。**適性検査**や**催眠**などの研究の後、**学習心理学**の研究に進むが、いわゆる**S–R理論**（**刺激－反応理論**）ではなく、生体（O）の側の条件として**動因**や**習慣強度**などを考慮する**S–O–R理論**を展開し、**新行動主義**と呼ばれる。ハルの**動因低減説**では、空腹という飢餓動因に対し食物という**誘因**があれば、摂食行動により動因を低減させる方向で**学習**が成立する。主著に『**行動の原理**』など。

バンク＝ミケルセン
Bank-Mikkelsen, N. E.
1919-1990
9

デンマークのスケアン生まれ。コペンハーゲン大学法学部在学中の1940年にナチス・ドイツが侵攻し、強制収容所に入れられた。戦後、1946年に同大学を卒業して社会問題省に勤務。知的障害者の権利擁護から**ノーマライゼーション**の考え方を提唱した。

バンデューラ
Bandura, A.
1925-2021
2 3 4 5 9

カナダのアルバータ州生まれ。1952年にアメリカのアイオワ大学で博士号取得。1953年からスタンフォード大学に勤務。1961年に行われた**観察学習**の実験では、大人が「ボボ人形」を乱暴に扱う映画を見せられた子どもたちが、**代理強化**によって、その後ボボ人形を乱暴に扱う**模倣行動**を示すことが明らかになり、**社会的学習理論**に発展していった。また、行動を決定する要因には、結果の期待に加えて、その結果を自分が生じさせることができるという**自己効力感**が重要であるとした。

ピアジェ
Piaget, J.
1896-1980
1 2 3 5 公

スイスのヌーシャテル生まれ。1919年にヌーシャテル大学理学部で軟体動物の研究により博士号取得後、チューリッヒやパリで心理学を学んだ。ジュネーブ大学、パリ大学ソルボンヌなどに勤務。知の系統発生である科学史研究と知の個体発生である**認知発達論**を体系化した**発生的認識論**を提唱し、1955年に発生的認識論国際センターをジュネーブに設立した。知の個体発生は、**感覚運動期**（0～2歳）、**前操作期**（2～7歳）、**具体的操作期**（7、8～11歳）、**形式的操作期**（11、12～14、15歳）の4期に区分して検討された。主著に『**発生的認識論序説**』全3巻など。

ピアソン
Pearson, K.
1857-1936
1 7

英国のロンドンに生まれる。1879年にケンブリッジ大学で数学を専攻して卒業後、ドイツのハイデルベルク大学とベルリン大学でも学ぶ。1885年からユニヴァーシティ・カレッジ・ロンドン（UCL）に勤務。親交を結んでいた**ゴールトン**が1911年に亡くなると、その遺産と遺志を受け継いでUCLの優生学講座の教授に就任し、生物測定学を発展させる中で**ヒストグラム**、**回帰分析**、**積率**（せきりつ）**相関係数**、**カイ二乗検定**などの統計学の基礎を築いた。引退後に講座は2つに分割され、息子のエゴン（Pearson, E. S.）と論敵の**フィッシャー**が受け継いだ。主著『**科学の文法**』は、優れた科学論であり、**アインシュタイン**や**夏目漱石**にも影響を与えた。

ビネー
Binet, A.
1857–1911
1 3 4 5 7

サルデーニャ王国のニース（現フランス）生まれ。1872 年にフランスのパリに移住。法学校に入学したが、生理学と心理学への関心が強まり、1883 年からサルペトリエール病院の**シャルコー**のもとで 7 年間勤務して**催眠療法**などを学んだ後、パリ大学ソルボンヌに勤務。**個人差**の研究を行い、論理的で実際的な長女と豊かな想像力の二女の思考様式の違いをまとめた本を 1903 年に出版した。初等教育が 1882 年に義務化され、教育可能性を診断する方法の開発を教育当局から求められ、医師の**シモン**（Simon, T.）の協力を得て、1905 年に**ビネー・シモン検査**を発表した。

ヒューベル
Hubel, D. H.
1926–2013
6

カナダのオンタリオ州にアメリカ人を両親として生まれる。マギル大学で数学と物理学を専攻。ハーヴァード大学などに勤務。1958 年から**ウィーゼル**と**大脳皮質視覚野**（しかくや）における情報処理に関する研究を行い、ともに 1981 年にノーベル生理学・医学賞受賞。

ビューラー
Bühler, C. B.
1893–1974　女性
3

ドイツ帝国のベルリンにシャルロッテ・ベルタ・マラコウスキーとして生まれ、1916 年にカール・ビューラー（Bühler, K. L.）と結婚。1918 年にミュンヘン大学で博士号取得。1923 年にウィーン大学勤務。1938 年にナチスから逃れてノルウェーのオスロ大学に勤務。1940 年にアメリカ移住。南カリフォルニア大学に勤務。**乳幼児発達検査**を開発し、**青年期**と**老年期**の発達研究を行った。

ビューラー
Bühler, K. L.
1879–1963
3

ドイツ帝国のメッケスハイム生まれ。1903 年にフライブルク大学で医学の博士号取得。1904 年にシュトラースブルク大学で心理学の博士号取得。ドイツの大学を経て 1922 年にウィーン大学勤務。1940 年にアメリカ移住。南カリフォルニア大学に勤務。高次の思考と子どもの**発達**を研究し、**ヴュルツブルク学派**の一人とされる。

ヒルガード
Hilgard, E. R.
1904–2001
2 5

アメリカのイリノイ州生まれ。1930 年にイェール大学で心理学の博士号取得。スタンフォード大学に勤務。**催眠**の科学的研究を行い、**スタンフォード催眠感受性尺度**を開発し、催眠による**疼痛**（とうつう）**コントロール**として、痛みをなくすことはできないが緩和は可能であることを示した。主著に**『学習の理論』**と**『ヒルガードの心理学』**があり、ともに代表的な心理学の教科書として版を重ねた。

フィッシャー
Fisher, R. A.
1890–1962
1 7

英国のロンドン生まれ。1912年にケンブリッジ大学で数学を専攻し卒業。1919年からロザムステッド農事試験場で農産物資料の統計的分析に従事。1933年にユニヴァーシティ・カレッジ・ロンドンで**ピアソン**の後任として勤務。1943年からケンブリッジ大学に勤務。集団遺伝学の研究から、**実験計画法**や**分散分析**（Fisherの頭文字を取って***F*** **検定**ともいう）などの統計技法を開発した。

フェスティンガー
Festinger, L.
1919–1989
1 4 8

アメリカのニューヨーク生まれ。1942年にアイオワ州立大学で博士号取得。スタンフォード大学などに勤務。他者を基準に自己の意見や能力を評価する過程を示した**社会的比較理論**を1954年に発表した。自己の知識や信念と矛盾する情報（不協和な情報）をあらかじめ避けたり受け入れを拒否したりする説明として、**認知的不協和理論**を1957年の主著**『認知的不協和理論』**で提唱した。

フェヒナー
Fechner, G. T.
1801–1887
1 7

神聖ローマ帝国のグロスゼルヒェン（現ポーランド）生まれ。ドレスデンの医学校に学んだ後、1835年にライプツィヒ大学で博士号取得、同大学に物理学教授として勤務。**精神物理学**も研究し、**ウェーバーの法則**を「感覚の強さは刺激の強さの対数に比例する」と修正し、後に**ウェーバー = フェヒナーの法則**と呼ばれる。

福来友吉（ふくらいともきち）
Fukurai Tomokichi
1869–1952
1

現岐阜県高山市生まれ。1899年に東京帝国大学を卒業。1906年に文学博士。1908年に東京帝国大学に勤務。透視、千里眼、念写など**超能力**に関する実験を行うが、1915年に好ましくない研究と指弾され、退職を強いられた。その後高野山大学などに勤務。

フランクル
Frankl, V. E.
1905–1997
5

オーストリア = ハンガリー帝国のウィーン生まれ。1930年にウィーン大学で医学士。1938年のナチス・ドイツによるオーストリア併合の後、ユダヤ人への迫害が激しくなり、1942年から終戦までアウシュヴィッツなどの強制収容所に入れられ、フランクルの両親、兄弟、妻は収容所で亡くなった。その苛烈な体験の記録を1946年に刊行した。日本語では**『夜と霧』**のタイトルで訳書が二度刊行されている。1948年にウィーン大学で哲学の博士号取得。1955年から同大学に勤務。精神科医としても活躍したが、その中心となるのは生きる意味を追求する**ロゴセラピー**である。

ブルーナー
Bruner, J. S.
1915–2016
3 4

アメリカのニューヨーク生まれ。1941 年にハーヴァード大学で博士号取得。1945 年にハーヴァード大学に勤務。児童のコインの大きさの認知に関する 1947 年の研究などが**ニュールック心理学**と呼ばれる。1956 年の**『思考の研究』**で**方略**の研究を進め、1957 年のスプートニク・ショック後のアメリカの科学教育改革を主導し、1960 年の**『教育の過程』**でスパイラル・カリキュラムや**発見学習**の重要性を説いた。1972 年にオックスフォード大学に移籍し、**共同注意**など乳幼児研究を発展させた。1980 年にアメリカに戻り、**意味の生成**と**ナラティブ**の理論を発展させた。

ブルーム
Bloom, B. S.
1913–1999
3 7

アメリカのペンシルベニア州生まれ。1942 年にシカゴ大学で博士号取得。同大学に勤務。教育目標の詳細な分析のもとに**診断的評価**、**形成的評価**、**総括的評価**を積み重ねて**学習**の成立をめざす**完全習得学習（マスタリー・ラーニング）**を提唱した。

フレイヴル
Flavell, J. H.
1928–
3

アメリカのマサチューセッツ州生まれ。1955 年にクラーク大学で博士号取得。スタンフォード大学などに勤務。英語圏で知られていなかった**ピアジェ**の発達理論をアメリカに紹介する**『ピアジェ心理学入門』**を 1963 年に出版し、**役割取得**、**メタ認知**、**見かけと現実の区別**、**心の理論**など幼児の**認知発達**を幅広く研究した。

ブレグマン
Bregman, A. S.
1936–
2

カナダのトロント生まれ。1963 年にイェール大学で博士号取得。カナダのマギル大学に勤務。一つにまとまった音を複数の別の音脈として聴き取る**音脈分凝**の研究を発展させ、オーケストラの楽器のまとまりごとの聞き分けのような**聴覚情景分析**を研究した。

フレス
Fraisse, P.
1911–1996
3

フランスのサン＝テティエンヌ生まれ。ベルギーのルーヴァン・カトリック大学の学生の時に第二次世界大戦が始まり、出征、捕虜、脱走を体験。戦後、1945 年に博士号取得。パリ大学ソルボンヌに勤務。**時間知覚**とリズム構造の実験的研究を発展させた。

プレマック
Premack, D.
1925–2015
2

アメリカのサウスダコタ州生まれ。1955 年にミネソタ大学で博士号取得。ペンシルベニア大学などに勤務。生起確率の高い反応が生起確率の低い反応を強化するという**プレマックの原理**、メスのチンパンジーのサラ（Sarah）を対象とするプラスチックの彩片を用いた言語使用の研究、他者の知識・信念・意図などを推測する**心の理論**についての研究の提唱（1978 年）、**乳児**の意図と因果性の理解の研究など、**比較認知発達心理学**の発展に貢献した。

フロイト
Freud, A.
1895–1982　女性
1 5

オーストリア＝ハンガリー帝国のウィーン生まれ。**フロイト, S.** の末娘のアンナ。高等教育を受けず、父から**精神分析**を学ぶ。1923 年の父のがんの判明後、1938 年にナチスから逃れてロンドンに移住し 1939 年に亡くなるまで、父を支えて各地に同行。英国ではハムステッド診療所を拠点とし、**プレイセラピー**（**遊戯療法**）を通じて**児童分析**を行う。子どもの精神分析を否定し、治療者の教育的立場と両親の役割を重視する点などで**クライン**と対立した。

フロイト
Freud, S.
1856–1939
1 4 5

オーストリア帝国のフライベルク（現チェコ共和国）生まれ。1860 年に一家はウィーンに移住。1881 年にウィーン大学医学部卒業。最初は神経生理学を研究していたが、**神経症**に関心を持ち 1885 年にパリの**シャルコー**のもとで**催眠療法**を学び、1886 年に精神科医として開業。**自由連想法**や**夢分析**により**精神分析**を確立した。1900 年の主著**『夢判断』**が評判を呼び、**アドラー**や**ユング**などが集まるが、やがて離反していった。第一次世界大戦の大量殺戮（さつりく）と破壊に大きな衝撃を受け、生の本能の**リビドー**に加えて死の本能の**タナトス**を考えるようになる。1938 年にナチスから逃れてロンドンに移住し、翌 1939 年にがんが悪化して亡くなった。

ブローカ
Broca, P. P.
1824–1880
6

フランス王国のサント＝フォア＝ラ＝グランド生まれ。1844 年にパリ医科大学を卒業。パリ大学に勤務。男性の**失語症**患者の脳を死後に解剖し、左前頭葉の神経梅毒病変を同定し、この脳領域が**言語産出**に強く関与することを報告した（**ブローカ野**（や）の発見）。

ブロードベント
Broadbent, D. E.
1926–1993
2

英国のバーミンガム生まれ。1949 年にケンブリッジ大学を卒業し、同大学に勤務。1974 年からオックスフォード大学に勤務。飛行機の管制業務で騒音の中から声を聴き取る条件の検討から**選択的注意**の研究を行い、左右の耳に同時に別の音を聴かせる**両耳分離聴**（りょうじぶんりちょう）**法**を用いた実験により、**注意のフィルターモデル**を提案した。

プローミン
Plomin, R.
1948–
3

アメリカのシカゴ生まれ。1974年にテキサス大学オースティン校で博士号取得。キングズ・カレッジ・ロンドン精神医学研究所などに勤務。**行動遺伝学**の研究において、別々に育った**双生児**の縦断的データの分析により、**非共有環境**の重要性を明らかにした。

プロチャスカ
Prochaska, J. O.
1942–
9

アメリカのデトロイト生まれ。1969年にウェイン州立大学で博士号取得。禁煙など健康に関する**行動変容**について、前熟考期、熟考期、準備期、実行期、維持期へと進む**トランスセオレティカル・モデル**を提唱し、**ランダム化比較試験**を通じて検証した。

フロム
Fromm, E. S. P.
1900–1980
1 4

ドイツ帝国のフランクフルト・アム・マイン生まれ。1922年にハイデルベルグ大学を卒業。1934年にアメリカに移住。ニュースクール大学などに勤務。**精神分析**とマルクス主義の両方に傾倒し、**フロイト左派**と呼ばれる。主著に**『自由からの逃走』**など。

ブロンフェンブレンナー
Bronfenbrenner, U.
1917–2005
3

ロシア帝国最後の年にモスクワ生まれ。6歳の時に一家はアメリカに移住。1942年にミシガン大学で博士号取得。第二次世界大戦中の軍務を挟み、ミシガン大学とコーネル大学に勤務。子どもの発達を社会システムの中でとらえる**生態学的発達理論**を提唱。主著に米ソの教育を比較した**『二つの世界の子どもたち』**など。

ベイズ
Bayes, T.
1701頃–1761
1 7

英国のロンドン生まれ（別説あり）。スコットランドのエディンバラ大学で神学と論理学を学ぶ。キリスト教長老派の牧師となるが、確率論に関心があり、**ベイズの定理**のアイディアを残した。

ヘス
Hess, W. R.
1881–1973
6

スイスのフラウエンフェルト生まれ。1906年にチューリッヒ大学で医学士。チューリッヒ大学に勤務。消化など自律機能の調整に**間脳**の**視床下部**（ししょうかぶ）のどの領域が関与するかを電極で電流を流して判定する研究を行い、1949年にノーベル生理学・医学賞受賞。

ベッカー
Becker, H. S.
1928–
10

アメリカのシカゴ生まれ。1951年にシカゴ大学で社会学の博士号取得。ノースウェスタン大学などに勤務。**逸脱**を社会病理現象でなく、集団間の相互作用、特にラベル貼りの結果生ずるとする**ラベリング理論**を展開した。主著に**『アウトサイダーズ』**など。

ベック
Beck, A. T.
1921–2021
5

アメリカのロードアイランド州生まれ。1946年にイェール大学で医学の博士号取得。ペンシルベニア大学に勤務。最初は**精神分析**の訓練を受けたが、**うつ病**の治療に合わないため離れ、**ベック抑うつ質問票**（**BDI**）などを開発し、**クライエント**の**認知の歪み**を治療対象とする**認知療法**を提唱した。主著に『**認知療法**』など。

ヘッブ
Hebb, D. O.
1904–1985
6

カナダのノバスコシア州生まれ。3つの大学を経て、1936年にハーヴァード大学で博士号取得。マギル大学などに勤務。**神経細胞**が**シナプス**を介して隣の神経細胞に発火するメカニズム（**ヘッブ則**）を解明し、受容器への刺激に応じて活動する細胞群は**細胞集成体**（**セル・アセンブリー**）となり、閉じた系として短時間活動できるようになると考えた。主著に『**行動の機構**』など。

ベム
Bem, S. R. L.
1944–2014　女性
4

アメリカのピッツバーグにサンドラ・リプシッツとして生まれ、カーネギー・カレッジ在学中に社会心理学教授の**ダリル・ベム**（Bem, D. J.）と結婚。1968年にミシガン大学で博士号取得。コーネル大学などに勤務。夫婦で**ジェンダー平等**をめざし、**ベム性役割目録**を開発し、男性性と女性性に加えて**両性具有性**（**アンドロジニー**）の研究を行った。主著に『**ジェンダーのレンズ**』など。

ヘルムホルツ
von Helmholtz, H. L. F.
1821–1894
1 2

プロイセン王国のポツダム（現ドイツ）生まれ。1842年にフリードリヒ・ヴィルヘルム医学研究所で医学の学位取得。ハイデルベルク大学（生理学）やベルリン大学（物理学）に勤務。物理学者としてエネルギー保存法則の提唱、生理学者として神経の刺激伝導速度の測定、眼底検査の検眼鏡の発明、**聴覚の共鳴説**、**ヤング＝ヘルムホルツの三色説**の提唱など幅広い分野で活躍した。

ペンフィールド
Penfield, W. G.
1891–1976
6

アメリカのワシントン州生まれ。1918年にジョンズ・ホプキンズ大学で医学の博士号取得。1928年にカナダに移住し、神経外科医としてマギル大学に勤務。1934年にモントリオール神経学研究所の初代所長。**てんかん**治療のための局所麻酔による開頭手術時に大脳皮質の局所的電気刺激により一次運動野と一次体性感覚野などの**脳地図**を作成した。人体との対応を示す脳地図であることから、**ペンフィールドの小人**（**ホムンクルス**）と呼ばれる。

ホヴランド
Hovland, C. I.
1912–1961
4 8

アメリカのシカゴ生まれ。1936 年にイェール大学で博士号取得後、同大学に勤務。第二次世界大戦中、アメリカ陸軍省で戦意高揚映画が兵士の**態度変容**に及ぼす影響を研究。戦後も**説得**と態度変容の研究を続け、情報源の信憑性の効果は時間とともに減少し、情報内容の効果が現れるという**スリーパー効果**を見いだした。

ボウルビィ
Bowlby, E. J. M.
1907–1990
3 4 5

英国のロンドン生まれ。第一次世界大戦末期の 1918 年に戦禍のロンドンから離れて寄宿制学校に入れられた時の悲惨な経験が後に母子分離や**愛着（アタッチメント）**のことを考える契機となった。1928 年にケンブリッジ大学で心理学を学んで卒業し、1933 年にユニヴァーシティ・カレッジ病院で医師資格を取得。タビストック・クリニックなどに児童精神科医として勤務。1950 年に世界保健機関（WHO）の顧問として戦災孤児などの精神衛生上の諸問題の調査を行い、**母性剥奪**と愛着の重要性を指摘した。

ホール
Hall, G. S.
1844–1924
1

アメリカのマサチューセッツ州生まれ。大学卒業後ドイツに行って哲学を学び、1875 年にライプツィヒ大学で**ヴント**の指導を受け、1878 年にハーヴァード大学の**ジェームズ**の指導により博士号取得。クラーク大学の創設に関与し、1888 年に初代学長に就任。開学 20 周年記念に学長として**フロイト, S.** や**ユング**らを招いて講演会を行い、それがアメリカに**精神分析**が広まる契機となった。「**青年心理学の父**」と呼ばれるが、12 歳から 25 歳の**青年期**をドイツ文芸思潮の用語を借りて「**疾風怒濤の時代**」と規定した。

ポズナー
Posner, M. I.
1936–
2 8

アメリカのオハイオ州生まれ。1957 年に大学卒業後、ボーイング社でエンジン音の聴覚特性などを研究。1962 年にミシガン大学で博士号取得。オレゴン大学などに勤務。**視覚的注意**の研究や、**PET** を使用した研究を行い、**認知神経科学**の発展に貢献した。

マー
Marr, D. C.
1945–1980
2

英国のエセックス生まれ。1972 年にケンブリッジ大学で博士号取得。マサチューセッツ工科大学に勤務。35 歳で白血病のため早世。没後の 1982 年に刊行された『**ビジョン**』では、2 次元網膜画像が 3 次元形状の認識に至るまでに、原始スケッチ、**2½ 次元スケッチ**、3 次元モデルの 3 つの処理段階に分かれるとする理論を提唱。

マートン
Merton, R. K.
1910–2003
10

アメリカのフィラデルフィア生まれ。本名はシュコルニックだが、手品師をめざした時の舞台名に改名。1936 年にハーヴァード大学で社会学の博士号取得。同校やコロンビア大学に勤務。**デュルケーム**の**アノミー理論**を発展させ、文化的目標と制度的手段の不整合で生じる行動規範の**逸脱**を問題とした。言明が実現するように意識的、無意識的に行動することを**予言の自己成就**と呼んだ。

マウラー
Mowrer, O. H.
1907–1982
2

アメリカのミズーリ州生まれ。1932 年にジョンズ・ホプキンズ大学で博士号取得。ハーヴァード大学とイリノイ大学などに勤務。ネズミの**回避学習**において、**恐怖**は**レスポンデント条件づけ**で学習され、**オペラント条件づけ**で恐怖状態を終わらせるとする**学習 2 過程説**を提唱した。若い頃から周期的に**うつ病**に苦しめられ、**精神分析**を受け、自らセラピーを考案するが、最後は自死。

マクドゥーガル
McDougall, W.
1871–1938
1

英国のランカシャー生まれ。1994 年にケンブリッジ大学で生理学を修めて卒業後、聖トマス病院で医師資格を取得。英国ではユニヴァーシティ・カレッジ・ロンドンとオックスフォード大学などに勤務。1908 年に執筆した**社会心理学**の入門書は、「社会心理学」を冠する最初の書物である。第一次世界大戦中は軍医として**戦争神経症**の治療に当たった。1920 年にアメリカに移住し、ハーヴァード大学などに勤務。機械論的心理学に反対して**目的論的心理学**を提唱し、闘争、逃走、拒否、自尊、生殖、群居などさまざまな**本能**と結びつく認知・感情・意志を行動の原理と考えた。

マグレガー
McGregor, D. M.
1906–1964
8

アメリカのデトロイト生まれ。1935 年にハーヴァード大学で博士号取得。マサチューセッツ工科大学スローン経営大学院などに勤務。**マズロー**から**欲求階層説**を学び、企業の従業員の**モチベーション**とそれに基づく管理スタイルを **X–Y 理論**にまとめた。

マクレランド
McClelland, D. C.
1917–1998
3 4 8

アメリカのニューヨーク州生まれ。1941 年にイェール大学で博士号取得。ハーヴァード大学やボストン大学に勤務。**主題統覚検査（TAT）**により**達成動機**、**親和動機**、**権力動機**を測定して**モチベーション**の研究を行い、企業の**リーダーシップ**と職務の分析や、各国の経済発展と国民の達成動機との関係の分析を行った。

マズロー
Maslow, A. H.
1908–1970
1 4 5 8

アメリカのニューヨーク生まれ。1934 年にウィスコンシン大学で博士号取得。ニューヨーク市立大学ブルックリン校などに勤務。大学院で**ハーロウ**の指導によりサルの行動を研究したが、**行動主義**とも**精神分析**とも異なる**人間性心理学**をめざした。人間の欲求を①生理的欲求、②安全欲求、③所属・愛情欲求、④尊重欲求、⑤**自己実現欲求**の順に低次から高次に進む**欲求階層説**を提唱。

マックリーン
MacLean, P. D.
1913–2007
6

アメリカのニューヨーク州生まれ。1940 年にイェール大学で医学の博士号取得。同大学と国立精神衛生研究所などに勤務。**大脳辺縁系**の概念と、人間の脳が爬虫類脳、旧哺乳類脳、新哺乳類脳の三層構造からなるとする**三位一体脳の理論**を提唱した。

松本亦太郎
Matsumoto Matataro
1865–1943
1 8

現群馬県高崎市の生まれ。1892 年に帝国大学（現東京大学）を卒業後、大学院で**元良勇次郎**の指導を受け、イェール大学に学び、さらにライプツィヒ大学で**ヴント**に学んだ。1901 年に東京帝国大学講師、1903 年に同大学の心理学実験室の設立に尽力。1906 年に京都帝国大学教授。元良の死を受け、1913 年に東京帝国大学教授。1927 年に**日本心理学会**の初代会長に就任。日本の**実験心理学**の祖といわれ、実験を重視する一方で**精神分析**や**福来友吉**の超能力研究には否定的であった。意識が行動に現れる状態を見る**精神動作学**を提唱し、美術愛好家で**芸術心理学**の研究も行った。

マレー
Murray, H. A.
1893–1988
4 5 7 8

アメリカのニューヨーク生まれ。1919 年コロンビア大学で医学の博士号取得。ハーヴァード大学に勤務。**ユング**の影響を受け、恋人で芸術家の**モーガン**（Morgan, C. D.）の協力を得て、**投影法**により欲求－圧力を分析する**主題統覚検査**（**TAT**）を開発した。

ミード
Mead, G. H.
1863–1931
1 4

アメリカのマサチューセッツ州生まれ。1883 年にオーバリン大学を卒業し、鉄道会社の測量部に勤務。1888 年にハーヴァード大学で修士号取得後、ライプツィヒ大学で**ヴント**に学ぶ。1891 年にアメリカに戻り、ミシガン大学に勤務。同僚になり親しくなった**デューイ**とともに 1894 年にシカゴ大学に移籍。**プラグマティズム哲学**と**社会心理学**の研究を行い、**主我**（I）と**客我**（me）の区別、**一般化された他者**、**役割取得**などの概念を提唱した。

ミシェル
Mischel, W.
1930–2018
3 4

オーストリアのウィーン生まれ。1938年に一家はナチスから逃れアメリカに移住。1956年にオハイオ州立大学で博士号取得。スタンフォード大学やコロンビア大学などに勤務。1968年に**パーソナリティ研究**が示す性格特性の行動予測力が低く、状況を超えた行動の一貫性に疑問を提示し、これを契機に**人間−状況論争**が起こった。1960年代後半から**自己制御**の発達的研究を**満足の遅延**実験として行い、青年期までの長期追跡研究も実施した。研究材料の**マシュマロテスト**の名は、アメリカでは広く知られている。

ミュンスターバーグ
Münsterberg, H.
1863–1916
1 8

プロイセン王国のダンツィヒ（現ポーランドのグダニスク）生まれ。1885年に**ヴント**の指導によりライプツィヒ大学で博士号取得後、1887年にハイデルベルク大学で医学士も取得。フライブルク大学で勤務の後、1892年に**ジェームズ**に招かれてアメリカに移住し、ハーヴァード大学の**心理学実験室**を任された。幅広い関心から**応用心理学**を展開した。**臨床心理学**では**心理療法**、**産業心理学の父**といわれる分野では産業効率、**司法・犯罪心理学**では証言、**芸術心理学**では映画論など、研究分野を次々と開拓していった。

ミラー
Miller, G. A.
1920–2012
2

ジョージ・ミラーは、アメリカのウェストバージニア州生まれ。1946年にハーヴァード大学で博士号取得。同大学、マサチューセッツ工科大学、ロックフェラー大学、プリンストン大学などに勤務。1956年の「**マジカルナンバー7 ± 2**」は、**短期記憶**や判断においてチャンクを単位とする**記憶容量**の限界を示し、**認知心理学**の最も有名な論文となった。**言語心理学**の発展にも貢献し、1960年の共著『**プランと行動の構造**』は**人工知能論**に影響を与えた。

ミラー
Miller, N. E.
1909–2002
3 4 6

ニール・ミラーは、アメリカのウィスコンシン州生まれ。1935年にイェール大学で博士号取得。同年オーストリアのウィーン精神分析研究所に勤務。1936年にイェール大学に勤務。**恐怖条件づけ**の研究を通じて**精神分析**の**抑圧**や**転移**などの考え方を**行動主義**で説明しようとした。1939年に**ダラード**（Dollard, J.）とともに**フラストレーション−攻撃仮説**を展開する本を書いた。ネズミに脳刺激報酬を与えて心拍数の増加・減少をコントロールする実験は、**バイオフィードバック**研究の先駆けとなった。

ミルグラム
Milgram, S.
1933–1984
1 4

アメリカのニューヨーク生まれ。1960 年にハーヴァード大学で博士号取得。イェール大学在職中に行った**社会心理学**の 2 つの実験で知られる。1963 年の**権威への服従**実験では、学習効果の研究と称して隣室の**実験協力者**が誤答するたびに電気ショックを強める指示を**実験参加者**が受けるもので、隣から苦しむ様子（実は演技）が伝わってきても従うことが示された。1967 年の**スモールワールド実験**では、アメリカの中西部から東部の見知らぬ人に何人を介せば手紙が届くかを調べたところ 26.25%の手紙が平均 5.83 人で届き、**六次の隔たり**と呼ばれる。主著に**『服従の心理』**など。

ミルナー
Milner, B. A. L.
1918–　女性
6

英国のマンチェスター生まれ。1939 年にケンブリッジ大学を卒業。1944 年にブレンダは夫のピーター（Milner, P. ; 神経科学者）に同行してカナダに移住。マギル大学で博士号取得後、同大学に勤務。**脳損傷患者**の**神経心理学**的研究を専門とし、**てんかん**手術で**海馬**（かいば）の大部分を含む側頭葉（そくとうよう）切除術を受けた **H. M.**（実名 Molaison, H.）という患者の**記憶障害**（重度の**順向性健忘症**）の研究を 1955 年から 2008 年に亡くなるまで長期間にわたり行った。

元良（もとら）**勇次郎**
Motora Yujiro
1858–1912
1

現兵庫県三田（さんだ）市付近の生まれ。1875 年に同志社英学校（現在の同志社大学）の最初の学生となり、創設者の**新島襄**（にいじまじょう）からも直接教わった。1883 年にアメリカに渡り、ボストン大学を経て、ジョンズ・ホプキンズ大学で**ホール**の指導を受け、1887 年に Hall & Motora 著「圧の漸次変化に対する皮膚の感受性」を『アメリカ心理学雑誌』に掲載し、日本人初の心理学論文となる。1888 年に博士号を取得して帰国し、帝国大学（現在の東京大学）の初代の心理学教授に就任。1903 年に**松本亦太郎**（またたろう）の協力を得て日本最初の**心理学実験室**を開設。**神経伝導**の実験や児童の**注意**の訓練実験を行った。

森田正馬（まさたけ）
Morita Masatake
1874–1938
5

現高知県香南（こうなん）市生まれ。1902 年に東京帝国大学医科大学を卒業。東京慈恵会医科大学に勤務。自身が**神経衰弱**と診断され、精神科医になって悩みに取り組む中で「内向的、内省的、小心、過敏、心配性、完全主義、理想主義、負けず嫌い」などを特徴とする**神経質性格**（**森田神経質**）の者はとらわれの機制によって症状が悪化すると考え、「あるがまま」の境地を重視する**作業療法**を 1919

年に考案した。この森田療法では、絶対臥褥期－軽作業期－作業期－生活訓練期という治療経過をたどる。現在、東京慈恵会医科大学には森田療法センターが設置されている。

モレノ
Moreno, J. L.
1889–1974
3 5

ルーマニア王国のブカレスト生まれ。1917 年にウィーン大学で医学の博士号取得後、精神科医として活動。**精神分析**は夢を分析するだけだが、夢を見る勇気を与えることが重要と考えた。集団精神療法を行うための劇団を創設し、**ロールプレイング**や自発的な表現を行う**サイコドラマ**（**心理劇**）と集団内の人間関係を表現する**ソシオメトリー**を開発した。1925 年にアメリカに移住し、ニューヨークで活動。**集団心理療法**の発展に尽くした。

ヤーキーズ
Yerkes, R. M.
1876–1956
1

アメリカのペンシルベニア州生まれ。1902 年にハーヴァード大学で博士号取得後、同大学やイェール大学に勤務。1908 年に**ドッドソン**（Dodson, J. D.）とともにネズミの**学習**実験を行い、困難度の高い課題の場合、学習成績は**覚醒水準**とともに上がるが、ある水準以後は逆に下がるという**ヤーキーズ＝ドッドソンの法則**を発見。第一次世界大戦中に**陸軍式知能検査**（言語性の α 式と非言語性の β 式）を開発。1930 年に霊長類生物学研究所をフロリダに設立し、チンパンジーなどの霊長類研究を行った。

ヤスパース
Jaspers, K. T.
1883–1969
1

ドイツ帝国のオルデンブルク生まれ。1908 年にハイデルベルク大学で医学の博士号取得。同大学に勤務。1913 年に主著**『精神病理学原論』**を発表し、単一精神病モデルではなく、全体としての人間を見る必要性を論じた。1919 年の**『世界観の心理学』**において、実存、交わり、**了解**などの概念を検討し、科学的心理学から哲学に転じ、1932 年の**『哲学』**において**実存哲学**を確立した。ナチスの政権時代は、ユダヤ系の妻とともにドイツに留まり、迫害を耐え忍んだ。1948 年にスイスに移住し、バーゼル大学に勤務。

ユレシュ
Julesz, B.
1928–2003
2

ハンガリーのブダペスト生まれ。1956 年にハンガリー科学アカデミーで博士号取得。同年に米国に移住し、ベル研究所に勤務。**奥行き知覚**の生理心理学的研究を行う中で**ランダムドット・ステレオグラム**の原理を発見した。1989 年にラトガース大学に勤務。

ユング
Jung, C. G.
1875–1961
1 5

スイスのケスヴィル生まれ。1902年にバーゼル大学で医学士。**統合失調症**の病名を考えた**ブロイラー**（Bleuler, E.）の指導を受け、**言語連想実験**を行う中で連想反応の遅れに**コンプレックス**の存在を見いだす。パリに行き、**ジャネー**にも学んだ。1907年に**フロイト, S.** に出会うが1913年に決別した。患者が**神経症**中心のフロイトに対し、統合失調症患者も重視したユングは、**妄想**の中に神話などにも通ずる**集合的無意識**を読み取った。**分析心理学**を確立し、時代や地域を超える**元型**（げんけい）、**内向－外向**のタイプ論を展開した。1948年にチューリッヒにC. G. ユング研究所を開設した。

吉本伊信（いしん）
Yoshimoto Ishin
1916–1988
5

現奈良県大和郡山市生まれ。1932年に郡山園芸学校卒業。浄土真宗の修行法の身調べを体験して**内観法**に至る。森川産業社長のかたわら内観道場を開設して普及に努めた。1968年に「してもらったこと、して返したこと、迷惑をかけたこと」の内観三項目を確立。1978年に**内観学会**が創設された（現在の日本内観学会）。

ラウントリー
Rowntree, B. S.
1871–1954
9

英国のヨーク生まれ。オーウェンズ・カレッジで化学を学び、1889年に父の経営するココアとチョコレートの製造会社に入社。企業内福祉に努めるとともに、1899年、1935年、1951年の3度にわたりヨーク市の貧困調査を実施。収入が必要な栄養を満たせない**一次貧困**と収入を飲酒や賭博で浪費する**二次貧困**を区別した。

ラカン
Lacan, J-M-É.
1901–1981
5

フランスのパリ生まれ。エコール・ノルマル・シュペリウールで哲学と医学を学び1932年に博士号取得。サンタンヌ病院に勤務。幼児が生後18か月までに鏡像を自己と認識し**自我意識**が芽生えるとする**鏡像段階論**を1936年に**国際精神分析協会**（**IPA**）の大会で発表。戦後**フロイト, S.** への回帰を訴え、正統派を批判したためにIPAから締め出され、1964年に**パリ・フロイト派**を結成。

ラザラス
Lazarus, R. S.
1922–2002
4 5 9

アメリカのニューヨーク生まれ。1947年にピッツバーグ大学で博士号取得。カリフォルニア大学バークレー校などに勤務。**ストレスのトランスアクショナルモデル**として、**ストレッサー**の認知的評価と**問題焦点型**と**情動焦点型**の**コーピング**（対処）を重視した。主著に**『ストレスと情動の心理学―ナラティブ研究の視点から』**。

ラシュレー
Lashley, K. S.
1890–1958
2 6

アメリカのウェストバージニア州生まれ。1914 年にジョンズ・ホプキンズ大学で博士号取得。ハーヴァード大学やヤーキーズ霊長類研究所に勤務。ネズミの脳の特定部位の除去などの手術を行い、その前後の学習成績によって脳機能を調べる**神経科学**の先駆的研究を実施した。ネズミの**弁別学習**に**ラシュレー跳躍台**を考案。

ラター
Rutter, M. L.
1933–2021
3 5 9

レバノンのブルマナ生まれ。1963 年にバーミンガム大学で医学の博士号取得。ロンドン大学精神医学研究所などに勤務。**ボウルビィ**の**愛着理論**の対象を母親だけでなく拡張し、**精神分析**的解釈は退けた。**自閉症**の「冷蔵庫マザー」説を否定し、言語・認知障害説を唱えた。ストレスフルな状況にあっても心の安定を保つ精神的健康防衛機能に着目し、**レジリエンス**の概念を提唱した。

ラタネ
Latané, B.
1937–
4

アメリカのニューヨーク生まれ。1963 年にミネソタ大学で博士号取得。コロンビア大学などに勤務。1964 年、深夜に女性が暴漢に襲われ助けを求めたが得られずに刺殺された**キティ・ジェノヴィーズ事件**を受けて**傍観者効果**の研究を行い、傍観者が多いほど**援助行動**が起こりにくい理由を実験的研究に基づいて分析した。

ラマチャンドラン
Ramachandran, V. S.
1951–
2 6

インドのマドラス（現チェンナイ）生まれ。1978 年にケンブリッジ大学で博士号取得。カリフォルニア大学サンディエゴ校などに勤務。左手の**幻肢痛**（げんし）の患者に特殊な鏡の箱に映った右手を見せて、ないはずの左手が動かせると誤認させると痛みが軽減する**ミラーセラピー**を考案した。**ブーバ・キキ効果**の命名も行った。

リッカート
Likert, R.
1903–1981
7 8

アメリカのワイオミング州生まれ。1932 年にコロンビア大学で博士の学位取得。ミシガン大学などに勤務。**質問紙調査**の両極型 5 段階尺度を考案し、**リッカート尺度法**と呼ばれる。**組織行動**の研究では、上部組織と下部組織を結ぶ役割を**連結ピン**と呼んだ。

ルリア
Luria, A. R.
1902–1977
5 6 7

ロシア帝国のカザン生まれ。1921 年にカザン大学卒業。1943 年にモスクワ第一医科大学で医学の博士号取得。第二次世界大戦で銃創などに起因する**脳損傷**患者の**高次脳機能**の神経心理学的研究を行う。1953 年にモスクワ大学に勤務。歴史心理学も研究した。

レヴィン
Lewin, K.
1890–1947
1 4 5

ドイツ帝国のモギルノ（現ポーランド）生まれ。1916 年にベルリン大学で博士号取得。同大学に勤務。**ウェルトハイマー**らの影響を受けて**ゲシュタルト心理学**のグループに連なる。1933 年のナチスの政権獲得によりアメリカに移住。アイオワ大学やマサチューセッツ工科大学などに勤務。**グループダイナミックス**の研究を主導し、**アクション・リサーチ**の手法を開発し、**集団意思決定**、**リーダーシップ**のスタイル（専制型、民主型、放任型）などの研究を行った。主著に『**社会科学における場の理論**』など。

レオンチェフ
Leontiev, A. N.
1903–1979
3

ロシア帝国のモスクワ生まれ。1924 年にモスクワ大学を卒業し、1940 年にレニングラード教育科学研究所で博士号取得。モスクワ大学に勤務。マルクス主義を基礎に、外部世界に対する人間の能動性を重視する**活動理論**を教育や発達の分野で展開した。

レモ
Lømo, T.
1935–
6

ノルウェーのオーレスン生まれ。1969 年にオスロ大学で博士号取得。オスロ大学に勤務。1966 年に高頻度刺激の後に**シナプス結合強度**が持続的に増加する**長期増強**（**LTP**）という現象を麻酔下のウサギの**海馬**（かいば）で発見し、**記憶**の神経生理学的研究に貢献した。

ローゼンタール
Rosenthal, R.
1933–
3

ドイツのギーセン生まれ。6 歳の時に一家はアメリカに移住。1956 年にカリフォルニア大学ロサンゼルス校で博士号取得。ハーヴァード大学などに勤務。小学校低学年において**教師期待効果**が成立する**ピグマリオン効果**の研究成果を 1968 年に発表した。

ロールシャッハ
Rorschach, H.
1884–1922
1 5

スイスのチューリッヒ生まれ。1909 年にチューリッヒ大学医学部を卒業。ベルンなどの病院で精神科医として勤務。1918 年頃にインクのシミ（インクブロット）を利用した**投影法検査**を開発し、**ロールシャッハテスト**と呼ばれる。37 歳の時に腹膜炎で早世。

ローレンツ
Lorenz, K. Z.
1903–1989
3

オーストリア＝ハンガリー帝国のウィーン生まれ。1927 年にウィーン大学で医学士、1933 年に同大学で動物学の博士号取得。ウィーン大学などに勤務の後、第二次世界大戦の時に軍医として出征したが、ソヴィエト軍の捕虜になった。戦後はマックス・プランク研究所などに勤務。動物の行動観察を行い、**刻印づけ**（**刷**

り込み)、**臨界期**、**超正常刺激**、**ベビースキーマ**などの現象を明らかにした。**エソロジー(比較行動学)**の発展に貢献した功績により、1973年に**ティンベルヘン**らとともにノーベル生理学・医学賞受賞。主著に『**ソロモンの指輪**』『**攻撃—悪の自然誌**』など。

ロジャーズ
Rogers, C. R.
1902–1987
1 4 5

アメリカのイリノイ州生まれ。1931年にコロンビア大学で博士号取得。ロチェスター大学、オハイオ州立大学、シカゴ大学、ウィスコンシン州立大学に勤務。1942年の主著『**カウンセリングと心理療法**』において、**非指示的カウンセリング**を提唱した。それまでの**心理療法**とは異なり、患者(ペイシェント)でなく**来談者(クライエント)**と呼び、「共感的理解、無条件の肯定的関心、自己一致」の3原則を基本とする**クライエント中心療法**(後に**パーソンセンタードアプローチ**に改称)、人間関係の中での心理的成長をめざす**エンカウンターグループ**を提唱した。

ロフタス
Loftus, E. F.
1944–　女性
1 2 10

アメリカのロサンゼルス生まれ。1970年にスタンフォード大学で博士号取得。ワシントン大学とカリフォルニア大学アーバイン校に勤務。**意味記憶**の研究として、**コリンズ**(Collins, A. M.)とともに**活性化拡散理論**と**連想ネットワークモデル**を1975年に提唱。その後、**司法・犯罪心理学**の研究に進み、**記憶**が事後情報効果により変容する**目撃証言**の不安定性や、幼児期の**抑圧された記憶**が事実ではなく暗示や誘導によって作られる危険性を指摘した。共著に『**目撃者の証言**』と『**抑圧された記憶の神話**』がある。

ロンブローゾ
Lombroso, C.
1835–1909
10

イタリア王国のヴェローナ生まれ。1858年にパヴィア大学医学部を卒業。パヴィア大学とトリノ大学に勤務。精神医学の専門家として刑死した囚人や受刑者の身体的精神的特徴を分析し、**犯罪者の多くは生まれながらにして犯罪者になる運命を持つ**とする**生来性犯罪者説**を提唱した。実証的研究だが現在は否定されている。

ワイナー
Weiner, B.
1935–
3 4

アメリカのシカゴ生まれ。1963年にミシガン大学の博士号取得。カリフォルニア大学ロサンゼルス校などに勤務。大学院の指導教授の**アトキンソン**(Atkinson, J. W.)の**達成動機**の研究を受け継ぎ、成功または失敗の原因についての**帰属理論**に発展させた。

ワトソン
Watson, J. B.
1878-1958
1 2

アメリカのサウスカロライナ州生まれ。1903 年にシカゴ大学で博士号取得。ジョンズ・ホプキンズ大学に勤務。主観的な**意識**を心理学の研究対象から排除し、観察可能な**行動**のみを科学的研究の対象とすべきとする**行動主義宣言**を 1913 年に行った。**恐怖条件づけ**に関する**アルバート坊やの実験**を 1920 年に発表したが、共著者の大学院生ロザリー（Rayner, R.）との不倫関係が問題となり、大学を解雇され広告会社に勤務した。生育環境次第でどんな人間にでも育てることができるという極端な環境論を主張した。

ワロン
Wallon, H. P. H.
1879-1962
3

フランス第二帝政のパリ生まれ。1899 年にエコール・ノルマル・シュペリウールを卒業後、サルペトリエール病院で医学を学ぶ。第一次世界大戦に軍医として出征し、**戦争神経症**の治療に当たった。パリ大学とコレージュ・ド・フランスに勤務。第二次世界大戦中のナチス・ドイツ占領下でレジスタンスに参加。戦後は進歩主義的な**ランジュバン－ワロン教育改革案**を作成した。発達を社会的関係の中で「行為から思考へ」向かうものととらえた。

専門用語索引

（青字は項目見出しを表す）

■E

■F

■G

■H

■I

■J

■K

■L

■M

■N

■O

■P

■Q

■R

■S

■T

■V

■W

■X

■Y

■Z

■あ

い

■き

■く

■け

■こ

■さ

■し

■す

■せ

■そ

■た

■ち

■つ

■て

と

■な

■に

■ね

■の

■は

■ひ

■ふ

■へ

■ほ

ま

み

む

■る

■れ

■ろ

■わ

人名索引

（青字は項目見出しを表す）

■あ行

■か行

■さ行

■た行

■な行

■は行

■ま行

■や行

■ら行

■わ行

書名索引

●心理学検定公式ホームページ　https://jupaken.jp/
受検に関する最新情報は、公式Twitterおよびホームページでご確認ください。

Twitter　ホームページ

●**本書の内容に関するお問合せについて**

本書の内容に誤りと思われるところがありましたら，まずは小社ブックスサイト（jitsumu.hondana.jp）中の本書ページ内にある正誤表・訂正表をご確認ください。正誤表・訂正表がない場合や，正誤表・訂正表に該当箇所が掲載されていない場合は，書名，発行年月日，お客様のお名前・連絡先，該当箇所のページ番号と具体的な誤りの内容・理由等をご記入のうえ，郵便，FAX，メールにてお問合せください。

〒163-8671　東京都新宿区新宿1-1-12　実務教育出版　第二編集部問合せ窓口
FAX：03-5369-2237　　E-mail：jitsumu_2hen@jitsumu.co.jp

【ご注意】
※電話でのお問合せは，一切受け付けておりません。
※内容の正誤以外のお問合せ（詳しい解説・受験指導のご要望等）には対応できません。

心理学検定　専門用語＆人名辞典

2023年6月25日　初版第1刷発行　〈検印省略〉

編　者　一般社団法人日本心理学諸学会連合　心理学検定局
発行者　小山隆之

発行所　株式会社　実務教育出版
〒163-8671　東京都新宿区新宿1-1-12
☎編集　03-3355-1812　販売　03-3355-1951
振替　00160-0-78270
組　版　明昌堂
印　刷　壮光舎印刷
製　本　東京美術紙工

ISBN 978-4-7889-6107-4　C3011　Printed in Japan